首位称制

文明冯太后

宋其蕤 著

内蒙古人民出版社

图书在版编目（CIP）数据

首位称制：文明冯太后/宋其蕤著.−呼和浩特：内蒙古人民出版社，2016.4

ISBN 978-7-204-15141-7

Ⅰ.①首…　Ⅱ.①宋…　Ⅲ.①冯太后（442-490）−生平事迹　Ⅳ.①K827＝392

中国版本图书馆 CIP 数据核字（2018）第 002573 号

首位称制：文明冯太后

作　　者	宋其蕤
责任编辑	董丽娟
封面设计	刘那日苏
责任监印	王丽燕
出版发行	内蒙古人民出版社
地　　址	呼和浩特市新城区中山东路 8 号波士名人国际 B 座 5 楼
网　　址	http://www.impph.com
印　　刷	内蒙古爱信达教育印务有限责任公司
开　　本	710mm×1000mm　1/16
印　　张	25.5
字　　数	390 千
版　　次	2018 年 4 月第 1 版
印　　次	2018 年 4 月第 1 次印刷
印　　数	1—2500 册
书　　号	ISBN 978-7-204-15141-7
定　　价	39.00 元

如出现印装质量问题，请与我社联系。联系电话：(0471)3946120

目　录

首位称制：文明冯太后

首位称制：文明冯太后

首位称制：文明冯太后

首位称制：文明冯太后

主要人物

文明冯太后　文成帝拓跋濬的皇后,生于太平真君三年(442年),死于太和十四年(490年)九月,享年49岁。两度临朝称制于北魏,在北魏历史发展进程中起巨大作用。死后谥文明太皇太后。

拓跋濬　北魏皇帝,死于26岁。死后上尊谥文成皇帝,庙号高宗。

拓跋弘　北魏皇帝,文成皇帝拓跋濬与元皇后李夫人之子,文成帝死后即位。生于兴光元年(454年)七月,延兴元年(471年)禅位于儿子拓跋宏,承明元年(476年)去世,终年23岁。后上尊谥献文皇帝,庙号显祖。

拓跋宏　生于皇兴元年(467年)八月,拓跋弘与思皇后李贵人之子。生而母死,文明太皇太后亲抚养之。死后上尊谥孝文皇帝,庙号高宗。

李贵人　南郡王李惠之女,献文皇帝拓跋弘的贵人,生子拓跋宏。皇兴三年(469年),以"子立母死"旧制死,死后谥思皇后。

林　女　内监林金闾的侄女,拓跋宏的妃子。生长子拓跋恂以后,被文明太皇太后以魏宫旧制处死,追封贞皇后。

拓跋恂　拓跋宏之长子,贞皇后林氏所生,生而母死,文明太皇太后亲抚养之。

拓跋子推　京兆王,拓跋晃之子,拓跋弘的叔父。征南大将军、侍中。帝党。

拓跋丕　拓跋皇室后裔,拓跋贵族。显祖献文帝拓跋弘即位时,乙浑谋反,拓跋丕奏闻,文明太皇太后诏拓跋丕率源贺收乙浑。迁尚书令,封东阳公。后封东阳王。

1

乙　浑　太原公，散骑将军。后官至丞相。因谋反被文明太皇太后所杀。

陆　丽　侍中、太尉、平原王，被乙浑所杀。

源　贺　太尉。老臣。

冯　熙　文明太皇太后兄长，尚博陵长公主。三个女儿被文明太皇太后安排进宫，做了拓跋宏的妃子、皇后。

冯　媛　冯熙与博陵长公主之女。后被文明太皇太后安排进宫并做了拓跋宏的皇后。

冯　莲　冯熙与宠姜常氏之女，冯媛的姐姐。被文明太皇太后安排进宫并做了拓跋宏的左昭仪。

冯　诞　冯熙长子，冯熙与博陵长公主所生。

冯　修　冯熙次子，冯熙与博陵长公主所生。冯诞与冯修兄弟二人与拓跋宏一起教养。

李　欣　拓跋濬妃子李夫人之父，仪曹尚书。

李　惠　拓跋弘妃子李贵人之父。太和二年(478年)十二月，因"将南叛"，被文明太皇太后杀。

万安国　皇帝拓跋弘的宠幸，中庶子，驸马都尉，高阳长公主(拓跋濬的姐姐)之子。万安国与拓跋弘关系密切，从小与拓跋弘生活在太子东宫，同卧起。少明敏，以国甥尚河南公主。后被拓跋宏赐死。

林金闾　内监，文明太皇太后的中常侍，安排自己的侄女林氏入宫，做了皇帝拓跋宏的妃子，生太子。

拓跋长乐　王爷，拓跋弘的弟弟。

拓跋僖　王爷，拓跋宏的弟弟。

符承祖、张祐、王遇、抱嶷　魏宫内监，文明太皇太后心腹，太和年间重臣。

刘阿素、秦阿女、刘华仁　女官，大监，文明太皇太后的心腹。

拓跋他、尉元、苟颓　王爷，老臣，太和年间的重臣，分别任太尉、司空、司徒等重要官职。

李　弈　文明太皇太后的宠幸，被皇帝拓跋弘所杀。

王　叡　大臣，文明太皇太后的宠幸。

李　冲　文明太皇太后宠臣。太和改制重要设计者。

郑羲、刘芳、高闾、李彪　太和年间重臣。

第一章　统摄后宫

雄心勃勃皇帝施抱负　温情脉脉皇后御后宫

　　拓跋濬站立在太华殿前,望着湛蓝的天空出神。六月,平城蓝湛湛的天空漂浮着几朵白云,一只老鹰在天空盘旋。它展开矫健的双翅,随着气流在空中飞翔。盘旋的老鹰在空中寻找猎物。

　　十九岁的拓跋濬觉得自己正是这样一只可以翱翔在高空的矫健的年轻的雄鹰。常太后去世以后,他觉得自己完全摆脱了羁绊,心情轻松极了。现在的他,从里到外,从上到下,浑身充满了力量,充满了希望,充满了抱负,他觉得自己豪情万丈。虽然内疚之情偶尔涌上心头,不过,犹如闪电,仅仅一闪,便消失殆尽。

　　仪曹尚书李欣前来见驾。李欣仗恃着自己是皇帝拓跋濬的老丈人,又为除掉常太后出了大力,便经常在皇帝身边行走,为皇帝出谋划策。

　　“老臣见过陛下。”李欣要跪拜。

　　拓跋濬挥手:“免礼了。”

　　李欣走到拓跋濬身边:“陛下今天精神很好,不知皇帝今日有何安排?”

　　拓跋濬把目光从蓝天收了回来,向宫里走去,一边走一边说:“昨日接到信报,说西边吐谷浑蠢蠢欲动,朕准备发动一次西征,今天召集太尉、司徒、司空、大将军、大司马和各部尚书议事,他们一会儿就到。”

　　中常侍王遇前来报告:“太原王乙浑求见。”

首位称制：文明冯太后

1

李欣不满意地说："太原王不在太原封地,经常跑回京城做甚?"

拓跋濬笑着:"回来探望他的女儿乙夫人。"

李欣这才记起,乙浑是拓跋濬现在最宠爱的乙夫人的父亲。他赶紧闭了嘴,不敢再乱说什么。

乙浑是常太后常玉花的妹夫兼相好,常太后死了以后,他被皇帝封了太原王,在太原作了晋阳剌史,掌握了晋阳军权。女儿现在是皇帝夫人,他更是炙手可热的人物。

乙浑是个极有野心的人,希望能够通过在皇帝身边行走,慢慢控制皇帝,让自己的权力越来越大。所以,他隔三岔五便找一个进京城的理由,从太原回到京城,各处走动,与各方人士联络感情,发展关系。

"皇帝陛下,太原王乙浑见驾。"乙浑趋步上前,单腿跪下,拜见皇帝拓跋濬。

皇帝拓跋濬高兴地说："卿来得正是时候,朕正召集八公,商议讨伐吐谷浑之事,你也参加,发表一些高见。"

乙浑十分高兴,暗自庆幸自己来得恰到好处。真是起得早不如赶得巧,赶上参加皇帝朝议军事,尽管他不是参与朝议的八公,但是皇帝却让他参加朝议,可见他在皇帝心目中地位十分重要。这地位眼见着要上升了,乙浑有些飘飘然起来,他梦寐以求的事情就要实现,他怎能不得意忘形呢?常太后去世,他的直接靠山没有了,这叫他惆怅了许久。好在当时让常太后把女儿送进皇宫,做了皇帝拓跋濬的夫人,这才让他没有因为常太后去世而失势。

一定要抓住一切机会发展壮大势力,乙浑暗自盘算。

"吐谷浑来势凶猛吗?"乙浑小心翼翼地问皇帝。

皇帝拓跋濬挥舞着胳膊,豪迈地说："吐谷浑不过以鸡卵碰石头而已。朕六镇防守,坚不可摧,固若金汤。"

皇后冯燕面带微笑,率领着宫女内监,高高兴兴到紫宫去探望太子拓跋弘。十七岁的皇后娇艳得像一朵带露的石榴花,她穿着薄如蝉翼的不算太长的橘黄色袍服,今天,她没有在袍子外面扎束腰带,而是让紧身袍子敞开着,露出里面鲜红的紧身立领鲜卑式小上衣、绿色的百褶裤,更显示出她窈窕的身段、丰满的胸部和袅娜的腰肢。皇后脚蹬红色的羊皮高腰靴,头上戴着镶着宝石、珍珠、玛瑙和金凤凰的皇后冠帽,笑盈盈地,昂头挺胸,神采奕奕,步伐坚定,目光平视着前方。

常太后常玉花活着的时候,由其亲自教养太子,但是常太后也鼓励她亲近太子。她不笨,知道今日的太子就是明日的皇帝,所以,她也暗自怀着一个心眼,想培养起与太子的感情。太子没有阿娘,应该让他觉得皇后就是他的阿娘。她经常与常太后一起去看望太子拓跋弘,偶尔也抱抱他。不过,冯皇后毕竟年纪不大,虽然常太后不断教导她,让她与太子搞好关系,让她去逗引太子跟他一起玩耍,可是她就是不喜欢这浑身散发着浆酪奶腥气的小儿,一看见褓褓中的婴儿拉出金黄灿烂的黏稠的屎巴巴,她就禁不住胃里翻腾着想呕吐,一闻见婴儿身上那股强烈的浆酪奶腥气,她也禁不住感到恶心。所以,从太子诞生到现在,几年过去了,她还是没有与太子培养出深厚感情。

常太后死了以后,这教养太子的责任自然就落到她的身上。不管她喜欢不喜欢,她都要担负起教养太子的责任,她要定时去探望太子,过问他的衣食住行。可是,每次来,她都禁不住滋生出一份厌恶。

俗话说,"六岁、七岁狗也嫌"。生于兴光元年(454年)的皇太子弘现在刚好六岁,正是狗也嫌的年纪,顽劣不通庶务,任性调皮捣蛋,而皇家的尊贵优越,让他比平民的孩子更加顽劣,更加难于管教。冯皇后来紫宫看望他,不是看见他在打闹,就是看见他骑在小内监、小宫女的身上,用鞭子抽打他们。冯皇后呵斥他,他总是做鬼脸让她生气。

冯皇后尤其讨厌紫宫里的中庶子万安国。万安国是拓跋濬姐姐高阳长公主的儿子,比太子拓跋弘大几岁,从小养在东宫,与太子同卧起。仗着自己是公主的儿子、皇帝是他的舅舅,这小不点便同大人一样,很有些狗仗人势,不可一世,坏点子特别多,经常领着太子和另一个太子中庶子陆定国一起捣乱。几个娇纵养大的小子经常出坏点子作弄内监宫女,折磨他们,把紫宫折腾得底朝天。常太后活着的时候,亲自管教,加上年纪还小,他们还听从常太后管教,还算听话。常太后被软禁到去世这一年多天气里,皇帝拓跋濬没有心思管教他们,他们简直成了一群没有人敢管的小阎王,把紫宫折腾得乌烟瘴气。

现在,管教紫宫的任务落到冯皇后身上。

不喜欢归不喜欢，皇后的职责她是一定要尽心尽力完成的。常太后生前为她制定的让她亲自教养太子、笼络太子的方针，要靠她自己去完成，为她铺就的路途，要靠她自己去走。今后，能不能保住自己皇后的地位，能不能像常太后一样，以皇太后的身份凌驾拓跋氏皇朝，要完全凭借她自己的智慧、能力和心机、手段。鲜卑拓跋氏尊敬服从母亲的传统，让皇太后在皇宫里具有很大的权力，因此，她要想办法尽力让自己当上皇太后。

冯皇后身后簇拥着自己那一班内监亲信。常太后死了以后，寿安宫里的几个主要的内监宫女都被冯皇后收留到皇后宫里，林金闾、张祐、王遇、抱嶷几个都到皇后宫里当差。林金闾、抱嶷已经被冯皇后任命为中常侍，其余也都升任了黄门侍郎。

今天，冯皇后带领着自己为太子选定的太子太傅来见太子，这太傅是忠厚老臣高允。皇帝拓跋濬曾经亲授陆丽以太子太傅的重任，让他教养太子拓跋弘，但是陆丽因为父亲陆俟于去年（太安四年）薨，一直守孝在家，这太子太傅的责任也没有担负起来。冯皇后决定选高允为太子太傅来教养太子拓跋弘。太子拓跋弘疏于管教，顽劣得很，冯皇后决定亲自过问太子的教养发蒙。

紫宫院子里，内监宫女正陪着太子拓跋弘玩耍。中庶子万安国和陆定国都小心地跟在太子前后，与太子一起玩耍。陆定国是南部尚书陆丽的长子，被皇帝拓跋濬亲自选中进入紫宫，与万安国一起做太子中庶子，陪伴太子一起受教养。

个子高出太子和陆定国半头的中庶子万安国，正指手画脚地指挥着太子拓跋弘和陆定国："过来，过来！我们现在玩骑马！"

太子拓跋弘和陆定国急忙跑了过来。太子追着万安国问："阿干，你说，今天让谁当马？"

陆定国指着一个内监喊："让他当马！"

万安国随手推了陆定国一下，恶狠狠地说："一边去！听你的还是听我的？"

陆定国急忙说："听阿干的！"

万安国笑了："算你聪明！我是太子的阿干，我阿娘是公主，是太子姑母,你当然得听我的!"

万安国的父亲万振娶皇帝拓跋濬的姐姐高阳长公主,拜驸马都尉,迁散骑常侍,赐爵冯翊公。万安国长太子整整三岁,俨然是太子的主心骨,领导着太子和中庶子陆定国。

"趴下!趴下!"中庶子万安国对小宫女刘阿素喊。

小宫女刘阿素是常太后从罪囚中选出来的一个年纪最小的姑娘,刚进宫的时候,不过四五岁,现在才十来岁,长得瘦小,面色苍白,比不到六岁的太子高不了多少。她听话地趴到地上,万安国拉着太子拓跋弘,让他骑到刘阿素的背上。

"嗯驾!嗯驾!"拓跋弘骑到刘阿素的背上,高兴地喊着赶马令,他用一根绸带子勒在刘阿素的脖颈上做马缰绳,拽着绸带,双腿夹着刘阿素的腰,踢着她的胯,让她在地上快爬。

小宫女刘阿素在地上爬来爬去,膝盖都磨出了血。背上的太子还嫌马跑得不快,尖叫着,厉声用手掐住她的脖子,小姑娘的脖子被掐出一道红色肉棱。他又抓了刘阿素的颜面一把,刘阿素的脸上立刻出现一道血痕,鲜血滴到地上。刘阿素疼痛难忍,拼命咬住自己的嘴唇,支撑着。这时,拓跋弘抬起屁股,用力往下一蹲,刘阿素腰背一软,扑通倒到地上,背上的拓跋弘也"扑通"一声跌了下来。

太子拓跋弘坐到地上,扑腾着双脚哇哇哭喊着,响亮的哭声震飞了宫中房檐下的几只燕子,燕子叽叽喳喳地盘旋在紫宫上空。

中庶子万安国和大内监一起跑了过来,万安国扶起太子,大内监揪住刘阿素的头发,把她从地上揪了起来,左右开弓,啪啪打着刘阿素的脸颊。小姑娘刘阿素的脸颊立刻红肿起来。

"住手!"紫宫里响起一声清脆严厉的喊声。

皇后被前呼后拥着走进紫宫院子。

冯皇后沉下脸,愤怒地呵斥着:"这么落力打一个小宫女,你算甚人?该死的奴才!"

冯皇后最看不上狗仗人势的奴才。仗着主子权势欺负下人,特别是欺负一个罪囚出身的孤苦伶仃的瘦弱小姑娘,叫她不由自主地愤怒起来。看到这些罪囚出身的小宫女,就让她联想到自己的身世。自己要不是有姑母左昭仪的庇护,不也是魏宫里一个任人欺负的小宫女吗?

"中常侍!"冯皇后喊。林金闾急忙上前。

"把那小宫女扶起来,以后让她到安乐宫伺候!"林金闾急忙让黄门侍郎张祐亲自去搀扶起小宫女刘阿素。

小宫女刘阿素被大内监一顿暴打,早已惊吓得如同一堆烂泥,浑身颤抖,如秋风中簌簌的落叶一般,没有人搀扶,她根本就无法站立起来。

张祐原本也是罪囚出身,在没有到常太后宫以前,也是多次受过宫里大内监的拷打,知道挨打的滋味。他小声叨咕:"可怜见的,这么小个女娃,被打成这样。"他把刘阿素抱了起来,向冯皇后屈膝告辞,抱着她回皇后安乐宫里宫女的住处。刘阿素闭着眼睛,从眼缝里偷眼看着张祐,心里充满了感激。

万安国见冯皇后来,急忙拉着太子和陆定国一起跪见了皇后。

"又是你在挑唆太子骑人玩?!"冯皇后揪着万安国的耳朵,把他拉了起来,厉声询问。

万安国经常被冯皇后揪着耳朵责骂,他对这个皇后又怕又恨。虽然他是公主的儿子,可皇后是一宫之主,公主也得拜见皇后,何况他这个小孩子?

万安国捂着耳朵支吾着辩解:"不是我的主意,是太子自己想玩。"万安国欺负太子刚刚六岁,年纪还小,不大会辩解,更不会说瞎话,就大着胆子说,一边说还用眼睛偷偷地却是狠狠地剜了皇后一眼。

冯皇后看到这恶毒的眼光,用力扯了万安国的耳朵一下:"怎么?你不服气?你这娃一肚子坏水,净出馊点子!我警告你,以后不要带坏太子!听见没有?太子做了甚坏事,你小子可要代太子受过!听到没有?"

好汉不吃眼前亏!万安国想起阿爷的教导,他眨巴着明亮机灵的黑眼睛,连声说:"皇后娘,我知道了。以后一定听皇后娘的话!"

冯皇后笑了,放开自己的手,顺手抚摩了一下万安国的黑头发:"你娃年纪最大,要带好弟弟才是!弘儿,过来,见过你们的师傅!"冯皇后拉了一下拓跋弘。

拓跋弘看见冯皇后责备万安国,又拉扯他的耳朵,心里早就大不高兴,只是不敢表现出来。皇后叫他,他拉着陆定国一起站了起来,恭敬地站到皇后面前,小脸仰着。

冯皇后抚摩了一下太子拓跋弘的脸，说："给高太傅鞠躬吧，从今以后，你们要跟着高太傅读书写字，听高太傅的教导。"

太子拓跋弘偏着头，愣愣地看了看皇后，又看了看白发苍苍的高允，不知道说什么。乖巧的万安国脆生生地喊了一声"高太傅"，给高太傅鞠了一躬。见万安国鞠躬，太子拓跋弘拉了陆定国一下，两个人一起向高允鞠了一躬。

冯皇后"扑哧"一声笑了，她捏了拓跋弘的脸蛋一把："你可是万安国的跟屁虫啊。"

太子拓跋弘不高兴，小声嘟囔："你才是跟屁虫呢。"

冯皇后不高兴了，脸色一沉："不得无礼！"

太子噘起嘴，把身子扭了扭，脸也别到一边去，表示他的不高兴。

冯皇后也孩子气地嘟囔着："人不大，脾气还不小。"她白了太子一眼，心里想：看我怎么收拾你！她向高允交代了几句就离开了紫宫，让高允开始他的教训。

思念亲人多处苦寻访　失散兄妹宫廷喜相逢

冯皇后还有重要事情办理。几年来，她多次派人四处寻找当年逃跑的哥哥冯熙，却始终没有找到他的下落。这一次，她又派人四处去寻找，听说有了眉目，她要赶回宫去等待报告。

冯皇后一回到安乐宫，大监女官秦阿女就来报告，说有个横山来的沙门求见皇后。

冯皇后笑了，她从横山石窟寺找了一个老沙门来宫里为她主持佛事。她在自己的宫里设了佛堂，没有沙门主持怎么行呢？

"快快有请！"冯皇后清脆地笑着说。

一个青衣沙门跪倒在皇后面前："皇后娘娘安好！老衲拜见娘娘！"

"老师傅请起。"冯皇后说。

沙门站了起来。冯皇后笑着："本宫新近请了佛祖和菩萨，以后请老师傅专门伺候。老师傅有所不知，本宫从小信奉佛道。以后安乐宫里举行一些佛事，都请老师傅主持。老师傅法名是？"

沙门双手合十，打了问讯："感谢皇后厚爱，老衲法名能净。老衲能净愿意为皇后肝脑涂地。"

"来人！"皇后轻声喊。

林金闾急忙走了过来，皇后稍微沉了沉脸，压低声音，让声音增添了几分威严："带能净师傅去佛堂方丈歇息。告诉那班奴才，要小心伺候！不得怠慢！"皇后知道宫里那班内监宫女的毛病，在主子面前，他们是十足的奴才，听话顺从，奴颜婢膝；可是在新进宫的人的面前，他们又最会装腔作势，摆出奴隶总管的面目，拿架子耍威风，装模作样，好像他们是主子一样，装聋作哑，作威作福，怠慢和欺负新人。

林金闾答应着，带沙门走。沙门合十，向皇后告辞，正要转身，突然想起什么，又向皇后打了个问讯："皇后娘娘，老衲有一个小徒儿，请老衲代为问候皇后，他说他原来是常太后宫里的内监。"

"哦？他叫什么名字？"皇后微笑着问。

"他进寺受戒以后，法名叫惠净，原名叫居鹏。"

"我知道这个居鹏。"冯皇后笑了，"自打铸造金人以后就没有再见过他。却原来他遁入空门享清福去了。他为甚没有跟你来？"

"他还要在寺院里持戒修行两年以后，方可出寺。他说他持戒满了以后，当下山来，还要去常太后陵寝拜祭常太后。"

"难得他对常太后一片孝心。"冯皇后叹息着。她并不知道当年铸造金人的内幕，所以对居鹏出宫的原因也不清楚。

宫女秦阿女为冯皇后端来浆酪，冯皇后斜依在卧榻上，慢慢啜饮着。走了一趟，又说了许多话，她有些口干舌燥。一杯浆酪下肚，她感到喉咙清爽了许多。

"我从紫宫里给你找了个伙伴，你见着没有？我让林金闾给带了回来。"皇后问宫女秦阿女。

秦阿女也是长安人，父亲是冯朗属下，父母受冯朗事件牵连从长安迁入平城，她从小就被当罪囚入宫做了宫女，被冯皇后的姑母左昭仪收留在昭阳宫里伺候冯皇后，如今已经十六岁，一直跟着冯皇后做宫女，现在已经被皇后赏了个大监官职。

秦阿女收拾着茶杯："奴婢见了，一个又瘦又弱小的女娃，可怜见的。"

"她叫甚名字？"冯皇后看着秦阿女："我当时没有顾上问她，看见紫宫里的内监打她，我只顾着生气了。"

"她叫刘阿素，是扶风人，也算同乡，比我晚些日子入宫。她说常太后活着的时候，她的日子还不错；常太后薨了以后，她的日子就不好过了。"秦阿女一边给冯皇后捶着肩膀，一边说。

"是啊，常太后待宫人很好的。你以后要好好照顾她，把她当作你的小妹妹一样照顾，也算你的伙伴了。对，她年龄小，要教她读书认字，将来帮我做些书写活计。"

秦阿女连连点头："奴婢听从娘娘教导。"

黄门侍郎张祐急匆匆地跑了进来，一边喊着："来了，来了！"

秦阿女呵斥着："张祐，胡乱喊甚呢，张皇失措的，没有一点规矩！"

张祐急忙弓腰垂手，规矩地立在皇后面前："报告娘娘！出去寻找娘娘哥哥的羽林军侍郎回来了，正等着见娘娘呢。"

冯皇后"呼"地站了起来："在哪里？快带我去见他！"

秦阿女笑着把冯皇后按回座位："叫他进来不就结了吗？何须娘娘去见他？他算个甚啊？"

冯皇后摇头："说的也是，看我急的，甚都忘了。快叫他来见我！"冯皇后如今也学了一口平城口音的夹杂着鲜卑话的汉话。

张祐急忙转头去叫羽林军侍郎。

羽林军侍郎一进来，刚在冯皇后面前跪下，冯皇后就迫不及待地问："找到我兄长了没有？"

羽林军侍郎跪拜了冯皇后，站起来回话："贺喜皇后！小将找到了皇后娘娘的兄长！小将怕皇后娘娘着急，先回来报告消息。娘娘兄长随后就到！"

"快说说，你们是在哪里找到的？他的经历如何？他这些年都是如何过来的？他现在什么样子？"冯皇后一迭声问了许多问题。

羽林军侍郎说："小将们在长安到处打探，从娘娘提供的线索里找到了娘娘家当年的老仆人，听他们说，皇后娘娘家出事以后，冯公子的奶娘姚魏氏带着冯公子跑到了氐羌，在氐羌住了几年。冯公子在氐羌学会了骑马射

首位称制：文明冯太后

箭,练了一身好本领,氐羌的人都很敬服他呢。后来,姚魏氏怕冯公子每日里骑马射箭耽误了前程,就带着他返回长安。在长安,姚魏氏凭借着皇后父母的熟人、朋友和她自己家人的帮助,让冯公子就博士学问,从师学习四书五经,学习阴阳兵法。冯公子十八岁以后,游历于华阴、河东二郡,广交朋友,听说他豪爽侠义,在华阴结交了一帮义士,很得人缘,很受拥戴呢。只要去投靠他,不管是读书人还是一般平民庶人,他都接纳他们,被华阴人称作当代信陵君呢。"

（《魏书·外戚传》记载:冯熙,字晋昌,生于长安,为姚氏魏母所养。逃避到氐羌中抚育。当时年十二,好弓马,有勇干,氐羌皆归附之。魏母见其如此,将还长安。开始就博士学问,从师受《孝经》《论语》,好阴阳兵法。及长,游华阴、河东二郡间。性泛爱,不拘小节,人无士庶,来则纳之。）

正说着,宫外传来一片喧哗声,林金闾、张祐、抱嶷等大监都跑出去亲自张罗。

冯皇后站了起来,急忙往外走。刚走到宫室中间,林金闾就领着一个器宇轩昂的青年男子走了进来。男子汉人装束,头不戴冠帽,簪发,穿着汉人的宽袍大袖衣裳,腰里挂着宝剑。他方脸浓眉,鼻正口方,目光炯炯有神。

冯皇后的眼前出现逃亡前那夜晚的情形。那时的冯熙,才十一岁,还是个小男娃的样子,她现在如何也不能把那个小男娃与眼前这高大、健壮、英俊的青年男子联系起来。

他是自己的兄长冯熙吗?冯皇后停住脚步,愣怔怔地看着,不敢向前走,也不敢上前相认。

林金闾推了推身边的男子:"还不快上前去拜见皇后!"

那男子愣怔着,他被皇宫里派出去的羽林军侍郎找到以后,并没有被告知什么事情,只是带他来到平城,说让他进皇宫当差。

进了皇宫,还是没有人告知他要去见什么人,为什么事情,他稀里糊涂地被皇宫里的内监羽林军侍卫带领着,东拐西拐,来到高大、宏伟、华丽的宫殿。

"皇后?"他看着眼前这年轻、鲜卑人装束的皇后,竟愣怔住了。这皇后的眉眼,怎么那么像他的母亲乐浪王氏?一样的大圆脸盘,一样白皙的皮肤,一样的又大又圆又黑的眼睛,一样弯弯的长长的黑眉毛?母亲王氏经常出现在他的梦里,不管是在氏羌部落,还是在长安的学馆,甚至就在昨天随平城皇宫羽林军侍郎夜宿路途的馆驿里,他又梦见母亲站在他的面前,忧郁,苍白,双眼流泪。母亲的眉眼他永远忘不掉。

她是母亲吗?冯熙擦了擦眼睛。不!不会是母亲。母亲已经去世多年,母亲与父亲在他逃离长安后不久,就被官军捉拿,父亲与许多部属被诛杀,母亲与小妹妹燕儿被迁往平城,听说母亲已经死在牢狱中。

她是谁啊?眼前这皇后,这么年轻,这么美丽,这么酷似他的母亲。难道是她?燕儿?"燕儿?"冯熙情不自禁伸出双手,喃喃着,"燕儿?燕儿?"

冯皇后的眼泪突然溢满眼眶。燕儿,这熟悉的称呼,只有她的亲人才这么称呼她啊!这年轻的男子,不是她朝思夜想的哥哥又是谁呢?

冯皇后泪眼婆娑,她也伸出双手,张开双臂大喊一声:"大哥!"这声音回荡在大殿的上空,在大殿里荡漾回旋,形成回声似的效果。

一声"大哥",叫冯熙回过神来。是的,是他最亲爱的小妹妹燕儿在呼喊他!那声音宛然当年他们兄妹玩耍时,小妹妹寻求他的保护时的呼喊声!

一时间,热泪奔涌而出,冯熙泪流满面。这个从来不流泪的汉子,在流浪氏羌的时候,在受氏羌人欺负的时候,从不流泪的汉子,被这突如其来的呼唤感动得热泪奔涌。是啊,多少年了,他没有听到这呼喊,多少年来,他孤苦伶仃,没有父母,没有兄弟姐妹,一个人在奶娘的照顾下东奔西走。这呼唤,他只能在梦境里听到,在梦境里朦朦胧胧地听到过。可是眼前,这声音却在大殿上空回荡,嗡嗡的回声还在回旋着。这是在呼喊他!

冯熙也伸出双臂,向眼前这美丽的皇后扑去。眼前是他的亲妹妹,他日夜思念的亲妹妹燕儿!

"燕儿!我的妹妹啊!"冯熙呼喊着,抱住扑了过来的冯皇后燕儿,兄妹俩抱头痛哭。林金间、秦阿女也泪流满面,过来搀扶着皇后兄妹,让他们坐回坐榻上。

秦阿女为冯皇后擦拭着脸上的热泪,林金间递过湿巾让冯熙擦拭眼泪。冯皇后双手紧紧握住冯熙的手,好像怕他再丢失一样。她的眼泪像涌泉似的擦去又涌了出来,怎么也擦不干。她一个劲地问:"大哥,真的是你吗?我这不是在做梦吧?"

冯熙看着妹妹头上的金凤,他有些诧异地问:"妹妹是魏国的皇后?这可是真的？"

秦阿女和林金闾在旁边笑着说："皇后娘娘见到大哥，是真的。冯公子见到魏国当皇后的妹妹，当然也是真的。这皇后难道还有假不成？"

大家都笑了。冯熙挠着头皮，只是嘿嘿傻笑。

冯皇后看着冯熙，问："大哥如今可曾成家？家里有无大嫂侍奉大哥？"

冯熙傻呵呵地笑着："我还是靠奶娘姚魏氏照顾。她带着我四处逃窜了十几年，把我养到这么大。要不是她，我们兄妹还不知道能不能团圆呢。"

"奶娘可曾跟兄长来平城？"

"没有，她老人家暂时还留在华阴。官差找我，并没有交代为什么要我进宫，只是说要征召我当差，我就只好留她老人家在华阴了。"

"那好办。林常侍，你去安排，暂时拨宫中房屋给大哥居住，另外，立刻差遣羽林去华阴接奶娘。路上要好好照顾伺候，要是老人家路上生病，小心我拿你是问！"

"娘娘放心！奴家会安排妥当的。"

"大哥，我们家还有甚亲戚？我出来早，家中事情全都模糊不清。大哥告诉我，我把他们找来，也让他们过两天好日子。"

冯熙想了想："我只知道还有姨母一家。姨父在南边广平做太守，还有两个儿子，一个叫杨元休，一个叫杨元寿，兄弟两个都已经成人，不知近况如何。"

"好，这事交给小妹，让小妹派人慢慢去寻访。大哥你路途辛苦了，先在宫里歇息吃饭。"皇后对冯熙说。她转脸喊："张祐！"

张祐急忙趋前："奴家在！"

"带冯大老爷去洗澡更衣！安排他歇息！晚上我们一起用膳！"

"是！"张祐答应着。

看着冯熙与张祐离开大殿，冯皇后沉思起来。哥哥找到了，她觉得自己身后有了一棵可以依靠的大树，没有娘家保护的女人，总归是心里虚空、底气不足的，皇后也一样。做拓跋氏皇朝的皇后，恐怕更需要有自己娘家人的支持。她一定要给哥哥冯熙弄个官职，让他执掌朝政。要先把他提拔起来，让他有权有势，有了权势的他才能反过来帮助自己，做自己的靠山，在需要的时候支持、保护自己。宫中的势力圈不就是这样形成的吗？常太后不就是这么做的吗？常太后连年赏封自己的亲属，冯皇后看在眼里，记在心里，自己也要效仿常太后，多赏封一些亲属，让他们在朝里掌握大权。一人得道，鸡犬升天，常太后懂得这道理，她冯燕难道就不懂这简单道理吗？虽然她年纪轻，可是她善于模仿，善于学习。年轻的时候，只要向老辈学习，效仿他们的做法，就一定能够成功。所谓"二十年的媳妇熬成婆"，就是这个道理。

怎么安排哥哥的未来呢？冯皇后沉思着：当然先要给哥哥安置一个府第，让他成家，给他娶妻娶妾。然后，再给哥哥冯熙几个官职，让他能够执掌大权。

最好让他当驸马。冯皇笑了。自己嫁给拓跋濬，哥哥娶拓跋濬的姊妹，不是最好的安排吗？不过，娶公主当驸马需要时日慢慢安排，还是先给哥哥娶个妾，让他安定下来。

冯皇后想到常太后哥哥常英，他有个小女儿，已经到了谈婚论嫁的年龄，不妨说来给哥哥，也算报答常太后对她的恩情。

还要请皇帝拓跋濬来见过哥哥，冯皇后想。

"去请皇帝来安乐宫，就说本宫与兄长团聚，兄长希望拜见皇帝。"皇后吩咐林金间。

皇帝拓跋濬在太华殿里与乙梅叶乙夫人亲热。乙梅叶刚刚为皇帝添了一子，正在得宠的时候，所以经常被皇帝召到太华殿里侍驾，皇后反而很少去太华殿陪伴皇帝。

乙夫人的泼辣，叫皇帝拓跋濬喜欢。这女子就好像一个红辣椒，火红火红的，看着爱人，吃了以后，更是叫人血液奔涌。

乙夫人搂着拓跋濬，娇滴滴地亲吻着他肥厚的耳垂，一边说："陛下甚时辰才封妾为贵人啊？"

拓跋濬拍着她的手："夫人不要着急嘛。李夫人如今不还只是夫人嘛，等她封了贵人之后，就轮到你了。"

乙夫人不高兴地噘起嘴："为甚要等封了她才封我啊？这要等到甚时辰？那非把妾等白了头不可。陛下难道还看不出，皇后并不真心想封我们这些夫人以更高的名号吗？特别是李夫人，皇后肯定不会同意陛下封她贵人。至于椒房昭仪，我们谁也别想！有皇后在，我们谁也别想升级！"

拓跋濬奇怪地看着乙梅叶："你这是甚话？你咋就背后说起皇后的坏话了？谁不知道，你是皇后推荐来的？你和皇后的关系不是很密切吗？"

乙夫人尴尬地笑着辩解："陛下不要误会，妾哪敢说皇后坏话。皇后对妾恩重如山，妾十分感激皇后。妾不过是复述李夫人的原话罢了。李夫人为自己不能早日升级为贵人很恼怒呢。早日升为贵人，她就可以早一日升为椒房或昭仪。"

拓跋濬脸色一沉："以后不许在朕面前搬弄后宫是非。后宫之事有皇后做主，朕不想让后宫琐事缠绕手脚，朕要专心治理国家，维护国家安定！"

乙梅叶急忙告罪："妾知错了。"

太华殿中常侍王遇进来通报，说皇后中常侍林金闾前来请皇帝幸临安乐宫。

"为甚？"拓跋濬皱起眉头。

王遇急忙解释："皇后兄长今日进宫与皇后团聚，皇后想让皇帝陛下见见她的兄长。"

拓跋濬点头："知道了。朕这就过去。"

乙夫人更加不高兴，嘟囔着说："妾刚来，皇帝就又要去皇后那里。妾是留在太华殿还是回自己宫里去啊？"

拓跋濬捏着她的脸蛋，在她耳边小声嘀咕："你在太华殿里等着朕回来，朕不会在安乐宫里过夜的，皇后不好房事，她可不像你。"

乙夫人"扑哧"一声笑了，捶了皇帝一个美人捶："皇帝真坏！皇帝不也说皇后坏话？对了，皇帝去皇后那里，不妨顺便提醒一下，让皇后早日封我们做贵人！行不行啊，皇帝陛下？妾求你啦，跟皇后说说嘛，也许皇后忘了这事。"

"好，听你的，我给你问问。你这小鬼头，鬼精，一天想着升级做贵人！"拓跋濬笑着，亲了乙夫人一下，起身向外走。"到安乐宫去！"他喊。

"皇帝驾到！"安乐宫门的侍卫高声喊着通报。

安乐宫的内监宫女都急忙趋前迎接皇帝。拓跋濬下了羊车，进了安乐宫。冯皇后微笑着走出安乐大殿迎接皇帝。

"皇帝来了。"冯皇后屈膝行礼,引导皇帝进入安乐大殿。

"皇后请朕前来,为甚啊?"皇帝拓跋濬明知故问。

冯皇后安排皇帝坐到皇帝的龙床上,亲自为皇帝斟上浆酪,双手捧着送给皇帝。拓跋濬摇头:"不饮,不饮,朕刚刚饮过。"

冯皇后把浆酪碗放回秦阿女的托盘,挥手让她退下,坐到拓跋濬身旁,轻轻靠在拓跋濬的肩头,娇嗔地说:"皇帝有几日没有幸临安乐宫,妾十分想念皇帝。皇帝难道就不想妾吗?"

拓跋濬笑了,他拍着冯皇后的手:"谁说朕不想念皇后啊。不过是要部署西征,朕有些忙,没有顾上来看你罢了。听说皇后找到自己失散多年的阿干,是不是啊?"

冯皇后抿嘴一笑:"皇帝还是关心妾的啊,真叫妾高兴。妾的阿干叫冯熙,失散多年,如今团聚,妾十分高兴。皇帝知道,妾早年进宫,由姑母左昭仪抚养,没有娘家亲人。如今找到同胞阿干,欣喜若狂。妾想让皇帝认识认识妾的阿干,不知皇帝陛下可愿意?"

拓跋濬顺手拧了冯皇后的鼻子一下:"看皇后说的是甚话,皇后阿干就是朕之阿干,朕为甚不想见他?他在哪里?快叫出来让朕见见!"说着站了起来。

冯皇后急忙拉住拓跋濬的手:"皇帝陛下不要着急,他虽然是妾的阿干,但他毕竟是皇帝陛下的臣民,让他来拜见皇帝就是了,皇帝不可失态。"

拓跋濬感激地看了看这贤惠的皇后,又坐了下去,笑着说:"一切听从皇后安排。"

冯熙已经换过一身崭新的鲜卑衣服,被林金闾引领着来见皇帝。林金闾把朝见皇帝的魏国礼仪教过他,冯熙趋步上前,左腿跪下,右腿弯曲,行了平常的拜见礼。

皇帝拓跋濬站了起来,走到冯熙面前,一把把他拉了起来:"阿干,快起来吧,你是皇后的阿干,也是朕的阿干,以后朕免你见朕之跪拜礼节!"

冯熙急忙鞠躬感谢皇帝。冯皇后也来到他们面前,笑着说:"大哥,虽然皇帝这么恩戴于你,你作为一介草民,可不敢这么做。礼仪是朝廷大事,万不可坏朝廷大礼。"

"对,对,妹子提醒得极是。皇帝是天,小民不过草芥,岂敢居长不拜皇

首位称制:文明冯太后

帝？"冯熙笑着说，"这礼仪大事，小民不敢逾越，望皇帝收回成命。"

"好，听皇后的。"皇帝拓跋濬心里十分高兴。这皇后真通情达理，总是身体力行地维护皇帝威严。她经常提醒他说，要注意修朝廷礼仪，她还多次提示说朝廷王公经常到民间去强抢民女，很不合大礼，要求他下诏禁止。可是，这抢民女以婚是鲜卑传统婚俗，他怎么好下诏禁止呢？如果下诏禁止，一定会引起鲜卑权贵反对，他可不想惹出什么乱子来，朝廷的安稳比什么都重要。可皇后总是说，如果不禁止抢婚事情，才会破坏礼仪，还会造成民间不满，甚至动乱。这皇后，总有些干预朝政的企图，这叫拓跋濬既高兴又有些不大高兴，虽然鲜卑有皇太后参与朝政大事的传统，在没有皇太后的情况下，皇后同样具有参与朝政大事的权力，可他现在一点也不想让皇后干预他的朝政，他要完全按照自己的心意治理国家。

拓跋濬让冯熙坐在下手，询问他的经历。听说冯熙能文能武，有一班义士聚居他的门下，拓跋濬十分高兴，哈哈大笑着说："这么说，阿干在华阴是个人物了？皇后，你看，如何安排你阿干啊？"

冯皇后妩媚一笑，这一笑让皇帝心头掠过清风吹拂的感觉："这还要看皇帝的意思，妾听皇帝安排。不过，妾知道，皇帝陛下不会让一介草民进宫来探望妾的，阿干也不会以一介草民的身份入宫来见妾。"

皇帝拓跋濬点头："那是当然的了。朕的大舅子居然没有官职爵位，成甚体统？朕的颜面往哪里放？皇后的颜面又往哪里放？朕想先封他冠军将军，赐爵肥如侯，如何？"

冯皇后沉静地微笑着，看了看冯熙，给了他个眼色。冯熙急忙站起身，扑地跪拜，感谢皇帝的封赏。

拓跋濬笑着说："阿干，起来吧。"他又看了看皇后，说："阿干这一表人才，朕看可以选个公主尚他。"

冯皇后喜出望外，她抓住皇帝的手："皇帝陛下想得如此周到。妾也这么想过，但是还没敢说出来。皇帝陛下有这意思，真叫妾感激不尽。不知皇帝陛下看中哪个公主？"

拓跋濬摇头："朕也没有拿准哪个公主尚阿干好。还是先安排好阿干的官职和府第，先纳房妾让阿干过安定日子。这尚公主之事，容朕从容考虑。你也可以先选择一下，看哪个公主合适。"

冯皇后点头："还是皇帝考虑周全，妾一切照办。先赏赐他一所住宅，给他纳一个妾，让他把抚养他的奶娘接来平城同住，好让我们兄妹得以经常团聚。"

林金间进来报告，说晚膳已经准备好，请皇帝、皇后用膳。

后宫妃嫔争封号　夫人梅叶挑是非

乙夫人越想越憋气。时日又过了一年，她们这几个夫人封贵人的事还是没有一点着落。这都是皇后作怪！她就是不想封我们！乙梅叶气愤地想，看来需要找李夫人说道说道了。李夫人当然也是一肚子不满，虽然她没有显露出来，不过，乙梅叶断定她肯定不满。乙夫人与李夫人相善，另外的几个夫人，沮渠夫人、曹夫人、悦夫人、玄夫人，都来自附属贡地，很有些以女子作朝贡品结好魏国皇帝的意味，她乙梅叶看不上她们，不想同她们往来。只有这李夫人身世与她相似，父亲都是朝廷命官，出身名门，来自都城，教养、风度、气质是那些贡地夫人不可比的。尽管沮渠夫人、曹夫人、悦夫人、玄夫人个个相貌美丽，但是她乙梅叶可不是皇帝，偏偏不喜欢漂亮的女人，看见漂亮的女人就来气。

乙夫人收拾了一下，打扮得花枝招展，来到李夫人的月华宫。

月华宫里，荡漾着一阵清脆欢乐的笑声。李夫人正在与儿子玩耍。李夫人的儿子蹒跚学步，嘴里咿呀喊着，张着两手在地上跑，李夫人生怕他摔倒，弯腰伸出两手随时准备让他投入自己的怀抱。

"姐姐好兴致啊。"乙夫人笑着高声说，走进月华宫正堂。

李夫人急忙抱住儿子，站起身，看见了乙夫人，把儿子交给乳母，笑着招呼："乙妹妹，哪阵风把你吹到我这里来了？"

乙夫人笑着上前挽住李夫人的手："当然是东风了。妹妹想姐姐，特地前来拜见，姐姐难道不欢迎吗？"

"看妹妹这张利嘴，为姐的何尝说过不欢迎，却招来你这么一通数落！"李夫人说着，拉乙夫人来到坐榻，请她坐下，宫女送来浆酪瓜果。

乙夫人从果盘里拣了一个金黄的大杏，小口咬着。李夫人笑着，侧转头，盯着乙夫人的脸看。

乙夫人脸一红："姐姐尽管这么看着妹子做甚？"

首位称制：文明冯太后

李夫人笑着："看你专拣酸杏子吃，为姐看看你是不是又怀上了？"

乙夫人扬手轻轻打了李夫人一下："姐姐真坏，就瞎说。皇帝很久没有召见我，哪里又能怀上？倒是姐姐近来屡受雨露，可不是又为皇帝怀了龙子龙女？"

李夫人笑着："为姐不怕你笑话，为姐真的是想怀个女儿，可惜一直未能如愿。"

乙夫人点头："女儿懂得疼娘，有个女儿好。我也是喜欢女儿呢，以后我们姊妹都生个女儿才好。"

李夫人拍着乙夫人的手背："妹子来不是为了与为姐谈论生女儿之事吧？"

乙夫人看着李夫人："妹妹来探听一下封号的事情。为甚这封号还没有着落呢？姐姐难道不着急吗？"

李夫人叹气："哪能不着急呢？这贵人封号迟迟得不到，这宫里发的银两、绢帛就有限。你瞧，宫里这么多张嘴，都靠这些呢。后苑里养羊种菜虽然能补贴一点，却还是很拮据。要是能够封个贵人，发放的银两、绢帛就要多了许多，宫里的日子也好过一些。谁知皇后就是拖延着不给办理。听说皇帝早就有诏，可皇后就是拖延着不办，皇后也不知想个甚，忙个甚？"

李夫人说起来也有些气。

乙夫人一拍手："说的是啊。依小妹看，姐姐该封个昭仪，这样，我们这些生了儿子的姐妹也就能够封个椒房贵人什么的，让银两、绢帛的赏封多一些。我看，就是皇后作怪，不想提升我们姐妹，让我们姐妹永远蜷缩在她的脚下，她才放心！她就怕我们升了上去，离她近了，影响她的高贵地位。"

"这哪可能啊，我们就是升了昭仪，也还是趴伏在她的脚下，哪能威胁到她的地位呢？她永远都是皇后。"

李夫人笑着摇头："我看，不是这原因。也许她怕宫里开支紧张，所以迟迟不提升我们吧。"

乙梅叶乙夫人又拍打了李夫人的手背一下："姐姐忠厚，不会以小人之心去猜度别人，总是用君子之心去看他人。谁知道呢，人心隔肚皮，谁知道皇后如何想？不过，我不认为皇后没有用心。你不觉得皇后很有心机且城府很深吗？"

李夫人点头："这倒是。皇后很有心机，很聪明的。"

乙夫人推了李夫人一下："姐姐不能出面催促催促皇后？"

李夫人摇头："皇后凛然，我一见她就心里发怵，我不敢跟她提这种为自己讨利益的事。也许提了以后，适得其反，惹怒了皇后，这事更没有指望了。我看，还是顺其自然吧，反正我们有吃有喝，等着吧。"

乙夫人白了李夫人一眼："姐姐倒是好脾气，我可比不了姐姐的涵养。我看还是要想想办法，催催皇后，不能就这么没有时日地等下去，等到甚时候是尽头啊？对了，姐姐难道不可以让你父亲出面在皇帝那里说说话吗？姐姐的父亲可是仪曹尚书啊。"

"这是个办法，我可以试一试。哎，妹妹，你和皇后关系那么亲密，你是常太后的外甥女，皇后是常太后的干女儿，说起来也算是姊妹了，你又是皇后亲自挑选入宫的，为甚你不能直接去催问催问皇后呢？"李夫人突然想起乙夫人的身世，奇怪地问。

"咳！别提了。常太后不是不在了吗？皇后大约连常太后都不记得了，人走茶凉啊，哪还认我这妹妹啊？自从皇帝叫我去侍寝，她对我的态度就大变了，变得鼻子不是鼻子，脸不是脸的，难看极了。我给皇帝生了个儿子，她对我就更没有好嘴脸，我哪敢去自讨没趣啊。"

"是啊，皇后见了内监宫女都是笑模笑样的，见了拓跋贵族老臣，更是笑容可掬，唯独见了我们姐妹，就面沉似水，威严极了，让我们根本不敢开口跟她说几句亲热话。"李夫人叹息着。

"是的，她真会拿架子做样子，鬼点子多着呢。她这是故意摆出威严来压我们。她自己不生孩子，把太子教养揽到自己手里，将来让太子只亲近她一人，她想得可远哩。"乙夫人气恼地说着。

"那有甚办法呢？人家是皇后，自然有这权力。我们只是妃子、夫人，当然不可能担负教养太子的责任了。抱怨也是没有用的，我们只要教养好我们自己的儿子就行了。"

乙夫人点头："对，姐姐说的是，我父亲也是这么教导我。"

李夫人猛然拍手："你父亲也是朝廷重臣，去年已经被提升为太原王，而且你几个舅舅都是重臣，常家一门豪族，皇帝很倚重的，你也可以让你父亲、你舅舅们在皇帝那里吹吹风，让皇后早日给我们贵人封号啊。"

乙夫人点头，不过又叹气说："我父亲这太原王的爵位看似提升了，但是他在太原就职，远离平城，难得见皇帝一次。我大舅常英、二舅常喜、堂舅常振蒙我姨母常太后的眷顾，都曾经做朝廷大官。可是自从姨母常太后崩了以后，这些年渐渐被皇帝调动离开朝廷，外放出平城做了州刺史。听说大舅常英在州做刺史，被人告了个贪贿之罪，近来刚刚被贬到敦煌。你看，这满门昌盛，不过几年，又开始萧条，真是十年河东十年河西啊。"

李夫人默然，突然有些兔死狐悲的感慨，不禁有些担心自己父兄的将来。这靠山，原本看起来巍峨雄壮，风雨如磐，坚不可摧，哪曾想，却也不过是冰山而已，说融化就融化，依靠不了多少时日。

外面内监高声通报："皇后驾到！"

李夫人慌乱起来，急忙对乙夫人梅叶说："不好了，皇后来了。不能让她看见我们在一起！你快躲进内寝宫里去，等她走了你再出来！"说着，就推着乙梅叶进到里面，顺手掩上了门，自己把儿子交给宫女，慌里慌张向外面走，去迎接皇后。还没等她迈步走出宫门，皇后已经笑吟吟地走了进来。

"给皇后请安！"李夫人向皇后行礼。

冯皇后双手扶起李夫人，笑着说："我来看看你和皇子。有些日子没来了，今天得空，挨个走走。刚从乙夫人宫里出来，再来看看你。"

李夫人心里发慌。冯皇后不大喜欢拓跋濬的妃嫔串门走动，不止一次训斥过好走动串联的沮渠夫人和韩夫人，也曾经以家法惩罚过她们。冯皇后知道女人毛病，聚在一起，难免东家长西家短地说长道短、搬弄是非，所以，她在常太后死后主理后宫以后，立即下令禁止后宫妃嫔无事串门。现在要是叫她看见乙夫人在自己这里，免不了要受责罚的。

李夫人志忑不安地招呼着皇后坐到主位上，让宫女端来红枣、葡萄招待。皇后摆手："不必忙活，抱皇子来给我看看。"

宫女抱来皇子。冯皇后接了过来："长乐又长大了不少。这娃啊，一天一个样，几天不见，就大了许多。"

李夫人笑着应和："可不是。这长乐啊，可聪明着呢。一见皇帝，就扑上去喊阿爷，抱住阿爷亲啊亲的，把皇帝高兴得合不拢嘴。"

冯皇后笑着："可不是，看样就是个聪明娃。等长大一些，我建议皇帝专门给皇子皇孙设立个皇学,把他们都送进去,好好学习。你看如何?"

李夫人说:"皇后的主意虽然不错,可是皇帝大约舍不得让他们入学学习,学习多苦啊。"

冯皇后说:"也是。国朝从没专门皇学设立,这事可能还要费些时日。皇帝眼下这四个儿子,除了太子弘儿,就是这长乐叫我喜欢。是不是啊,长乐?"说着,她把拓跋长乐放到自己的膝头上,逗弄他玩。

已经四岁的拓跋长乐是个狗脸娃,说变脸就变脸。冯皇后捏了捏他的鼻子,不知为什么惹恼了他,他居然抬手朝冯皇后脸上打了一巴掌。小手落在冯皇后的脸颊上,"啪"的一声,十分清脆。他就势跳下冯皇后膝头,跑到李夫人面前,一头扎进李夫人怀抱,哇哇大哭起来。

冯皇后愣怔着。

李夫人吓坏了,一边看着冯皇后着急地问:"皇后,没有打坏吧?"一边用劲拽着拓跋长乐:"你这死娃,不想活了你! 你咋就敢打皇后? 看我不打死你!"她扬起巴掌,在拓跋长乐屁股上狠命地打着,拓跋长乐"哇哇"地大声哭喊着。

冯皇后笑着,拉住李夫人的手:"算了,算了! 他一个不懂事的娃子,别打他了。"

李夫人让宫女把孩子抱出去,一个劲儿地向皇后赔礼:"皇后娘娘,千万不要怪罪这死娃子! 这死娃子经常这么不听话,真气死我了!"

冯皇后笑着:"娃子嘛,哪有不调皮的? 你宫里的开支够不够啊?"

李夫人苦笑着,却不敢发牢骚:"还算勉强可以支付吧。"

冯皇后点头:"我知道,你们各宫都有些紧巴,我会想方法给有皇子的夫人每月多支儿匹帛的。"

说到这里,冯皇后四下看看,微笑着:"乙夫人呢,不是说来你宫里了吗? 咋不见她?"

李夫人战栗了一下,极力否认:"没有啊,没有见乙夫人啊。谁说她来了? 也许宫女说错了吧?"

冯皇后收敛了笑容,站起身:"没来就罢了。告诉她,要是再到处串门,我要家法伺候的!"

"是! 是! 我若是见了她,一定转告她! 皇后慢走哇!"李夫人恭谨地送冯皇后出宫。她抹着额头的汗水,回到寝宫,乙梅叶正坐在刚才冯皇后坐的位置上拣着琉璃盘子里的红枣,津津有味地品尝着。

李夫人一把把她拉起来:"你找死啊!你咋能坐这位子啊!"

乙梅叶大大咧咧、满不在乎地说:"这位子难道不是人坐的吗?总有一天,这位子是我的!"

李夫人惊恐地看着乙梅叶:"你可别乱说!你不想活,我还想活呢!你快走吧!你没听见她刚才说的话?!快走吧!快走啊!"李夫人连拉带推,把乙夫人推出宫门。

李夫人见乙梅叶离开,才长长吁了口气。以后再也不能让她来了,李夫人想,这个女人是祸患。

皇帝幸临鸾凤齐鸣　皇后侍寝琴瑟失和

林金间小声叫住秦阿女:"皇后今晚请不请皇帝来安乐宫过夜?"

秦阿女摇头:"皇后没有说,看样子是不想请的。"

林金间满脸忧虑:"这可怎么好呢,皇帝大约有两个月没有幸临安乐宫了。这样下去,皇后会失宠的!"

秦阿女急忙摆手摇头:"不止两个月了。我一直给皇后记着呢,差两天就三个月没幸临安乐宫了。"

林金间大惊失色,他惊呼了一声:"哎哟,我的娘!"他被自己的惊呼吓了一跳,急忙四下看了看,捂住自己的嘴,压低声音说:"这可怎么得了啊!三个月不幸临,皇帝会淡忘皇后的,这样下去,皇帝陛下能不能喜欢皇后,可真的难说了!皇后娘娘难道没有意识到情势的严重?!"

秦阿女皱着眉头:"皇后娘娘没有说。你知道,皇后娘娘大咧咧的,对皇帝幸临不幸临一直采取无所谓的态度!"

"这样不行!我去提醒皇后娘娘!"林金间断然说。

林金间来见冯皇后。冯皇后正在练习毛笔字。她坐在高脚椅子上,正伏案抄写《诗经》上的诗来练习写毛笔字,桌子上还摊开一幅王羲之的《兰亭序》。

"奴家拜见皇后娘娘。"林金间轻盈地走到冯皇后桌子前,轻声说。

冯皇后抬头看了看林金闾,随意说:"金闾啊,有事吗?"她继续专心地抄写着她喜欢的一些诗。林金闾翻着看了看皇后抄写的《关雎》《将仲子》,赞叹着说:"皇后娘娘的字越来越好看了,已经很像王羲之的墨迹了。"

冯皇后朗朗笑着:"你不要专拣好听的说!我这字要是像了王羲之,这满朝文武不都是王羲之了吗?说我的字比你的强,我还信服,说我的字像王羲之,纯属拍马屁胡说!"

林金闾尴尬地笑着:"奴家眼拙。不过在奴家看来,皇后的字就是与王羲之的差不多!"

冯皇后拿起王羲之的字幅,与自己抄写的放在一起,指点着:"你看,'书圣'王羲之的字,间架匀称,我这字,间架就不行,这里太疏,这里又太密,这一竖过长,这一横太短,所以看起来不好看。更主要的是,我的字没有自己的骨,更没有自己的势。"

冯皇后把高允给她讲的书法又转述给林金闾听。

林金闾听得直点头,一脸虔诚恭敬地装作很感兴趣,好像他是第一次听到如此高明的议论似的。其实他也听过高允给冯皇后讲书法。

冯皇后看了林金闾一眼,意识到自己正在重复高允的议论,立刻收住自己的话头,她不大喜欢重复别人的话,不喜欢拾人牙慧。"你来不是来看我写字的吧?"她冷了脸,问。

林金闾满脸堆笑:"皇后娘娘高见,奴家来是想问皇后娘娘晚上安排。晚上皇后无事,听说皇帝那里也无事,奴家想问娘娘,要不要请皇帝陛下过来,与娘娘对酌一杯?奴家已经吩咐下人准备妥当,只等皇后发话,奴家就去请皇帝陛下过来。"

冯皇后蹙起眉尖,噘起嘴:"他想来,自己来好了,干甚还要我去请?他不想来,去请他也不来的。不必麻烦了!"

冯皇后近来闹情绪,心里对皇帝产生了许多埋怨。皇帝许久不幸临安乐宫,她心里又着急又气恼,可是又不愿意拉下脸与那些夫人争宠,特别不愿意和乙夫人乙梅叶争夺皇帝,她觉得自己一个堂堂皇后与乙梅叶争夺皇帝,太没面子。所以,她尽管心里不高兴,却不想在行动上表现出来,既不去主动拉拢皇帝,也不对乙梅叶专宠表现出气愤。

"奴家斗胆劝说皇后一声,还是去请皇帝来妥当。奴家知道皇帝陛下已经快三个月没有幸临安乐宫了！"

冯皇后心里一动：三个月？确实长了一些。日子过得真快，从找到哥哥冯熙到现在已经三个月了！她竟然没有觉察到，皇帝已经三个月没有幸临安乐宫！这可是少有的事情！

冯皇后沉思着。

林金闾小声说："奴家看，皇后不能掉以轻心啊！"

冯皇后点头："好，听你的！现在就去请皇帝今晚过来，说我要与皇帝对酌，与皇帝吟诗赏月。"

林金闾高兴得眉开眼笑："皇后英明！奴家这就去请皇帝！"

皇帝正在太华殿里与乙梅叶面对面、头抵头玩耍，他们喜欢一起玩樗蒲。刺绣着鲜艳图案的锦缎樗蒲枰上，摆放着出自昆山的杯，用蓝田玉制作的矢，象牙雕刻的马，紫檀木制成的五木。马用来过关跨堑，矢用来围杀和阻止马的前进，弹五木击马或矢，根据所得齿数，决定或策马过关，或围杀阻击，最后根据马矢所占枰的地盘多少决定双方的胜负。

皇帝拓跋濬正准备用自己的五木击乙梅叶的马，乙梅叶的马已经快要接近界河打进他的地盘，他一定要把它打回去！拓跋濬瞄准樗蒲枰上的马，用手指弹了一个五木过去。五木哧溜滑到一边，没有击中马。

乙梅叶高兴得呵呵笑着，并且不断地揶揄皇帝："臭手！还想击中我的马？痴心妄想！看，我的马就要过界河了！"

乙梅叶集中精力瞄准皇帝的马，把五木弹了过去，五木"啪"的一声击中拓跋濬的马。乙梅叶高兴地拈起象牙雕刻的马，向前挪了一大步，跨过界河，攻进拓跋濬的地盘。

拓跋濬懊恼地直拍自己的脑门："真是大意失荆州！大意失荆州！"不过，他决不轻易认输。他小心地瞄准乙梅叶的矢弹了五木，这一次，五木打在矢上。拓跋濬得意地哈哈大笑着："我要用矢把你的马打回界河去！"他挪动温润的蓝田玉雕刻成的矢，把乙梅叶的马杀回界河那边。

乙梅叶噘起小嘴，准备赖账悔棋："不嘛，这次不算！皇帝重来！重来！"

拓跋濬用指头拨弄乙梅叶噘起的丰满猩红的小嘴，就势凑了过去，亲了她一口："不能悔棋！朕不准悔棋！"

乙梅叶也趁势抱住皇帝，两个人滚在铺着地毡的地上，疯玩起来。

皇帝的中常侍王遇走进寝宫，看见皇帝和乙梅叶翻滚在地上，不敢说话，悄悄退了出去。

"禀报皇帝了吗？"林金间急忙问王遇。

王遇摇头，小声说："皇帝正和乙夫人嬉戏，奴家不敢打扰。这时候打扰皇帝，那乙夫人非得活剥了奴家的皮！"

林金间着急地说："皇后那边正等着皇帝的信呢，皇帝和乙夫人要嬉戏到甚时辰？"

王遇摇头："不知道，总得一个时辰。"

"哎哟，我的娘！那可怎的好？"林金间急得抓耳挠腮，脸都苦楚成了个干核桃。

王遇无可奈何地劝说林金间："你还是先坐一会儿，没有办法的。"

"你再进去看看，也许皇帝已经嬉戏完毕。"林金间催促着王遇。王遇只好硬着头皮，又推门进去，皇帝和乙夫人已经从地上坐回绳床，又头抵头玩樗蒲。王遇高兴地走到皇帝面前，向皇帝和乙夫人行礼，笑着说："皇帝陛下和乙夫人好兴致，樗蒲玩了这么长时辰，不知是皇帝还是乙夫人胜出？"

拓跋濬头也不抬，笑着说："当然是朕胜出了，她哪里是朕的对手。"

乙夫人用指头戳了戳拓跋濬的额头："没羞！皇帝净赖棋！"

王遇磨蹭着，站在一旁。乙梅叶有些不耐烦，她抬头白了王遇一眼："中常侍还有甚事情啊？站在一边，挡住了我的光亮！"

王遇急忙向皇帝身旁挪了挪身子，向乙夫人道罪："请乙夫人恕罪，奴家失礼了。"说完，还是只管躬身站在拓跋濬身旁，没有退出去的意思。

乙梅叶生气了，她把手中的五木"啪"地掷到地上，凤目圆睁，指着王遇大声呵斥："你这是咋个事情？站在旁边要干甚？你到底有甚事禀报皇帝？能不能干脆利落点？有屁你就快放，没屁你就滚开！不要站在这里扰乱我！"

拓跋濬微笑着看着乙梅叶生气。乙梅叶生气，柳眉倒竖，杏眼圆睁，说话粗鲁，实在十分有趣。这乙夫人简直就是一个小辣椒，火辣辣的，很有兴味呢。所以他喜欢和她一起玩，没事的时候，就与她一起玩耍樗蒲、弹棋和握槊，不管哪种游戏，他们两人都玩得兴趣盎然。

王遇赔着笑脸，可怜巴巴地看着皇帝，不知道自己该不该说。拓跋濬这才向他点头："你有何事禀报？"

王遇小心翼翼地说："皇后宫里的中常侍来请皇帝去安乐宫与皇后对酌赏月，不知皇帝能否去？请皇帝明示。"

皇帝看了看乙梅叶，乙梅叶的脸色更加阴沉，嘴已经噘得可以拴一头毛驴。

"今晚？"他无意识地重复了一遍。

"是的，今晚。林金闾就在门外等着皇帝的回话。皇帝已经有三个月没有幸临皇后宫了，奴家大胆提醒皇帝一下。"

乙梅叶大喝一声："大胆奴才，你找死啊！皇帝是用你提醒的？"

王遇脸上笑着，嘴里还是说："奴才不该多嘴！不过皇帝确实已经三个月没有幸临皇后宫了。请皇帝明察！"他心里想：不管你乙梅叶多么恼怒，我王遇一定要帮助林金闾把皇帝劝说到皇后那里去！

"有三个月了？没有这么长吧？"拓跋濬迟疑不决地看着乙梅叶，问。

乙梅叶勉强地笑着："没有三个月，不过才一个多月。那奴才夸大其词！"

王遇更加谦恭地向乙夫人和皇帝行礼："乙夫人记性过人，皇帝清明以后可是没有幸临过安乐宫，今天已经是七七乞巧节了。"

拓跋濬若有所思地点头："可不是，已经三个月了。让林金闾回去告诉皇后，朕用过晚膳去安乐宫！"

王遇极力压抑着自己的兴奋，连声答应着："是，奴家这就去告诉林金闾！"他一边说，一边抬眼偷偷看了看乙梅叶。

乙梅叶已经愤怒得鼻子不是鼻子，脸不是脸，正怒视着王遇，恨不得鞭打他一顿。王遇急忙退了出去，把这好消息告诉林金闾。

林金闾急匆匆回去把这消息告诉冯皇后。冯皇后立即命令宫人准备晚上皇帝来赏月的东西。

晚饭过后，冯皇后在葡萄架下摆放了桌几、卧榻、果品、美酒，她要和皇帝在葡萄架上偷听鹊桥相会的牛郎织女的悄悄话。

冯皇后特意打扮了自己。她穿上拓跋濬最喜欢的粉红的鲜卑小袍，里面是葱绿的抹胸，露出白皙的胸脯；她戴上珍珠玉石项链，头上戴着金灿灿的凤冠,梳了一个汉式的卧堕髻,上面插着几朵鲜红的石榴花。

"来,给我搽些胭脂。"冯皇后端详着琉璃镜里自己那白皙的脸颊,对秦阿女说。秦阿女感到奇怪,一边给她抹着胭脂宫粉,一边想着:看来皇后确实想念皇帝陛下了,她一改平素不喜欢涂脂抹粉的习惯,这么精心打扮自己,等待着皇帝到来,可见她的心思。还是林金闾细心,善于揣摩皇后的心思,自己作为皇后贴身宫女,竟没有看出皇后真实的心思,还以为她对皇帝幸临不幸临不在乎呢。秦阿女心里责备着自己,一边更精心地为皇后打扮着。

"外面都准备好了吗?"冯皇后看着菱花琉璃镜里的秦阿女,问。

"回皇后,都准备好了。"

"皇帝喜欢吃的果品都准备齐全了吗?"冯皇后似乎还有些不放心,又追问着。

"请皇后放心,林常侍全部准备齐全了。有松子、瓜子,有柿饼、沙果,有石榴、水蜜桃、大杏,还有李子、柿子、葡萄,不过葡萄不大熟,一定很酸,再就是西域的各种蜜瓜。请问皇后,还有甚没有准备到,奴婢这就去传话添加。"

冯皇后笑着:"这么多样,足够了。大凡皇帝爱吃的,已经都有了。算了,不用添加了。"

"对了,请问皇后娘娘要不要抚琴?要不要把琴床摆出去?"秦阿女突然想起冯皇后喜欢抚琴,急忙问。

"好啊。先摆上吧。也许我和皇帝来了兴致,操琴弹上一曲,也说不定。"冯皇后灿烂地笑着,想象着她和皇帝月下琴瑟和鸣的美好景象。

敷完脂粉,秦阿女接着给冯皇后描画眉毛。冯皇后的眉毛漆黑弯曲且细长,不经描画都十分好看,秦阿女只在上面轻轻地点了点青黛。她捧起琉璃镜,让冯皇后仔仔细细、前前后后端详打量着。

冯皇后微笑了。琉璃镜中是一个绝色的美人,比拓跋濬任何一个妃嫔都要漂亮,她不担心皇帝拓跋濬会疏远冷淡自己。

她自信地笑着,推开了琉璃镜,站了起来:"皇帝陛下该来了吧?我要出宫去等着迎接他!"

冯皇后施施然走出寝宫,站在寝宫前的走廊下,等待着皇帝拓跋濬。

天空已经暗了下来,黑蓝的天幕上闪烁着繁星,秋虫啾鸣,后苑里一片蛙声,几只晚归的乌鸦哇哇叫着,绕树枝飞,寻找自己的巢穴。皇宫里巡夜侍卫哪哪地敲着金柝，走近又走远，一圈一圈地巡逻着皇宫。

秋风吹拂着冯皇后微微发热的脸颊，她感受到自己有些急促的心跳：确实，她在想念皇帝拓跋濬。皇帝拓跋濬三个月没有幸临安乐宫，她竟然没有觉察。站在这里等待拓跋濬的时候，她才意识到自己这么想念他。过去，她总认为自己是皇后，不能够嫉妒，要让皇帝自己选择他喜欢的妃妾夫人。所以，她竭力装作对皇帝幸临不幸临无所谓的样子，其实她是在欺骗自己！她也希望皇帝永远陪伴在自己身边！现在，她才意识到自己的真实想法。

想到这里，冯皇后不觉有些伤感。她知道，皇帝并不真心想在她这里过夜，因为她不能叫皇帝舒畅痛快。

以后会变的，冯皇后想，她正在努力学习。今晚，她就将运用自己新学得的技巧来侍寝，她一定要让皇帝满意！

"皇帝驾到！"宫门侍卫大声喊。

冯皇后的心欢快地跳动起来，像一个小姑娘似的，轻捷地飞下走廊台阶，迎着皇帝的步辇跑了过去。皇帝步辇来到院子中间，拓跋濬在中常侍王遇的搀扶下走了下来。冯皇后轻捷地来到皇帝身边，给皇帝行礼接驾。

拓跋濬看着漂亮的皇后，心也欢快地跳动起来。每次见到皇后，他都觉得自己涌动着一股激情和热情。可惜这激情和热情经常被皇后的痉挛破坏，让他每次都是乘兴而来，败兴而归，所以，他近来对幸临皇后感到兴趣索然。

拓跋濬急忙搀住冯皇后，笑着："皇后近来可好？朕近来忙乱，有些日子没有幸临这里了！"

冯皇后突然感到有些委屈，她的大眼睛里立刻盈满了晶莹的泪水，用有些发颤的声音说："皇帝陛下久不幸临，妾身望穿秋水，天天盼着，等待着，却又不敢去打扰皇帝陛下。妾心里苦死了。"说着，就把头抵在皇帝的肩头，轻轻地碰撞着。

拓跋濬心里痒痒的，酥酥的，被皇后的柔情温暖融化得像一汪加热了的浆酪油一样。他急忙揽住冯皇后的肩头，轻声安慰着："皇后不要难过，朕不是来了吗？朕近来确实太忙，实在抽不出身。今晚一定要好好陪皇后度过一个难得的七七夜。"拓跋濬一边说，一边用嘴唇轻轻亲吻冯皇后，亲吻着她眼睛里的泪水。

冯皇后就势抱住拓跋濬,小声说:"我们到葡萄架下去偷听牛郎织女的悄悄话。"

"好啊,我也想对你说几句悄悄话呢。"拓跋濬和冯皇后互相搂抱着,走到葡萄架下。一串串一嘟噜的葡萄垂在架下,在十几个灯笼的照耀下闪烁着。

拓跋濬揽着冯皇后的腰,坐到卧榻上,秦阿女给皇帝和冯皇后披上了斗篷,害怕秋夜的露水和夜风让他们着凉。

拓跋濬从果盘里捡了个大石榴,剥开皮,抠出几粒石榴子,喂到冯皇后的嘴里。他指着蓝黑天幕上一条闪烁着银色的模糊的星河:"两边那两颗闪亮的星,就是牛郎织女了。"

冯皇后把头倚在拓跋濬的肩头,看着天空,指点着,"牛郎织女今晚相会,我们今晚也相会。多好啊!"

拓跋濬心里暖融融的,他端起酒杯:"来,让我们饮一杯,祝贺牛郎织女每年一次的相会!"

冯皇后端起酒杯,顽皮地说:"难道就不祝我们两人两情久长?"

拓跋濬刮了一下冯皇后的鼻子:"皇后今晚可不端庄了,要是妃嫔看见,如何作表率啊?"

冯皇后娇嗔地说:"不是因为高兴吗?又没有妃嫔在场。只要陛下不在其他妃嫔面前说起,她们谁会知道呢?皇帝陛下可不要给她们说啊,她们现在正在寻事呢。"

拓跋濬生怕破坏了今晚的好气氛,急忙答应:"我当然不会说了。来,你我上香,祝愿我们两情久长!"

秦阿女把点燃的香递给皇帝和皇后,让他们到香案前上香发愿。

冯皇后双手握香,对着香案鞠躬行礼,喃喃着发了三个心愿:一愿她和拓跋濬两情久长,二愿她自己身体健康,三愿她哥哥一家健康。

拓跋濬揽着冯皇后,坐回卧榻,慢慢饮酒,讲着关于七夕的故事。

"今天皇帝晒衣物、晒书了没有?"皇后问。

"晒了。"拓跋濬笑着。

"不是晒肚子吧?"皇后开玩笑说。

拓跋濬刮着冯皇后的鼻子:"你可真坏。朕尽管一肚皮学问,但是也有许多书啊。朕可不是阮咸，也不是郝隆和边孝先，穷得没有书可晒！"①

"其他妃嫔在干甚呢？是不是也在乞巧啊？"拓跋濬问。

"可不是，年年乞巧，也没见她们变得巧一些。"冯皇后抿嘴晒笑着。

拓跋濬突然说："你准备甚时候封赏她们啊？也该封个昭仪、椒房、贵人甚的了。要不，与我封王同时进行？"

皇后支吾着："皇帝甚时候封王？到时候再说吧。"她急忙换过话题："皇帝，我们来抚琴唱歌如何？"

"好啊。"拓跋濬兴趣盎然。

更深夜阑，冯皇后与拓跋濬才互相拥抱着走回寝宫。寝宫里弥漫着熏香的好闻气息，香喷喷的，令人昏昏欲睡。

拓跋濬上了炕，很快脱光衣服躺了下来，静静等待着冯皇后。

冯皇后坐在梳妆台前，一边卸装，一边尽量平静着自己的心情。她有些激动，又像往常一样，很紧张。过去，尽管常太后曾经给了她许多指导，但是她还是抑制不住自己的害怕与紧张，总是以失败告终。今天，一定要成功，要让拓跋濬从她这里享受到一次销魂的幸福和快乐。她不能失败！

冯皇后信心十足，因为她最近读了《素女经》，从《素女经》里学会了一些技巧。能净沙门把一册《素女经》给了林金闾，让林金闾转交给她。那是凉州沙门带过来，又在平城沙门中流传开来的一些房中书。她闲来无事，也曾翻看着，书里的文字叫她脸红心跳，也叫她有些春心荡漾，让她很有些向往那她一直很害怕的男女风情事。

冯皇后对着镜子，慢慢地卸掉自己的凤冠、项链，解开发髻，让一头乌黑发亮的头发如瀑布一样倾泻下来，披在肩头。

拓跋濬早就等待得有些不耐烦了，他不断催促着："快点啊。你怎么这么慢吞吞的？朕都急死了。"

---

① 晒衣物，为七夕风俗之一。《晋书·阮籍传》载，七夕这天，阮姓宗人全部晒出自己的锦绣衣物，阮籍侄子阮咸家贫，无书可晒，便挂起大布围裙来晒。东晋时，有个叫郝隆的人，左邻右舍都晒衣物，他自己便躺在太阳下，露出肚皮，邻人问他干什么，他说在晒书。边孝先的典故，见于《后汉书·边韶传》。边韶，字孝先，东汉学者。一日，他露着肚皮躺在太阳地里休息，被弟子看到，弟子嘲笑说："边孝先，腹便便。懒读书，但欲眠。"边韶马上说："边为姓，孝为先。腹便便，五经笥。"意思是说自己大腹便便，满肚子学问。

冯皇后从琉璃镜里看着拓跋濬,娇羞扭捏地说:"皇帝急甚啊?这事急不得的,要慢慢来。"她故意提醒皇帝。万一他还是像过去那样着急和粗鲁,恐怕自己还是要老毛病复发。但愿皇帝能体谅她的心情。

冯皇后心里祈祷着,从梳妆台前站了起来,慢慢脱掉自己的外衣,只穿着鲜红的锦缎兜兜,爬上了炕。

拓跋濬一把抱住冯皇后,把头拱在她高耸的丰满的胸脯里,一边亲吻着一边说:"你都急死我了!"说着,急不可耐地扳倒冯皇后,一把扯断冯皇后的兜兜,爬到她的身上。

冯皇后原本平静下来的心又紧缩起来,缩成一个团团,提到嗓子眼里。"皇帝陛下,慢一点,轻一点,急不得的!"冯皇后呻吟般地嘱咐着。

拓跋濬根本没有听到皇后的话,他的心里充满一团火,只想尽情宣泄。他胡乱动作着。他还是他,他是皇帝,不会应和,不会温柔,不会体贴,他只知道自己需要痛快,需要满足,他急不可耐,他饥不择食,他根本不会温柔,不会轻柔,不会体贴,在任何一个妃嫔身上,他都是只顾他自己,从来没有考虑过身下那女人的感受,更不考虑让那女人快乐满足,他只知道自己的快乐与满足。

拓跋濬粗鲁地、胡乱地、匆忙地动作着。

冯皇后的心已经紧缩成一个干核桃,皱成一团。她害怕的疼痛终于又开始了,尖锐,剧烈,一阵又一阵。冯皇后开始冷汗涔涔,她呻吟起来。

冯皇后的呻吟更刺激了皇帝拓跋濬的情绪,他更疯狂地动作起来,急速,粗鲁。

冯皇后害怕的事情终于发生了。她又开始痉挛,一阵一阵,痉挛得不可抑制。

"哎哟!哎哟!"拓跋濬开始感受到那痉挛,他痛苦地喊叫起来。痉挛僵直的肌肉刺痛了拓跋濬,像被什么紧紧夹住了似的,让他感到钻心的疼痛,刚才的快活倏然消失,留给他的只剩下痛苦。

"你咋回事啊?"拓跋濬已经收缩了起来,他忍着疼痛抽出自己的命根子,双手捂住在炕上翻滚。

冯皇后被疼痛紧紧攥住,她蜷缩成一团,浑身战栗着,涔涔的冷汗直流,剧烈的腹部疼痛一阵又一阵向她袭来。

拓跋濬愤怒地躺着，一句话也不说。原本以为她已经治好自己的毛病，才这么巴巴地把他请来，结果又是跟过去一样，不光叫他败兴，还叫他忍受了一番痛苦的折磨。

拓跋濬转过身，独自一人呼呼入睡。

冯皇后听着拓跋濬粗重的呼吸声，眼泪打湿了枕头。一切努力看来都是白费，自己无法满足皇帝。哪里出了毛病？是不是从小使用麝香，破坏了自己的身体？她不仅不能给拓跋濬生孩子，看来再也不能与拓跋濬同房了。可是，不能与拓跋濬同床，她怎么维系她和皇帝的感情？现在的拓跋濬已经明显流露出对她的厌倦，再过几年，当她上了点年纪，不再年轻，更没有了姿色，拓跋濬会怎么对待她呢？

冯皇后打了个寒战，不寒而栗。

乙梅叶的面孔在黑暗中闪烁，她那口白牙好像就在冯皇后的眼前，好像正咯咯作响，想撕裂她、咬噬她，她的笑声狰狞而充满了得意和狂妄，好像就回响在冯皇后耳畔。

乙梅叶正在得意地嘲笑自己的失败呢，冯皇后气恼地想。

乙梅叶会不会趁此时机撺掇皇帝赏封她们呢？皇帝已经透露出这样的意思，自己能够推托敷衍到甚时候？

不行！坚决不赏封那几个妃嫔！冯皇后下定决心，不管用甚手段，她也不会让乙梅叶那几个妃嫔接近她的位置。

冯皇后的痉挛已经停止，身上的冷汗也已经散去，她感觉有些困倦，可是她却无法平静地入睡。身旁的拓跋濬翻身，似乎在说着什么梦话，好像咬牙切齿地。

冯皇后突然对身旁的这个手握臣民生杀予夺大权的男人生出许多不放心和疑虑。他能够永远对自己好吗，就像当年他曾许下的海誓山盟？

冯皇后在黑暗中瞪大眼睛，思谋着她的明天。她的明天，她的理想，全都要靠她自己以坚强的毅力去实现。不管有多艰难，她决不退缩，她要和拓跋皇朝生死与共。

拓跋濬还在酣睡中，发出呼呼的粗重的男人的气息，吹拂着冯皇后的脸颊。她扭转过身，让自己慢慢入睡。

第二章　朝廷风云

尚书提议赏封后宫　皇后反击小试牛刀

　　皇帝拓跋濬在太华殿召集三公(太尉、司空、司徒)、大将军、大司马与各部尚书,讨论赏封亲王的事情。

　　拓跋濬越发英姿勃发,年轻的脸庞已经留起须髭,显得老成一些。但是,依然掩盖不了他的年轻,白皙的面庞上,红润鲜活,没有一点皱纹。这几年,他觉得自己处理朝政十分顺利,国家有了许多起色。

　　西征以后,吐谷浑的叛乱已经平息。他在和平二年(461年)正月下诏,禁绝富豪逼民假贷和高利贷。二月,行幸中山,亲对高年,问民疾苦,诏民年八十以上,一子不从役。和平三年(462年),正月以车骑大将军乙浑为太原王。三月,南朝刘骏遣使朝贡,高丽、疏勒、石那、悉居半等八国各遣使朝献。冬十月,他整饬了选举制度,下诏:"今选举之官,多不以次,令斑白处后,晚进居先。岂所谓彝伦攸叙者也。诸曹选补,宜各献尽劳旧才能。"和平四年(463年),他根据皇后的建议,整饬了民间婚嫁风俗,禁止豪富抢掠民间女子。他在十二月,诏曰:"名位各不同,礼亦异数,所以殊等级,示轨仪。今婚丧嫁娶,大礼未备,贵势豪富,越度奢靡,非所谓式昭典宪者也。有司可为之条格,使贵贱有章,上下咸序,著之于令。"接着,又下诏说:"夫婚姻者,人道之始。是以夫妇之礼,三纲之首,礼之重者,莫过于斯。尊卑高下,宜令区别。然中代以来,贵族之门多不率法,或贪利财贿,或因缘私好,在于苟合,

33

无所选择，令贵贱不分，巨细同贯，尘秽清化，亏损人伦，将何以宣示典谟，垂之来裔。今制皇族、师傅、王公侯伯及士民之家，不得与百工、伎巧、卑姓为婚，犯者加罪。"

这些整饬朝政、礼仪与婚姻风俗的大事，虽然也叫拓跋贵族议论纷纷，但总归颁发而且强行推广了。尽管各地官吏在推广的过程中，阳奉阴违，夸大成绩隐瞒真相，但是毕竟没有在国内引起大的混乱，让拓跋濬改革拓跋旧制的想法得以实现，他感到很高兴。

想起这些措施的颁布，皇帝拓跋濬不能不感激地想到冯皇后，这里有她许多功劳。她是汉人，对鲜卑一些风俗，特别是婚姻习俗极为看不惯，经常向他抱怨魏国风俗的恶劣，搞得他也觉得鲜卑魏国风俗令人脸红，所以他才下决心颁来改变一些最落后、最令人羞惭的习惯，比如私合，比如不讲地位身份的媾和婚姻。不过，这些诏令颁发的最终目的，还是在于禁绝鲜卑最叫人脸红的收继婚，比如弟兄之间可以互相收继妻妾，甚至父子、祖孙之间也可以互相收继妻妾的怪事，比如开国皇帝老祖宗什翼犍娶了儿媳——道武皇帝拓跋珪的娘，那样叫他们全都感到脸红的事。

拓跋濬在今年的秋七月，留在平城京都皇宫，没有出巡阴山。从建都平城以来，不管哪个皇帝，每年的六月、七月，都要按照拓跋氏皇朝的传统惯例出巡阴山。今年七月，他也应该率领皇室全体成员和大臣将帅，到阴山牛川去举行祭祖祭天的阴山却霜活动，同时举行大型围猎活动。但是，今年他没有去，因为在皇后的劝说下，他也越来越认识到这种活动实在过于靡费，实在劳民伤财。

冯皇后对阴山祭祖围猎一事也颇有自己的看法。她多次劝阻拓跋濬不要这么劳民伤财，要保存国家朝廷的财力，没有充盈的国库存储，这朝廷如何能够维持稳定？虽然，拓跋濬不愿意在皇后宫里过夜，但是他对这皇后还是十分尊敬。爱之不足，敬之有余，冯皇后有许多精辟的治国见解，他十分愿意听从。

去年，和平四年(463年)秋七月，他去阴山牛川祭祖与围猎以后，便下诏曰："朕每岁以秋日闲月，命群官讲武平壤，所幸之处，必立宫坛，靡费之功，劳损非一。宜仍旧贯，何必改作也。"接着又下诏曰："朕顺时畋猎，而从官杀获过度，既殚禽兽，乖不合围之议。其敕从官一典围将校，自今以后，不听滥杀。其畋获皮肉，别自颁赉。"同时，他还针对豪富抢掠民家，下诏曰："前以民遭饥寒，不自存济，有卖鬻男女者，尽仰还其家。获因缘势力，获私行请托，共相通容，不时检校，令良家子息仍为奴婢。今仰精究，不听取赎，有犯加罪，若仍不检，听其父兄上诉，以掠人论。"

这些诏令下达一年来，起到维护庶民利益的效果，豪富果真稍微约束了自己的行为，民间抢掠的事情少了许多。他已经在平城重新修建太庙，而且修建了城西的祭坛，准备以后把祭祖活动移到平城举行，以避免不必要的靡费。

整饬国政有了初步成效，该是赏封群臣和诸王的时候了。赏封了亲王以后，他拓跋濬就要率领全体宗室群臣在平城举行一次大型祭祖活动，以代替阴山的祭祖，然后慢慢减少阴山祭祖活动，避免不必要的靡费。这也算是他拓跋濬做皇帝的改革措施吧。

拓跋濬让三公、尚书、侍中、中常侍和内行长们依班坐在自己的座位上。他微笑地看着各位内外朝大臣："朕今日与众卿商议赏封亲王事宜。朕原有兄弟十三人，各椒房除赵王深早薨，其余业已成年，除前年已封的济阴王新成、汝阴王天赐、乐浪王万寿、广平王洛侯几人，虽然广平王洛侯和乐浪王万寿已薨，尚有云、桢、长寿、太洛、胡儿、休几个尚无封号。他们现在都已成年，朕准备赏封他们，不知众卿认为可否？"

众大臣齐声说："皇帝仁慈，赏封亲王正当其时！"

"朕想了许久，决定封云为任城王，封桢为南安惠王，封长寿为城阳康王，封太洛为章武敬王，封胡儿为乐陵康王。众卿可有异议？"

仪曹尚书李欣出班起奏："臣对赏封诸王毫无异议，臣只是建议皇帝赏封诸王的同时赏封后宫，后宫如朝廷，应建完善品级。虽内宫官职齐全，只是后妃等级尚未齐备，皇后以下，只有夫人。按照周礼，应该具备嫔、妃、夫人、贵人、椒房、昭仪、皇后诸等级才是。后妃等级齐备，后宫秩序稳定，皇业兴隆。望皇帝陛下赏封诸王同时，健全后妃等级，以正后宫人伦！"

拓跋濬点头。他偏转过头，看着冯皇后："皇后意下如何？"

冯皇后并不经常参与这种朝政大事的商议。今天，因为商议赏封诸王，皇帝安排她参加了朝议。她自己并不大喜欢参与这种朝议，高高坐在龙床上，面对许多男人的目光，她总是感到十分别扭。鲜卑没有男女有别、男女授受不亲的礼俗,她是知道的,在鲜卑皇宫里住了这么多年,已经濡染了鲜卑的许多风俗习惯,连鲜卑话也能够流利地说,在皇宫里也接触许多男子,可是,她还是不大习惯与不大熟悉的男人坐在一个殿堂里,接受许多男人的目光注视。坐在龙床上,她总是不敢抬头望着下面,偶尔一抬头,她总能遭遇各色目光,有的敬畏,有的轻视,有的欣赏,有的却是火辣辣的,带着暧昧的好奇,偷偷摸摸窥视着她。这些目光叫她心跳,叫她脸红。刚刚二十岁出头的她,虽然已经作了几年皇后,却还是不习惯大大方方地接受各种男人的目光。所以,她尽可能避免参与朝议,只要皇帝不主动叫她,她就假装不知道。

冯皇后低头端坐在皇帝拓跋濬身旁,沉静地听着皇帝和大臣的说话,并不准备发表意见。听见仪曹尚书李欣出班起奏,她才稍微抬起头,看了看下面。李欣站在龙床高基前,侃侃而谈,他提出赏封后妃的奏议,叫冯皇后心里"咯噔"响了一下。

冯皇后确实不想封赏后妃,她不希望有什么左、右昭仪来协助她治理后宫。她自己有足够的能力治理后宫事务,她也不希望有更接近她皇后宝座的椒房和贵人,她不希望任何后妃接近她,她需要独自一人高高在上,她要站在山巅俯视拓跋濬的后妃,她要让那些后妃匍匐在她的脚下。几年来,她采用多种拖延的办法,没有赏封一个后妃。拓跋濬的几个生了儿子的妃子一律还是夫人名分,都没有得到提升。拓跋濬最希望提升的李夫人、乙夫人,至今依然是夫人身份。皇帝拓跋濬偶尔催促一下,不过,他毕竟朝政大事繁多,没有精力顾及后宫事务,所以才延宕至今。

冯皇后恼怒地看了李欣一眼:谁叫你在朝议上公开提出这事,真是没事找事!冯皇后又想:这是为他自己的女儿李夫人说话!肯定是李夫人搬弄是非,故意让他在朝议上公开这事,好叫皇后她下不了台,企图借助皇帝和群臣的势力逼迫皇后给她赏封。

肯定是这么一回事!冯皇后思谋。

李欣接着说:"臣以为,后宫不备,礼仪不周,容易导致朝政阙坏,万望皇帝陛下周全考虑,及早安排。"

冯皇后心里已经燃起愤怒的熊熊大火,她真想站起来,指着李欣的鼻子责备他一番。不过,她立刻控制住自己的冲动。李欣并没有责备她,她自己站出来不正好揽于自身吗？不是正好告诉群臣，正是她皇后不想封赏后妃吗？

不，不要冲动！冯皇后在心里告诫自己。

冯皇后轻轻咬住嘴唇，把心头的火强压了下去。

冯皇后的脸上慢慢现出了微笑，刚才的拘谨羞涩与不自在倏然消失，她好像换了一个人似的，微笑照亮了她的脸，让她原本美丽但是不生动的脸有了勃勃生气和热情。

冯皇后的笑容越来越灿烂，越来越辉煌，越来越明媚，她的头慢慢昂了起来，有些忧郁的目光平视着眼前，平视着眼前所有的人，不管他们的年纪身份，不管什么样的目光在逼视着她，她都不会退让。从此以后，这头再没有低下过，这目光在任何时候再没有闪避过任何人。

李欣还在陈述大礼。

冯皇后笑着想：他能够用礼来阐述赏封后妃的意义，看来这礼是大有用处的。我一定也要学礼，让高允给我好好讲讲礼。

拓跋濬偏转过头，问："皇后意下如何？"

冯皇后收回目光，直直望着皇帝："扶风公李尚书侃侃而谈，把赏封后妃的意义阐述得精微透辟，让本宫不胜景慕。扶风公李尚书如此健谈，当年为陛下博士助教之时一定让陛下受益不浅，但是为甚皇帝陛下却曾发出'始学之时，情未能专，既总万机，温习靡暇，是故儒道实有阙也'的感叹呢？这咎由谁取呢？"

拓跋濬未曾料到皇后突然提及他旧日的话语，愣了愣，笑着说："皇后为甚突然想到这旧事呢？"

冯皇后灿烂一笑："扶风公的口才令我想起旧事。皇帝陛下以为当年儒道有阙，咎在何人呢？"

拓跋濬笑了，挠着头皮说："当然主要咎由自己，可是师傅之不勤也有相当关系。"

"既然皇帝陛下对扶风公当年助教颇有微词，为甚还赏爵加封呢？"冯皇后慢条斯理，用很惊奇的语调说，显示出她的天真和不谙原因。

拓跋濬摇头："所以赏爵仍隆，皆因为朕念旧情，不遗旧也。皇后知道，当年太武皇帝诏崔浩选中书学生中器业优秀者作朕之博士助教，崔浩选中其弟子李敷三人,太武皇帝亲自提出'云何不取幽州刺史李崇老翁儿也'?这老翁儿就是李欣啊。既然太武皇帝如此看中,亲自擢拔,朕如何能不念太武皇帝擢拔之情?朕也念他教授之情,选为仪曹尚书、领中秘书,赐爵扶风公,加安东将军,赐其母为容城君。"

"原来如此。"冯皇后依然灿烂地笑着,十分平稳地说,"可他教授不勤确实贻误陛下,难道不该追究?太武皇帝历来赏罚分明,所以朝政清明,皇业兴隆,陛下不以为然否?"皇后的语气里已经有了些责问的意味。

拓跋濬愣了愣,一时不知道说什么。

冯皇后毫不放松,又追问着:"这教授太子可是国朝第一大事,如若博士助教教授不力,几可祸国殃民。陛下不以为然否?"

拓跋濬点头:"皇后所说,甚有道理。"

冯皇后看着皇帝粲然一笑,突然掉转头,面色骤然冷峻起来,面对面前的李欣冷冷地说:"你听到皇帝的话了吧?既然失职于皇帝,你为甚不自责于己?还有什么脸面站在皇帝面前夸夸其谈!"

李欣"扑通"一声跪倒在皇帝和皇后面前,连声说:"臣该死!臣该死!臣应谢罪天下!臣请辞去朝内官职,请求外放!请皇帝恩准!"

冯皇后微笑了:"既然李尚书自咎其责,愿意辞去朝廷官职,请求外放,本宫也不好说什么,还请皇帝陛下定夺。"冯皇后口气很轻柔,语调却十分肯定坚决,显然是不容置辩、不想商量的样子。

拓跋濬看了看皇后,无可奈何地表态:"既然如此,朕准予李欣的辞职要求,外放为持节使、安南将军、相州刺史。"

李欣脱下冠帽,拜谢而出。

冯皇后看着落荒而逃的李欣,嘴角微微挑了一下,露出些微的冷笑:看你们以后谁还敢公开议论封赏后妃之事!

侍中拓跋丕原本没有注意到皇后。

年轻的皇后总是低垂着眼睛低垂着头,羞涩胆怯,像个小姑娘似的坐在皇帝身旁,并不吸引别人的目光。可是,当冯皇后慢慢抬起头、慢慢抬起眼睛,开始微笑起来的时候,侍中拓跋丕突然吃惊地发现,上面龙床上坐着的皇后霎时美丽起来,好像突然被一道灿烂的阳光笼罩起来,放射出耀眼的光辉,娇艳的脸庞洋溢着勃发的青春活力,甚至还显露出成熟的机智。

冯皇后刹那间放射出的光彩一下子吸引住拓跋丕。从那以后,他的目光再也没有离开过皇后。

侍中拓跋丕一双大眼睛从浓眉下偷偷地注视着皇后。

原本咄咄逼人的李欣转瞬间失去了原有的官职,像落水狗一样仓皇逃离朝廷,叫拓跋丕既心惊又佩服。他不由暗暗叫绝:好一个聪明的皇后!在不动声色、不露痕迹中展开反击,一下子置原本占据主动地位的李欣于困境,然后一步一步逼李欣于绝境之中。这是何等的心机与智慧啊!

这个皇后不简单,拓跋丕暗自思忖,不要看她年轻,她可是一个敢作敢为、果断、聪慧能干的皇后,将来必定成大事!

拓跋丕是拓跋氏追封的先帝中第十一位皇帝烈帝的第四子的后裔,如今正是壮年,他容貌壮伟,大耳秀目,身高八尺,肩宽背阔,魁梧异常,身上明显带有匈奴血统。鲜卑人的母亲是匈奴,所以鲜卑人同匈奴人一样,高大魁伟,眼睛还有些发蓝。拓跋丕曾追随太武皇帝打到临江,被太武皇帝赐爵兴平子,现在官居侍中,在朝廷里行走。

拓跋丕怀着好奇、敬佩、羡慕的心情偷偷注视着皇后,同时在心里对自己说:以后要多关注皇后的举动。

皇后参佛了解真相　乙浑进宫凭吊情人

沙门能净在皇后宫里的佛堂上忙活着,他把一束檀香放在供桌上,在地上摆放好锦缎坐垫,油灯里灌满香油,拨亮了灯草的灯焰,金猊香炉里添满了檀香,冒出袅袅青烟。看着时间还早,他就一遍一遍地擦拭着供桌和各雕塑佛像,让它们闪闪放光,不惹一点尘埃。冯皇后要来礼佛,他要安排好一切,静等着冯皇后前来。

冯皇后在宫女秦阿女和刘阿素的陪同下,来到佛堂。佛堂里青烟缭绕,散发着好闻的檀香气味。金身的佛祖释迦牟尼坐在莲花座上,做结定印,富态的大脸庞微笑着准备超度人世间的善男信女进入天界。

宫女秦阿女和刘阿素分别点燃了香,交给皇后。冯皇后把青烟袅袅的每一炷香插在金猊香炉里,她伏身跪下去,拜了又拜。她相信佛祖,却不相信鲜卑崇拜的神灵,对鲜卑每年举行多次的祭天祭祖仪式十分反感。不过,

首位称制:文明冯太后

过去她只能默不作声,把自己的反感默默地藏在自己心底。每当她看到不管皇帝还是大臣,还是皇后、妃子,都必须跪在那个披头散发的萨满面前,接受她的摆弄,心里就气愤得不得了。总有一天,她要废掉这种野蛮的祭祀方法。冯皇后不止一次这么想。当年,她随同姑母左昭仪第一次去参加阴山祭祖形成的强烈厌恶,一直不能消除,那时就萌发出的想法一直持续到现在。现在,她不能再沉默下去,她要向皇帝施加她的影响。

冯皇后跪在佛祖前,乞求着佛祖的保佑,保佑她的平安,更保佑她的皇后地位不受侵害。自从朝议她罢免了李欣的职位并外放了他以后,群臣中再没有聒噪着赏封后妃的声音。李夫人自从父亲李欣外放后,气焰也收敛了许多,不敢再向皇帝提及她的封号。其他后妃更是小心谨慎,看皇后脸色行事。只有乙梅叶乙夫人偶尔还仗恃着她与常太后的关系,在冯皇后面前有心无心地说说自己的封号。冯皇后并不搭理,任凭她自说自话。

现在的冯皇后更加高高居于后宫之首,所有的后妃都蜷缩在她的脚下,仰望着她,永远不能企及她的地位。

不过,冯皇后还是不可掉以轻心。皇宫里尔虞我诈,斗争激烈,稍有不慎,则全盘皆输。

冯皇后跪在佛祖面前,喃喃祈祷着,祈祷着。

冯皇后终于站了起来。沙门能净急忙走了过来,打着问讯礼节:"老衲给皇后请安!"

冯皇后问:"师傅为我抄写的《金刚经》不知是否抄写完毕?"

沙门能净微笑着回答:"老衲正是来禀告皇后,《金刚经》已经抄写完毕,请皇后过目。"能净朝身后挥手,另一个青衣沙门手捧着一摞桑皮纸过来,上面抄写着整齐的楷书,是沙门抄写的经文。

"这沙门是?"冯皇后看了看眼前的新来的沙门,抬眼看着能净,问。

能净急忙回答:"老衲正要禀告皇后,他是我的徒弟惠净沙门,刚从横山石窟寺前来帮助老衲。"

冯皇后立即想了起来,她高兴地说:"这可是你刚来时提到的徒弟,曾经在皇宫里当过内监的居鹏?"

沙门能净吃惊地扬起眉毛,赞叹不已:"皇后好记性,好记性!几年前老衲随口说的话,皇后居然记得一点不差!有这样过人的记性,皇后必将成就大事!"

冯皇后笑着:"看师傅说的,记性好不过是天生而已,何足挂齿! 你还没有回答我的问话,他可是居鹏?"

惠净沙门已经跪倒在冯皇后面前,叩头不已:"罪奴居鹏拜见皇后娘娘!"

冯皇后急忙双手搀扶起居鹏:"师傅已经入了空门,就是惠净师傅了,以后不必行这等宫中礼节。你说,你在宫中干得好好的,为甚突然要逃离皇宫,遁入空门呢?"

惠净沙门看了看左右,才悄悄地说:"这是常太后的安排,小的不敢违抗。"

冯皇后知道里面一定有隐情,而且这隐情与当年居鹏帮助她铸造金人有关系,便不再追问。她微笑着点头,好像自己知道内情一样。

惠净又看了看皇后左右,见秦阿女和刘阿素都在佛堂另一边站着,料想她们听不到这边的谈话,就小声说:"小的最近听说一些传闻,特意从石窟寺赶来报告皇后,不知皇后愿不愿意听?"

"甚传闻? 关于谁的?"冯皇后压低声音问。

能净沙门急忙把蒲团推到皇后面前:"请皇后坐下说话。"

皇后双腿盘坐在蒲团上,能净和惠净也都坐到蒲团上,分别坐到皇后左右,盘腿如做功课一般,端坐在佛像前。

惠净小声说:"前几天,石窟寺来了一个新人,请求剃度入门,住持把他分到小僧门下,与小僧同舍居住。他听说我曾经在宫里干过,就问起常太后。他告诉我,常太后曾经被软禁在崞山惠太后的陵园里半年,后来就不知所踪。当年他是守陵园的一个士兵,还曾经给常太后送过饭食,只是因为偷窃陵园饰物被责罚以后,便偷偷逃离了惠太后陵园,一直不敢回来。他逃到大河边上几年,现在才回来入了寺院,削发为僧。他听说当年守陵园的士兵全部都被杀害了。皇后可否知情?"

冯皇后轻轻摇头:"皇帝一直说太后在阴山养病,四月从阴山返回平城皇宫当日就病故了。当时我也奇怪,这甚病,养了半年,而且为甚不回皇宫里养,要在阴山养? 皇帝说太后喜欢阴山空气好,我也不便深究,就相信了。原来还有这么多乾坤啊。可是为甚要囚禁常太后呢? 常太后可是他的乳

首位称制:文明冯太后

母,又救过他的性命啊!"

"至于什么原因,小的也曾问过那个沙门,他也说不上。可能是皇帝觉得自己长大了不喜欢常太后凌驾于他之上了吧?"惠净犹豫地说。

"常太后崩,是不是她从嵯山陵园直接回到平城的时候?"冯皇后一手捻动念珠,又问。

"是的,小的特地询问了常太后离开嵯山惠太后陵园的时辰。那个沙门说,他当时虽然逃离陵园,但还没有离开嵯山,当时藏在嵯山一个小村庄里,亲眼看见有车马进了陵园,不久又驶出陵园,等车马驶出陵园以后,他又偷偷潜回陵园,发现几十个守陵园的士兵都口吐白沫、横七竖八地死在陵园里,好像是被毒死的。他吓得连夜离开嵯山逃亡大河边上。"

"原来是这样。他原来这样狠毒!"冯皇后咬牙切齿,自言自语。

能净和惠净沙门不敢说话。

"这事情有没有别人知道?"冯皇后小声问。

惠净想了想:"好像还有太原王知道。那沙门原来是太原王乙浑将军的属下。前不久,太原王乙浑去嵯山打猎,顺便上横山石窟寺参佛,遇到了他,认出这旧部。太原王询问他为何出家,沙门就把这段经历悄悄说给了太原王。"

冯皇后轻咬着嘴唇,思谋着。太原王乙浑是常太后的妹夫,与常太后的关系冯皇后是清楚的,她曾经几次在常太后的宫里遇到乙浑,每一次常太后都脸色红红的,头发散乱,有些慌乱。不过,常太后总以为冯燕年纪幼小,并不太在乎被她撞见。

乙浑,他怎样看待这事情呢?

冯皇后把自己关在安乐宫里,她一直在思谋着惠净说的事情。她已经断定,常太后死于皇帝拓跋濬的谋害。一定是皇帝拓跋濬恨常太后干涉他的事情,恨她处死了他宠爱的李贵人,才实施了这样恶毒的报复办法。

如果皇帝连奶养他又救过他性命的奶娘都敢谋害的话,他还有谁不敢谋害呢? 自己是常太后一手扶植起来的,皇帝并不喜欢自己,这她能够看出来,如果有一天皇帝不想忍受也不能忍受她的存在,他会不会采取像对付常太后一样的手段来对付自己呢?

冯皇后一激灵，全身起了一层鸡皮疙瘩。

完全可能，冯皇后回答自己。皇帝既然可以不念奶娘恩情，为甚要念她冯燕的恩情呢？她冯燕何恩于皇帝？奶娘当时处死李贵人全是为了让自己当皇后，皇帝不是不清楚。皇帝对李贵人情深义重，念念不忘，对自己却一直比较冷淡，这她能够感觉到。皇帝会不会把怒气转移发泄到自己身上呢？

冯皇后又打了个冷战。

不过，这几年，皇帝对自己还是很好的，后宫的事情都交给自己主理，他并没有显露出任何的不满啊。

冯皇后走来走去，思来想去。

假如皇帝要加害于她，恐怕她早就不能这样安稳地住在安乐宫，可见皇帝并没有想加害于她的意思，她不用自己吓唬自己。

冯皇后站住脚步，安慰着自己的心。

既然皇帝对自己没有恩断义绝，自己何苦要自投罗网呢？不能轻率行动！自己一个弱女子，哪能与皇帝抗衡？常太后已经死了，死者就让她长眠吧。

可是，难道就让对自己恩重如山的常太后这么不明不白地死了吗？难道自己就这么眼看着常太后白白被人害死吗？

冯皇后用力拍着自己的额头，责备自己的忘恩负义。

冯皇后坐了下去，极力让自己冷静下来。

算了，收拾起为常太后报仇的念头，还是安安稳稳做自己的皇后，享受皇后的荣华富贵吧。不要搬起石头砸自己的脚。

冯皇后长长嘘了口气，定下心来。

"来人！"她喊。

刘阿素和秦阿女同时走了过来。

"我们去探望太子。"冯皇后平静地吩咐着。现在，她差不多天天都要到紫宫去探望太子，亲自过问和监督他的学习。太子已经开始敬畏她了，不敢在背后向她做鬼脸、吐唾沫。十二岁的太子拓跋弘在高允的亲自教导下，已经学完了四书五经，对儒家道理有了许多认识，不再是那个顽劣小儿。

中常侍林金间进来报告，说乙夫人求见皇后。

"她来干甚？"皇后沉下脸。对乙梅叶的忘恩负义，冯皇后十分不满。得

首位称制：文明冯太后

到皇帝宠爱,就以为自己有了靠山,把她这皇后也不放在心上了。消息灵通的张祐得到消息,说乙夫人经常出入李夫人寝宫,还怂恿李夫人出面催促皇后,要求赏封她们做贵人。自从朝议把李夫人父亲李欣弄出朝廷以后,她们才老实了许多,她乙梅叶也不敢再兴风作浪,每日按时来给皇后行礼,平常老实地待在自己宫里,经营自己宫里的事务,养育自己的儿子。既然大家都老实,冯皇后也不是那种得理不让人的人,她也不想去找那些夫人的麻烦,她喜欢现在后宫的样子,大家相安无事,平平静静的,波澜不惊。

"她说有要紧事情。"林金闾回答。

"让她进来吧。"冯皇后坐到卧榻上,端起浆酪,慢慢啜着。

乙梅叶进来,垂手给皇后行礼:"皇后娘娘早晨安好,乙梅叶给皇后娘娘问安。"

冯皇后眼睛也不抬,在嗓子里"哼"了一声,算是回答。

乙梅叶乙夫人强忍着不满,满脸堆笑,上前一步,小声说:"妾的父亲太原王送信来说,他想进宫看望妾,不知皇后可否批准?"

"甚时候?"冯皇后用茶碗的盖子拨弄着浆酪,还是不抬头,不看乙梅叶,脸上冷冷的,既没有笑容,也没有恼怒,叫乙梅叶猜测不出自己对她的态度。皇后这样子,倒叫乙梅叶心里发慌起来。她那么泼辣一个人,从来没有怕过谁,连在皇帝面前她也敢撒泼撒娇,但是不知为什么,在这皇后面前,她是越来越胆怯,越来越心慌,尽管皇后并没有责骂过她。

"就在这一两天,他老人家已经到了平城,住在旧宅里。"

"那好吧,本宫批准他进宫探望你。林常侍,给她发一道进宫券。"林金闾答应着去给办理。

乙梅叶乙夫人急忙行礼感谢皇后。

乙浑来到皇宫,他四下看了看,见没有人注意,就绕到当年常太后居所寿安宫。寿安宫如今已经人去宫空,夕阳残照,衰草封门,当年大门上鲜艳的油彩已经斑驳脱落,门前的一条青砖路砖缝里钻出各种青草,茂盛地生长着,掩盖了路径。

乙浑推开大门,院子里青草萋萋,蟋蟀、蝈蝈、蚂蚱在草丛里跳来跳去,乙浑的脚步声和呼吸声惊飞了草丛里栖身的麻雀,几只麻雀倏地飞向空中。

乙浑慢慢走进寿安宫大殿，大殿已经用铜锁锁了起来，窗户上糊着的桑皮纸已经破旧，有的在风中摇荡。乙浑趴到窗户上往里看，只见大殿里黑乎乎的，蜘蛛网张挂在大殿上房顶，几只老鼠在房梁上"吱吱"地叫唤着跑来跑去。

乙浑的眼前浮现出当年的盛况：常玉花端坐在大殿上，宫女内监低眉垂手，围着常太后忙活。晚上，他和常太后携手进入寝宫，相拥着躺在寝宫里的热炕上，颠鸾倒凤，如胶似漆。

想到这里，乙浑有些激动，有些气喘。这几年，他越来越思念常太后常玉花。与常玉花一起度过的那些幸福日子，总叫他想起来就激动。他总不明白，那么结实健壮个常太后，怎么说没就没了、说崩就崩了呢？

常太后崩的时候，他正奉诏到鸣鸡山给常太后修陵寝，刚刚修好，他还没有来得及回平城见常太后，就传来常太后崩的消息。他总觉得里面有蹊跷，可是，他一直也打探不出什么破绽来。常太后的兄弟在这几年，已经逐步被皇帝弄出平城：常英贬到敦煌，常喜与常振外放了刺史，常喜的儿子也被免去了中庶子，连原来做金部尚书的常伯夫也外放出去了。常家已经风光不再。他乙浑虽然没有受什么牵连，官职不降反升，安葬了常太后不久便被晋爵太原王，但是却被外放到太原封地居住，离开都城。外放封地也曾经叫他感觉到失势的怅惘。不过，他立刻适应了外放的生活，现在他已经完全没有了这怅惘。在太原，他反倒如鱼得水。在太原，天高皇帝远，任意妄为，倒也快活，而且在太原他还壮大发展了力量，收罗了许多部下，在太原周围占了许多土地，建了许多坞壁屯堡，罗致了许多军户、农户、猎户，私人势力扩大了不少。所以，他也没有什么可抱怨的，在太原住得相当快活。而且，在太原，他可以随意与常家兄弟来往，不必忌讳有人攻讦他结党营私。

乙浑原本是一个有野心的人，在太原这几年，他十分注意发展扩张自己的势力，发展坞壁，在坞壁里招兵买马，势力很快发展壮大起来，财富积累越来越多。势力的扩大，让他的野心随之更为膨胀起来。也许有一天，他要干出一番惊天动地的事业，这念头越来越频繁地涌上他的心头，咬噬着他的心，叫他总是不得安宁。

前些日子他到横山打猎，偶然遇到一个在石窟寺做沙门的部属，告诉他一个叫他吃惊的消息。沙门告诉他，常太后常玉花曾经被软禁在崞山惠太后陵园里好几个月。

这么说，常太后常玉花并不是因病崩的，乙浑心疼地想。到底发生了什么事情呢？为什么把常太后软禁在惠太后陵园？谁的主意？

这次回平城，他一定要打探出原因。今天进宫，他就是抱着到皇宫寻访原因的决心的，看能不能寻到一些蛛丝马迹。假如有人谋害了他的常玉花，他乙浑一定要想方设法为他的常太后常玉花报仇。

乙浑肥胖的脸上露出阴鸷的苦笑，他从大殿窗户前转身，慢慢向院子外面走去。不过，他还没有想清楚应该去找谁打听情况，是去找常太后当年的内监，还是去找常太后的侍卫？他踌躇地走出寿安宫，低头思谋着。

"站住！"乙浑突然被一阵断喝惊醒过来。他的面前站着一群人，有内监、宫女、侍卫，簇拥着一辆镂金镶银、张着华丽灿烂的锦盖、羚羊拉的羊车，车上端坐着一个盛装的年轻女人。女人穿着华丽，着鲜卑袍服及鲜卑百褶裤，戴着金光灿灿的金凤冠帽，冠帽上镶着各色珍珠宝石，熠熠闪光。

乙浑不敢盯着来人看，急忙退到路旁，垂手恭立，等待着羊车过去。

"这不是太原王乙将军吗？"羊车上一声清脆的问话叫住乙浑。

乙浑急忙回答："是，乙浑在此。"他稍稍抬头看了一眼，这才认了出来，原来是冯皇后一行。乙浑"扑通"跪了下去："乙浑给皇后叩头请安。皇后娘娘万寿万福！"

冯皇后看乙浑从寿安宫方向过来，就笑着问："乙将军可是去凭吊常太后？难得乙将军这么有情有义！"

乙浑想起常太后对冯皇后的情义，他想：不知道这皇后可知常太后崩的真相？是不是应该让她也知道事情的真相呢？可是，该怎么跟她说呢？也许她早就忘记了常太后对她的情义了。人啊，都是很容易忘恩负义的，谁还能记住一个死去的人的情义？

乙浑犹豫着，不知道该不该跟皇后讲。

冯皇后看乙浑沉吟，她想起惠净沙门居鹏的话。这乙浑是知道常太后事情真相的，不知道他有什么感触？要不要试探试探他的态度？他既是常太后的妹夫，又是常太后的相好，不能对常太后不清不楚的死无动于衷吧？

"太原王可是从太原来？本宫想听听太原民情，不知太原王能否给本宫讲讲？"冯皇后微笑着问。

"当然可以,太原是古晋国都城,那里物产丰富,风光美丽,小臣愿意给皇后述说述说。"太原王乙浑急忙说。

"好,随本宫回去。"冯皇后说。乙浑急忙随内监一起,向冯皇后的安乐宫走去。

冯皇后让林金闾和张祐安排乙浑待在安乐宫的内室里,她自己回到寝宫,换去皇后的外出服饰,穿上宫内常服,那是她自己设计出来的鲜卑与汉式相结合的服饰,上衣是窄小的鲜卑式立领左衽小袍,不过刚刚及腰,下身却是汉式的长裙,长裙的腰身极窄,慢慢宽了下去,下面像鲜卑人吹的喇叭一样张开。这改造过的衣服,结合了鲜卑与汉族服饰的优点,穿在身上,恰如其分地衬托出皇后丰满窈窕的腰身,突出了她颀长的身段、丰满的胸部。

冯皇后还是上绿下黄,粉红腰带束腰,除去头上的皇后冠帽,像汉人女子一样挽起倭堕髻,秦阿女和刘阿素给皇后黑发上插了凤钗、珠花,又簪了几朵绢花。

冯皇后袅袅婷婷,来见乙浑。

乙浑的眼睛都发直了。过去在常太后那里多次见过冯皇后,可是,那时她不过一个十三四岁的黄毛小丫头,他根本没有好好注意过她。今天眼前这少妇,却宛如雨后草原上一道绚丽的彩虹般夺目,简直叫他目瞪口呆。原来皇后这样美丽娇艳!真是女大十八变,一变变个小天仙!

冯皇后轻轻蹙了眉尖,她不喜欢男人用这种色眯眯的目光注视她。

大监秦阿女急忙咳嗽了一声。

太原王乙浑知道自己失态,急忙摘下帽子,跪下行礼,请求皇后饶恕他的失态。

冯皇后宽容地微笑着,心里想:这些男人,见了美丽的女人,都这么容易着迷,大约是男人的本性吧。以后不必计较他们,他们愿意怎么看就怎么看去吧。也许这样更容易笼络那些男人呢。

冯皇后坐到主位上,让乙浑坐下。"你们退下吧。"她挥手对张祐和秦阿女、刘阿素说。张祐三人识趣地避到外间。

冯皇后想了想,问:"太原王刚才可是去凭吊常太后的?"

乙浑急忙欠身回答:"是的,臣到封地居住已有年头,现在轻易不能进宫,进宫一次,顺便去寿安宫凭吊,也是受夫人之托,她们姐妹情谊深厚。"

冯皇后微微颔首赞叹:"太原王是有情有义之人,常太后原没有错爱。"

乙浑惶惑不安,不知冯皇后说这话是否有深意,他支吾着,不敢多说。

冯皇后大眼睛扑闪着,捕捉着乙浑的眼光,试图揣测他的心思。可乙浑却低头不看她,让她看不出他的心思。

冯皇后想了想,终于拿定主意,小声问:"太原王可认识横山石窟寺一个沙门?"

乙浑大吃一惊,抬头看了看皇后,皇后正把自己明澈的目光定定地贯注在他的脸上。从皇后那明澈、聪慧、锐利的目光中,乙浑断定,自己的一切谎言都会被这年轻但是极聪慧的皇后识破。承认还是否认?承认了,就一定要回答皇后关于常太后的一些询问;不承认,可能从此失去皇后的信任,以后许多事情就难办了。他断定,皇后已经知道一些关于常太后的内情。

乙浑转动着自己的小眼睛,满脸的疙瘩都憋红了起来。

"太原王为难了?"冯皇后微笑着,目光流露出一些讥讽。

"哪里,哪里。"乙浑的屁股不安地在胡床上拧来拧去,额头上也沁出细密的汗珠,"石窟寺是有个沙门,曾经是臣的属下,不知皇后为何问起这事?"

冯皇后点头:"你最近可见过他?"

乙浑搔着头皮:"见过一次。"

"他可曾跟你讲过关于常太后的甚事情?"冯皇后眼睛亮亮的,继续追问。

"这个……是讲过一点,不过……臣不敢乱说。因为臣不敢断定他讲的事情是否真实可靠。"

冯皇后颔首。沉思了一会儿,她看着乙浑,问:"如果是真的,太原王作何想法呢?"

乙浑的眼睛黯淡下来,他极力压抑着心中的愤怒,小声说:"如果是真的,我想,我应该为常太后做点事情才对得起她。皇后你呢?要是真的,皇后想不想为太后做点事情?常太后对皇后可是恩重如山的!"乙浑突然抬头,看着冯皇后,坚定地说。一个二十刚出头的小皇后,能有多厉害,自己干吗要这么战战兢兢的?他决定以攻为守。

冯皇后有些恼怒,居然敢这么责问本宫!不过,她立刻想到,现在不是意气用事的时候。

冯皇后微微冷笑了一下："这不用太原王提醒！本宫心中知道谁对本宫有恩情！常太后对太原王恐怕更是恩重如山，你女儿进宫不是仰仗太后的恩典么？要不太原王的爵位恐怕也轮不到你！"冯皇后并不提高语气，却也针锋相对、绵里藏针，反击了乙浑一下。

乙浑默然，心里倒吸了口冷气。这小皇后伶牙俐齿，却也厉害，不可小觑，也不可在她面前放肆。

冯皇后清脆地笑出声来："太原王是不是准备报答常太后恩典呢？"

乙浑诚惶诚恐，不知该说是还是说不是。说是的话，万一皇后用话套他，这不暴露了自己为太后报仇的心思？万一传到皇帝那里，他全家性命都别想保全。说不是，他不是成了个知恩不报的小人了吗？

乙浑支吾起来。

冯皇后狡黠地笑了："本宫让太原王为难了。太原王如何报答常太后的恩德，是太原王自己的事情，本宫不予干涉。太原王见了女儿了吗？"冯皇后立即转换话题。

乙浑说："还没有。"

冯皇后站了起来："张祐！送太原王出宫！"

乙浑部署复仇计划　皇帝喜得汗血宝马

乙浑从平城回来，开始琢磨着如何给常太后报仇。从跟冯皇后的一席谈话中，他肯定了沙门所说的事可靠真实，皇后虽然没有说什么，可是皇后已经很明确地向他暗示了她自己的看法。常太后常玉花是被皇帝拓跋濬给谋害了。尽管他想不出原因，常太后奶养了拓跋濬，又救拓跋濬于危难之中，他为什么要谋害她呢？不过，他乙浑也知道，皇室里斗争激烈，各种势力犬牙交错，谁知道因为什么原因要处掉一个人？皇室里为权力除去一个人，容易得就像除去一只狗一样，即使是皇帝的老子、儿子、母亲，在需要的时候，都可以毫不留情地除掉，何况一个奶娘？所以，乙浑也不再去分析寻找原因，他需要寻找的是办法，一个为常太后报仇的办法。

需要找常家兄弟商量商量，乙浑想。可是常家兄弟已经四散在魏国各

首位称制：文明冯太后

49

地，见面相当不容易。乙浑摇头，只有靠自己了，说不定自己还能成大事呢。当年一个内监宗爱就可以谋害了英雄盖世的太武皇帝，他一个太原王，拥有重兵，难道还不能控制朝廷？

发兵去攻打平城？乙浑苦笑，这是个最愚蠢的办法。太原离平城几百里，这里一有举动，朝廷就会得知消息，等他大兵到平城，平城恐怕已经防备得固若金汤。拓跋氏皇朝里的拓跋大将，能征善战，他乙浑岂是他们的对手？

还是利用阴谋来达到自己的目的吧，乙浑想。朝廷里的争斗，全靠阴谋诡计，谋杀，夺权，政变，全都是朝廷内部常用的阴谋。

乙浑躺在炕上，翻来覆去，像烙烧饼似的。

"你这是咋的啦？折腾来折腾去，整得我也睡不着。"他的老婆常玉芝干脆爬了起来，披上衣服，坐着。

常玉芝比她姐姐常太后常玉花小不了几岁，如今也到中年，像常玉花一样富态，浓眉大眼，几乎就是常太后常玉花的翻版。

乙浑盯着老婆常玉芝看，看着看着，他禁不住心里发慌，面前坐着的简直就是常太后常玉花！她们姐妹太像了，上了年纪，更是越来越像。

乙浑觉得自己看到了常太后。他一把抱住老婆："常太后，我好想你啊。"

常玉芝气恼地推开乙浑："死鬼，不要这么装神弄鬼好不好？"

乙浑笑了："你要是按照你姐姐那样穿戴起来，肯定谁都把你认作常太后。你们姐妹越发像了。"

常玉芝奇怪地问："你怎么想起我姐姐了？她都崩了五年了。"

乙浑叹口气："可惜你姐姐年纪轻轻，就不明不白地死了。"

常玉芝惊诧地翻着眼睛看着乙浑："你今天是咋整的？是不是发癔怔了？姐姐不是生病崩了的吗？咋说不明不白呢？"

乙浑叹气，把自己听到的全都告诉了常玉芝。

常玉芝气愤地流着泪："真没想到，拓跋濬这么恶毒，常太后把他当亲儿子一样奶养，又在危难的时候救了他的命，他居然恩将仇报，暗害姐姐。我的苦命的姐姐啊，你咋这么冤枉啊！"说着说着，竟号啕大哭起来。

"你找死啊？！"乙浑一把把她按倒在被窝里，用被子塞住她的嘴，"你想走漏风声啊？你想让皇帝知道我们知道了常太后的事情啊？"

常玉芝这才抽搭着停止大放悲声，她拉住乙浑的手："大官人，你说，我们该咋为姐姐报仇？"

乙浑小声说："我刚才想了个主意，得你配合才行。我们想办法让皇帝到崞山来打猎，然后你装作常太后，在惠太后陵园里与他见面，看他惊慌不惊慌，如果惊慌，就证明你姐姐是他谋害的。然后我们再想办法。"

常玉芝想了想："只怕我们不能说服皇帝来崞山打猎。"

乙浑躺在常玉芝身边，与常玉芝脸对脸，小声说："这你放心。今年初夏，皇帝一定要出猎。去年去阴山，今年肯定来崞山、横山，他不想跑更远的地方。"

"可是，只怕我们进不了惠太后陵园。"常玉芝又提出自己的担心。

"这个我也想好了。如果你同意，我现在就把你送进陵园里去。现在的惠太后陵园几乎荒废，管理十分懈怠。你只要化装成一个农妇，说自己无家可归，就可以在陵园里找到一个混饭吃的差使。你可以在陵园里干些扫地、做饭一类的营生，当年置的守陵士兵和人家已经跑得差不多没有了，现在的皇帝不过问，下面的官府也就无人过问，你住进去多久都没有人管的。"

"唉！这人啊，真没意思。惠太后在太武皇帝时期多威风，如今却也这般冷落。"常玉芝叹息着，"不知我姐姐的陵园如今如何？难道也像惠太后陵园这般荒凉了？"

"那倒还没有。当今皇帝还要在人前装出他的孝道，提倡孝道治国，当年置的守陵二百家还在，陵园管理得很好呢。你放心好了。"

常玉芝躺了下去。

"咋整啊？你答应不答应？"乙浑摇晃着常玉芝，催问。

"我答应，我愿意按照大官人的办法去试探试探。不过，他可是我们女儿的夫婿啊，我们不能害他。"常玉芝不放心地抚摩着乙浑的脸颊说。

"我能害他吗？他是皇帝，我不过想弄清楚常太后的死到底与他有无关系。这件事，弄不清楚，谁心里都不好受。"

拓跋濬在中常侍王遇和马曹几个侍郎的陪同下，来到宫后的马曹和马场里，看驯马师训练汗血宝马。

首位称制：文明冯太后

前几天，破洛那国刚刚贡献了汗血宝马，普岚国贡献了宝剑。他要试一试汗血宝马是否能日行千里、夜行八百，普岚国的宝剑是不是可以杀死老虎。破洛那国的汗血宝马他早就听闻过，知道自己的祖父太武皇帝曾经有过一匹，听说源贺将军有过一匹，可惜那汗血宝马速度虽快，耐力却不够，娇气得很，几次大仗以后，血汗淋漓，精疲力竭而死，远不如柔然和鲜卑的马耐骑、耐跑、耐折腾。

他拓跋濬还没有得以亲眼见过汗血宝马，因为汗血宝马十分珍贵，是大宛马中的极品，十分难得。历史上，汉武帝曾经为了求得汗血宝马，与大宛国两次兵戎相见。汉武帝曾经派了一个上百人的使团，带着一具用黄金做的马前去大宛国，希望以这匹黄金马换回一匹大宛国的汗血宝马。使团经过八千多里的长途跋涉，到达大宛国的都城贰师(今土库曼斯坦阿什哈巴德城)，可是没有想到，大宛国国王爱马如命，不肯以汗血宝马换汉朝的金马。使团失望之余只好打道归国，在大宛国境内，却遭到大宛国强盗的抢劫，金马被抢，使团被杀。汉武帝大怒，决定武力讨伐大宛国，既是为了报仇，也发誓要抢夺金马和汗血宝马。汉武帝太初元年(前104年)，汉武帝命令大将李广利率领骑兵数万人，到达大宛国边境城市郁城，攻打一阵，没有攻下一个城池，李广利只好退回敦煌，人马所剩十之一二。三年后，汉武帝再次命令李广利率军远征，带兵六万、马三万匹、牛十万头，还带了两个相马专家。此时，大宛国发生政变，大宛国同意与汉军议和，允许汉军选良马数十匹，其中就有汗血宝马。

马场上，一匹高大健壮的枣红马正在驯马师的指挥下绕场奔跑，像一团火一样滚动在绿色草地上。看见皇帝一行过来，驯马师急忙打了个呼哨，飞腾的枣红马前蹄在空中一阵空刨，后停住脚步，高昂着头，美丽的眼睛望着驯马师，似乎在询问原因。它脖颈高挺顾长，健壮高大，四条腿结实挺拔，身材十分好看，不像柔然、鲜卑、乌孙马那样矮壮短粗。汗血宝马的毛色都很纯，没有杂色。这一匹浑身清一色的枣红颜色，只是四蹄上踏着雪白。

"好一匹雪里红!"拓跋濬高声喊着，向马奔去，慌得侍从一窝蜂涌上前，生怕马扬起前蹄踢伤皇帝。

汗血宝马看见一群生人走来，突然前蹄腾空站立，昂头咴儿咴儿地向天空长啸，脖颈上的长鬃飘拂，马尾扫荡，好像在欢迎主人的到来。

拓跋濬走上前,驯马师跪下行礼。拓跋濬问:"能让朕骑一会儿吗?"驯马师立刻给雪里红备好马鞍,轻轻拍着它的脖颈安抚着它的情绪。雪里红十分恭顺安静,低下头,用前蹄轻轻刨着地面。

"陛下,上马吧。"驯马师对拓跋濬说。拓跋濬登上马镫,翻身上马,驯马师把马缰绳递给皇帝。他又轻轻拍了拍汗血宝马,叮嘱着它:"走吧,好好听话,不要伤着皇帝。""陛下,不要让它跑,要让它先慢慢走几圈,这样跑起来才稳,陛下才好驾驭。"驯马师又仔细叮嘱皇帝。

拓跋濬勒了一下缰绳,雪里红慢慢走了起来,走了几步,它就加快步伐,四蹄翻飞,好像不落地一样在空中腾云驾雾。拓跋濬有些心惊,不过他到底是马背上长大的,驯服过许多烈马,他马上就镇静下来,抓紧马鞍和缰绳,任由马飞奔。他也想验证一下,看急速奔跑以后,汗血宝马到底是否会流出鲜血一样的汗水。

马飞奔着,拓跋濬觉得马背上很平稳,没有感受到太大的颠簸。他只觉得耳边风声"呼呼"地响,看到马场周围的树木如闪电似的闪到后面。这马的速度真是了得,他估摸,这种奔跑速度,真的可以日行千里。拓跋濬一勒缰绳,马嘴里的嚼子弄疼了马,它慢慢放慢了速度,开始高抬步平稳走了起来。拓跋濬看到马的脖颈处流出了汗水,他用手摸了一把,只见自己手掌里满是鲜红的汗水。果真流了鲜红的汗水!

拓跋濬扬起手向他的部下大声喊:"流血汗了! 流血汗了!"王遇等都欢呼着跑上前去看。

拓跋濬跳下马,让大家观看自己手掌里的马汗,驯马师用布小心地替马擦去脖颈的血汗,牵着马慢慢地遛。高速奔跑流了血汗以后的宝马一定要精心照顾,要不它可能受内伤而减少寿命,汗血宝马要比鲜卑、柔然马娇嫩得多。

"朕要骑它去崞山田猎。"拓跋濬高兴地说。

装神弄鬼太后显灵　惊魂失魄皇帝受惊

拓跋濬在乙夫人的怂恿下,决定在四月份到崞山和横山打猎,虽然他已经下诏禁止过度打猎,可是皇家一年两次的打猎还是不可少,只是再也没有

首位称制:文明冯太后

当年那么大的规模罢了。听老臣说，当年太武皇帝或以前的皇帝在阴山北打猎，可以驱赶十万头野鹿入鹿苑，杀鹿、杀黄羊的时候，可以让整个阴山山坡都覆盖着血红的鹿皮、羊皮，山下血流成河。可是，仅仅不过几十年，这野鹿和黄羊的数量已经大大减少了，连老虎也不多见，所以他下令不要过度田猎。

可是，他拓跋濬还是抵抗不住打猎的诱惑。

四月的初夏，平城外京畿田野上已经郁郁葱葱，荞麦地里白花花的一片荞麦花，引来成群采花蜜的蜜蜂。小麦地里，灌浆的麦穗已经高昂着头，麦芒插向空中。道旁的榆树，一嘟噜一嘟噜地挂满成串的铜钱似的榆钱。槐树上盛开着白色的槐花，也吸引着成群的蜜蜂嗡嗡来采花蜜。初夏的平城京畿田野，一片富饶美丽的景象。

羽林军前呼后拥，仪仗队的旗幡伞扇、戟剑刀挂、斧钺钩叉在阳光的照耀下闪闪烁烁，耀人眼目。鼓吹乐师吹奏敲打着雄壮的《西凉出行曲》，惊飞了道两旁树上的乌鸦、麻雀。

拓跋濬坐在搭着锦缎凉棚的高车上，望着两旁的田野，心里充满了喜悦。他执政这十二三年里，采取了一些政策和措施，与民休息生养，京畿附近的坞壁、村庄已经显出了明显的富庶景象。他虽然没有祖父那样显赫的文治武功，却也让朝政稳定平静，让百姓过上了几年平稳的日子，这也是他的功劳，也值得他自豪和高兴。

皇帝来到横山田猎的山谷，太原王乙浑已经部署好打猎场地的全部警戒。太原王乙浑担当此次田猎的总指挥，他指挥着皇帝的田猎队伍进入山谷平地。

横山山谷平地里，树林茂密，山溪穿林而过，山坡上松柏树森森，这是皇家经常打猎的地方。乙浑在皇帝到来前几天，已经把自己的人马拉到后山深山谷里，漫山坡上采用拉网式驱赶的方式，一些士兵披着鹿皮，发出呦呦鹿鸣的喊叫声，引诱野鹿跑出深山密林，另外的士兵敲着大鼓锣钹，喊叫着，吓唬着，把野鹿、黄羊、野兔、老虎等野兽赶到山涧的平地密林里，等着皇帝和他的人马来猎取。

拓跋濬头戴红色的夏日冠帽，黑发束辫，身穿明黄色小袍箭衣，猎装百褶裤，鹿皮长靴，背上背着箭囊，手拿弓箭，腰里挂着普岚国刚刚进贡的宝剑,十分英武威壮。侍卫、羽林军侍郎刘尼、猎郎等都紧紧跟随着拓跋濬,在密林里寻找着猎物。各路士兵们在将军指挥下从四周慢慢向中心地带包抄过来,缩小着包围圈。野兽被追赶着从自己的栖息地慌乱逃窜,在密林里乱撞乱跑。

密林里的绿树丛中一团金黄色的物体在闪烁着。

"老虎!"猎郎眼尖,大声喊着,提醒皇帝。

皇帝周围的人紧张起来,大家都紧紧抓住手中的武器,有的开始搭弓,向密林里瞄准。拓跋濬兴奋起来,他抽出箭囊的一支利箭抓在手里,准备随时射出去。他跳到山坡的一块大青石上,向密林里张望,寻找老虎的踪迹。

忽然,一阵风起,一只斑斓大虎从密林里猛地窜了出来,它纵身一扑,跳过山涧的小溪,裹挟着风声和腥臊味,扑到皇帝脚下不远处的松树下。

猎郎喊:"老虎!"他喊着,已经首先扯动弓弦,"嗖"的一声,利箭飞了出去。

拓跋濬立刻搭弓射箭,瞄着老虎斑斓的黄色,弦上利箭嗖嗖飞了过去。老虎突然张开血盆大口,长啸起来,啸声震荡在密林山涧,树叶都发出簌簌的响声。这时,部下羽林军士射出的飞箭如飞蝗一般。

又一只斑斓大虎裹挟着风声和腥臊味跳出树林,向山坡上的树林里逃窜。猎郎急忙指点着,让拓跋濬皇帝瞄准,他已经把利箭射了出去。拓跋濬立刻抽出另一支利箭,搭弓射了出去。

这只老虎也发出震天的长啸,然后扑通倒在山坡上。"射中了! 皇帝陛下射中老虎了!"皇帝周围的羽林军士欢呼起来,争相跑向老虎跌倒的地方。士兵抬来两只斑斓大虎,老虎身下流着汩汩的冒泡的热血,阴鸷的眼睛无神无助地半睁着,瞪着眼前的人。

士兵把老虎放到皇帝面前的草丛里,金黄的、雪白的、漆黑的毛色在绿草丛中分外鲜艳。拓跋濬抽出腰里的宝剑,他让士兵撬开老虎嘴,用宝剑割下老虎的舌头留作纪念。

夜晚,皇帝的队伍到崞山脚下惠太后陵园里歇息过夜。太原王乙浑已经把陵园的行宫整饰一新,以迎接皇帝来这里过夜。

晚餐非常丰盛,各种野味,炒鹿肉虎肉,红烧鹿鞭虎鞭、清蒸鹿尾巴、虎骨鹿茸汤,加上野鸡野兔,配上平城京畿的名酒,叫拓跋濬君臣酒足饭饱。

拓跋濬有了几分酒意,在王遇和苻承祖的搀扶下,他脚步踉跄地回到寝宫。苻承祖在常太后崩了以后,被王遇从寿安宫要来,作为自己的副手一起在太华殿伺候皇帝。

王遇和苻承祖把皇帝安置到炕上,放下帷幕,走出寝宫,为皇帝安排夜里醒来的浆酪与水果点心。

寝宫里很安静,只是偶尔传来几声青蛙的鸣叫、几声蟋蟀的清脆叫声。拓跋濬迷迷糊糊躺在炕上,蒙眬睡去。一天的行路和打猎,叫他很是疲乏。

"濬儿,濬儿。"

拓跋濬迷迷糊糊中感到有人在推他,听到有人在小声呼唤着他的乳名。

这声音怎么这么熟悉,这是小时候他经常听到的呼唤。小时候,每当半夜,他就听到这温柔的呼唤:"濬儿,濬儿,起来尿尿。"清晨,也是这温柔的呼唤,把他从睡梦里唤醒,让他起床。

谁在呼唤他?

拓跋濬嘟嘟囔囔地哼着,答应着,用力睁开眼睛,可是怎么也睁不开。他知道,自己还在熟睡中,并没有醒过来。

这时,一只温柔的手抚摩着他的脸颊。

这手也是那么熟悉,每当他肚胀如鼓,就是这温柔的手整夜整夜为他揉着肚子,直到那鼓胀的肚皮慢慢塌陷下去,凹瘪下去,敲起来不再嘭嘭响得像敲鼓一样。

啊!是奶娘!

拓跋濬突然明白了。奶娘回来了!这几年奶娘哪里去了,为甚老也没有见她?

拓跋濬努力回想着,却怎么也想不明白。

"濬儿,濬儿!"奶娘又在呼唤。

拓跋濬努力睁开自己的眼睛。迷蒙中,他看到眼前昏黄的灯光里有一张大圆脸盘,浓眉大眼,正凝望着自己。突然,这白皙红润的脸上,慈爱的笑容全部隐去,只剩下愤怒,浓眉大眼燃烧着怒火一样瞪着他。

拓跋濬浑身激灵着打了个冷战,完全清醒过来。他揉着眼睛,从枕头上抬起头。眼前确实站着奶娘常玉花!

拓跋濬"哎哟"一声，惊吓得又跌倒在枕头上。常玉花奶娘已经被他毒死，算是替他的爱妃李贵人报仇，她怎么会站在自己面前？

"你是谁？是谁？"拓跋濬惊慌地问，浑身颤抖成一团。

"我是你奶娘啊，濬儿，你难道不认识奶娘了吗？你可是奶娘的奶汁喂大的啊。你怎么就忘记了呢？"眼前的女人端着昏黄的油灯，往前凑了过来。

"你不是已经崩了吗？"拓跋濬颤抖着声音，壮大胆子问。

"奶娘崩了吗？奶娘身体那么好，怎么就会崩了呢？是不是濬儿派李欣去谋害了奶娘？你说！"眼前的女人的声音突然尖利起来，她瞪着大眼睛，眼睛红红的。

几乎和常玉花一模一样的声音，叫拓跋濬颤抖得更厉害，他浑身上下簌簌发抖，如筛糠一般。

"不要过来！不要过来！"拓跋濬喊着，向炕里挪动着。

那女人往前凑了过来，伏身在拓跋濬的头上。拓跋濬惊慌地看见，奶娘的眼睛流出血，脸上也满是血。她突然吐出鲜红的长长的舌头，咬牙切齿地说："你为什么要害我？你说啊！"

拓跋濬大喊一声，晕了过去。

王遇和苻承祖从后面过来，他们刚才去为皇帝准备夜间茶点，出去时正好遇到乙浑将军，故人见面，非常亲切，就站着说了许多话。王遇担心皇帝一人睡觉，几次想走，无奈乙将军拉住不放，亲切地询问着皇宫里寿安宫故人的情况。

王遇总是心里不踏实，他不断扭头张望皇帝寝宫。那里很安静，只有行宫外传来巡逻的金柝声。王遇好像看到一个黑影从外面进了寝宫，正要赶去看个究竟，乙浑却一把拉住他，询问起寿安宫现在的情况。王遇只好回答着他的问题。

皇帝寝宫里响起一声凄惨的喊叫。

"怎么啦？好像是皇帝的叫声。"王遇说。他摔开乙浑的拉扯，拔脚向寝宫奔去。乙浑和苻承祖也随其后奔了过去。

寝宫里没有人，皇帝拓跋濬头歪在炕上，口角流着白沫，没有了知觉。

"皇帝陛下！皇帝陛下！"王遇惊慌得手足无措，爬上炕去，胡乱拉扯着，喊着。

符承祖急忙跑出大殿，大声喊叫起来："来人啊！皇帝得了急病！"

行宫里乱了起来，杂沓的脚步声、说话声，从各处响了起来。人们提着灯笼、火把，奔了过来。羽林军侍郎刘尼带着几个侍卫跑进皇帝寝宫。

乙浑四下看了看，只见炕上的窗户微微开着，他心里明白，常玉芝已经从窗户里安全走出行宫。从窗外，她可以悠然地走进宫厨房，然后扔掉自己的假面具，镇静自若地睡回自己的柴房，不会引起任何人的注意。

乙浑装出手忙脚乱的样子，在地上团团转着，连连搓着双手，六神无主地喃喃着："这可咋整？这可咋整啊？皇帝得了甚急病？是不是要叫太医来给看看？"

羽林军侍郎刘尼看了乙浑一眼，推了乙浑一把，大声催促着："你转来转去干甚啊？还不快传太医来！"

太医被匆匆叫来，给皇帝拓跋濬诊着脉。皇帝的脉象很不好，脉搏混乱急速，而且越来越弱。"要赶快带皇帝回平城皇宫！"太医对周围的人说。

羽林军侍郎刘尼是老臣，从太武皇帝起一直护卫皇帝，他又是从鹿苑里接出拓跋濬，帮助拓跋濬登上皇位的四大臣之一（四大臣是源贺、陆丽、刘尼和高允），十几年一直跟随着拓跋濬皇帝，护卫着他，很得皇帝的信任。而乙浑是太原王，是皇帝的老丈人，又是这次田猎的直接指挥者，人们自然都把目光投向他俩，等着他俩的决定。

刘尼看了看乙浑，征询着乙浑的意见："太原王，你的意见呢？"

乙浑心里正在盘算，要是能够趁乱随皇帝回平城，这次怕是要成大事了。看皇帝这样子病得不轻，万一有个三长两短，他在皇宫里也许可以趁机夺取大权。

"既然太医认为要立刻返回平城，那我们就立刻动身，我负责护送皇帝！"乙浑斩钉截铁地说。他立刻指挥着刘尼、王遇、符承祖为皇帝准备高车，自己去部署、指挥自己的队伍跟随皇帝打猎队伍回平城去。

乙浑来到柴房找到常玉芝，小声叮嘱几句，就匆匆带领着皇帝田猎的队伍连夜向平城奔去。

乙浑出手报仇皇帝毙命　皇后举身赴火宿卫相救

"说……甚？皇帝……得了……急病？"冯皇后一时间眼睛发直，惊吓得一屁股坐了下去,什么话也说不出来。

中常侍林金闾和大监秦阿女、刘阿素都急得团团转,轻轻呼喊着。

冯皇后终于从慌乱中醒过神,她责备自己:"怎么能这么没有主意呢?遇大事不慌乱,才是真正做大事的人!在这么关键的时刻,自己先在寝宫里慌乱成一团,这算什么成大事的人啊?"

冯皇后轻轻咬住嘴唇,深深地吸了口气,掠了掠自己的黑发,命令自己冷静下来。

首先要去看望皇帝,看他究竟得了什么病,然后要守在皇帝身边,不能离开一步。万一皇帝大行,她可以立刻代替皇帝处理朝政,不能让其他人在混乱中夺权。其次,立刻调源贺军队进京畿保护平城,调拓跋丕保护皇宫。

冯皇后急匆匆来到太华殿,太华殿里笼罩着愁云惨雾,中常侍王遇红肿着眼睛引领皇后来到皇帝寝宫。乙夫人、李夫人也流着眼泪等候在宫院里,其他夫人正从各自的宫里匆匆赶往太华殿。冯皇后冷眼看了乙夫人、李夫人一眼,心里奇怪他们怎么得到消息比她还早。其实,乙夫人是从她父亲乙浑那里得知消息的。乙浑一进宫,就派心腹去见乙梅叶,让她即刻进太华殿去陪伴生病的皇帝。可惜中常侍王遇把她挡在宫院里,说非得等皇后到来她们这些夫人才可以跟随皇后去探望皇帝。

冯皇后一句话都不说,跟随王遇进了皇帝寝宫。

寝宫炕上的黄色锦缎帷幕低垂,寄南香青烟袅袅,散发着香味。王遇轻轻撩开帷幕,冯皇后坐到炕沿上,拉着皇帝拓跋濬的手。拓跋濬眼睛紧闭,脸色苍白,嘴唇青紫,连指甲都发青。几个太医屏声敛气,垂手恭立,他们有些手足无措,刚才一番针灸、推拿、按摩、灌药、拔火罐、掐人中,各种办法都用过了,皇帝拓跋濬还是没有恢复知觉。

冯皇后轻轻抚摩着拓跋濬的手,伏下身子,凑到他的脸旁,轻声呼唤着:"皇帝!皇帝!"她多么希望拓跋濬在她的呼唤中慢慢睁开眼睛,长长嘘出一口浊气,然后坐起来。可是,拓跋濬的眼睛依然紧紧闭着,丝毫没有生命的迹象钻到他一动也不动的身体里。

"皇帝他这是得了甚急症啊?怎么动都不动?前几天出宫打猎还好好的,怎么一下子变成这样了?"冯皇后终于按捺不住,泪流满面,说完以后泣不成声。

首位称制:文明冯太后

59

太原王乙浑急忙上前拜见冯皇后："太原王拜见皇后。皇帝这是在崞山打猎撞了邪气,突然发病的。"

太医流着泪说："微臣不敢断定皇帝得了甚急症。也许太原王言之有理,是撞了甚邪气,应该请萨满巫师来做祈祷。"

这时,皇帝拓跋濬的叔祖拓跋丕内行长赶来探望皇帝。冯皇后一见拓跋丕,这眼泪更如断线的珍珠般扑簌簌落个不止,把拓跋丕的心搅得酸酸的。拓跋丕同许多男人一样,见不得漂亮女人哭,漂亮女人一哭,就会让他生出许多怜悯、许多同情,会让他肝肠寸断,恨不得为她赴汤蹈火。

冯皇后站了起来,抽泣着迎接拓跋丕,她眼睛垂泪,泪雨纷纷:"这可怎么好啊? 叔祖,你说这可怎么好啊?"冯皇后情不自禁,抱住拓跋丕的胳膊,连声问。

皇后的信任,让拓跋丕十分感动。皇后毕竟是个年轻女子,在皇帝突然倒下去的时候,她六神无主,她可怜巴巴,她寻求保护,她希望有人出面帮助她,他拓跋丕,作为皇室成员,应该协助皇后。这一刻,他拓跋丕突然做出决定:不管朝廷发生什么变化,他决心要支持这年轻的皇后。这是他们拓跋氏鲜卑的一贯做法,皇帝在的时候听从、服从皇帝,皇帝不在,就坚决听从皇后或者皇太后的调遣指挥。而且,国朝中的皇后实在了得,值得他们去赴汤蹈火。当年献明皇后力挽狂澜,拯救道武皇帝[1],那是多了不起的女英雄啊。眼前这年轻的皇后,一定也是个了不起的人物。

拓跋丕轻轻安慰着冯皇后:"皇后暂且不必担心,让臣看看。"拓跋丕弯腰伏身,看着皇帝拓跋濬,轻轻地呼喊着:"陛下! 陛下!"

皇帝还是一动不动。

"你们就想不出办法来,太医?"拓跋丕眼睛包着眼泪,厉声责问太医。

太医嗫嚅着:"微臣已经试过了各种方法。微臣以为,是不是让萨满巫师想想办法?"

拓跋丕看看皇后:"皇后你看,让萨满巫师祈祷行不行?"

冯皇后凄惶,又是摇头又是点头:"那萨满巫师管不管用啊? 要不,病急

---

① 献明皇后:为北魏开国皇帝拓跋珪的母亲。她带领着拓跋珪流浪,保护拓跋珪不受伤害,又说服自己娘家部落支持拓跋珪恢复代国,后又建立魏国,是北魏开国、建国的重要人物。拓跋珪,北魏开国皇帝,先恢复代国,然后在阴山牛川建立魏国,以后迁都平城。死后谥道武皇帝,庙号太祖。

首位称制:文明冯太后

乱投医,试试也行?"

拓跋丕说:"那好,让萨满来试试。"

乙浑急忙插嘴说:"那好,那好,臣这就下令,让萨满巫师立即在西郊给皇帝举行祭祀祈祷,以驱除邪魔。"乙浑立即传唤中常侍王遇,代内行长拓跋丕下令。拓跋丕尖锐地看了乙浑一眼,没有说什么。

太傅高允带领着太子拓跋弘前来探望皇帝拓跋濬。十二岁的拓跋弘高大健壮,他扑到父亲的身上,哭喊着,皇帝依然没有动静。

冯皇后怕太子的哭喊和摇动加重皇帝的病情,急忙上前拉拓跋弘:"弘儿,不要这样,不要这样!"

拓跋弘用力甩开冯皇后的拉扯,恶狠狠地说:"不用你管! 不用你管!"

冯皇后眼泪汪汪,气恼极了,却也没有办法。

乙浑却不客气地喊了一声:"太子,不要摇动皇帝!"十分严厉的声音,镇住了太子拓跋弘,他愣了一下,哭着站了起来,不敢再放肆。

平城西,有祀天祠和祀天坛,黄土与青石砌起的高坛上,立着四十九个丈许高的木人,木人头戴白帻,身着练裙,肩膀上披着马尾。内行长拓跋丕和皇后率领着太子以及全体皇室成员和百官,来到祀天祠。神部负责主祭的内行令主持祭祀活动。祭祀乐队奏着祭祀乐曲,在鼓吹敲打乐中,一个穿着花里胡哨衣裙的女萨满慢慢升坛,一手摇着羊皮鼓,跳跃着,口里念念有词,她每跳跃一下,皇后和百官就要伏身下拜一次,折腾得冯皇后和百官疲惫不堪。最后,她把羊皮鼓摇得飞快,以酒洒天地神主,大家又拜,如此一共拜了七次。

冯皇后从小就不喜欢皇宫里这种祭祀仪式,她讨厌那装神弄鬼的萨满,讨厌她借天地神灵折腾皇帝和她自己。她曾经在心里想过:有一天我要禁止这仪式。虽然她对拓跋濬表示过自己的看法,但是拓跋濬不敢公开禁止鲜卑这流传了不知多少代的祭祀活动,他只是减少到阴山牛川去举行大型祭祀,但平城皇宫还保存着这古老原始的祭祀仪式。

要是皇帝的病好不起来,将来我一定要坚决禁止这种祭祀! 冯皇后看着头戴高帽、摇鼓跳跃的鲜卑萨满,又一次对自己说。

乙浑穿着戎装,手握配剑,带着一小队亲信,在祭坛周围走来走去,巡视

着,警戒着,保护着参加祭祀的皇族成员。

祀天回来,皇帝的病情并没有太大改善,冯皇后依然衣不解带地守护在皇帝身边,整整五天过去,她疲劳得几乎站立不住。昨天,中常侍王遇让秦阿女和刘阿素把她拉出寝宫,让她躺到外面的卧榻上歇息歇息。

冯皇后合着眼睛躺在太华殿皇帝寝宫外的卧榻上,迷糊了一会儿。突然听见轻微的脚步声,猛然又睁开眼睛。

将军乙浑从外面走了进来。他从崞山护送皇帝归来,就日夜不离地担任起守护太华殿的重任。他对冯皇后十分照顾,从小看着她长大,常太后的干女儿,他很喜欢她。冯皇后也庆幸,幸亏有太原王乙浑将军在,让她觉得放心了不少,毕竟有常太后这层关系,冯皇后觉得乙浑更值得信任。

"皇后娘娘歇息。臣请示皇后娘娘,可否让微臣女儿乙梅叶暂时代替娘娘守护照顾皇帝一个时辰?"乙浑恭敬地问。

冯皇后点头,又合上眼睛。乙浑急忙出去派人请乙夫人来太华殿守护皇帝。她是唯一一位被皇后许可来太华殿守护皇帝的夫人。

这时,拓跋丕也来报告朝中情况,说三公、八部、尚书都守候在宫门外,等候内行长发布皇帝病情。乙浑急忙走了出去,把拓跋丕挡在外面。"皇帝龙体安康,请内行长立即出去向大臣公布,以安顿臣下。"

拓跋丕狐疑地看了乙浑一眼,转身去了。

冯皇后安心地合着眼睛想:幸亏有乙浑和拓跋丕的关心,她焦灼的心才有了些许安慰,觉得自己有了依靠,不再那么孤单无助。

拓跋濬一人睡在寝宫里,他已经昏迷了许久,今天,他觉得自己有了些精神。

拓跋濬睁开眼睛,看到自己心爱的乙梅叶乙夫人守候在自己的炕头,他心里有了安慰。有乙夫人在身边陪着他,他会慢慢好起来的。乙夫人是他最信任的人。他曾经那么爱过李佩琬李贵人,可是李贵人被他的奶娘常太后以不敢违抗魏宫旧制为由给赐死了。为了给李贵人报仇,他下令害死了常太后,他的奶娘。可是,奶娘阴魂不去,居然来找他偿命,让他惊吓,病了这许多天。不过,他坚信,常太后的鬼魂吓不死他,他会恢复过来,继续治理魏国,实现父祖统一大江南北的愿望。

拓跋濬轻轻翕动嘴唇:"水,喝水。"

乙夫人高兴得大声喊:"来人啊!皇帝醒了!皇帝醒了!皇帝要喝水!"

乙浑听到女儿的喊声,急忙从屏风外面过来:"别喊!"他小声呵斥着女儿乙梅叶。

乙梅叶以为父亲怕惊扰了拓跋濬,就压低声音说:"皇帝醒了,皇帝要喝水。"

乙浑凑到炕上,看了看拓跋濬。拓跋濬正努力转动着眼睛,看着乙梅叶和乙浑。他认出了乙浑,便动了动自己的手,艰难地说:"太原王……你来看朕……"

乙浑看着清醒过来的拓跋濬,心里展开激烈的斗争:让他活过来,还是趁人不知道,赶快结束他的生命?既然他现在已经清楚地知道,拓跋濬就是谋害常太后的凶手,他怎么能放过他?为常太后报仇!他要亲手结束拓跋濬的生命!乙浑阴鸷的眼光闪烁着可怕的亮光。

"梅叶,你去给皇帝陛下倒水,让我来看看皇帝!"乙浑对乙梅叶说。

乙梅叶听话地绕过屏风,去给皇帝倒水。乙浑见女儿出去,急忙爬上炕头,对皇帝说:"皇帝陛下,你再歇息歇息,不要说话。让臣来伺候你!"说着,他拿起炕上的枕头,用劲捂住拓跋濬,把全身压到拓跋濬的身上,又用双手拼命掐住他的脖子。

拓跋濬挣扎着,嘴里发出"咿呀唔哇"的声音,可怜他病了多日,浑身没有多少气力,怎么挣扎也摆不脱乙浑强有力的压迫。看着拓跋濬不大动弹,嘴唇也变成青紫,乙浑急忙拿下枕头,放开双手。

乙梅叶端着浆酪,从屏风那边绕了过来:"皇帝陛下,请饮浆酪。"她把浆酪碗放在炕头,自己爬上炕头,凑到拓跋濬身边,小声喊。

拓跋濬嘴唇青紫,已经只有出的气没有进的气了。

"皇帝陛下,你咋的了?"乙梅叶大声哭喊起来。乙浑也趴到炕头上看着皇帝大声哭喊着。

冯皇后在卧榻上蒙眬入睡。突然,隐约听到有人走动,似乎还有一些嘈杂和大声哭喊的声音。

"甚事?"皇后猛然坐起身,大声问。

秦阿女和刘阿素急忙上前轻轻搀扶住皇后,乙夫人乙梅叶和乙浑从皇帝寝宫里面走了出来，脸上十分慌乱。

"皇帝快不行了！"乙夫人扑通跌倒在皇后面前。

冯皇后的心"扑通扑通"地狂跳起来，她浑身颤抖，下地就往寝宫里跑，连靴都没有顾上穿，就一头扑进寝宫。

王遇跪在炕上，喊着皇帝陛下。拓跋濬没有动静地躺着，他的嘴唇更加青紫，鼻翼稍微翕动，表明他还有一点气息，可是眼看这气息是有出没有进。

冯皇后爬上炕，一把抱住皇帝拓跋濬的头，轻轻地抚摩着他的脸，泪流满面地呼唤着皇帝。拓跋濬似乎听到皇后的喊声，他的眼皮微微动了动，嘴唇张了张，好像要说话，可是什么也没有说出来。拓跋濬的身体挣扎了一下，头一歪，没有了动静。

"皇帝陛下！"冯皇后大声哭喊着，摇晃着拓跋濬的身体。拓跋濬灵魂已经出窍，他什么也听不到了。二十六岁的拓跋濬在极度惊吓以后崩于太华殿。

太华殿里全部内监、宫女、官员都跪到院子里，大声号哭着。

乙夫人和乙浑跪到地上，叩头哭泣。不过，这并不妨碍乙浑的部署，他已经阻隔了内外，不许外朝官员和宿卫等任何人进入内宫。

殿中尚书拓跋郁率领着全部外朝大臣哭倒在外殿太华殿前，但是，他们谁也无法进入内宫，乙浑的军士把守着进入内宫的大门，不让任何人出进。

和平六年（465年）五月癸卯，拓跋濬崩于太华殿，时年二十六。

跪在太华殿前痛哭的群臣中，拓跋丕擦了擦眼泪，想：不能只在这里哭啊，要立刻进宫去见太子，要马上立太子登基啊！时间拖久了，谁知道会发生什么意外和变故呢？不能在这里拖延时间！想到这里，他霍地站了起来。

拓跋丕挥舞着手臂，喊："我们要立刻进宫去见太子啊！"群臣这才明白过来，是啊，他们要见到太子，万一太子有不测，这拓跋魏国不要大乱了吗？

拓跋丕领着群臣，想从太华殿进入后宫。太华殿后门的守卫士兵已经关闭了大门，紧紧把守着，怎么也不给开门。

拓跋丕急得团团乱转，不知道如何是好。这时，殿中尚书拓跋郁带领着殿中宿卫数百人赶了过来。拓跋丕高兴地迎了上去，向他说明情况。拓跋郁想了想："从顺德门入宫！"顺德门是后宫的偏门，他估计那里没有多少人把守。

拓跋丕和拓跋郁率领着殿中宿卫几百人赶到顺德门,果然和拓跋郁所估计的一样,顺德门没有撤换宿卫,也没有增加宿卫。拓跋丕和拓跋郁率领着百官来到太华殿,要求拜见皇后。

百官涌进太华殿,跪在殿外,有的号哭,有的嚷嚷着要见皇上。

乙浑听说殿中尚书率领百官进了后宫,心里有些发慌。他强打精神,出来见拓跋郁。拓跋郁是桓帝的后代,忠正亢直,乙浑对他很有几分惧怕。

乙浑走了出来,拓跋郁看见乙浑,立刻跑了过来。乙浑先发制人,大声呵斥着:"谁同意你们进来闹事的,快给我出去!"

拓跋郁并不答话,上前抓住乙浑的袍服衣襟,大声说:"不见皇上,群臣忧惧,大臣请求亲见皇上!"

乙浑抓挠着,左顾右盼,希望有人出来给他解围。拓跋丕率领着朝臣都围了过来,纷纷喊着:"请皇上出来!"

乙浑支吾着,色厉内荏,威吓群臣:"今皇帝大行,新皇忧伤,一时不方便接见百官,诸君有何值得怀疑?"

"不行! 百官要立见皇帝!"拓跋郁拔出腰刀,"要是见不到皇帝,百官决不离开这里! 你乙浑不马上让皇帝出来亲见百官,我这腰刀可要开戒了!"

乙浑浑身哆嗦,连声说:"尚书大人不可乱来! 我这就去请皇后出来见百官!"

乙浑走进寝宫,拜见正在痛哭的皇后。

"皇后,百官在外面喧哗,还请皇后出去见见,以安抚百官情绪。"乙浑对冯皇后说。冯皇后抬起头泪眼婆娑地直是摇头。乙浑却不由分说,拉起冯燕:"皇后一定要去见见百官,要不他们就会鼓噪起来闹事了。"

冯皇后只好在秦阿女和林金间的搀扶下,哭泣着走出寝宫去见百官。

拓跋丕和拓跋郁看见皇后哭泣着走了出来,都趴伏在皇后面前痛哭失声,太华殿里一片哀哭声,皇宫上下,阴云四合。

拓跋丕跪在皇后面前,哭泣着说:"皇帝不幸而崩,希望皇后节哀。请皇后为国着想,让太子立刻登基。"

皇后这才想起,到现在她还没有见到太子拓跋弘。"太子呢? 太子呢?"皇后四下看着,问。乙浑正要悄悄退出,皇后却一眼看见了他:"太原王,立刻去紫宫奉太子出来!"皇后命令说。

乙浑无奈，正要退下，拓跋郁却说："请皇后允许老臣与太原王一起到紫宫奉太子出来！"

乙浑想拒绝，可是皇后却不假思索地答应下来："去吧。"她挥了挥手："快去吧，太子可能还没有听说消息呢。"说到这里，她的眼泪又滴落下来。

不一会儿，拓跋郁和乙浑从紫宫把太子拓跋弘接了过来。群臣百官立刻跪伏着高呼万岁，立即拥戴着拓跋弘到太华殿即位。

三天以后，为大行皇帝拓跋濬送行的火化仪式在太华殿前举行，全体皇族成员，大行皇帝的皇后与全部妃嫔，太子与全体皇子、公主，内行长拓跋丕率领着八大臣以及内朝全部官员，集中在太华殿前，外朝大臣跪于太华殿门外。太华殿前已经堆积了上好的松木、楠木的干柴堆，等待着仪式开始。

内朝礼部侍郎主持着火化仪式。仪式开始的时候，中常侍王遇捧着大行皇帝的龙冠龙袍，在凄凉的鼓吹乐中，慢慢走到熊熊的火堆前，把大行皇帝的衣冠丢进大火里。皇冠上的金龙在火焰中慢慢红了起来，绸缎慢慢燃烧起来，然后慢慢变成黑色的灰片，在火焰中升腾，随风飘舞，好像黑色的蝴蝶在火红的火焰中翩翩起舞。

冯皇后率领着全体夫人和妃嫔，每人手捧着大行皇帝生前用过的各种物品，鱼贯来到火堆前，把它们丢进火堆，看着它们在火中焚化。

冯皇后把自己手捧的拓跋濬最喜欢的一套《论语》丢进火里，呆呆地站在火堆前，看着书在火中红了起来，慢慢燃烧起熊熊火焰，燃烧的纸片化作黑色，随着热气慢慢升腾了起来，在火焰上空随风飘散而去。

冯皇后依旧凝神看着火堆，火堆上热气升腾，在空气中演化出各种形状。火焰上的热气慢慢升腾、扭缠凝结，出现了一个人形。冯皇后凝视着这一团热气，热气里的人形慢慢清晰起来，头戴皇帝冠冕，身穿绣着金龙的皇帝龙袍，那人形越来越清晰，好像在微笑着向她招手。啊，真的，是拓跋濬！

冯皇后倾身，笑着喊："皇帝陛下！"

面前的火焰在干柴堆上跳跃着，变幻着形状和颜色。干柴发出噼噼啪啪的清脆响声，散发出好闻的松香和楠木香气。

美丽火焰上的拓跋濬扬起胳膊，一边向她招手，一边亲热温柔地喊着："皇后，燕儿，过来，过来！"

冯皇后眼睛里充满了泪水，她已经很久没有听到皇帝这样喊她了，这青梅竹马时代的称呼叫她头脑眩晕起来。

"皇帝陛下！等等我！我跟你一起去！"凝望着火堆的冯皇后突然伸开两手两臂，好像去拥抱拓跋濬似的，一纵身扑向火焰堆里。火焰被压得火花、火星四溅，熊熊的火焰一下子小多了，又"腾"地一下燃烧起来。

乙夫人发出尖锐的喊叫声，其他夫人也都喊叫了起来："皇后跳火了！皇后跳火了！"

人们都喊叫起来，尖叫着，围着火堆跳着，不知道如何是好。

一个年轻英俊的羽林军侍郎从人群圈外飞快跑了过来，他纵身扑进火堆，火焰立刻包围了他，在他四周熊熊燃烧。他从火焰里抱住浑身起火的冯皇后，从火堆上拣起皇后掉在火中的冠帽，火焰灼烧着他的双手，舔着他的脸面，他紧紧抱住冯皇后，三步两步跳出火堆。

羽林军侍郎把冯皇后轻轻放到地上，急忙动手扑打她身上、头发上的火焰。

乙夫人、李夫人、曹夫人、沮渠夫人、悦夫人、玄夫人等七八个拓跋濬的夫人都围了上来，七手八脚，一起帮着扑灭皇后身上的火焰。

头发已经被烧焦的冯皇后睁开眼睛，看了看眼前的羽林军侍郎。羽林军侍郎的脸上已经被火焰灼伤，有些地方出现了一串串燎泡。皇后艰难地微笑了一下，小声问："你叫什么名字？"

"李弈。"羽林军侍郎毕恭毕敬地回答。

"带他去见太医。"冯皇后微微颔首，艰难地说了一句，头一歪，晕了过去。

六月丙寅，内行长拓跋丕和皇后主持大礼，为拓跋濬上尊谥文成皇帝，庙号高宗，奉高宗神主牌位入太庙。

八月，葬文成皇帝拓跋濬于云中金陵。

首位称制：文明冯太后

第三章　临危不乱

皇太后后宫运筹　太原王外朝弄权

　　和平六年(465年)夏五月甲辰,平城皇宫太华殿上张灯结彩,丹墀上的鼓吹乐队高奏着《真人之歌》。十二岁的小皇帝拓跋弘和皇太后在三公、尚书、八大臣的拥戴下,在《真人之歌》雄壮的乐曲中慢慢登上太华殿的高基,坐到金光灿灿的龙床上,即位做了魏国第六代皇帝。

　　十二岁的拓跋弘坐在皇帝的宝座上,高兴得手舞足蹈,尽管父皇的驾崩让他难过,可是这登基践祚作了皇帝,总是最令人高兴的事。从今往后,他是天子,除了天地和佛,谁都要听命于他,他可以为所欲为了。

　　小皇帝拓跋弘在鸿庐礼官的高声宣赞中,按照规定的制度完成各种礼仪。之后,小皇帝高声宣读了自己践祚以后的第一号诏令:封冯皇后为皇太后。

　　拓跋弘声音响亮清脆,又宣布了大赦天下的诏令,同时宣布改元。"朕宣布,从即日起,大魏国朝改年号为天安元年!"

　　皇太后坐在皇帝拓跋弘的右边,瞥了一眼小皇帝。

　　皇太后坐在皇帝右边,手上还涂抹着治疗烧伤的獾油,烧焦的头发已经被剪去,宫女秦阿女给她梳拢在脑后,扎了个马尾巴刷子,幸好脸上没有烧伤,涂抹过几次獾油以后,依然洁白光滑,只是眉毛和眼睫毛被烧焦,显得有些秃眉秃眼的。

改元这样的大事，他怎么就没有和我商量一下呢？皇太后心里想。不过，这天安年号，也是不错的。这小皇帝笃信佛，这对她的脾气，他期求上天和佛的保佑，决定把践祚以后的年号定为天安元年，没有什么不合适。

拓跋弘相信，早在践祚之前，上天和佛就给了他启示。春三月的有一天，他与万安国到天兴寺去礼佛，与众沙门一起谈佛论经，其中，有一个年轻的沙门俊秀飘逸，气度不凡，谈吐雅致，卓尔不群。可是，天兴寺的沙门谁也不认识他。拓跋弘问他从哪里来，他回答说从天安寺来，说完以后突然消失得无影无踪，真像神龙一样见首不见尾。这沙门一定是佛派来的使者，或者就是佛祖现身，拓跋弘当即命令改天兴寺为天安寺。

二十四岁的皇太后被从火中救出来以后，在病榻上躺了几天。冯皇后飞身扑火赴大行皇帝的事迹已经广为流传，平城到处传唱着冯皇后的义勇事迹。拓跋氏历来崇拜英雄女人，所以代父从军的木兰事迹被编成歌曲传唱着。皇太后的威望一下子树立起来，拓跋氏皇室成员都对这汉人的皇太后充满了敬仰，愿意听从她的指挥。特别是羽林军中的鲜卑子弟，一个个对皇太后敬仰得五体投地。

这几天，她虽躺在卧榻上，脑子可一直没有闲着，她一直在琢磨她的未来，作为皇太后，她现在权力达到顶峰，但是，这种局面能够持续多久，她心里没有底。她一个汉人皇太后，能不能让鲜卑权贵服从，她不知道。她这么年轻，能不能让那些位及高位的鲜卑、各色胡人权贵服从她，她也不知道。虽然她知道，鲜卑有尊重、服从皇太后的传统，但是，她还是对自己的将来有所担心。小皇帝拓跋弘在她这些年的恩威并重的调教下，对她既怕又敬，可是，她还是担心有万一发生。当年常太后多么尊贵，可结果呢？当年的常太后，安插了常家全部的人做了朝廷重臣，常英做到太傅、太尉、录尚书事，真是一人之下，万人之上，可常太后不还是年纪轻轻就被害死了吗？当年常家的煊赫一时，如今安在？她尽管是皇太后，孤单单一人，能有多大的权力？甚是权力？人才是权力。没有人，只有皇太后的名分，能有多大能耐？

皇太后看着身边得意扬扬的小皇帝拓跋弘，心里充满忧虑。这么个小毛孩子能够治理好大魏吗？如今大魏的前途可是都握在这男娃和自己的手中啊！皇太后突然感到自己肩上的担子十分沉重。

自己的人在哪里？皇太后问自己。自己的人要靠自己去培植，去拉拢，

69

去组织，皇太后回答自己。

首先，要有一些忠实于自己的内宫人员，身边没有这样一支心腹力量是不行的。不过，这她并不担心。当年随姑母左昭仪的那些内监宫女，还有追随常太后的那些人员，如今已经全部成为对她最忠心的人员。林金闾、张祐、抱嶷，甚至皇帝的中常侍王遇，还有刘阿素、秦阿女，他们都是忠心不贰的随从。但是，仅有他们远远不够，他们地位卑微，她更需要朝廷重臣，特别是拓跋氏宗人的拥戴，这是最重要的力量。哪些王公大臣可以为她所用呢？拓跋丕、源贺、陆丽、刘尼、高允，都是不错的。

不行，这些大臣虽然能够拥护她，但是不能成为她的心腹。心腹是最值得信赖的，心腹应该是自己的亲属。乙浑算一个，不过只有一个，人数太少。当年常太后不是把自己的兄弟、妹夫、堂兄、堂弟全部封了王公重臣，让他们在朝廷里掌握大权吗？对，还要让哥哥冯熙来帮助自己。

原本想让哥哥娶一个公主，这计划一直藏在皇太后心里，可是冯熙忙于搬家，又纳了常氏，新婚宴尔，她也就没有抓紧进行。直到春天，才选定拓跋濬的妹妹博陵长公主，可是还没有来得及办理喜事，这拓跋濬就驾崩了，遇上了国丧。

身边的皇帝拓跋弘还在嫩声嫩气地宣布着践祚的第一号改元和大赦的诏令。他的声音那么稚嫩，那么清脆，没有一点成年男子的威风，更没有皇帝天子的威严。这能让宗室王爷和百官听命于他吗？

年轻的皇太后有些担忧地转过头，看着小皇帝拓跋弘。拓跋弘刚刚读完诏令，正目光炯炯地看着皇太后，目光里倾泻出全部的傲慢和得意。

"皇太后，朕退朝了！"他立起身，径直下了高台，根本不理睬皇太后。

年轻的皇太后脸上发热，羞臊得无地自容，她勉强掩饰着自己的尴尬和羞臊，站了起来，慢慢跟随着皇帝退朝。

"去，请我哥哥冯熙入宫。"皇太后一进自己的宫室，立刻命令林金闾。

冯熙住在自己的将军府邸里，正在与宠姜常氏一起逗弄着刚刚出生的婴儿。常氏是按照他的妹妹，也就是曾经的皇后的意思娶来的，是常英的女儿，常太后的侄女。

冯熙的奶娘姚氏坐着，看他们夫妻玩，自己高兴得不得了。当年受冯熙父母所托,她带着冯熙逃亡,带着他逃到蠕蠕部落,后来又到处逃跑,艰难抚养他长大,虽然饱经风霜,总算没有辜负主人托付,她感到非常欣慰。如今她满头白发,苍老得很,但是精神矍铄。看着冯熙有这么好的日子,她整日都在笑。

"奶娘,你老人家给他起个名字吧。"冯熙笑着把粉嘟嘟、胖乎乎的婴儿递给姚氏,恭敬地说。冯熙十分孝敬这姚氏,没有这姚氏,就没有他冯熙的今日。

姚氏奶娘笑呵呵地说:"我看就叫她莲吧,小名莲莲,你们看行不行?"

常氏正想说话,冯熙却急忙说:"行,行,这名字怪好听的。莲,好听,好听。"冯熙知道,奶娘为了奶养他,把一个叫莲的小女儿送了人,再也没有下落。

常氏也不好说什么。她虽然是常太后的侄女,有几分姿色,可是,常太后已经不在,父亲常英配往敦煌,他们常家家道明显开始中落,尽管冯熙很喜欢她,她也不敢太霸道。

家人进来通报,说宫中派人来接冯将军进宫,皇太后有请。

冯熙急忙换了衣服,随来人进宫。

冯太后见了哥哥,问讯了哥哥的女儿。冯熙心疼地看着妹妹烧伤的手,询问了一番。兄妹寒暄了一阵,冯太后开始引入正题。

"阿干,"冯太后抬眼看着冯熙,挥手让林金间等人都退下:"我想听听你的意见。你看,皇帝拓跋弘年纪还小,这朝廷能否保持安定?"

冯熙想了想:"依我的看法,皇帝已经登基,这朝廷暂时还是安稳的。只要皇太后你能够掌握全局,就不会发生动乱,他们拓跋氏很尊重皇太后。"

冯太后点头:"是这样。可是,我还是放心不下。我是汉人,怕鲜卑人挑唆小皇帝不服从我。所以,我希望阿干担任重要职务,来辅助我一把。"

冯熙急忙说:"这是我作为兄长义不容辞的责任。过去,兄长没有尽到兄长的责任,让妹妹受苦了。现在却要仰仗妹妹照顾,为兄内心十分不安。你说说你的打算,为兄尽力而为,死不足惜。"

冯太后笑了:"看阿干说的,妹妹就阿干这么一个亲人,哪能让阿干死呢?我准备立刻让你娶博陵长公主,你做了鲜卑的驸马,又可以帮助我笼络一部分鲜卑人,驸马都尉历来被看作是拓跋族人。"

冯熙为难地搔着头皮："当驸马当然是好事，只是怕常氏心中不高兴。"

冯太后冷笑了一下："这可由不得她。当年我安排你娶她，就是作为偏房娶的，没有说让她做正房的。已经让她独自专房了几年，她该知足了。"

冯熙不敢再多说。

冯太后说："你准备一下，立刻迎娶博陵长公主进府。公主这边，有我安排，没有问题。你看，还需要甚，让林常侍帮助解决。"

冯熙想了想，小心地问："现在是国丧期间，是不是禁止操办喜事啊？"

冯太后摇头："这国朝礼仪不算齐备，对国丧没有特别严格的要求。你只要不太张扬，不会有问题。公主这边有我，她很听我的话。"

"与公主成亲以后，你准备如何？"冯熙问。

冯太后啜饮着乳浆："做了驸马都尉以后，我让皇帝任命你作定州刺史，带兵驻扎在京畿不远处，万一平城有甚事情，你可以带兵来包围平城，支援平城。"

冯熙点头："这样安排很好。可是，平城皇宫里有可靠人吗？"

冯皇后放下茶碗："要是阿干能在宫里担任内行长是最放心不过的。可是，阿干刚刚做驸马，马上任命内行长，怕拓跋老臣反对。现在，还是暂时让太原王乙浑担任内行长的好，我对他还是很放心的。他是和龙来的，是姑母左昭仪的老人，又是常太后的妹夫和相好，对常太后忠心耿耿，他看着我长大，对我也可以说是忠心耿耿。乙浑出入禁中，掌管了内行长的职务兼内行大将军，就掌管了内朝大权。另外，这拓跋贵族，也有几个十分忠心于我，像拓跋丕，他在外朝行走，负责外朝事务。有这一内一外两员心腹，我觉得眼下我还能控制住局势。希望阿干到定州以后，招兵买马，发展壮大你的军队和势力，过一年两年，我就调你回平城，担任要职，来帮助我治理朝政。皇帝一个十二岁的娃，他能干甚？我要帮助他治理好拓跋魏国！"

"好，一切听妹妹安排。"冯熙斩钉截铁地回答。

"另外，我还想平反父亲冤案。"冯太后神色黯然，眼泪涌上眼眶。

冯熙也有些伤心，不过，他立刻意识到，自己今后要成为妹妹的锦囊和谋士，来帮助妹妹治理魏国。他想了想说："依我之见，平反父亲冤狱的事情，不能操之过急，还是暂时放下它不提的好，等国朝更稳定一些以后，再来处理不迟。目前不宜提出那些旧事，万一惹怒了拓跋贵族，反而不好，古人说，'欲速则不达'。"

冯太后擦拭着眼睛，点头叹息："阿干的话很对，我只是一时气愤。希望以后阿干时时注意提醒我，让我能够冷静处事。有阿干在身边，我才觉得自己有依靠。"

冯熙唏嘘不已，感到自己肩头有了重担。

小皇帝拓跋弘在中常侍王遇、太傅高允、中庶子万安国和陆定国的陪同下，来给皇太后请安问好。

小皇帝拓跋弘，虽然穿着宫内常服，却也浑身缠绕着金龙，当了皇帝的他，比过去更加神气和威风，高昂着头，眼睛瞪着前方，睥睨一切。

皇太后不喜欢小皇帝这神情、这目光。

小皇帝单腿跪下，给皇太后磕头行礼，大声说："皇儿给皇太后请安。"说完，就站了起来。万安国和陆定国也上前去单腿跪下，给皇太后行礼。

皇太后摆手："起来吧，安国、定国。现在皇帝已经登基，你们这些中庶子也该为朝廷效力了。弘儿，你准备封他们甚官职以报效朝廷啊？"皇太后故意不喊皇帝，继续用弘儿这亲昵的称呼来拉大他们之间的距离，显示他们年龄的差距、辈分的差距，显示她自己的尊贵和高高在上。

皇帝拓跋弘看了看万安国，笑着说："不知道他想干甚？他想干甚我就叫他干甚。"

太傅高允急忙在旁边提示皇帝："皇帝陛下，不能说我。皇帝陛下自称有专门的称呼，陛下忘了吗？"

拓跋弘笑着说："对，称朕，朕忘了。"

皇太后白了小皇帝拓跋弘一眼，颇为不满意地说："皇帝要论功行赏，要量体裁衣，要学会识人用人，不能这样糊糊涂涂用人。这安国，从小和你一起在紫宫长大，你对他十分了解，应该知道他适合任甚职务的。"

又来教训朕，朕已经是皇帝了，还听你的教训？拓跋弘的脸垮了下来，不大高兴地哼了一下，很不以皇太后的说法为然。

皇太后突然有些气恼，她脸一沉，目光立刻冷峻起来，微微提高声音："我说的不对吗，弘儿？"

拓跋弘没有说话。

皇太后把脸转向高允："你这太傅是怎么当的？你难道没有教导他学会

听从皇太后的教导吗?"

皇太后又把脸转向中庶子万安国:"你作为庶子,是不是专门教唆皇帝不听话啊?来人,替我教训中庶子万安国,让他学会礼数!"

中常侍林金闾答应着,带着几个内监过来。

高允急忙拉着万安国跪下,向皇太后求情,请求皇太后的饶恕。皇太后冷着脸,看了看皇帝拓跋弘,拓跋弘红头涨脸地拧着头生气。

皇太后凛然站了起来,对林金闾说:"拉下去打他十鞭!"内监只好架起万安国走。

高允跪在地上,花白的头耷拉着花白的辫索,不断磕头告罪。

皇太后看着皇帝拓跋弘,指点着他的额头:"你当了皇帝,成为一国之君,更应该知礼,尊老敬老,方为礼教。你目无尊长,缺少礼教,以后能不能改正?"

拓跋弘听见外面传来杀猪似的万安国的嚎叫,十分心疼,急忙单腿跪下:"皇太后,拓跋弘知错了,以后再也不敢了。"

"这还行。知错改错不为错。好了,让他回来吧。"皇太后对林金闾说,林金闾急忙出去传话。林金闾故意放慢脚步,看似走得很快,其实只见脚步移,不见人前进,他知道皇太后早就不喜欢这小子,只是没找到机会教训他而已,今天既然让冯太后逮住机会,就该让他小子多吃点苦头。等林金闾走到院外,内监已经狠狠地抽了他十鞭,万安国的屁股皮开肉绽,正躺在地上杀猪似的干号。林金闾心里暗笑,你小子尝到苦头了吧。谁叫你小子当年专门挑唆太子与皇太后作对呢,以后有你这一肚子坏水的小子好果子吃呢。

"以后要多听老人教诲。"皇太后冷冷地看了看小皇帝。

"是,是,以后拓跋弘一定听皇太后教诲!"拓跋弘有些心惊,皇太后这一顿杀威棒叫他更加敬畏皇太后。

"弘儿,"皇太后换上笑容盎然的脸和温柔的腔调说:"你现在做了皇帝,需要选妃。你父皇已经为你选好几个妃子,她们早已入宫,正在宫内接受教导,等几天,我陪你去看看。"

"是,是,拓跋弘听从皇太后安排。"拓跋弘记挂着外面替他挨打的万安国,唯唯诺诺答应着。

"好,你先退去吧,我有些累了。"皇太后挥手。

代理内行长乙浑前来拜见冯太后，请示宫内事项。

冯太后最近感到自己肩上的担子沉重了。新皇帝登基，但是新皇帝幼小，她这皇太后一定要好好辅助小皇帝治理朝政。虽然文成皇帝不宠爱她，可是她作为皇后，还是很欣赏文成皇帝的执政方针，他治理朝政，很有作为，自己应该把他的执政方针持续施行下去才好。

"内行长有甚事禀报？"冯太后笑吟吟地看着乙浑问。乙浑作为护驾有功人员，得到她的封赏，现在做代理内行长行使着管理皇宫的全部大权。魏国内行长虽然是内朝官员，但是拥有极大权力，他掌管皇宫内部全部事务，从皇帝、皇后的衣食住行到考察官吏、任命官员，从安排皇帝日常事务到为皇帝执掌机密、出入诏命。所以，早期的内行长多由拓跋氏宗族人或者王公贵胄的子弟担任。乙浑能担任这重要官职，当然欢喜已极，他把这看作实现更大目标的开始。

"微臣听说殿中尚书拓跋郁、礼部尚书杨保年、平阳公贾爱仁、南阳公张天度四人结党，互相串联，不知有什么阴谋。"乙浑媚笑着谦卑地向冯太后汇报。

乙浑现在非常卖力地在皇宫里奔走，尤其注意讨好皇太后冯燕。他知道，拓跋氏皇帝都很敬重皇太后，皇太后拥有很大权力，他要想实现更大的目标和野心，必须借助这皇太后的力量。皇帝不过一个乳臭未干的黄毛小儿，眼下朝政大权都在皇太后手里，只要糊弄、笼络、哄骗住皇太后，讨得皇太后欢心，不愁他实现不了自己的心愿，成为魏国国朝里权力最大的人。他要让拓跋人和鲜卑人都看到，他，一个和龙来的俘虏，一个一直被他们鲜卑人看不起的东部胡人，可以凌驾于他们之上。另外，他这么做还是为了被拓跋鲜卑人弄死的常太后，他既要给自己争气，也要为常太后报仇。

"太原王给我述说，看结党有甚害处。"冯太后看着乙浑。

"古人说，'君子不党'，这结党者必然仗恃人多势众而行营私之实，所以古来人君都忌讳朝廷内结党。这四个人经常串联，一定结党，结党一定营私，小者为个人谋取私利好处，大者可能祸患朝纲！"乙浑激昂慷慨地陈说着。尽管他当面十分谄媚皇太后冯燕，但是心里却还是习惯把她当作常太后的干女儿看待，当作十几年前那个黄毛小丫头，所以，他毫不胆怯，毫无顾忌，慷慨陈词。

其实,他不过是挟私报复。新皇即位时,殿中尚书拓跋郁几乎杀了他,所以,他恨拓跋郁。而对礼部尚书杨保年和平阳公贾爱仁,他也是一肚子恼怒,因为他们都曾拒绝过他请求赏封他老婆常玉芝妃子封号一事。常玉芝经常在耳边叨咕,希望乙浑也能给她讨一个封号,封她一个太原妃的光荣名分,可是这两个人就是顶着不给办,而该死的平阳公还在旁边吹冷风说风凉话,说什么要是常玉芝可以封妃的话,这平城里的女人都可以封妃了。这么不给他乙浑面子,叫他十分恼火。现在,他终于找到一个挟私报复这几个家伙的冠冕堂皇的正当理由。

"有这么严重?"冯太后抬眼看着乙浑,这个她十分信任的长辈。

"当然严重了! 结党营私为朝廷大敌! 历代皇帝都会严惩不贷!"乙浑继续煽风点火。

冯太后皱起眉头:可不是,结党者会排挤他人,拉拢私人,会拨弄是非,他们考虑问题只管小圈子的利益,不管国朝大利,他们往往会制造事端,是朝政不安定的根源。拓跋皇帝尤其害怕汉人官吏结党,经常防范着,当年太武皇帝杀崔浩,不是就有这因素在内吗? 这几个重臣,以汉官为多,他们勾结一党想干甚呢?

冯太后转着眼睛做出自己的判断。在这种时候结党,无非是想兴风作浪,无非是想争夺皇位!

这可不行! 她冯太后绝不能让人推翻拓跋弘。只要拓跋弘在位,她作为皇太后就是拓跋皇朝的真正主宰。与拓跋弘作对,就是与她作对! 此风不可长!

"既然如此,你去处理他们!"

乙浑心里高兴得要死,他差点没跳起来高呼皇太后英明! 幸亏他还能够及时控制住自己,没有得意忘形。他堆起一脸媚笑,说:"皇太后,微臣权力不足以处死这几个大臣,他们可是重臣啊,还有什么公的爵位呢,微臣咋能行使权力?"

冯太后笑了:"这有甚难办的,让林金闾去协助你办理。谁不知道他的身份?"

乙浑高兴得跳了跳,手舞足蹈起来,不是看到冯太后年轻的脸上闪过一丝不快的阴影,并且轻轻皱了皱眉头,他还正准备大声欢呼呢。看到冯太后皱起眉头,他急忙收敛了自己,连声回答着:"是。有林常侍的帮助,微臣就好办了!"

"林常侍,带着宿卫去帮太原王捉拿那几个结党营私的家伙!杀一儆百,让朝内外臣子在这种时候不敢恣意妄为!"

乙浑心里高兴,暗想:除去这四个眼中钉之后,他就要对付平原王、侍中、司徒陆丽了,这老家伙仗恃着死鬼皇帝拓跋濬的喜爱,经常教训他,早就叫他忍无可忍!除去陆丽这老臣,陆丽的侍中、司徒职务就可以归他乙浑所有,当了侍中、司徒,然后再谋一个录尚书事的职务,他乙浑可就是一人之下,万人之上了!享不完的荣华富贵!他乙浑将要混出人样了!

在代郡汤泉养病的平原王、侍中、司徒陆丽,十分震惊:殿中尚书拓跋郁、礼部尚书杨保年、平阳公贾爱仁、南阳公张天度四人结党,被太原王、车骑大将军乙浑矫诏杀于禁中!

陆丽对这四个人十分了解,他们从来就没有什么结党营私的举动!欲加其罪,何患无辞?他太原王乙浑是个甚东西,不过借助常太后的势力弄了个王,居然在宫里这么为非作歹起来!他想干甚?

"不行!不能任由他乙浑——一个当年的俘虏来败乱我魏国朝纲!我要回平城去!"陆丽从汤泉里跳了出来,挥舞着双手喊道。

高宗文成皇帝驾崩,陆丽正在汤泉养病,从上年起就闹病不止,一直在远离平城的汤泉疗养治病,半年多的疗养,他感觉自己精神多了。陆丽早就想回平城,可是儿子、妻子、部下都劝他再继续疗治一段,等病情完全好了之后再返回。接着,传来皇帝驾崩的消息,他自然不能随便回去,虽然他非常希望去给皇帝送别,可是,他知道朝廷规矩,这国丧时期,以防不测,平城戒严,大门都已经关闭了,他不能进城去。

现在戒严已经解除,他可以回去了。

"给我备马!"陆丽大声喊着。陪同他前来疗养的妻子张氏,原本是恭宗的宫人,高宗即位,释放宫人,以她赐陆丽。陆丽感谢皇帝的恩典,十分喜爱这张氏。这张氏为他生了一个儿子,刚刚十岁,名睿,小长子定国几岁,也跟着他来这汤泉。

"不可,官人。"张氏劝说陆丽,"皇帝刚刚晏驾,这朝中局势不稳。乙浑

首位称制:文明冯太后

既然敢于矫诏杀四臣,这就说明他掌握着禁中大权,官人回去,必然是飞蛾扑火,徒受其害,招来不测之祸!官人还是稍微迟几天再回,等朝廷宁静,然后奔赴,犹未为晚!"

"不行!我一定要回去!皇帝就是我们臣子之父,安有闻君父之丧,害怕招惹祸患,不回去之事呢!"

张氏见劝阻不了,流着泪告别陆丽。

陆丽骑马飞奔平城。

乙浑听说陆丽回朝,大喜过望。他急忙与儿子乙肆虎商议:"陆丽回来了,怕不是善茬。这陆丽仗恃自己是两代老臣,仗恃他的儿子陆定国是皇帝中庶子,怕是要来找我们算账!你看,咋整治他?"

乙肆虎眼睛一瞪:"那还不容易?干掉算了!"

乙浑白了儿子一眼:"说得容易,他是平原王、侍中、司徒,手中也有大权在握啊,我们如何能够干掉他?"

"你不是有冯太后支持吗?只要林常侍出面,把他请进皇宫,你就可以说他携带兵器入宫,图谋不轨,让宿卫把他干掉,就地解决,不就行了吗?"

乙浑点头。他马上去见林金闾。

找到林金闾,乙浑笑着说:"林常侍,本王还要请你帮个小忙。"

林金闾笑着:"内行长太原王可是太抬举奴家了,奴家不过一个小小内监,如何能帮内行长乙大人的忙?"

乙浑塞给林金闾一锭黄金,一边说:"林常侍,本王听说陆丽回朝,想请平原王陆丽拉呱拉呱,但是他对我似乎有些误会,我去请他,怕他不肯来,还想请林常侍出面,以太后名义请他进宫一趟,不知林常侍可不可效力?"

林金闾笑了:"太原王何必如此客气,太后不是已经指示让奴家协助太原王处理宫里事务了吗?这区区小事,何必如此客气,奴家去一趟不就把平原王请来了嘛。你说吧,请平原王到哪里去?"

"就请平原王到我女儿乙夫人宫里去吧,我在那里等着见他。"

不一会儿,陆丽随着林金闾来到皇宫,林金闾把他带进乙夫人的宫。

陆丽正想见见乙浑,问问清楚,为什么杀四个大臣。陆丽一直看不起乙浑,这个太武帝时期随左昭仪从燕地和龙来的小小军士,靠与常太后的裙带关系,被常太后提拔起来,不过一个暴发户,居然成了朝中大臣,不仅与他同列,而且与他一样也封了王。现在,居然手握朝廷重权,坑害起朝中老臣,这还了得!他陆丽一定要义正词严地指责他,像过去经常指责他一样。

陆丽雄赳赳、气昂昂地随着林金闾走进乙夫人的宫门。

刚一进门,陆丽就被几个一拥而上的宿卫按倒在地,一个宿卫大声说:"他身上戴着暗器,是进宫来谋害夫人和皇帝的!"

林金闾正要说话,却被一个人从后面捂住嘴,给拉到外面。原来是乙肆虎。

"你要干甚?"林金闾呵斥着乙肆虎,"我这是帮你父亲去请平原王进宫的,你搞甚鬼?"

乙肆虎只是不说话,硬把林金闾拉走。

院里,陆丽已经明白了一切。这是乙浑的阴谋,乙浑早就在谋算他,今天自己真的是飞蛾扑火,自投罗网了。

陆丽破口大骂:"乙浑,你这卑贱的小人!你谋害朝廷忠臣、老臣,将来一定有人要与你算账!你等着,你一定不得好死!"

乙浑听到陆丽的骂声,才慢腾腾从宫里走了出来,走到陆丽面前,看着被宿卫按倒在地的陆丽,笑嘻嘻地说:"你死到临头,还说什么大话!你私自携带凶器入宫,可是死有余辜,你还喊叫什么啊!还是省点力气,保留个全尸。要是再骂,惹得老子性起,一刀砍掉你的狗头!"

陆丽还是破口大骂。

乙浑脸一沉,喝道:"带出去,立即砍头!"

"甚?杀了平原王、侍中、司徒陆丽?"冯太后吃惊地看着林金闾,"为甚杀他?他可是朝中两代老臣,难道也是结党营私不成?"

林金闾支支吾吾,说不出完整的话:"太原王乙将军说,陆大人私自带凶器入宫,图谋不轨,所以被宿卫擒拿杀掉了。"

"怎么会呢?陆丽大人可不是这种人。"冯太后小声自言自语。

听说乙浑杀四大臣,已经引起满朝议论,如今又杀陆丽,朝中恐怕更有种种揣测,这会不会引起朝中的不安?冯太后紧皱眉头,转着眼珠想。

杀四大臣的时候有林金闾跟随着乙浑,大家虽然不敢多说什么,可是谁都明白,这是得到她皇太后的许可。这样会引起什么后果呢?这杀陆丽,又

首位称制:文明冯太后

有林金闾参与,林金闾是她冯太后的中常侍,有他林金闾跟着,就说明又是得到冯太后许可的,大臣自然一时不敢说话。可是,以后呢?

"太过分了。"冯太后小声嘟囔着。可是,她又不好责备乙浑。她知道,自己现在不能责备乙浑,她现在要倚靠他,何况又是自己把大权亲手交给他,怎么能够责备他?他是常太后的相好,等于自己的干爷,不管他做甚,她都不能公开责备他。对自己的心腹,只能睁一只眼闭一只眼,只能纵容他,让他干他想干的事,让他捞自己想捞的好处,要让他们充分体会到紧跟皇太后的好处和甜头,要不,他怎么能死心塌地跟着自己干呢?

"太过分了。"皇太后又嘀咕了一句。

林金闾垂手恭立,心里扑腾扑腾跳个不停。杀害几个大臣,他都亲自参与,虽然说是皇太后允许的,可是万一皇太后不满意乙浑滥杀陆丽,追究起责任来,那乙浑会不会把责任全部推到自己身上?丢卒保帅,可是朝廷里经常玩弄的把戏。乙浑是个奸诈狡猾的家伙,如果情况危急,他一定会这么做。

"你下去吧。"皇太后对林金闾说。林金闾急忙退下。

皇太后看着林金闾出去,她皱着眉头想了想,对刘阿素说:"这几天,你在宫里到处走走问问,听听情况,看杀陆丽到底为甚。我不相信林金闾所说的,陆丽带凶器私自潜入宫中,他是两代老臣,绝不会有甚图谋不轨的行为!"

已经长大一些像个大姑娘的容貌清丽的宫女刘阿素点头:"奴婢知道了。"

冯太后看了看刘阿素,突然想起一件事:"火中救我出来的那个羽林军侍郎你又见过没有?"

刘阿素摇头:"奴婢一直留意着,可是一直到现在还是没有再见过他。也许他烧伤还没有好,正在养病中,没有进宫来当值。要不,让张祐去给打探一下,看他是谁家公子。"

冯太后摇头:"那倒不必了,我已经知道他的名字,他叫李弈,总会在宫里见他的。"

乙浑杀了陆丽以后,朝臣噤若寒蝉,乙浑的权势一下子大了起来。冯太后与皇帝商量,决定重新委任三公。小皇帝一切都听冯太后安排。于是,和平六年(465年)六月乙酉,以侍中、车骑大将军乙浑为太尉、录尚书事,东安王刘尼为司徒,尚书左仆射和其奴为司空。壬子,以淮南王拓跋他为镇西大将军、仪同三司,镇凉州。

接着,封繁阳侯抱嶷为丹阳王,征东大将军冯熙为昌黎王。

秋七月,乙浑为丞相,位居诸王之上,事无大小,皆决于浑。

鬼迷心窍乙夫人下毒　不动声色冯太后反击

乙梅叶也神气起来,既然父亲是宰辅,她这夫人是不是也应该封个皇太后的封号?

乙梅叶趁乙浑进宫探望,向乙浑提出这要求。乙浑为难地搔着头皮:"你这女子可是给你阿爷提了个难题。皇太后健在,如何能封你做皇太后呢?"

乙梅叶乙夫人眼睛转了几转,问:"要是皇太后不在了,我能不能封皇太后呢?"

乙浑想了想:"那当然可以了,朝中暂时没有皇后主理后宫,这皇太后一定要有的。"

乙梅叶点头,狡黠地笑着:"那你就等着让皇帝封我皇太后吧。"

"你想咋整?"乙浑满眼狐疑看着女儿。

乙梅叶笑而不答。

"你可不敢乱来啊。"乙浑提高声音看着乙梅叶。

"你放心好了,阿爷,女儿也不是小孩子了,在宫里待了这么长时间,没吃过猪肉还没见过猪走路? 我知道咋整,咋整也不会连累阿爷。"

"你可不许乱来!"乙浑不放心地又叮嘱了一声。

"我说阿爷啊,你怎么就聪明一世,糊涂一时啊。要是女儿做了皇太后,这魏国不就真正掌握到我们手里了吗? 别看你现在是三公之首的丞相,可是不还受制于冯太后吗? 小皇帝得听太后的,这是拓跋皇朝的旧制,要是女儿当了皇太后,这皇帝不就听命于你我爷俩了吗?"乙梅叶拉着乙浑的胳膊,撒娇似的,给他分析着。

乙浑频频点头。他吃惊地瞪大眼睛看着乙梅叶:"没想到,我这辣子似

首位称制：文明冯太后

的女儿,居然也懂得朝廷大事了。我可没有想到,真没想到!"

乙梅叶咯咯笑了起来:"阿爷没有想到的事情还多着呢。人嘛,都是逼出来的,甚环境教会甚人。我在皇宫里这么多年,别的没学会,但却学会钩心斗角,学会暗地里算计,学会搞阴谋诡计。人的才能都是在自己的位置上学习来的。"

"好一个丫头,真是长大了!"乙浑连声说,"你说,你准备咋整?"

"我不想连累阿爷,我要一个人去完成这大事。不过,可以让哥哥乙肆虎来帮助我。"乙梅叶狡黠地笑着,顽皮地眨着眼。

刘阿素在宫里走,听见后面有人喊她:"阿素姐姐,阿素姐姐。"

刘阿素回头,一个与她年纪相仿的宫女喊着她的名字,紧跑几步赶了上来。

"是你啊,华人。"刘阿素高兴地迎了上去,紧紧握住宫女的手。

这是乙梅叶乙夫人宫里的一个宫女,叫刘华人,是刘阿素相好的一个伙伴,过去也是皇后宫里做扫地一类粗活的宫女,后来被张祐调到乙夫人宫里去服侍乙夫人,升任了宫内宫女春衣。

刘阿素拉着刘华人,走到宫墙边一棵大树后面,亲热地寒暄起来。

"阿素姐姐,你出来做甚?"刘华人问刘阿素。

"我闲来无事,太后让我出来走走,也没有甚事。你呢?在乙夫人那里好不好?"刘阿素问。

刘华人噘起嘴:"我觉得不如在皇太后那里干活好。"

刘阿素轻轻捶了她一拳:"在皇太后这里你只是个扫院的粗活宫女,有甚出息?现在升任了宫女春衣,可是不用风吹日晒了,你还不满足啊?抱怨甚啊?"

刘华人还是噘嘴:"我宁愿在皇太后宫里扫园子、担水,皇太后对我们这些下人很少打骂。可是伺候乙夫人,难得很哩,不是嫌这不好,就是嫌那不好,经常打骂我们。喏,你瞧,这是她掐的,这是她用簪子刺的,这是她用香火头烫的。"刘华人一边说,一边将起小袍袖让刘阿素看。刘阿素的脊背上冒出一股凉气,她倒抽了一口气。刘华人两只胳膊上,密密麻麻全是各种伤痕,叫人不寒而栗。

"你受苦了。"刘阿素同情地拉着刘华人的手,怜悯地说,同时,她的心里升起深深的感激:幸亏自己能够在皇太后身边做宫女。她跟皇太后已经几年,从扫地担水到进宫里做杂活,现在专门服侍皇太后起居,从没有挨过皇太后的打骂。皇太后虽然也很严厉,对一些偷懒耍奸的内监宫女惩罚起来也很可怕,也是皮鞭抽得皮开肉绽,但是那一定是他们自己不检点行为,让冯太后抓住把柄,是他们罪有应得,所以受惩罚的内监宫女不敢有怨言。而且,这冯太后在惩罚过后,从来不记旧事,依然待他们像过去一样好。一定要好好伺候皇太后。

"阿素姐姐,给张祐侍郎说说,让我回皇太后宫里吧。"刘华人眼睛里包着一包眼泪,汪汪的,可怜巴巴地看着刘阿素,把刘阿素的心都搅得生疼。她们曾经是一对伙伴,互相照顾,一起生活。

刘阿素点头,她奇怪地问:"你知道侍郎张祐为甚把你调进乙夫人那里吗?"

刘华人压低声音说:"张祐侍郎把我们几个宫女分到各个夫人宫里,还不是想让我们给他收集各个夫人的情况嘛,他这是为皇太后着想啊。"

"原来是这样。"刘阿素叹息着,心想:怨不得皇太后让我到宫里走走,原来到处都有张祐给皇太后安插的耳目。这张祐,可真有心眼。自己以后也要向张祐学习,多长几个心眼,好好伺候皇太后。

"你给张祐报告甚情况了没有?"刘阿素抚摩着刘华人伤痕累累的胳膊,小声问。

"我这就是去给他说情况的,正好碰到你。我真怕走的时间长了,乙夫人找不到我,回去又要打我。"

"那你就说给我听,我回去转告张祐侍郎好了。"刘阿素赶紧说。她心头一喜,这可遇到一个向皇太后邀功的好机会。

刘华人点头,她伏在刘阿素的耳边小声嘀咕:"乙夫人这几天,频频邀她父亲乙浑和她哥哥乙肆虎进宫,他们一来,就把我们全都支走。昨天,乙肆虎来了,我正好送茶进去,听乙肆虎说,'都准备好了,东西在桑洛酒里,你可以动手了'。听这话,他们好像在商量什么大事,见我进去,立刻就不说了。我看见几上放着一个十分精美的白瓷瓶,瓶上画着青青的竹枝,那瓷瓶好像是太原一带的桑洛酒瓶。"

刘阿素点头:"我知道了,我会告诉张祐侍郎的。对,还有什么事情没有？你在乙夫人那里见过平原王陆丽没有？"机灵的刘阿素突然想起皇太后让她注意打探的事情，随口问刘华人。

"哎呀，我差点忘了这件事。平原王陆丽就是在乙夫人院子里被宿卫捉拿的。平原王陆丽好像是应太原王的邀请，来乙夫人宫里见太原王，可是，一进宫院，就被宿卫拿下，听说拉出去就给砍了。好吓人的！当时乙夫人把我们都关在宫里，谁也不准出去。有一个小内监看到了全过程。"刘华人说到这里，看了看天色，脸上流露出十分惊吓的样子："哎呀，天不早了。阿素姐姐，我要赶快回去了，要不一会儿乙夫人找不到我，我今晚就要跪一夜院子了。"她拉了拉刘阿素的手，急急转过小路，连跑带颠地向乙夫人宫奔去。

刘阿素目送她的背影。"可怜见的。"她小声说，也抬腿赶快往皇太后安乐宫去，她要把这两条重要消息报告皇太后。

乙夫人一身盛装，前来探望冯皇后。八月十五中秋节到了，乙夫人来给冯太后送礼，礼品十分丰厚，绸缎、首饰、金银、各色果品，还有一瓶桑洛酒。

"太后姐姐，这是小妹的一点心意，请太后姐姐笑纳。"乙梅叶乙夫人把全部礼品摆放在几上，让冯太后过目。

"谢谢你这么有心。"冯太后看着乙夫人送来的丰盛的礼品，心里十分喜欢。到底是乙浑的女儿，知道疼自己，第一个来给自己送礼祝贺节日。

"拿两个酒杯来！"乙夫人喊。

刘阿素急忙从后面出来，捧着镶金的银托盘，托盘上放着两个银杯。刘阿素把银杯放在几上。乙夫人打开桑洛酒，向酒杯里倾倒着清澈的发青色的桑洛酒，一边笑着说："太后姐姐，这桑洛酒可是家父在太原时弄到的，据说是请太原最好的酿酒师酿制的，在酒窖里放置了几十年，真正的陈年老酿。只剩此一瓶，请太后姐姐尝尝。"

刘阿素看着乙夫人举起桑洛酒瓶，白色细瓷的桑洛酒瓶上画着青青的竹叶。刘阿素突然想起一个月前刘华人向她说的事情：白色瓷瓶的桑洛酒，上面画着青青竹叶，那是乙夫人哥哥乙肆虎送进宫里的，还说一切都准备好了，都在桑洛酒里。虽然她把这所有情况都原封不动地汇报给冯太后，可是冯太后并没有说什么。

刘阿素看着乙夫人，努力分析着：什么东西在桑洛酒里？桑洛酒里能有甚？

乙夫人把盛着清澈酒液的酒杯递给冯太后。

冯太后接过酒杯，看着酒，闻了一下，喜笑颜开，连声夸赞着："好酒！好酒！瞧这颜色，闻这香气，多香啊。阿素，你闻到没有？"冯太后抬眼看着刘阿素，见她愣怔着，满脸紧张的神情，推了她一下，问。

刘阿素急忙回答："香，香极了。"

乙夫人急忙说："那就请太后姐姐尝一尝。"

刘阿素正要说话，冯太后却笑了："乙妹妹也太不懂饮酒的规矩了。你没听说吗，酒满敬人，茶满欺人，你这酒还没有倒满呢。来，我给妹妹也倒满，我们一起饮一杯，难得乙妹妹这么有心，今天让我们姐妹痛快地饮个一醉方休！"说着，就给乙夫人的酒杯斟酒。

乙夫人有些惊慌失措，紧张起来，急忙推托："请太后姐姐饶恕，我实在不胜酒力，这桑洛酒酒力十分了得，要是饮了这一杯，就要睡它一天一夜呢。"

"这我知道。睡它一天一夜又何妨？来吧，端起酒杯，我们一起饮！要是不饮，姐姐我可是要生气的哟！"冯太后把酒杯硬塞给乙梅叶，乙梅叶只好端起酒杯。

冯太后把酒杯凑到嘴唇上："来，饮啊！"冯太后看着乙梅叶。乙梅叶突然脸色发白，手有些哆嗦。

刘阿素突然明白了！酒里确实有东西！她紧张地死死盯着冯太后，准备在她饮的时候扑上去夺过酒杯。

冯太后眼睛看着乙梅叶，酒杯端在嘴边，喊着："我数一二三，我们一起饮！一，二，三！"乙梅叶勉强把酒杯凑到嘴唇边上，突然身子一晃，手中的酒杯掉到地上，"咣啷"一声，酒全部洒在地上。

冯太后的酒杯已经接近嘴唇，清澈的酒液已经倾流到嘴唇边上。刘阿素突然身子一倾斜，撞到冯太后的身上，冯太后被猛然一撞，酒全部泼洒到地上。宫室溢满了浓烈好闻的酒香。

冯太后眼看着一杯到嘴的好酒被刘阿素撞洒，十分气恼，她变了脸色，呵斥道："死婢子！你找死啊！来人，拉下去给我鞭她十鞭子，看她以后还这么毛躁不毛躁！"

乙夫人勉强笑着:"太后姐姐,算了,算了。我们还是重新斟酒吧。"

冯太后沉着脸色:"饮酒讲究个心情愉快,讲究个欢乐气氛。现在全被这死婢子给搅了,不饮了,不饮了。死婢子,你赶快把这酒和礼物都给我收拾出去!我们姐妹坐着说说闲话算了。"刘阿素看了冯太后一眼,急忙从地上拣起两个杯子放到托盘里,把酒瓶也放了上去,退了出去。一出门,她就赶快招呼张祐:"把这酒拿去验一下。"张祐拿了酒瓶向后院走去。刘阿素站在门口,紧张地注视着宫里太后和乙夫人的一举一动。

乙梅叶心里发虚,急忙推辞:"太后姐姐,我宫里还有事,我要告辞了。"说着就站了起来,想告辞而去。刚才没有实现自己的阴谋,她担心留在这里凶多吉少,最好趁阴谋没有败露之前,先溜回自己宫里。只要回到自己宫里,她就不怕冯太后发现酒里春秋。她可以否认,有父亲和哥哥的保护,谅冯太后也无计可施。

冯太后一把拉住乙夫人的手,笑着用劲把她拉着坐了下去:"唉,妹子这是说的甚话,给姐姐送了这么丰厚的礼品,哪能说走就走,怎么着也要在姐姐这里说会儿话啊!"

乙夫人只好坐了下来,不过,她却开始轻轻地哆嗦起来,她勉强抑制着自己心里的恐惧,陪冯太后有一搭没一搭地说话,心里却越来越惶恐不安。

张祐急匆匆来到门口,后面一个小内监抱着一只正在挣扎的小白猫,小白猫鼻子流着鲜血,小嘴一张一合,十分痛苦的样子。

刘阿素神色慌张进到宫里,来到冯太后的身边,伏身在冯太后的耳边小声嘀咕了几句。

冯太后霍地站了起来,脸色铁青,朝宫外大声喊着:"宿卫!"

林金闾带领着几个宿卫跑了进来。

"把这个想谋害本宫的大胆贱妇给我绑起来!"冯太后指着乙夫人咆哮着。

乙梅叶浑身颤抖,簌簌抖得如秋风中的树叶。到这种地步,她一句话也不想说。到现在,说什么都徒劳无益,反而会连累自己的父兄。只要父兄还在,说不定他们能够拯救她。只要能给父亲通风报个信就好了。

宿卫把乙梅叶五花大绑起来。林金闾请示冯太后:"太后,如何处置她?"

冯太后说:"暂时囚禁在安乐宫里,不要走漏一点风声!"冯太后威严地看着林金间:"尤其你,不要给丞相透露一点消息! 否则我灭你全家!"

林金间哆嗦着:"奴家不敢,奴家不敢!"

冯熙被冯太后叫进太后的安乐宫,宫里已经摆下丰盛的晚餐。沙门能净和惠净一起来陪冯熙。冯熙也是笃信佛教的信徒,见有沙门在,自然分外高兴。能净和惠净与冯熙谈论着佛经,冯太后微笑着听。冯太后需要与哥哥冯熙议论一下眼下形势。乙梅叶的狼子野心给冯太后敲响警钟。

看着天色很晚,沙门能净与惠净回佛堂方丈歇息,冯熙也要告辞,冯太后却说:"天色已晚,宫门已经关闭,兄长还是在我这里歇息一晚,明日出宫不迟。另外我还有要事与兄长商量。"

冯熙点头。

冯太后看着刘阿素:"你去看看,给驸马都尉的寝处安排好了没有?"

刘阿素急忙退了出去。

冯熙看着冯太后:"妹子有什么事情与兄商量?"

冯太后嫣然一笑:"我想听听兄长对新任命的三公的看法。"

冯熙想了想:"刘尼大人与和其奴大人原来就是朝廷重臣,现在擢升起来,朝廷内外议论不大,只是这乙浑丞相,朝内外大臣议论说升得快了些,而且对他现在号令王侯之上,有些非议。"

冯太后点头:"想来也是。乙丞相原本燕人,虽然也是鲜卑人,却是慕容燕国鲜卑,拓跋鲜卑人看不上他,原在意料中。不过,他是姑母左昭仪从和龙带来的旧人,是常太后的妹夫,看着我长大,是我最信任的力量。所以,我坚决依靠他。兄长先去定州当几天刺史,回朝以后,我就要依靠兄长的支持了。眼下还非要靠乙浑才能支撑朝中局面,他胆大有野心,又有兵权军队在手,可以镇住朝中有野心的家伙。"

冯熙点头:"妹子所言极是。不过,你也要提防一些,不能让他野心膨胀,万一他完全控制了朝廷,不服从你,你可如何是好?"

冯太后叹了口气,把乙梅叶的事情给冯熙讲了一遍,冯熙大惊:"怎么会这样? 她想干什么?"

冯太后冷笑着:"这就是人们说的知人知面不知心啊。你看,这是她自

首位称制:文明冯太后

首位称制:文明冯太后

己的阴谋呢,还是她父亲的阴谋?"

冯熙想了一会儿:"我看,这是她个人的阴谋,她想害了你自己做太后。我想她父亲乙浑不知情。要是乙浑知情,完全可以采用兵变的方式来协助,那样,情势就不会这么平静,乙浑现在一定剑拔弩张,有所行动了。"

冯太后点头:"看来是这样。乙梅叶宫里一切如初,没有甚异常,乙浑那里也没有甚异常举动。依兄长之见,我应该如何处置这乙梅叶?"

冯熙说:"要是放了她,恐怕是放虎归山,让乙浑父子知道,他们一定会狗急跳墙,惹起事端。不如秘密囚禁她。"

冯太后点头:"现在囚禁在我宫里。可是过几天,乙浑会发现他女儿失踪,他若是追究起来,该如何对付?"

冯熙说:"要是乙浑追究,你就说你派她外出去代你干什么事情了。这样搪塞过去,然后想办法赶快削弱他的权力和兵权,不要让他像现在一样大权在握。"

冯太后点头:"谢谢兄长的提醒。所以,我以为,兄长要立刻到定州赴任,争取很快掌握定州军队,将来作我的依靠。"

冯熙笑着:"我已经安排好了,博陵长公主已经同意我明日动身到定州赴任。没想到今晚要在你这里过夜。"

冯太后笑着:"看我,多好事,活活拆散了你们新婚宴尔的话别。"

冯熙摆手:"没有什么,没有什么。"

冯太后站了起来:"兄长可以推迟一天,明晚与公主好好亲热一宿。今天,兄长就请去安寝吧。不过,我有一句话相告,不管发生什么事情,兄长千万不要声张。"

乙浑到乙夫人宫里去探望女儿,宫里人说乙夫人有几天不见了,谁也不知道她到哪里去了。乙浑奇怪,女儿能去哪里呢?乙浑把乙夫人宫里的宫女内监全都集合起来询问,大家都说不出。一个内监说,前几天看到乙夫人喜洋洋地带着身边宫女,拿着些东西出了宫,说是去见太后,后来就再没有见她回来过。

乙浑想,女儿可能是去拜见太后,被太后留在宫里住下,也未可知。太后有时会邀请有些夫人去她那里小住几天,陪她说话解闷。

乙浑到安乐宫见冯太后。

见乙浑来,冯太后笑眯眯地接见他,询问了一番朝政情况。乙浑随便搪塞了几句,说朝政内外一切都好,他已经调源贺将军到陇西驻守,以防西边各胡人入侵。

冯太后心里一沉:把源贺将军调离平城,这么重大的事情他事先居然没有向她报告!源贺也是自己倚重的力量,作为征西将军,他担负着京畿的防守保卫的重任,把他调离平城,显然是乙浑的计划,乙浑想掌握京畿守备,这说明甚呢?

冯太后还是平和地微笑着,心里却紧张地分析着。这里面显然隐藏着乙浑的野心,需要试探试探他。

冯太后抬眼看着乙浑,平静地问:"丞相还有甚安排?"

乙浑心里惦记着女儿的下落,便随意说:"也没有什么别的安排,皇帝陛下下诏让微臣做什么,微臣就做什么。近来朝廷内外很平静,请太后不必过于操心,有微臣在,一切事情都不在话下。请问太后,近来可曾见小女乙梅叶?她宫里人说,她曾经来拜见太后,然后就不见了。"乙浑无端打断冯太后的话题,开门见山直接询问。

冯太后呵呵笑了起来:"甚?乙梅叶走前没有告诉你?真是的,怎么能不给你们说一声就走呢?是这样的,我派她和另一个夫人带着一些人去鸣鸡山代我去拜祭常太后。可能走得急了一些,没有来得及跟你们说。乙大人不必担心,一切都安排得很好。等拜祭之后,她们就会返回来。"

乙浑看着冯太后开朗的笑容,放心了。他笑着:"这女子,从来就是粗心大意,干什么事都风风火火的,没有细密的安排。这么大的事情,也不安排好,说走就走,她宫里上下都不知她哪里去了。"

冯太后笑着:"这都怪我,她来看我,我们拉呱起来,说到常太后,她说她想念自己的姨母,我说我也想念我的干娘,可是没机会去拜祭她老人家,她就自告奋勇,提出愿意代我去拜祭。你知道,她是个急脾气,说风就是风,说雨就是雨,说现在秋天天气好,正好去,立刻让我安排。就这么着,说去就去了。"

乙浑点头:"那我就放心了。"说着起身告辞。

冯太后送走乙浑,立刻宣拓跋丕进宫。

拓跋丕听说冯太后下诏宣他进宫，未免吃了一惊。他尽管十分关注皇太后举动，但是并没有特意去接近皇太后，作为皇帝的叔祖，协助皇太后和皇帝辅助朝政，是他的责任和义务。所以，虽然皇太后和皇帝并没有像重用乙浑那样重用他，他也没有什么怨言，还是继续很本分地尽自己的职责。

皇太后为甚宣他进宫？拓跋丕揣测着，心里有些忐忑，还揣着些喜悦和激动。能够接近这炙手可热的皇太后，毕竟是一件叫人特别高兴的事情，何况这皇太后又是那么年轻，那么美丽动人。

拓跋丕特意修饰了一番，换上崭新的衣袍冠帽，把自己的辫索重新让使女小妾梳过，这才雄赳赳、气昂昂进宫去。

"东阳公拓跋丕拜见皇太后。"拓跋丕单腿跪下行礼。

冯太后走到拓跋丕面前，伸出双手，亲自扶起拓跋丕："东阳公请起。"冯太后看着站起身的拓跋丕，心里暗暗赞叹着他的好身材。拓跋丕高大健壮，宽肩阔背，虎背熊腰，站在面前，身板笔直，一个雄赳赳、气昂昂的将军。面对着这么高大健壮的男人，冯太后心里真的有些发怵，有些羞怯。一定要习惯于面对各种男人，不管他们多么高大，多么魁伟，多么英俊，她都必须克服、战胜自己的胆怯羞臊，她要学会正视他们，学会目不斜视地看着他们，让他们感到胆怯羞臊，更要让他们感到心惊胆战。冯太后在心里对自己说。

冯太后把温柔的微笑的目光定在拓跋丕方正英俊的脸上："东阳公近来辛苦了，身体可好？"

拓跋丕已经被冯太后的目光注视得羞臊起来，他的脸色微微发红，心里轻轻地抖动着。冯太后的眼睛那么美丽、漆黑、熠熠放光，还脉脉含情，有些忧郁的迷蒙，却又那么清亮，在这美丽的眼睛的注视下，他有些慌乱和手足无措。拓跋丕搓着双手，低垂着眼睛，连声说："谢谢太后的关心，臣下近来还好。"

冯太后心满意足地微笑着，她的目光已经搅乱了拓跋丕的心，这叫她感到高兴。她坐回自己的坐榻，对刘阿素说："给东阳公搬坐床来。"

刘阿素给拓跋丕搬来坐床："东阳公请坐。"

冯太后笑容满面，语气温柔，开门见山："今天请东阳公来，是想征询一下东阳公的意见。本宫想在年底请我们兄弟亲王回平城拜见皇帝，同时一起庆祝元旦新年，不知大人认为可否？"

拓跋丕惊喜地说："皇太后这么仁慈,当然是各王巴不得的好事。他们在封地恐怕做梦都想回京都拜见皇帝,可惜没有皇帝诏书,他们不敢擅自妄为。"

"既然各位王都有拜见皇帝的心意,我想和东阳公商量商量,看请哪些王回来好。你知道,一次全都叫回来也不大合适,我们要挑选几个比较亲近的王回来,最好是皇帝叔祖一辈的,他们与皇帝更亲近一些。"

拓跋丕很受宠若惊。蒙皇太后这么看得起自己,特意叫来征求意见,这是多大的荣耀啊。他当然要挑选几个平素与自己关系密切的王回来,和自己叙叙交情,同时也发展自己的力量。

拓跋丕在心里掂量着每一个王。阳平王新成、京兆王子推、济阴王小新成、汝阴王天赐、任城王云,是景穆皇帝十四个儿子中除了文成皇帝以外还活在人世的几个,都是小皇帝拓跋弘的叔父,与自己的关系也都不错,很尊敬自己。

拓跋丕小心翼翼地看看冯太后,十分惊异冯太后的娇艳。冯太后越来越光彩照人,她的眼睛漆黑漆黑的,似乎看不到底,但是却散发着那么强烈诱人的光彩。拓跋丕心跳加速,急忙掉转目光,看着自己的手,掰弄着指头说:"我想,调回阳平王新成、京兆王子推、济阴王小新成、汝阴王天赐、任城王云几个回来,他们都是皇帝陛下的亲叔父,能够很好辅助皇帝治理朝政。"

冯太后在心里算计掂量着,文成皇帝的这些弟弟,在朝廷里具有比较大的影响力,叫他们回京城最合适不过,他们会全力支持自己和皇帝的。冯太后微笑着点头:"就依东阳公高见,调皇叔回平城。你看,他们什么时候可以全部回到平城?"

拓跋丕掰着指头计算了一下:"现在是九月,估计到十一月可以全部回到平城。"

"好,就这么着,马上让内秘书令发布诏令,说皇太后诏阳平王新成、京兆王子推、济阴王小新成、汝阴王天赐、任城王云以及他们的母亲、正妃一起回平城,与皇帝、皇太后一起庆祝皇帝登基的第一个元旦!"皇太后对中常侍林金间说。

乙浑回到自己的府上,叫出夫人常玉芝和儿子乙肆虎,把乙梅叶的事情跟他们说了说。

常玉芝笑着:"既然是奉冯太后诏令去鸣鸡山拜祭常太后,那就不用操心了。估计年底就可以回来。其实我也挺想念姐姐的,想来梅叶会替我给姐姐上炷香的,让她保佑我们家和常家平安。"

乙浑白了她一眼:"我可是不放心。这些天,我在宫里打探了一番,没有一个人听说有人到鸣鸡山去拜祭常太后。如果梅叶是代表皇太后去的,一定有动静的,为什么没有一个人听说呢?连内行长拓跋丕都不知道消息,宫里的中常侍、内曹官员都不知道。拜祭常太后这等大事,怎么能没有人知道呢?我觉得这里面一定有什么蹊跷隐情。"

乙肆虎眨巴着眼睛,看着乙浑:"有什么蹊跷?能有什么隐情?"

乙浑皱着眉头:"我说不上,不过我不安心。这皇太后,我看着太精明,太厉害,说不定,梅叶得罪过她,叫她给弄到什么地方去了。梅叶这孩子生性暴躁轻浮,没有心眼,说话办事从不考虑后果。她曾经说过,她想当皇太后。会不会她干了什么事,让皇太后给发现了?让皇太后先下手了?"

常玉芝摇头:"不会的。皇太后是姐姐常太后一手拉起来的,不是姐姐常太后的关照,她能当上皇后?谁不知道,文成皇帝喜欢的可是李夫人啊。不是姐姐常太后借魏宫故制处死李夫人,她哪能当上皇后啊?她不念我们的恩情,还能不念常太后的恩情?她哪能对梅叶下毒手?再说,梅叶能有什么举动?不会的。你别瞎猜,这话传到皇太后耳朵里,可是要招杀身大祸的。"

乙浑抬手在空中劈了一下,不耐烦地打断常玉芝的唠叨:"闭嘴吧!你这乌鸦嘴!"

乙肆虎看着父亲乙浑:"既然阿爷不放心,孩儿就跑一趟鸣鸡山,去看看阿姐是不是去了那里。"

乙浑点头:"我也正这么想。这事只能我们家里解决。要是你姐没有去鸣鸡山常太后陵园,就说明你姐被皇太后害了,那我们父子也不能白白看着你姐不清不楚地去,我们要想办法给你姐申冤报仇!"

乙肆虎点头。

乙浑又叮嘱着:"你只能化装去,绝不能让任何人知道你的行踪和身份。一切事,都等你从鸣鸡山回来后水落石出了再说!"

"有甚异常情况吗?"脸色红扑扑的冯太后走出寝宫,一边接过秦阿女递过来的口盅漱口,一边问张祐。张祐急忙报告说,没有发现乙浑有什么特别举动,只是他的儿子乙肆虎有几天没有露面,也没有到宫里当值,说是太原王府里有事,需要他回去料理几天。

冯太后把漱口水吐在秦阿女手捧的黄铜盂里,接过她及时递来的面巾擦了擦嘴唇,坐到高桌前,准备早膳。

林金间指挥着小内监、小宫女上了早膳,一大碗热气腾腾的鲜浆酪,一小碗黄澄澄的糜子炒米,几片烤得焦黄流油的鹿尾巴肉,几片黄黄的浆酪油,这是冯太后喜欢的早膳,她不喜欢奢侈。

大监刘阿素上前搀扶冯太后,冯太后笑着摆手:"我还没有七老八十,不用搀扶。"刘阿素笑着,把坐床摆正,让冯太后坐下用早膳。

林金间把筷子递给冯太后,趁势说:"皇帝中常侍王遇昨晚向奴家透露说,皇帝已经同意让王回平城过元旦,只是中庶子万安国在旁边插话提醒皇帝说,把王都叫回平城,会不会发生甚事。"

冯太后把筷子重重地掷到桌面上:"就这坏小子多嘴! 他甚都要插一杠子! 讨厌死了!"

林金间低头弓腰:"是的,是的,万安国确实多嘴!"

冯太后拿起筷子,从盘子里挑了一块焦黄流油的鹿尾巴,放在嘴里慢慢咀嚼着:"还有甚情况? 皇帝昨天精神可好? 有谁去见他?"冯太后有些含糊地问。

林金间堆笑:"没有了,没有了,王遇就说了这么多。"

冯太后摇头:"太简单了。告诉王遇,让他以后汇报得详细一些。对,问王遇了没有,皇帝有了没有?"

林金间暧昧地笑着:"还是老样子,炕褥子上、内裤上,全都干干的,甚也没有。"

冯太后连连摇头叹气:"这皇帝甚时候才能长大啊,甚时候才能给他选后妃啊。对,这选后妃的事,你们都要帮我注意点,看哪家大臣有好看的女娃,哪个大臣最近在活动内曹官员,总之,多在宫内走动走动,多留心一些。"冯太后的眼光扫过在场的几个人。林金间、张祐、秦阿女、刘阿素都急忙点头。冯太后又特意叮嘱林金间:"也关照一下王遇,有甚情况,让他早点过来言传一声。"

冯太后饮完热气腾腾的浆酪,接过秦阿女递上的面巾,擦了擦嘴唇,站起身:"走,我们去看看那个乙夫人。给她送早饭了没有?不要饿着她。"

秦阿女笑着:"太后可真是菩萨心肠,她下毒害你,你还这么关心她。"

冯太后苦笑着:"她是常太后的外甥女,常太后很喜欢她,我不能对不起常太后对我的关照。没有常太后,就没有我的今天,我可不能过河拆桥。"

说话间,冯太后一行来到东庑一间大房,大房帷幕后有个小门,刘阿素上前打开密室的门,密室的窗户已经堵死,里面黑洞洞的,伸手不见五指。张祐点燃门口两边墙壁上的油灯,闪烁跳动的油灯照亮了密室。

冯太后站在门口,等眼睛习惯密室的黑暗。秦阿女端着早餐走了进去,一边大声说:"起来吧,吃早餐了。皇太后来看望你了。"

一阵尖锐的笑声从里面传过来。冯太后在昏暗的灯光下看到乙梅叶,她披头散发,跣足敞怀,狞笑着站到她面前。

"皇太后?好一个皇太后!皇帝不要的烂货,也成了皇太后!"乙梅叶喊着,张牙舞爪,冲上前一下子抓住冯太后的袍裾,尖声喊叫着。

刘阿素一下子揪住乙梅叶的胳膊,厉声喊:"你想干甚?!"

"我想干甚?我想要了她的命!这皇太后原本应该是我的!"乙梅叶尖叫着。

"大胆娼妇!你还敢这么猖狂?!不是太后仁慈,早就要了你的狗命!"说着,张祐飞起一脚,把乙梅叶一脚踹倒在地。

冯太后呵斥住张祐,让秦阿女去把乙梅叶搀扶起来。秦阿女放下托盘,把乙梅叶搀扶起来。乙梅叶哼哼着,用手紧紧捂住肚子,疼得直不起腰。秦阿女搀扶着她坐到炕上,她身子一歪,倒在炕上,起不了身。

冯太后冷冷地说:"你这是何苦呢,原本也是太夫人,可以安乐地享福一辈子,何苦要害人害己呢,真是搬起石头砸自己的脚!你就在这黑屋子里住着好好反省吧!"说完,扭头走出密室。

林金闾小声问冯太后:"如何处理她?老这么着容易走漏风声的!她经常号叫,不停哭闹!"

冯太后咬住嘴唇,从牙缝里挤出声音:"这就怨不得我了!先叫她喊不成!张祐,这事交给你去办!"

张祐点头:"奴家知道了。"

太后邂逅救命恩人　李弈情迷绝色佳丽

走出东庑大房,冯太后看了看天,十一月初冬的天气好得出奇。湛蓝湛蓝的天空上飘荡着几片白云,明媚的阳光把温暖洒向天地。一队迟飞的大雁排成人字形"嘎嘎"飞过平城上空,向温暖的南方飞去,寻找过冬的地方。

冯太后站在阳光里,沉思着,不知道该到哪里去。今天没有什么大事,皇帝那里也不必去,该到哪里去呢?这么好的天气,关在宫里实在憋气得很。她那年轻的心,总想着放纵放纵,可是,关在这深宫大院里,连放纵自己心情的机会和办法都没有。

去跑马场跑马吧,骑在马背上驰骋,让风声从耳边"呼呼"刮过,让冷风吹过热烘烘的脸颊,让自己在驰骋的马背上感受到飞腾的感觉,让自己年轻的热血在飞奔中沸腾起来。那感觉真好。那真是放纵自己的最好办法。跑马中,她会忘掉孤独,忘掉寂寞,忘掉一切讨厌的人和事。她会重新感受到自己的年轻、自己的自由、自己的存在、自己是生命的主宰,她会感到,她就是她。

"走,我们去跑马!"冯太后跳着高声喊。这时候,她是那么年轻活泼,生气勃勃。

林金闾和刘阿素互相看了一眼,都高兴起来。皇太后高兴,就是他们最大的心愿、最大的快乐。他们都加快了脚步,步履轻盈地跟随着冯太后出了安乐宫。

冯太后不想乘车:"我们走到跑马场去。"她调皮地笑着,加快脚步,一个人走到最前面。刘阿素着急地喊:"太后,慢一点,慢一点!"

冯太后还是连跑带跳,走得很快。她走过几个宫,来到皇宫后面的坊间,走到通往跑马场的道上。道上突然转出一小队扛着闪亮戈戟的宿卫军士,一个宿卫侍郎带领着,显然是去换岗。跑得太急的皇太后一时没有收住脚步,一头撞到带队侍郎的怀里。

一个宿卫大声吆喝着一把抓住冯太后的衣袍,以显示他对长官的关心和忠心:"瞎了你的眼,你咋走路呢?"

首位称制:文明冯太后

侍郎呵斥住自己的兵士："叫唤甚呢！她又不是故意的！"

侍郎看了一眼被自己兵士揪扯住的人，突然大喊了一声："皇太后！"然后"扑通"一声倒地就拜。宿卫兵士都随同着侍郎跪倒在地，拜见突然出现在他们面前的皇太后。

"都起来吧。"皇太后清脆地咯咯笑着，这邂逅的场面造成的混乱叫她感到好笑。特别是看到刚才那个拉扯她呵斥她的士兵被吓得浑身颤抖个不停，跪倒在地像摊烂泥一样站立不起来，她更感到好笑。冯太后就这样开心不止地咯咯笑了好一阵。

刘阿素和林金间们赶了上来，看到冯太后还在开心大笑，也都莫名其妙地跟着皇太后笑。

这一阵笑，笑跑了宿卫士兵的紧张害怕，宿卫监、散骑常侍李弈和兵士们都站立起来。

冯太后看着宿卫侍郎，惊诧地睁大眼睛，漆黑的眼睛异常亮了起来，放射出惊喜不已的光芒："是你啊！你不就是那个从火里救我出来的侍郎李弈吗？你可叫我好一阵找！"

冯太后惊喜不已，一口气不假思索地说了许多。

李弈也张大着眼睛，呆呆地看着皇太后，内心涌上汹涌澎湃的狂潮。他只是呆呆地望着，什么话也说不出，他听到皇太后那一番挟裹着情感狂潮的惊喜的话语，尽管他没有听清楚，但是，他却听出皇太后对他的思念，听出皇太后对他的牵挂，他知道，皇太后还记得他，还记得他的名字。这就足够了，这就足以慰藉他这些日子的思念。

几个月前，当他把皇太后从熊熊燃烧的大火里抱出来的时候，他已经默默地注意皇太后很久了。当他在宫里当值的时候，当他看到皇太后出入安乐宫的时候，他总是默默地看着她，看着她年轻美丽的面孔，看着她那一双黑幽幽的有些忧郁的大眼睛。他也曾听说文成皇帝不大喜欢这皇后，这消息叫他既难过又莫名高兴。他不知道他难过什么，更不知道他高兴什么。反正，他有些高兴。所以，当他看到她扑向火堆的时候，他只感到心疼，他只有一个念头：一定不能让她给皇帝殉葬！他什么也没想地飞扑进火堆，冒着自己被烈火吞噬的危险把她从烈焰里抢救出来。他并不指望她能够记住他，更不奢望尊贵的皇太后能够记住他的名字。可是，皇太后居然认识他，而且记住了他,他的长相,他的名字。这哪能不叫他心潮起伏呢?

皇太后看着李弈呆呆地、傻傻地只是看着她,不由"扑哧"一笑:"瞧你,只管傻站着发呆干甚? 你的烧伤好了没有?"

李弈这才从愣怔中醒了过来,他脸一红,急忙回答:"回太后,小将的伤早就好了。感谢太后记挂!"

皇太后看着李弈年轻英俊且周正的脸庞,看着他那一双略带羞涩的炯炯有神的大眼睛,心里感叹着:好一个美男子! 他的美,不同于东阳公拓跋丕的美,拓跋丕是健壮魁梧的美,李弈是文质彬彬的文雅的美,两种男子的美,都可以引动女子的心。

冯太后突然感到自己的脸也有些发烧:这是咋的啦? 自己为甚心动? 为李弈? 为他的美男子长相?

冯太后突然意识到,自己还是一个刚刚二十四岁的年轻女子,她的体内压抑着一种生命的原动力。她不曾意识到,这种原动力一旦被引发出来,将会推动着她走向疯狂,推动着她去追寻自己的幸福,很可能不顾一切,很可能不可阻止。

冯太后目不转睛地看着李弈,深情地说:"本宫一直想感谢你,只是一直没有找到你。这下子好了,明日进宫去,我一定要奖赏你。"

冯太后说完,径直向跑马场走去,走了几步,她又回过头,对李弈嫣然一笑,又叮咛着:"明天! 记着,明天! 我等你!"

李弈兴奋得几乎一夜都没有入睡。临去前,冯太后回转身时回眸流转的眼神,总在李弈眼前闪烁。

李弈,字景世,现任散骑常侍、宿卫监。李弈可是魏国名门之后,他的父亲是太武皇帝最信任的大臣李顺,哥哥李敷,太平真君二年(441年)被选入中书教书,以忠谨入选给侍东宫,现在任中散,与李欣、卢遐、度世等以聪敏内参机密,出入诏命。李敷性格谦恭,又有文采,高宗文成皇帝很倚重他,迁为秘书下大夫,典掌重要机密,现任中书监,领内外秘书。李弈全家有十几人在朝廷做官,是魏国很有名望的大家族之一。

清晨,雄鸡昂首报晓的叫声刚刚响起,李弈就爬了起来,让妻妾为他梳洗打扮。他穿上用薰衣草熏香过的袍服,把辫索梳得光溜溜地束了起来,仔细洗过脸,照着镜,用剪刀剪去腮边的须髭。

好不容易等到白楼上戒晨鼓响过，李弈便骑马进宫。

冯太后早就派内监张祐在皇宫大门等待着。李弈在张祐的引领下径直来到安乐宫。

冯太后还是穿着宫里的常服装扮迎接李弈。

李弈吃惊地看着娇艳美丽的冯太后，眼睛都直了。过去都是从远处观察冯太后，虽然觉得她很美，可是毕竟远了一些，眉眼看得不甚清楚，现在面对面这么近地看着冯太后，李弈几乎要惊呆了，冯太后是他见过的最美的女人。

李弈呆呆地看着冯太后，冯太后微笑着，也直直地看着李弈。李弈十分俊秀，白皙的方正的脸面，一双浓黑的剑眉，大眼睛炯炯有神，如今不错眼珠的看着自己，眼光里满是赞美倾慕。

冯太后接触到这目光，突然感到耳热心跳。

冯太后不好意思地掉转目光：“李常侍请坐。”

秦阿女搬来坐床，李弈道谢之后坐了下去。

冯太后微笑着对李弈说：“上次蒙李常侍奋不顾身扑入烈火中相救，一直想当面致谢，可一直没有找到李常侍的下落。这些日子，李常侍哪里去了？”

李弈笑着：“回太后，小将回乡下坞壁养伤，走了些日子，一直没有回宫里当值，叫太后费心了。其实，那不过是宿卫的职责，何足挂齿。”

冯太后摇头：“不是那么回事，当时满朝文武大臣、众多宿卫，只有李常侍一人出手相救，这是李常侍人品高尚、勇武过人之处，本宫倾慕李常侍这样的人。来人！”冯太后向外招了招手。

刘阿素率领着一行宫女内监鱼贯而出，宫女手里托着托盘，托盘上放着各色绸缎、玉器、金银。他们来到李弈面前，把托盘上的礼物放到他面前。

“这是本宫的一点心意，请李常侍笑纳。”

李弈诚惶诚恐地站立起来，诚心诚意地推辞：“太后可要折煞小将了。小将不过逞一时之勇，并没有多大功劳，蒙太后这般见爱，小将确实担当不起！”

冯太后皱起眉头，手一摆，断然说：“本宫不喜欢推托来推托去，叫你收下，你就收下！本宫诚心诚意，为的是感谢你的救命大恩，你要是再推托不收,就请即刻离去,以后不必再相见!"

李弈浑身一颤:不再相见? 这不是要了我的命? 他急忙说:"感谢太后赏赐! 小将收下就是了!"

冯太后舒展眉头,嫣然一笑:"这才像话! 帮李常侍送到府上去!"宫女内监又鱼贯过来收拾起礼品,由张祐负责送到李弈府上。

冯太后指着几上的果品:"李常侍请随意品尝,不要客气。"

李弈抬眼偷偷看着冯太后,想着与太后说些什么。经过刚才的折腾,他突然感到紧张,这时他才真正意识到,面前不光是一个美丽娇艳叫人想入非非的年轻女人,而是一个大权在握的、可以随时主宰他命运和性命的太后! 他为自己刚才的想入非非感到害怕。

冯太后对李弈充满了好奇和感激。与他面对面地坐着,端详着他男子汉十足的英俊的脸,嗅着他身上散发出来的淡淡的薰衣草的香味,还有淡淡的男子汉的汗味。冯太后突然意识到,自己面对着一个很有魅力的青年男子。

依偎在这男人的怀抱里会怎么样呢? 冯太后突然涌上这么一个古怪的念头。她感到有些脸热心跳。不过,她还是禁不住想,依偎在这么健壮的男人的怀抱里一定是一件很快意的事情——安全,温暖。

冯太后又一次明晰地意识到,自己不仅是魏国皇太后,更是一个年轻女人,一个很久没有接近男人的女人。尽管她对男女之事总感到恐惧,可是,她还是渴望品尝男女情事。常太后经常叹息说:"这么快意的事情,你咋就体会不到呢?"为甚自己体会不到? 拓跋濬不是很恶毒地说你有毛病么! 难道自己真的有毛病吗? 她需要验证。在拓跋濬那里,她没有找到结果,现在拓跋濬死了,难道她就永远找不到结果了吗,难道就让自己一辈子背负着有毛病的嫌疑吗?

不,她要寻找机会来检验自己。好在鲜卑人没有汉人严格礼教的束缚,他们对男女婚嫁不那么严格,他们有收继婚的传统,兄弟之间可以互相收继妻子、儿子、父亲之间也可以收继没有血亲关系的继母。既然这样,自己为甚不能再寻找一个喜欢的男人呢? 在哪个男人身上来检验自己是否真有毛病呢?

想到这里,冯太后抬眼,偏偏正遇到李弈直勾勾的目光盯着她,那目光那么痴迷,那么热烈,那么勾人魂魄。

冯太后双颊飞起红晕:"李常侍,为甚这么看着我?"冯太后娇羞地斜了李弈一眼,娇嗔地问。

李弈没有料到冯太后突然抬眼,急忙告罪:"太后饶恕小将。小将实在是无意冒犯太后,请太后海涵。"

冯太后看到李弈惊恐的样子,突然咯咯地笑了起来:"李常侍这是从哪里说起哟? 你冒犯了我甚啊? 我怎么就不知道啊? 请李常侍说出来我听听!"

这十分明显的带有调情意味的话让李弈喜出望外。聪明的李弈立刻换上媚笑,小声说:"小将看到太后美丽,居然移不开眼睛,只顾不错眼珠看着太后,恐怕冒犯太后。"

冯太后微微笑着,心里甜得像吃了蜂蜜糖。她娇嗔地飞了李弈一眼:"本宫真的那么美丽? 比你的妻妾还美丽?"

李弈坏笑着:"太后说到哪里去了。太后乃凤凰,小将妻妾不过几只会下蛋的母鸡而已,她们如何能与太后相比?"

冯太后咯咯笑了起来,笑得那么开心,那么幸福,这是她从没有过的。

李弈拉了拉坐床,向冯太后身边靠近了一些,小声说:"小将若有幸亲近太后,将死而无憾!"

冯太后白了李弈一眼:"不得瞎说!"

李弈并不害怕,他又靠近太后一些,继续小声说:"小将所说,句句真心! 小将倾慕太后已久,过去只要见太后出行,小将就一直追随太后,如影随形,不知太后可曾发觉? 小将多次发誓,愿意以死换取太后注意。"

"所以你飞身扑火去救我?"冯太后被李弈的话感动了,她抬起裹着汪汪泪水的眼睛,迷蒙地看着李弈。

"是的。那日,小将一直在后面注视着太后举动,太后抬起胳膊,小将立时知道太后意图,忘乎所以,不顾一切奔跑过来,本想在太后扑火之前阻拦太后,可惜因距离太远,尚未及时赶到,致使太后扑入火中,终究还是伤了自己。"李弈说到这里,情不能已,竟掩面哽咽起来。

看到一个英俊男人这么痛苦,这样流泪,冯太后感动得心都抽搐起来,热泪慢慢涌出她的眼眶,喉咙里升起的硬块阻塞了她的呼吸,她哽咽起来,不由自主伸出双手,倾身去扶李弈。

李弈趁势抓住太后的双手,把它们紧紧握在自己的手掌心里,轻柔地抚摩着,泪眼婆娑地看着太后,哽咽着说:"有今天这一刻,小将感到三生有幸,小将就是立刻去死,也已死而无憾了!"说着,他低下头,连连亲吻着冯太后的双手。

冯太后的心嘭嘭跳了起来,双颊绯红,这一刻,她完全忘记自己的尊贵身份,忘记了她硬要撑着皇太后的架子,她任李弈抚摩,并不想抽出自己的手。

李弈有妻妾,对女人还是相当有经验的。冯太后没有动,也没有呵斥他,说明冯太后确实对自己产生了相当的好感,何不趁机继续与太后亲热一番呢?这种机会可是难得的啊!谁知道甚时候再见太后一面?

李弈这时什么也不害怕,他已经忘乎所以,只想和太后更亲近一些,和这个他倾慕多日的年轻美丽的女人亲近一些,其他的都不在乎了。

李弈移坐到冯太后的身边,靠近冯太后,轻轻揽住冯太后柔软的腰肢,把火热的嘴唇凑到冯太后耳边,在冯太后耳边小声说:"太后如若让小将沾些雨露,小将今生将是一无所求,更是死而无憾了。"

冯太后笑着:"真的?你不是诓我的?"

李弈立刻跪到冯太后面前:"小将如有一句假话,天打五雷轰!死无葬身之地!"

冯太后笑着摇头:"不必发重誓,重誓没有用的。不过,我告诉你,要是你胆敢诓我,我一定让你死无葬身之地!我可是说到做到的!我最憎恶欺骗与谎言!"

李弈点头:"小将不敢拿生命开玩笑!"

冯太后伸出手,刮了李弈的鼻子一下,小声说:"站起来吧,我们到内殿去!"

李弈欣喜若狂,他急忙站了起来,随冯太后走向内殿。

李弈不着急,也不敢着急,只能慢慢地陪着冯太后玩。他紧紧抱着冯太后,用自己细软的手掌慢慢抚摩着冯太后的脸颊,轻轻捏着她的耳垂。冯太后的耳垂肥大厚实,圆圆的,软软的,非常好玩,李弈用自己的嘴唇去亲吻这耳垂,把它含在自己的嘴里,用舌头裹着它,舔着它。

冯太后半闭着眼睛，享受着这爱抚。这爱抚叫冯太后感到从没有过的舒服，她舒适随意地平躺在炕上，任李弈玩弄。

李弈见冯太后不抗拒，知道她喜欢这些小花样。李弈慢慢把自己的抚摩移动下去，慢慢伸向她穿着内衣的胸脯。冯太后动了动，侧过身体，有些害羞。虽然与文成皇帝结婚多年，可是文成皇帝从来没有这么亲昵地爱抚过她，抚摩过她，他只会心急火燎地干一件事，他直截了当，干脆利落，让她忍受着不能忍受的疼痛，所以，每当文成皇帝幸她，她就紧张害怕，然后就痉挛，就让双方一起疼痛。后来，文成皇帝几乎不再到她那里过夜。

冯太后喘息着，扭捏地动作起来，开始回应李弈的爱抚。她把自己的脸颊贴到李弈的胸脯上，用火热的脸颊慢慢地小心翼翼地去接触、触摸李弈的胸脯。

李弈喘息得越发紧了起来，他轻轻地慢慢地把冯太后翻在炕上。冯太后只是喘息着，她浑身瘫软，想抗拒，可是没有一点气力，她闭着眼睛，无力地喃喃着："不要，不要！"但是那语气却明明充满了渴望和急切，充满了企求和热望。

李弈把自己火热的嘴唇紧紧贴在冯太后的嘴唇上，裹挟着，吸吮着，不让她说话。李弈慢慢地小心翼翼地进入，一切是那么容易，那么顺畅，那么滑爽。冯太后开始感到眩晕，从未有过的快乐让她全身紧张，一种难以抑制的兴奋攫取了她，使她紧紧地吸引着、抓着李弈。突然，一阵强烈的有规律的抽搐开始了，冯太后不由自主地呻吟起来，一种从未体验过的快乐让她浑身上下每一个毛孔张开，全身热血沸腾。

冯太后的激动更激发了李弈的热情，尽管他已经有妻有妾，但是在逢迎中被激发出的兴奋却是从来没有过的。给予的快乐多过索取，他兴奋地尽情宣泄。

冯太后和李弈大汗淋漓地瘫软在炕上，冯太后紧紧拥抱着李弈，在李弈的怀抱里蠕动着，余兴尚存，似乎还有些意犹未尽。李弈已经浑身疲软了下来，无法再战，他亲吻着冯太后的脸颊，小声问："不疼吧？痛快不痛快？"

冯太后羞涩地轻轻咬了他一下："你真坏！"

李弈趁势咬住她的嘴唇："男人不坏，女人不爱嘛。"

冯太后咯咯地清脆地笑了起来。

野心乙浑招买兵马　忧心老臣说服太后

丞相乙浑着紧衣百褶裤在府里后花园舞剑,一条银煌煌的剑上下翻舞,好似一条银白的龙蛇缠绕他一样,让人眼花缭乱。"好啊! 好!"看他舞剑的妻妾、部下齐声喝彩。

侍从前来通报,说秘书侍郎求见。乙浑放慢动作,做了收势收了剑。他一边擦汗,一边向前面公事厅走去。

乙浑心里好不得意,秘书侍郎是来向他汇报起草任命乙肆虎为内行长诏书的情况。

乙浑大步流星走进公事厅。"侍郎来了? 诏书起草好了吗?"乙浑大声说着,昂首挺胸坐到上座,丫鬟急忙送来香茶。

乙浑得意扬扬,捧着上好的香茶啜饮着,看了看来人,眼睛一瞪,脸上的疙瘩似乎也都立了起来:"还不念来让我听听!"

侍郎清了清喉咙,正要把自己起草的诏书念给乙浑听,乙浑却又吼了一嗓子:"任命源贺守卫边镇的诏书拟好了没有?"

侍郎茫然,左顾右盼,他支吾着:"尚书没有……指示,暂时……尚未……"

"你们秘书省是咋整的? 我明天就要发布这诏令,让拓跋丕和源贺一起去守卫陇西,你们这里诏令还没有拟好,不是成心误我的大事吗? 滚回去,拟好再来报告!"

侍郎急忙作恭打揖退了出去,屁滚尿流,赶回秘书省重新拟写诏书。皇帝年纪幼小,现在朝中大小事全由乙浑决定,他们哪敢不依从乙浑的旨意啊?

乙浑现在最关心的事情,就是赶快任命自己的儿子和亲属做官。虽然乙肆虎去鸣鸡山探询乙梅叶的下落还没有回来,但是他一定要抓紧时间任命乙肆虎为内行长以代替拓跋丕。在他的内心深处,藏着和当年常太后一样的急切和担忧,害怕自己手中的大权有朝一日不再属于自己。有权不用,过期作废的恐惧,是一切处心积虑获取权力地位的阴谋家、大人物和小人的心病,他们在攫取权力的过程中费了太多的心机和财力,他们一定要在攫取

首位称制：文明冯太后

103

权力以后以最快的方式，没有限度、没有节制地使用权力为自己牟取私利，不管他们打着什么漂亮的旗号，自我标榜代表多少个先进，全都一样。古今中外，概莫能外。

乙浑知道，现在是他最好的机会，趁皇帝年纪幼小，趁他现在手中还有大权，他要完全把皇帝和朝政控制在自己手中，他要抓紧时间让自己的亲人享受高官厚禄，享受荣华富贵。当官没好处，这官当它做甚？难道真的像自己在皇帝面前表白的，是为魏国朝廷当官？是为国家当官？没那回事！当官就是为了自己的荣华富贵，为了自己光宗耀祖，为了家人和后代永享富贵荣华！

乙浑知道，要想保住现有地位，他一定要把自己的人推上高位，以形成自己的势力圈子。内行长是控制皇宫内官最重要的职务，历来由拓跋氏或者代人担任。他要想进一步控制住朝政，这内行长职务一定要让自己人来担当。

虽然现在的内行长拓跋丕与自己关系尚可，可是，他毕竟是拓跋氏，是皇帝的同宗同族，自己恐怕难以完全控制和驾驭他。怎么换下他呢？最好有个冠冕堂皇的理由。

乙浑苦思冥想，终于想出一个十分冠冕堂皇的理由。北边边境不大安宁，需要一个得力的有爵位的将军去驻守。这拓跋丕是最合适的人选，能征善战的东阳公，非他莫属。乙浑决定调拓跋丕到陇西去驻守，同时让源贺将军一起去，这样，一下子去了两个心头祸患。源贺和陆丽关系甚好，听说陆丽被他处死以后，颇有微词，虽然源贺一直称病在家，不理朝政，但是，平城京畿的守卫大权还是紧紧掌握在他的手中，谁知道他心中思谋什么？万一他对自己有些不满，威胁还是蛮大的。一定要防患于未然！乙浑咬牙切齿，自言自语，劝说自己早下决心。曹操说，宁肯我负人，不让人负我。他乙浑生平最佩服的莫过于曹操，所以，他乙浑也要宁负源贺，不让源贺来负他。

源贺走出自己的府邸，他要去见东阳公、内行长拓跋丕。刚刚得到丞相乙浑下达的诏令，让他不日离开司州与拓跋丕一起去陇西镇守。他要和拓跋丕商量动身时间。

源贺明白，他镇守司州时间太长，乙浑对他有些不放心。从高宗以来，源贺已经当了七年司州司隶校尉,治理都城所在地的司州。源贺作为司州司隶校尉,不仅担负着保卫都城的重任,而且担负着治理都城的重任,他把司州治理得很是繁荣,减省徭役,亲自审问监狱犯人,考问案情,放出许多无辜的囚犯,上疏请求把一些死囚的死刑宽宥,充军到北番去守卫戍边,曾经很得文成皇帝拓跋濬的夸奖。但是,武邑郡有个奸人石华,告沙门道可与源贺谋反。有司听说以后调查,高宗拓跋濬对群臣说:"源贺诚心事国,朕敢为卿等担保,绝无此事。"有司经过精心讯问调查,证实石华诬陷源贺,于是遣使者诏源贺:"卿以忠诚款至,著自先朝,以丹青之洁而受苍蝇之污。朕登时研检,已加极法,故遣宣意。其善绥所莅,勿以嚣谤之言致损虑也。"源贺上疏谢,高宗拓跋濬对左右说:"以贺之忠诚,尚致其诬,不若是者,可无慎乎!"当时考察官吏,源贺政绩第一,高宗赏赐衣马器物,通报全国嘉奖。源贺上表请求换人,朝廷商议以后,认为源贺得民心民情,不答应换人。

源贺来到东阳公拓跋丕的府邸,请求通报。

东阳公拓跋丕听说源贺来访,十分高兴。他亲自迎接出大门,挽着源贺的手,亲热地把他带到大厅。落座以后,拓跋丕呵呵笑着:"让我猜猜,司隶校尉为甚来寒舍走动? 是不是来打探我动身去陇西的时间啊?"

源贺笑着:"东阳公料事如神,小弟正是为此事而来。东阳公也得到诏令了?"

拓跋丕皱起眉头:"是啊,得到了。丞相乙浑免了我的内行长职务,委任陇西,与将军同时赴任。"

源贺直人快语:"东阳公不认为这里有些不妥吗? 东阳公为皇帝叔祖,为内行长在宫里行走,能够为皇帝分忧解难,现在突然解除东阳公的职务,委派他自己的儿子担任这一要职,东阳公不觉得这里有危险潜伏吗?"

东阳公拓跋丕捋着髭须,站起身,在厅堂上走来走去,沉思着。走了一会儿,他站到源贺的面前,目光炯炯地看着源贺:"兄长有何看法,请直言以告。"

源贺说:"这父子同时占据和把持朝廷内外大权,恐怕不妥,总是不安定的开始。"

东阳公拓跋丕点头:"是的,我也以为不妥。不过,他乙浑假借皇帝诏令,我们如何敢违抗呢?"

源贺站了起来："他乙浑现在已经把持外朝,皇帝年纪幼小,一切都听命于他。再让他的儿子把持内朝,这朝政内外大权,全部落入他手,恐怕早晚难免生祸端!"

拓跋丕大眼睛一瞪："这可不行!不能任由他乙浑胡来!皇帝听命于他,皇太后不会听命于他!我们要去说动太后,让太后对乙浑专权的局面有所认识!别看太后年轻,却极有头脑,她能够看出这里面的机关蹊跷和小九九。"

源贺点头："是啊,只有太后才能纠正皇帝诏令。看来,我们应该去见太后一面,向她申诉理由。不过,你大概不知道,乙浑与太后姑母左昭仪、与常太后关系都非同一般,太后很信任乙浑,恐怕她不会听我们申诉的。"

拓跋丕摇头："这情况我知道。不过,我相信冯太后,她能够看清利害得失的。她过去信任乙浑,是因为乙浑忠心拥戴她,如果乙浑有了狼子野心,冯太后一定会毫不犹豫地除掉他!我相信我的看法。走,我们这就进宫,去把我们的分析和担忧说给太后听,看看她的反映。"

张祐急急回到安乐宫来找冯太后报告情况,他刚刚从宫女刘华人那里得到消息:乙浑派儿子乙肆虎到鸣鸡山去了。

冯太后激动地站了起来,走来走去。乙肆虎到鸣鸡山,肯定是去打探他妹妹乙梅叶的下落,只要他从鸣鸡山回来,乙浑就会清楚地知道他女儿的下场。乙浑一定不会善罢甘休!

该怎么应付?乙浑近来专权已经到了极点,一切大事都是他自己做主,既不来向她汇报,也不通过八大臣商议,一切自行做主以后以皇帝名义发布诏令,他越来越飞扬跋扈、独断专行,已经引起朝政大臣,特别是王公的不满。

冯太后紧张地思索着。

林金闾进来报告,说东阳公拓跋丕和源贺将军求见。

"快请他们进来!"冯太后高兴地说。

拓跋丕和源贺拜见了冯太后。冯太后微笑着,年轻的脸上堆满开心灿烂的笑容。拓跋丕惊奇地发现,冯太后越发标致妖媚,满脸都洋溢着压抑不住的幸福的笑容,皮肤越发白皙红润,黑眼睛里闪烁着灵动飞扬的光彩,那淡淡的忧郁似乎也消失了。

太后有甚开心的事情？拓跋丕揣测着。

接近六十岁的源贺年纪长太后许多，冯太后十分尊敬地请源贺坐下，恭谨地问："东阳公和司隶何事来见本宫？"

源贺看了看拓跋丕，拓跋丕便把刚刚接到的委任他们到陇西驻守以及重新任命乙肆虎为内行长的诏令说了一遍。

冯太后吃惊地扬起眉毛："我尚且不知道这事，没有听乙浑丞相向我说起过。"

拓跋丕微笑着，不动声色："也许乙浑丞相忘记向太后提起此事。"

冯太后皱起眉头："不可能的，上次他进宫，我还特意告诉他，皇帝年幼，朝内大事需要他协助我处理，我特意告诉他，朝中有甚大事，要及早告诉我。当时他连声答应过的，怎么回头就忘记了？"

拓跋丕看了看冯太后暗淡下来的眼睛，恭谨地说："我和源贺将军吃不准里面的小九九，故而来见太后，请太后给以明示。太后可否觉得这任命有不妥之处？"

冯太后看着拓跋丕，又看看源贺，毫不迟疑也毫不掩饰："当然很不妥当！内行长多是德高望重的宗室或者老臣担当，他乙肆虎有何德何能，居然出任这么显赫的官职？居然可以接替东阳公？是不是太着急了一点？这结党营私是不是也太明显了一点？"她的声音明显高了许多，透露出极大的不满。

拓跋丕没有想到冯太后如此直言不讳地说出自己的想法。他还以为，太后一定会吞吞吐吐、哼哼哈哈一阵，然后旁敲侧击，迂回拐弯，套他们的看法，自己却并不急于表示态度。

拓跋丕敬佩地看着太后，太后的敏锐和率直，叫他感动起来。冯太后没有把他们当作外人！他看了源贺一眼，源贺正敬佩地看着太后。

源贺终于忍不住赞叹着："太后所见英明。我和东阳公正有此担心，所以来见太后，向太后讨教方略。我们以为不能任由乙浑这么胡作非为！"

冯太后点头，她看着拓跋丕问："各位王到了平城没有？"

拓跋丕说："已经到了几位，还有几个正在路途中。"

冯太后微笑着："王回来以后，请东阳公还是以内行长的身份安顿他们，

首位称制：文明冯太后

明日我先接见已经回来的王，由你出面安排。虽然丞相免去你内行长职务，可是，我听说乙肆虎并不在平城，所以，一切宫内事务还是暂时由东阳公处理。至于司隶校尉……"说到这里，冯太后停顿了一下，想了想，挥挥手，斩钉截铁地说："司隶校尉源将军，可以先行去陇西赴任，白天大张旗鼓开拔，夜晚再悄悄返回官邸，不要让任何外人知道。"

拓跋丕和源贺点头，他们已经明白冯太后的心思。看来太后已经在这瞬间决定了如何反击乙浑，他们不敢多问，只是连声答应。

佳节喜庆太后拉帮结派　真相大白乙浑忍痛含悲

清晨，天刚刚放亮，乙浑起身走出卧室，来到官邸大堂的檐下。昨夜窸窸窣窣地下了一整夜的大雪，他要出来看看雪有多厚。夜里这场雪好大啊，把大地掩盖成雪白世界，宽大的院子里积满了雪，一片白茫茫，足有半尺厚。雪地上有几行梅花瓣的脚印，几只麻雀跳来跳去。

乙浑抬头望了望天空，天空已经开始放晴，东方已经露出亮色，一抹淡红已经染在白亮的天边，好像镶上红玛瑙似的。看着看着，那红色已经慢慢扩大，正在把一束一束光亮投向灰暗的天际。天越来越亮，蓝色也越来越清晰，天已经完全放晴了。

乙浑转身回到堂里，他今天还是不打算回宫里去，他要在家里等着儿子乙肆虎归来。何况，他知道，元旦前的宫里也没有什么大事要处理。

元旦快到了，宫里放出风声，说新皇登基元年，要举国大庆，在封地的王都要召回平城，与皇帝、太后共庆元年元旦。宫里上下忙碌起来，特别是太后宫里，更是上上下下忙得一塌糊涂，御膳房忙着准备元旦宫内大宴，乐师们、歌妓舞娘每日忙于排演新的乐曲、舞蹈节目，准备在元旦大宴上演出。安乐宫的中常侍林金闾和几个主要大监——张祐、秦阿女、刘阿素频繁出入宫禁，采买准备大宴需要的各种肉菜粮食，忙得不可开交。

皇帝宫里也是十分忙乱。中常侍王遇跟亲信抱嶷负责整个元旦期间的大宴，也是出出进进，跑上跑下，里外忙碌。内行长拓跋丕当然闲不下来，朝里朝外联络，出皇宫，入王爷、大臣府邸，整日都不闲着。

乙浑作为丞相不管宫里事务，他很清闲，他只是在焦急地等待着儿子乙肆虎从鸣鸡山归来,然后安排他走马上任,让他立刻抓住宫内大权。要是儿子带回准确的关于女儿的消息,证实女儿有什么不测,他就着手发动他的报复行为。经过这两个多月的准备,他已经把源贺调出平城,让他到陇西上任,虽然拓跋丕还没有卸去内行长的职务,不过他并不担心,乙肆虎一回平城,他就马上让拓跋丕滚蛋。这样,整个皇宫与平城,都已经掌握在他父子手中,还怕不能给乙梅叶报仇?

冯燕,你等着!乙浑暗自咬牙切齿,低声叫着冯太后的名字。

皇宫里忙乱着准备大庆新皇登极的元旦,这消息叫乙浑更高兴。看来,冯太后和皇帝、大臣都没有觉察他的行动,他可以趁新春大庆的时候,一举捉拿冯太后和皇帝,到那时,他乙浑就会登上魏国拓跋氏的皇位,取而代之了!

想到这里,乙浑兴高采烈起来。

可是,他又有些焦躁,看着到了年底,怎么还不见乙肆虎归来呢?鸣鸡山远离平城,来回要很长时间。乙浑有些怨恨常太后:干吗要把自己的陵墓选择在远离平城而近家乡和龙的鸣鸡山呢?咋整那么远?什么遥望故乡,什么离家乡近一些,都是扯淡!

"少爷回来了!少爷回来了!"家人喊叫着跑着进来报告。

乙浑腾地站立起来,向门外冲去。

"见到你妹妹了没有?"乙浑劈头就问。风尘仆仆、疲惫不堪的乙肆虎扑到卧榻上,四脚朝天躺了下来,连皮袍、皮帽、毡靴都没有来得及脱,皮帽上、毡靴上沾满白雪。

"说话啊,见到你妹妹了没有?"乙浑抓住乙肆虎的皮袍,帮他脱了下来,又追问着。

乙肆虎叹了口气:"鸣鸡山常太后陵园已经冷落萧条,看守陵园的二百家士兵已经陆续跑了许多,他们说朝廷早就不管他们了,没有粮饷发,士兵纷纷逃离。好不容易找到几个士兵,他们说这一两年根本就没有皇家来祭拜过,哪有我妹妹去拜祭一事啊。"

乙浑一屁股坐到儿子身上,他捶打着自己的大腿:"完了!完了!你妹妹一定遭遇了不测!"

常玉芝听说儿子回来,也急忙从内宅跑到前面,一边走一边慌慌张张地喊着问:"肆虎回来了?肆虎,见到你妹妹了没有?你妹妹回来了没有?"进到厅堂,看见乙浑正捶胸跺足地喊:"完了!完了!梅叶没有了!"常玉芝顿时眼前发黑,腿下一软,跌倒在地,号啕大哭起来:"我的梅叶啊,我的女儿啊!这是咋整的啊?你咋就没有了啊?"

乙浑站了起来,冲到老婆面前,瞪着眼睛咆哮:"闭上你的臭嘴!别在这里号丧!你怕别人不知道是咋的!"

常玉芝急忙停止自己的号啕,只是抽搭呜咽,哭得上气不接下气。

乙浑胸口像堵了块石头似的,憋闷得不知道如何是好。他在厅堂里走来走去,胡乱踢着摔打着家具,来发泄自己的愤怒。

乙肆虎从卧榻上坐起来,看着父亲乙浑,征询着问:"阿爷,你看,事情已经水落石出,梅叶一定被太后害死了!我们该咋整?是不是立即发兵包围皇宫,去给梅叶报仇?"

"蠢货!你想找死啊?!"乙浑大声咆哮着。

"那这事就算完了?"乙肆虎嘟囔着。

"谁说完了?这事没完!"乙浑随手抄起宝剑,朝桌子劈去。

乙浑收敛起自己的愤怒,平静地去见冯太后,报告说:"乙肆虎已经回来,希望太后诏令东阳公拓跋丕离开皇宫,到陇西赴任,让乙肆虎接替内行长职务。"

冯太后站起身,走到乙浑身边,摆手笑着:"看干爷急的,乙肆虎刚刚回来,还是先歇息歇息再说。何况这明天就是元旦,你们父子也要消消停停地过个团圆年的好啊。再说啦,也该让东阳公在家里过个年啊,哪有除夕让官员赴任的?怎么着也得让人家过了人日再走哇,要不,他家里人还不骂我啊?你看,我哪能做这么不近情理的事,元旦前夕把人撵出家门到陇西那么荒凉僻远的地方赴任?"

乙浑尴尬地笑着,却找不出理由反驳太后,更找不出理由坚持自己的说法。他向前走了一步,提高声音说:"太后!我以为……"说着,乙浑又向前走了一步,想厉声威逼冯太后,让她同意自己的提议。他抬头看见太后身后站着一个紧握剑柄的皇宫骁骑将军,这是皇宫宿卫首领李弈。李弈威风凛凛,目光炯炯,虎虎生威,正目不转睛地盯着他,目光里流露着高度的警惕。

首位称制:文明冯太后

乙浑急忙停住脚步，吞回想说的话。

冯太后笑着向乙浑介绍李弈："这是本宫新近任命的骁骑将军、宿卫尉，他带领宿卫部队，日夜守卫皇宫。"

乙浑尴尬地向李弈点头。李弈还是威风凛凛，肃立在皇太后身后，炯炯有神的眼睛紧紧逼视着乙浑的一举一动。

乙浑垂头丧气告辞皇太后回家。他满以为自己能够逼迫皇太后立刻调拓跋丕离开皇宫，让乙肆虎进宫去主持皇宫宿卫虎贲、羽林，可是他觉得自己失败了，冯太后又一次推托拖延，让他不能立刻实现自己的计划。

是不是冯太后得到什么风声？乙浑不安地猜测着。乙浑摇头，不会的，冯太后一如平常一样赏赐他，对他嘘寒问暖，关心他的家人，见面依然甜甜地叫他干爷。怎么看都不像是对他存有戒心的样子。

乙浑知道，阳平王新成、京兆王子推、济阴王小新成、汝饮王天赐、任城王云这文成皇帝的几个兄弟已经陆续回到平城，与皇帝、太后一起庆祝元旦，他更不敢在这时候轻举妄动。

乙浑强迫自己忍耐着，把满腔愤怒压抑在心中，回到府邸去，他只有静静地等待时机。只要儿子就任皇宫内行长，他就能掌握皇宫宿卫队伍，她冯太后和皇帝别想有好日子过！他一定要给女儿报仇！

元旦来临，庆祝大宴在太华殿举行。东方太阳升起的时候，金光照亮了平城皇宫，黄色、绿色琉璃瓦在阳光下闪闪烁烁，太华殿笼罩在一片金光中。鼓吹轮流演奏着宫廷音乐，大角、大鼓、小角、小鼓，《簸罗回》《真人之歌》等一遍一遍地演奏着，增添着节日里皇宫的喜庆色彩。

皇太后戴着缀满宝石、珍珠和金凤的冠帽，穿着她喜欢的黄色窄腰小袖左衽的凤袍、粉红色百褶裤，百褶裤塞在高腰鹿皮皮靴里，外面披着紫貂披风，干练精神，神采奕奕。她手拉着皇帝拓跋弘，面带沉静的微笑，披着一身金光，慢慢走上太华殿白色的雕刻着腾龙的台阶丹墀，在大臣王公的三呼万岁声中慢慢登上太华殿，在丹墀乐队的鼓吹乐中，走进大殿，走向大殿高基，站在镏金龙椅前。拓跋弘虽然也是裹在金龙里，穿戴着皇帝的冠帽皇袍，但是年纪小，走在风采照人、辉煌夺目的冯太后旁边，霎时失色。

全体朝臣的目光都集中到冯太后的脸上、身上，欢呼声震荡在太华殿的上空。

皇太后微笑着看着大殿里的群臣，她慢慢抬起手，稍微向下按了按，大殿里立刻静了下来。拓跋弘也模仿着冯太后的样子，抬手向下按了按。

冯太后的微笑隐没了，她的脸上升起凛然的神情，今天，是她作为皇太后第一次在太华殿，在全体大臣面前公然露面，她要树立起自己的威严。

"各位王公大臣！"冯太后张开猩红的小嘴，声音不算太大地喊。

大殿里立刻鸦雀无声，大家都把目光聚集在冯太后娇艳的脸上。

冯太后用目光缓慢地扫过每一个皇叔的脸，在他们的脸上停留了片刻。在拓跋丕的安排下，她已经分别会见了几个皇叔，与他们进行了亲切友好的交谈，向他们通报了朝廷的一些重要情况，赏赐了他们许多金银、绸缎、器物。几个皇叔千恩万谢，宣誓了他们的忠心，表示他们会支持新皇帝，只要太后需要，他们会听从太后调遣。有这几个皇叔支持，冯太后的心里有了底。

冯太后把目光慢慢扫过丞相乙浑的脸，在他的脸上稍微停留了一下，给他一个会心的微笑，然后不动声色地扫过八部尚书，扫过高允、刘尼、拓跋丕等重要朝臣的脸。现在的她，不再惧怕任何目光，她敢于对视任何一个男人的目光。

冯太后收回自己的目光，让脸上有了似有似无的微笑，大声宣布着："今天，是新年元旦，我和皇帝在这里向大家祝贺新年！并且宣布，从今天开始，国朝年号改为天安元年！让我们魏国在天神的保佑下，在天安元年里，国泰民安！"说完，冯太后拉着皇帝拓跋弘，高高举起胳膊，一起高呼："祝愿魏国国泰民安！国泰民安！"

大殿上立刻响起排山倒海般的欢呼："皇太后万岁！万岁！万万岁！皇帝万岁！万岁！万万岁！"

皇太后好感动，她的眼睛里饱含着眼泪：她一个魏国的罪囚，如今站立在魏国的权力顶峰，她要好好辅佐身边这小孩子，把魏国治理得国泰民安！

冯太后从面前的桌子上端起酒樽，大声说："为了普天同庆，我和皇帝陛下决定，全国大赦！让我们大家一起高举酒樽，庆祝天安元年元旦！"

大殿上立刻又响起"万岁！万岁！万万岁！"的呼声。

乙浑站在百官之首，他像大家一样高举酒樽欢呼着，但是只有他知道，他挤出那些笑容是多么困难,他的眼神是冷冷的,他的笑容也是僵硬的。

别看你现在这么得意,不过是秋后蚂蚱,没几天蹦跶了! 等乙肆虎一掌握皇宫宿卫,你就得为害我女儿付出代价! 不知乙肆虎回太原调动兵力咋样了? 乙浑想着,竟心不在焉起来,思绪飞到太原。

冯太后锐利的目光扫过乙浑的脸,在他的脸上打了一个旋。

乙浑为女复仇集结军队　太后收网捉鳖密定计谋

新皇登基的新年元旦,平城皇宫里一连举行了许多天各种庆祝大宴。皇太后和皇帝拓跋弘都沉浸在喜庆当中。

乙浑却不闲着,他派儿子乙肆虎回太原去部署军队。乙肆虎已经把一支太原队伍秘密调遣到平城外,正在西苑里集结,这些军士都是以开发武周山佛洞的名义征集来的。武周山开凿石佛洞的工程巨大,这里经常调集大批民夫、军士,以这个名义调集民夫、军士,不会引起任何人怀疑。

宫里的庆祝已经接近尾声,乙浑急于知道乙肆虎那里的准备情况,他冒着呼呼的北风,带着几个亲信骑马匆匆向武周山驰去。

武周山山下很是热闹,推独轮小车的民夫把小车推得吱吱扭扭响,装载沙石、担负运输的驴、马、驼、牛嘶嘶鸣呜呜叫,一派热火朝天的景象。武周山开凿千佛洞的工程虽然在太武帝时代已经开始,但是在太武帝禁佛时又被禁止,来自凉州的开凿千佛洞的沙门全部被驱逐。文成帝拓跋濬即位以后,重新招募沙门民夫,在武周山继续开凿那些已经被荒废了多年的千佛洞,在武周山灵岩山壁上,凿洞雕塑佛像,到现在已经挖掘了几个大佛洞,雕塑出几座大佛像。这里的工程十分浩大,沙门、石匠、民夫、军士陆续从各地集合到武周山,这里不断需要招募新人,不断有民夫、军士前来。那尊最大的按照文成帝拓跋濬的样子雕塑的大佛是现在进行的大工程,沙门、石匠、民夫,夜以继日,几班轮换着开凿。

武周山山壁前,叮叮咚咚的雕刻声和石匠们的吆喝号子声,连天响彻。山壁前半空中吊着几千个沙门、石匠,挥着锤子,握着凿子,挥汗如雨,贴在山壁上凿着,凿子与锤子碰撞出的一道道耀眼的火花,在寒冬朔风中飞舞。

乙浑来到乙肆虎的驻地。乙浑推开木门,屋里热气扑面而来,正在与几

首位称制：文明冯太后

113

个军官密谋的乙肆虎看到乙浑进来,急忙和军官们站了起来迎接。

乙浑坐到一个军官搬来的四条腿的马形木床上,摘下皮帽,地中间火炉里熊熊燃烧的石墨,让乙浑立刻感受到燥热,他脱掉皮袍。

乙肆虎坐到乙浑对面。

"咋整的? 整好了没有?"乙浑劈头问。

乙肆虎说:"我正听他们的报告呢,已经差不多了,他们的部下已经从太原赶来,现在都集中在苑里,等着命令呢。"

"好,马上转移到西苑去。在西苑里集合,等着我的命令!"

乙肆虎答应着,让各位军官去部署。乙浑小声命令乙肆虎:"今天夜里就动身,不能再拖了。你先秘密把军队集合到西苑,等几个王爷一离开平城,我们就动手包围皇宫,把太后逮起来,给你妹妹报仇!"

乙肆虎点头:"阿爷,你就放心吧。"

冯太后闭着眼睛,歪在寝宫里的热炕上,刘阿素和秦阿女一左一右为她捶背捶腿,在她的腹部放了一块烧热的土坏给她暖小腹,一到行经这几天,她就肚子疼,头疼,浑身难受。元旦里大宴忙碌了半个多月,叫她腰酸腿疼,今天几乎起不了炕。好在大宴庆祝已经基本结束,她趁机歪在寝宫里歇息着。

张祐匆匆跑进安乐宫。

张祐站在门外悄悄招手叫刘阿素。刘阿素蹑手蹑脚走出门外:"甚事?"刘阿素看着张祐一脸张皇的样子小声问。

"太后睡着了?"张祐向里屋努嘴。

刘阿素正要回答,只见热炕上冯太后动了动,拖着懒洋洋的声音问:"谁啊? 在外面鬼鬼祟祟地说甚呢?"

刘阿素朝张祐做了个鬼脸,大声回答:"回太后,是张祐侍郎,他有要事向太后禀报。"

"叫他进来吧。"冯太后动了动,坐了起来,秦阿女往太后身后垫了几个锦缎羊皮垫,让冯太后舒服地斜倚在炕上。

张祐躬身进了寝宫。

"甚事啊?"冯太后慵懒地眼睛都不想睁,不过,她还是勉强睁开眼睛看着张祐。这张祐整日在皇宫里走串,结识许多内监、宫女、侍卫,消息十分灵通。今天一定又是得到什么重要消息,不然他不会这么急着来见自己。

张祐急忙凑到冯太后身边,小声说:"奴家刚才听说,乙浑宰相骑马到武周山去了,听说乙肆虎早两天就到那里了。奴家特来向太后报告。"

"他们去那里干甚?"冯太后警觉地坐了起来,眼睛放射出警觉的神采,与刚才的慵懒判若两人。

"暂时还不清楚他们去干甚,不过,林常侍和奴家已经派心腹快马去武周山打探,估计很快就会回来禀报。"

"皇帝那里知道这事吗?"冯太后推开秦阿女,向炕沿挪着,准备下地。秦阿女取出太后腹部的热土坯,给太后穿上毛毡窝窝,扶太后下地。

"皇帝那里奴家已经问过王遇中常侍和抱嶷大哥,他们都说不知道。皇帝没有委派乙浑丞相到武周山去。"

冯太后捶打着腰眼,在地上走来走去。"到武周山去的人甚时候才能回来?会不会误事啊?"太后焦急地说,来回走了两次,一挥手停住脚步,"不行!我们不能这么干等着!秘密诏东阳公拓跋丕,陇西公源贺,定州刺史、驸马都尉、昌黎王冯熙将军三人即刻进宫!"

"奴家这就去办!"

"不!你不要去,让她们去!"冯太后阻止张祐,指了指刘阿素和秦阿女:"她们两个去传我的诏,不容易被人注意。你出这家进那家的,容易引起怀疑!"

冯太后转向刘阿素和秦阿女,问:"把这个事情交给你们,行不行?"冯太后眼睛只看着年龄小的刘阿素。刘阿素从东宫那里来这里时间还不长,她不过十一二岁的年纪,从来没有单独出过宫门,派她出去,冯太后自然不放心。

刘阿素眼睛慌乱地看了看太后,又看了看秦阿女,吞吞吐吐问:"太后,是不是让奴婢和阿女姐姐一起去?"

秦阿女年纪较大,在宫中时间长,入宫之前,也曾读书识字,受过很好的教育,因为父亲犯事被送到平城皇宫为奴,后来来到冯太后身边,跟着冯太后出出进进,耳濡目染,完成这等事根本不算什么。她看到刘阿素害怕的样子,急忙向太后求情:"太后,让奴婢俩一起去吧。"

首位称制:文明冯太后

"也好，你们俩一起去传达这秘密诏令。记住，要机灵一点，不能让任何人知道这事！"

冯太后在密室听张祐派到武周山的密探禀报他打探到的消息。李弈手握宝剑，站在冯太后身后。冯太后面沉似水，认真听消息。密探告诉冯太后，年底以来，武周山下来了许多太原一带的军士民夫，大约有几千人，他们来到武周山，马上集合在一起，正在乙肆虎的率领下向西苑进发，大约这一两天就可以到达西苑。

林金闾进来通报，东阳公等人来见。

冯太后微笑着对密探说："你辛苦了。林常侍，带他去歇息，好好赏赐于他！请东阳公！"说到这里，冯太后回头嫣然一笑，对李弈说："将军也请先避一下！"

李弈张口想分辩，冯太后轻轻抚摩了一下他按剑的手："没有关系，你在后面监视就可以了。要是有甚事，我以咳嗽为号。好了，你就放心吧。"李弈只好沉着脸避到后面。

拓跋丕、冯熙和源贺拜见了冯太后。冯太后请他们坐下，秦阿女和刘阿素进了浆酪，全都退了出去，和张祐等人守在外面。

冯太后站了起来，面色严峻，目光沉郁，她扫了大家一眼，直截了当地说："今天请大家来，有要事与卿等商量。各位都是魏国老臣，对朝廷无比忠诚，现在朝廷面临危险，我要请诸位爱卿出手襄助，如果谁觉得为难，现在即请退出，我绝不追究！"

拓跋丕霍地站了起来，高举拳头朗朗地说："太后说的是甚话？我拓跋丕是魏国宗室、皇亲国戚，国家朝廷有难，我不出手谁出手？太后自管放心，老臣誓死追随太后！"

源贺也立即站立起来，像拓跋丕一样，高举拳头朗朗宣誓："源贺是魏国老臣，名字是太武皇帝赏赐，性命自然属于魏国和朝廷！源贺发誓，誓死跟随太后，誓死保卫国家朝廷安危！"

冯熙也要发誓，冯太后急忙走了过来，轻轻按扶他们坐下："快别发甚誓言了，誓言是最靠不住的。我正是相信你们的忠心，才秘密召见你们。东阳公的忠诚，陇西公对先皇帝的扶助，我都是没齿不忘的！不过，事情重大，我不得不把丑话说在前。既然这样，我就明人不说暗话，用不着客套了。是这样的，丞相乙浑和他的儿子乙肆虎正在西苑结集军队，虽然动向不明，但是，既然背着我和皇帝偷偷调集军队，一定有不可告人的野心和阴谋！请你们过来，就是想与你们商量如何对付！你们看，我们该怎么办才好？"

拓跋丕又霍地站立起来，挥舞着拳头："我早就看出这家伙不是个好东西！他一步登天，自从做了丞相，就开始控制朝廷，吆喝朝臣王公，连各位王爷他都敢于吆三喝六！免了我的内行长，任命他的儿子做内行长，这企图控制内朝的野心暴露无遗！幸亏太后英明，没有让他立刻就职，否则，里外呼应，这就更危险了！"

源贺不断点头："太后确实英明，没有让我去陇西赴任，要不，他的阴谋就更容易得逞了！"

昌黎王冯熙有些诧异。他去定州上任，元旦前才回平城过年，对朝廷内的变化还不大清楚，他不知道，妹妹为什么突然改变了对乙浑的看法，也不大清楚乙浑到底如何弄权，惹起这么多愤怒。他只是转动着眼睛，看着冯太后，犹豫地说："既然还不清楚他的动向，我们是不是要先等等看？"

冯太后一挥手："不行！我们绝不能等着他先动手！我们一定要赶在他的前头先下手！先下手为强！你们看，我们该怎么办？"

东阳公拓跋丕突然想考验一下冯太后的应变能力，他故意皱着眉头，装作苦思冥想的样子，挠着头皮："这还真不好办！太后你说呢？"

源贺心里有了主意，正要说话，拓跋丕悄悄拉了他的袍子一下，朝他眨了眨眼。

冯太后捕捉到拓跋丕对源贺使的眼色，一丝不快涌上心头：干甚？想对我要点小心眼啊？想看看我的本事不成？不过，转念一想，她就乐了：这些大男人啊，跟孩子一样，总想在年轻漂亮的女人面前显示他们的本事！她摇头微笑了。

冯熙奇怪地问："太后，你笑什么啊？你想出办法了？"

冯太后终于抑制不住自己，咯咯地笑了起来，她笑着说："我笑东阳公耍小聪明，想考验考验我哩。"

拓跋丕一时涨红了脸，着急地分辩着："太后，你别误会，臣不是那意思，臣只是一时还没有想出办法而已。"

冯太后亲昵地拍了拍他的肩头："别着急，东阳公，我不过跟你开个玩笑而已。东阳公一定想出了高招，我们听听东阳公的意见。"

拓跋丕不得不佩服冯太后的聪明睿智，不敢再跟太后耍小心眼，他压低声音说："我看要这样做……"源贺和冯熙频频点头。

冯太后一拍手："好，就这么对付乙肆虎！不过，我还要补充一点。昌黎王要连夜返回定州，立刻发定州兵进驻崞山，以防乙浑狗急跳墙发晋阳兵，也防他们父子率领军队逃跑过横山。我们一定要部署得万无一失。至于乙浑那里，我准备这么做……"冯太后又压低声音说了几句。

拓跋丕、源贺和冯熙都拍手叫好起来。拓跋丕只劲点头，心里真是佩服得五体投地：这太后，厉害！真厉害！

粉碎乙浑不费吹灰之力　安定大局只需弹指之间

乙浑带着随从，正要上马到西苑去与乙肆虎会合，一个来人挡住他的去路："丞相，请留步！太后有请！"

乙浑一看，是冯太后宫里的大内监张祐。

乙浑笑着："请公公回复太后，我现在有急事，需要马上去办理，等我回来以后立刻赶去拜见太后。"

张祐笑着，拦住马头："丞相还是立刻就去的好，是关于你的女儿乙夫人病情的！太后找到你的女儿乙夫人了，不过，她已经气息奄奄，丞相再不去，恐怕就再也见不上了！"

乙浑大吃一惊：女儿还活着啊？难道没有被太后谋害？是自己胡乱猜疑，还是太后在耍弄阴谋？

乙浑狐疑地看了看张祐。张祐一脸诚实的样子，委屈地噘起嘴："要是丞相不想见女儿就算了，我这就去回复太后，她正眼巴巴地等你去探望你女儿呢。太后以为你想你的女儿，奴家当时就说她是乱操心、瞎操心！"张祐嘀嘀咕咕，嘟嘟囔囔，转身离去。

乙浑大喊："公公等等我！我跟你一起去！"

张祐站住，眉开眼笑地看着乙浑，等他赶上前来："这还差不多，像个当阿爷的，懂得关心女儿。"

乙浑和张祐一起走进安乐宫大院。乙浑有些不大放心,他一边走一边东张西望,一边问:"我女儿在哪里?"

张祐满脸都是笑:"丞相不要急,不要急,马上就见到了。就在那里!"张祐指着东庑说。

安乐宫里很平静,一个小内监在扫院子,一个宫女在浇花,几个内监来往端送东西。乙浑放心了,跟随着张祐进入东庑房间。

张祐推开墙壁前一个活动屏风,露出一个小门,打开小门,说:"丞相,请进去吧,太后和你女儿都在里面等着见你!"

乙浑突然心惶惶起来,他想转身跑开,可是,另外两个内监已经堵在身后,用力把他推了进去。

密室里黑洞洞的,乙浑什么也看不见,张祐拉着他走到里面。里面点燃着油灯和蜡烛,闪烁明灭,照亮着房间。

"太后在上,还不跪下?"张祐在乙浑后面吆喝,用力踢着他的膝盖。

乙浑膝盖一软,跪了下去。

冯太后走了过来,默然冷笑着:"太原王,你不是在到处寻找你的女儿吗?今天请你来,就是让你们父女相见,叙叙思念之情的。带过来!"冯太后的语气猛然凛冽起来,透着寒气和杀气。

两个内监推着一个蓬头垢面的女子走了过来,这女子呆痴痴的,目光木然,呆呆地看着乙浑。

果然是他日思夜想的女儿乙梅叶!乙浑扑了上去,紧紧抓住乙梅叶的双手,摇晃着,喊着:"梅叶!梅叶!"

乙梅叶还是呆呆地看着乙浑,目光直直的,似乎谁也不认识。

"梅叶,我是你阿爷啊!你说话啊!"乙浑拍着乙梅叶的双颊,大声呼喊着。看着女儿木然一无表情,乙浑扭过头,冲向冯太后:"你咋把她弄成这样了?你说啊!"

张祐急忙挡住乙浑,厉声喊着:"你想干甚?!"说着抽出一把宝剑,挡在乙浑面前。乙浑瞪着眼睛,脸上的疙瘩都凸了出来,他咆哮着:"冯燕,你把我女儿咋整的?你对她干了啥事,把她整成这样?"

冯太后冷笑着:"我没有咋整她,是她下毒来害我。我不过以其人之道还治其人之身罢了!我的太医给她喝了点哑药。"

乙浑指点着冯太后："冯燕啊冯燕，你可真歹毒！她可是你干娘的外甥女，你们还是姐妹呢！你怎么能下这毒手！"

冯太后从鼻子里"哼"了一声："要不是看在我干娘常太后的份上，我还能让她活到现在？还能让你们父女相见？我感谢常太后的恩情，自然会厚待常家，但是我绝不允许你们父子、父女谋反！来人！把这谋反的逆贼拿下！"

密室外一声地崩山摇般的响应，宿卫将军李弈带着羽林军冲了进来，把乙浑严实地捆绑起来。

"立即去请皇帝来！"冯太后命令林金闾。

乙肆虎站在西苑行宫前，焦急地张望着来路，西苑的路上，几匹急急行驶的坐骑正朝行宫走来。阿爷来了，乙肆虎高兴地想，他正焦急地等待他阿爷乙浑前来，商量具体起事的时间和细节。

乙肆虎等待着。

几匹骏马行驶到行宫前的下马碑下，来人下了马，把马拴在马桩上，朝乙肆虎走来。不是乙浑，乙肆虎仔细地辨认着，走路姿势全都不是乙浑的模样。谁来这里？谁知道他在这个地方？乙肆虎疑惑地看着来人。

"内行长！内行长！"来人远远挥手招呼。

乙肆虎心中高兴，虽然被阿爷任命了个内行长，可是还没有来得及上任，自然还没有人这么称呼他。谁这么称呼他呢？他欣喜地快步迎了上去。

"原来是王公公王常侍啊！"乙肆虎满面笑容地迎接着皇帝的中常侍王遇和内监侍郎抱嶷。

"皇帝陛下和丞相叫我们来这里迎接内行长乙大人回皇宫去，皇帝和丞相准备让你立刻接替拓跋丕。皇帝陛下专程让我们二人来迎接大人！"王遇和抱嶷上前行礼。

乙肆虎兴高采烈，随口问了一句："我阿爷也在皇帝陛下那里？"

王遇笑嘻嘻地说："当然了，不是丞相指点，我们怎么知道乙大人躲在西苑里享福呢？快走吧，皇帝陛下和丞相正等着呢。"

"两位公公稍等片刻，容我回去说一声。"乙肆虎说着回身。王遇和抱嶷急忙拉住乙肆虎的皮袍："算了吧，乙大人，不要耽误时间了。等一会儿白楼大鼓一响,我们恐怕就进不了城了,还是快走吧。"

乙肆虎想了想:"也好,让侍卫回去说一声算了。备马,我们走吧。"

乙肆虎和王遇、抱嶷上马,一起向平城皇宫奔去。刚出西苑大门,迎面来了一支军队。乙肆虎狐疑地看着骑马的将军,那不是源贺和拓跋丕吗?源贺不是已经被阿爷调任到陇西去上任了吗?他怎么又回来了呢?

拓跋丕在马上向乙肆虎喊:"乙大人,我和源贺将军去上任了,你多保重啊!"

乙肆虎放心了,他开心地大笑着应答:"东阳公请多保重!皇帝陛下请我去上任内行长,接替你的职务了!"

源贺也大笑着在马上抱拳作揖:"祝贺乙大人高升!"

王遇和抱嶷只是催促着:"乙大人还是快马加鞭吧!"

乙肆虎双腿夹了一下马肚,坐骑跑了起来。王遇和抱嶷在后面也抖了抖马缰,三匹高头大宛马向平城方向急驶而去。

二月,皇太后和皇帝在太华殿召集宗室王公以及群臣,向大家宣布了乙浑和乙肆虎谋反的事情。乙浑和乙肆虎父子伏诛。

在拓跋丕的提议下,冯太后决定临朝称制。接着,便是历来皇帝惯用的方法,论功行赏,班赐封赏。冯太后任命陇西王源贺为太尉,封东阳公拓跋丕为假东阳王,王遇、抱嶷、张祐等人都官升一级。冯太后念及常太后的恩德,没有连累常玉芝以及其他常家人,让常玉芝带着痴呆的乙梅叶到城外坞壁居住。冯太后也没有深究那些依附乙浑的人,她理解那些依附者,谁不想巴结炙手可热的权贵,以便从他嘴里掏点唾液余食呢?势利乃人之本性,特别是这些官吏,个个如狗,她不能苛责他们,她不能牵涉太多的人。

叫冯太后感到为难的只有林金闾。乙浑在被擒之后,像疯狗一样咬了几个人,其中就牵连到她的中常侍林金闾。乙浑说林金闾参与了他的谋逆活动。不可能的,听到这个消息,冯太后就直摇头。林金闾哭倒在她的面前,她亲自安慰林金闾:"林常侍,你不要害怕,我相信你的忠诚,这不过是乙浑的报复而已。"

该怎么处理林金闾呢?如果不做一点姿态象征性地处理一下林金闾,朝臣会不会说自己处事不公?她最讨厌的就是假公济私、任用私人、处事不公啊！她需要树立自己处事公道的好形象。

看来是得处理处理林金闾。冯太后拍拍自己的脑门，思索了一会儿。有了！外放林金闾，把他先调出皇宫到州里去当个刺史，以后再调回来！对，就这么办。调林金闾到定州去接替哥哥冯熙的定州刺史职位，同时调冯熙入朝，这不是个一举几得的好办法吗？既没有削弱心腹势力，也堵了朝臣的口。

冯太后立即下诏，调林金闾到定州任刺史，调冯熙回平城，重新安排工作。

大局安定下来，辛亥，皇帝幸道坛，亲受符箓。

第四章　临朝称制

偷龙转凤冯太后定计　陈仓暗度小皇帝大婚

冯太后领着皇帝去看望养在宫里的几个女娃,她们是被征来做皇帝拓跋弘的妃子的。四五个女娃都眉清目秀,各是各的模样,不过,女娃显然都还小,没有发育起来,胸脯平平的,年岁与拓跋弘差不多。

"你们姓甚?"冯太后看着眼前这一排六个女娃娃。

小女娃们低头小声回答着:"姓封,姓韩,姓孟,姓高,姓潘。"有汉女,也有鲜卑女子,还有高丽女娃。

冯太后摇头:太小了,就算给拓跋弘送进宫里,也难得有什么作为。为皇帝选妃,不过是要为皇帝选一个能够生育的女人,让皇帝很快有太子。可是,这些不行,她们太小。

一个高个子姑娘进来,这是一个发育很好的姑娘,胸脯高挺,饱满丰硕,一看就知道女娃已经发育成大姑娘了。

这个还行,皇太后满意地想。

"那女娃,过来!"皇太后向她招手。

姑娘急忙走了过来,给皇太后行礼。

"你几岁了?"冯太后拉着她的手,问。

"十八了。"女娃扑闪着一双水汪汪、毛茸茸的大眼睛,用明澈的目光勇敢地看着冯太后,清脆响亮地说。

冯太后心中一动，这毛茸茸的眼睛叫她想起一个她不喜欢的人：拓跋濬的元皇后李夫人，那个长着又黑又密又长又弯的眼睫毛的毛眼眼李夫人，被常太后处死的拓跋弘的生身母亲。

"你叫甚名字？"

"李佩珠。"

"你是谁家女儿？"冯太后继续问。这些女娃都来自平城王公大臣家庭，她们的父母都想让自己的女儿进宫做皇帝的妃子，争着寻找内官门路，把女儿送进皇宫，等待皇太后和皇帝选妃。

"中山王李惠的女儿。"

冯太后吃惊地"哦"了一声。她知道这中山王李惠，他是李盖的长子，李盖是世祖太武皇帝妹妹武威长公主的第二任丈夫，武威长公主的第一任丈夫就是凉州的沮渠牧健。沮渠牧健被太武帝赐死以后，太武帝下诏让李盖尚武威长公主，当时李盖已经有正妻与氏，李盖为了娶公主只好出正妻与氏。是后，李盖官运亨通，加侍中、驸马都尉、殿中、尚书等。卒官以后，赠征南大将军、中山王，谥曰庄。李惠是李盖原配与氏的儿子，弱冠袭父爵，现在位居散骑常侍、侍中。

"你阿娘是谁家女儿？"冯太后坐到榻上，仔细盘问起来。

"我娘是襄城公韩颓的女儿，我娘生了我们姐妹二人，我是大姐。"李佩珠清清朗朗地说着家事。

冯太后点头：这女子不错，出身名门，说话清楚明白，看来头脑清楚，是个聪慧的女娃。冯太后讨厌那些蠢笨糊涂的女子。

"弘儿，你看这李佩珠，漂亮吗？"皇太后笑眯眯地问皇帝。

小皇帝用傲慢的眼光上下打量着李佩珠，把个李佩珠看得满脸通红，羞答答低下头，双手绞弄着衣角，不敢看皇帝拓跋弘。

拓跋弘心里美滋滋地盯住李佩珠丰满的胸脯，心里揣摩着、想象着它们的模样。比他大几岁的万安国已经与他的姐姐长公主成婚，还娶了几个姜，躺在炕上的时候，万安国经常给他讲女人的事，叫他对女人极为向往。

冯太后看了看拓跋弘，轻轻摇头。拓跋弘还是一个小孩子，他能御女吗？不行，怕是不行的，他还不到十三岁，毕竟还是小孩子。怎样才能让拓跋弘立刻有太子呢？

一道亮光突然闪过冯太后的心头。来个偷龙转凤如何？

皇太后突然生出一个十分恶毒的计划，她要利用这宝贵的机会，让拓跋氏的血统彻底改变。她应该让汉人血统的孩子当太子，然后她来抚养这太子，将来让他继承拓跋氏的皇帝位，这不就实现了当年她在姑母左昭仪面前发的誓言了吗？对，她一定要给自己的家族报仇，要彻底改变拓跋氏皇族的血统，让他们的鲜卑血统融进汉族血液，甚至完全变成汉族血统。

让哥哥冯熙和这女子睡一觉？冯太后想。将来她要好好培养、养育这有冯家血脉的孩子。将来让他做皇帝如何？

冯太后被自己突然涌现出的想法激动得不能自已，她站了起来，走来走去思考着。现在，这事情完全主宰在她的手里，只要她下决心这么做，就一定能够实现这偷龙转凤的计划！

多好的计划啊，天衣无缝的计划！冯太后想。要是自己能够怀孕生子，生了以后找皇帝的一个妃嫔，说是她生的，然后立为太子，这种偷龙转凤也不错。但是她不会生育，何况她也不想受生孩子那种苦、那种罪。

冯太后看了看拓跋弘。拓跋弘的眼光依然直直地定在李佩珠的身上，他显然很喜欢这李佩珠。看到太后在注视他，他立刻把目光转向其他女娃，嘻嘻哈哈地跟她们说笑打闹。

真是个孩子！冯太后微微冷笑着想，趁他年纪还小，对自己还没产生戒备心之前动手，是最好的时机。等他长大，有了头脑和自己的主意，再想控制他恐怕就难得多！

对，就这么办！冯太后决定。

昌黎王、驸马都尉冯熙来见妹妹冯太后。冯太后张嘴想把自己的计划说给兄长听，可是，话到嘴边，她却犹豫了。这事情说出来，实在难听，万一哥哥冯熙不愿意，那如何是好？罢了，还是把这事藏在自己肚子里，只有自己知道的好。

冯太后安排酒宴和兄长对饮，李弈陪酒。冯太后只是劝酒，也不说什么。冯熙知道妹妹近来和李弈关系非同一般，以为这酒宴是冯太后向他暗示二人的关系，也就故意装作糊涂，只是嘻嘻哈哈饮酒说闲话，什么也不问。

看冯熙已经有了几分酒意，天也已经小半夜，冯太后推托不胜酒力，起身回寝宫。李弈也急忙告辞。

刘阿素引领着冯熙来到安乐宫东庑的一个宫室里,里面灯光闪烁,照亮着低垂的黄色帷幕,熏香香气飘荡在宫室里,熏得人十分舒服困倦。刘阿素让小内监伺候冯熙净面净脚,服侍冯熙上炕睡觉。

冯熙在荡漾着特殊香气的宫室里一会儿就香甜地入睡了。睡梦中,他感觉到自己血液奔涌,仿佛特别激荡,腿间慢慢膨胀着,叫他十分舒服又十分激动。冯熙在春情荡漾中渴望着一件事,渴望着醋畅淋漓地宣泄一番。他在炕上摸索着,寻找着公主滑爽、细腻、温润的胴体,新婚宴尔的他们,经常是在半醒半睡的迷梦中,互相寻找着,互相拥抱到一起。

冯熙摸到了公主,她是那么温润,那么爽滑,那么细腻,那么柔软。冯熙把公主紧紧拥抱进自己的怀抱。冯熙迫不及待地寻找着出路。

冯熙如火山喷发,势不可当。不过,他有些奇怪,为什么公主今晚不像过去那样逢迎他,不像过去那样火热,只是静静地一动不动地躺着,任他折腾。冯熙感觉到今晚分外痛快,公主像吸盘一样紧紧吸住他,吸得那样紧,那样用力,又一次让他感到新婚第一夜的快活。

昌黎王冯熙太痛快了,以致过于疲累,完事之后他重新呼呼入睡,睡得从没有那么香甜。

冯太后站在东庑廊下,看着刘阿素和张祐把裹在黄缎子里的李佩珠抬出冯熙的寝处,抬进自己的寝宫。

“快给她穿好衣服,偷偷送回去,不要让任何人知道。”

皇太后小声说。她看了看还在昏睡的李佩珠红润的脸,翻看了一下她的眼皮:“她还没有醒,动作快点。”

刘阿素动作麻利地给李佩珠穿好衣服,让张祐把她抱上羊车,然后由张祐亲自赶着送她回自己的住处。明天她们就作为妃子被送到几个宫里,安排皇帝去临幸。

冯太后看着出去的羊车,小声对刘阿素说:“能净沙门这药,还真管用。”

刘阿素点头,小声对冯太后说:“太后,安寝吧,你已经折腾了大半夜,这天也快亮了,你听,宫里金柝已经敲第五遍了。”

远处,传出几声响亮的公鸡报晓的啼鸣。冯太后打了个哈欠,说:“可不是,五更了,我也该睡一大觉了。明天,就把这几个女娃娃送进皇帝的太华殿,李佩珠封夫人,其他为妃子!”冯太后发布诏令。

首位称制:文明冯太后

临朝称制冯太后掌权　　国泰民安小皇帝生子

七月，平城骄阳似火。平城皇宫里很平静。冯太后坐在安乐宫正殿的卧榻上，微笑着听太尉源贺的禀报，门口站着英俊的威风凛凛的宿卫将军李弈。冯太后请源贺坐在下面向她禀报。源贺刚刚得到南边的报告，说徐州刺史薛安都在彭城宣布归附魏国以后，受到不久前杀侄子刘子业僭立的齐国皇帝刘彧派遣的大将张永与沈攸之的袭击，薛安都告急，请求朝廷支援。

冯太后轻轻皱起眉头。平了乙浑之乱以后，她临朝称制，干了这样几件大事：率领着朝臣安放高宗文成皇帝神主祔于太庙；带领着皇帝幸道坛，亲受符箓；首次开办乡学，郡里置博士二人，助教二人，学生六十人。她对办学是很支持的，老臣高允上疏向她提出这个建议，她立刻采纳，让高允亲自去办理。高允很快就草拟出办学方案，她马上发诏，这乡学立刻就开办起来。只有多办学，才能培养出儒学熏陶的有礼仪有见识的人才，她懂得这厉害。

冯太后临朝称制不到半年时间里，她还干了一件大事，就是着手整治了诈取爵位者。从开国以来，朝内外都有奸诈之徒，欺上瞒下，虚报战绩、功绩、政绩，蒙骗州郡，骗取荣誉，获得朝廷的赏封，得到各种爵位。冯太后最恨欺骗和贿赂，凡是弄虚作假骗取和货赇荣誉爵位者，被她察觉，一定严惩不贷。不过，初次整顿，她不想给王公大臣留下严峻的名声，她的诏令只是"罪特原之，削其爵职""其祖、父假爵号货赇以正名者，不听继袭""诸非劳进超迁者，亦各还初""不以实闻者，以大不敬论"。

再一件大事就是给皇帝拓跋弘选配了几个夫人、妃子。

冯太后对自己这半年来临朝称制的情况还是满意的。朝政大事还算平静，分封了王侯，任命了各级官吏，这国家机器就自行运转起来，周边的高丽、于阗、普岚、吐谷浑、曹利、波斯等国纷纷遣使朝贡，与南边刘齐朝廷隔江而治，也相安无事。虽然她一直关注着刘齐朝廷内的皇位斗争，她知道刘齐的皇帝刘子业被其叔父刘彧杀掉，知道刘彧的僭立。凡是出现僭立的朝廷，一定不能持久，她了解汉人政权的特点，这刘齐朝廷一定安稳不了。但是，她也没有野心去攻打它，她只想让拓跋氏魏国安定平静，让她能够安稳地临朝称制几年，她想治理这魏国，让拓跋氏的魏国慢慢地变成她的魏国。

首位称制：文明冯太后

可是，南边这动乱，就像当头棒喝，警告她治理国家不会像她想的那样容易。

"太后，要不要去支援薛安都呢？"源贺轻轻发问，打断了冯太后的沉思。

冯太后警醒过来。她抹了抹额头，微微一笑，为自己刚才的走神表示出歉意。"哦？甚？太尉说个甚？要不要支援？"

源贺点头。

"要是不管他，太尉估计会出现甚结果？"冯太后微笑着看着源贺，目光泻出真诚的征询。

源贺看出太后是真心在征求他的看法，就很爽快地说："老臣估计薛安都顶不住两员大将的进攻，朝廷不去援助他，彭城就会丢失，这样不利于南朝将士的归附。要是我们去援助薛安都，可能会让南边临江一带的州郡将领更多归附我们。"

冯太后连连点头："说的是，说的是。我们不去支援薛安都，就会让那些正在犹豫的南朝将士寒心，认为我们魏国不够意思，不讲义气，不重视归附将领的安危！这么看来，这薛安都我们是一定要援助的，而且非要帮助他打垮张永与沈攸之不可！"

源贺心里暗暗吃惊：太后真是聪明绝顶，这张永与沈攸之的名字，我只提到过一次，她这么快就记住了！这么聪明能干的太后，能够把魏国治理好！

"太后以为派谁出南路援助薛安都好？"源贺小心地问，其实他心中已经有了人选，但是他不敢擅自提出。

冯太后想着，这半年来她对内秘书省交来的各级官吏名册，已经研习得很熟透，对朝廷内外大臣有了全面深入的了解，上百个王公、尚书、将军、刺史的名字和人她都已经烂熟于心。

"北部尚书尉元如何？"冯太后征询地扬起眉毛，看着源贺："他曾经当过南部尚书，对南边地形情况熟悉。"

源贺又是大吃一惊：这太后真是精明过人。他自己选择的也是尉元，理由同太后一样。源贺的脸上情不自禁地展开笑容，不知道是因为自己与太后想法一样而高兴呢，还是因为太后与自己的想法一致而自豪。

"太尉，为甚发笑？"冯太后也微笑起来。

源贺急忙站立起来，躬身回答："太后明鉴，老臣与太后不谋而合！"

"说的甚？我们俩想法不谋而合？那我们是英雄所见略同了哇！"冯太后兴高采烈地"咯咯"笑了起来，满脸是青春的得意与骄傲。

听到太后开心快乐、发自内心喜悦的笑声，门口站立的李弈不由地满脸灿烂阳光。

源贺几乎有些发呆。这么年轻、这么漂亮的一个太后，又这么聪慧机智，这是怎样一个尤物啊？

"好，既然我们所见略同，那就决定下来，任命北部尚书尉元为镇南大将军、都督诸军事。太尉，你提副将人选吧，我不想费心力了。"冯太后玩笑般对源贺说。

"老臣以为镇东将军、城阳公孔伯恭为副比较合适，他与尉元关系较好，可以很好配合。"

"好，就这么决定了！中常侍，马上传中书省秘书侍郎草拟诏书！诏令尉元明天出发！"冯太后断然决定。

秘书侍郎高闾听见里面太后传唤，急忙进来见太后。高闾很年轻，一直跟着高允，作高允的助手，现在高允推荐他做了秘书侍郎，为皇帝和太后起草诏告令。

源贺把刚才太后的意思说了一遍，让他起草诏告。

高闾想了想，说："微臣有些想法，不知太后可否允许微臣陈述？"

冯太后微笑着："有话请讲。"

高闾说："刚才听说太后欲出兵淮南，臣以为此事犹可商量。臣以愚劣，本非武用，至于军旅，尤所不学。只因国朝无讳，太后不嫌，敢肆狂言，区区短见，窃有所疑。"

冯太后微笑着颔首，催促道："卿请直言，不要拐弯抹角地啰唆了。"

高闾脸红了一下，立刻转入正题："臣以为，兵者凶器，不得已而用之。今天下开泰，四方无虞，岂宜盛世，妄动干戈。疑一也。淮北之兵城，凡有五处，难易相兼，皆须攻击，然攻守难图，力悬百倍，反复思量，未见其利。此疑二。纵使如心，于国无用，发兵远人，费损转多。若不置城，是谓空争。疑三也。脱不如意，当延日月，屯众聚费，于何不有。疑四也。伏愿太后思此四疑,再做定夺。"说完以后,高闾惴惴不安地看着冯太后,第一次亲自向冯太后陈述自己的不同意见,不知道会不会惹怒她? 不知道她能不能听自己一个小小秘书侍郎的不同意见?

冯太后莞尔一笑:"秘书侍郎敢于直言,我很喜欢。从今以后,卿为中书令,加给事中,参与机密!"

高闾"扑通"一声扑倒在地,连连磕头感谢冯太后的任命。他没有想到,自己这番言论不仅没有招来冯太后的不悦,反而得到她这么重的奖赏! 这太后,真的不同寻常!

"起来吧。"冯太后笑着说,"以后参与机密,希望你一如既往,畅所欲言,敢于直言。朝中有卿等敢于直言陈述的大臣,决策才不至于失误! 望卿努力!"

高闾站了起来,小心地问:"太后接纳微臣意见了?"

冯太后笑着摇头:"我还没有这样说! 六军电发,有若摧朽,何虑四难也! 中书令,立即拟写诏令! 不得有误!"

源贺望着高闾一个劲儿地笑。高闾尴尬地摇头,急忙按照太后的意思去拟写发兵诏令,不敢再坚持自己的四疑。

昌黎王冯熙应冯太后召见,进皇宫去。昌黎王从定州任上回到平城,还一直赋闲在家。他也乐得清闲一阵,与公主和常氏好好温存,抱抱他的儿子、女儿,与他们一起嬉戏玩耍,或者陪乳母姚氏坐着说说话,聊聊天,过几天神仙日子。所以,他也不主动去朝廷里走动,每日在府邸里与妻妾、儿女玩耍。他喜欢在后院里骑马,与妻妾玩马球,在厅堂上听乐师演唱奏乐,召歌女、乐师演唱平城一带的小曲和秦地的高腔。不过,他也知道,妹妹冯太后不会让他消停太久,妹妹刚刚临朝称制,正是初创阶段,能不能弹压住鲜卑拓跋氏,还是一个未知数,她需要自己鼎力相助。这不,冯太后派中常侍张祐前来传请了。

昌黎王随张祐进了安乐宫,冯太后正在等待着他。冯太后笑吟吟地问:"兄台这些日子可歇息好了?"

冯熙笑道:"感谢太后给了我这么个歇息的好机会,歇息好了。不知最近南边战事进展如何?"

冯太后说："太尉源贺禀报，说南边战事还算顺利，尉元率领的军队已经在正月里大破刘齐军队，斩首数万级，冻死许多，已经把他们消灭了。"

冯熙哈哈笑着："妹子很具有军事才能呢。任用尉元，真是得力啊。哎，妹子叫为兄来，还有什么事情吩咐？"

冯太后让秦阿女给冯熙看座，自己在殿里走来走去，不肯落座。冯熙追随着冯太后，把头摆来摆去。

冯太后终于开口："大哥，我想派你回趟长安。"

"回长安干什么？"冯熙不解地问。

"我现在想要封赏父亲，给父亲立祠堂。他老人家蒙受不白之冤已经这么多年，我们这做儿女的竟一点也不能给他申冤昭雪。现在，我有这个能力了，我要让他老人家在九泉之下开颜。"冯太后眼睛红了起来。

冯熙点头："阿爷一定感谢妹子的一片孝心！我也有这想法，可是还拿不准现在是不是合适。妹子这么做，会不会触怒皇帝和拓跋宗室啊？"冯熙小心地提醒着冯太后："你知道，阿爷可是被太武皇帝处理的，给他平反，就是否定太武皇帝啊。"

冯太后坐到主位上，端起浆酪，慢慢地啜饮着，这甜酸的浆酪是她极喜欢饮的。冯太后放下波斯朝贡来的透明的琉璃夜光碗，抬头看着冯熙："大哥提醒得极是，这问题我也曾翻来覆去地考虑多次。我知道这样做的风险，不过，我决心已下，我是非做不行！我不能让阿爷继续蒙受这不白之冤，我现在有这个权力，我就一定要给阿爷立祠堂，让我们阿爷堂堂正正地享受几天殊荣，让我们冯家光宗耀祖、显赫一时！要不，我这临朝称制有甚意思，还不如回后宫去抚养皇孙呢。"

冯熙无话，只是点头。

冯太后接着说："我这里已经把诏令准备好了，封阿爷太宰、燕宣王，追赠假黄钺，立庙长安。派你回长安去，就是让你去主持追赠仪式，主持家庙祠堂的奠基和修造。你看行不行啊？"

冯熙高兴地说："那有什么不行的，这是我们冯家的光荣，我不日动身。"

冯太后擦了擦眼睛，长长地舒了口气："我总算完成了十几年来的心愿，给阿爷和我们冯家出了口气！也算对得起阿爷、阿娘了！"

首位称制：文明冯太后

八月，平城皇宫里充满喜气，文武大臣和冯太后、皇帝一样，都在盼望着一个新生命的诞生。

冯太后来到紫宫，小皇帝拓跋弘与中庶子万安国、陆定国在大殿里嘻嘻哈哈与几个妃子说笑，里面寝宫里却不时传出一声一声痛苦的喊叫。

冯太后不由皱起眉头。她一看见万安国就来气，虽然她已经做主把拓跋弘的一个姐姐许配给他，他现在是驸马都尉，但是，她还是不喜欢他。

拓跋弘看见皇太后驾到，急忙站立起来向太后问安行礼。冯太后皱着眉头责备道："没听到里面喊叫，你们还在这里嘻嘻哈哈，像个甚？真不懂事！看着你就要做阿爷了，还这么不懂事！"

冯太后说着，径直走进寝宫。寝宫里，李夫人李佩珠躺在炕上正疼痛地乱喊乱叫，几个产婆和太医都在忙活着，有的诊脉，有的洗手，有的在安慰着李夫人李佩珠。

"太后到！"侍卫通报。

满屋子里的人都急忙跪到地上迎接冯太后。冯太后笑脸盈盈，让大家起来。李佩珠在炕上挣扎，也准备起身，冯太后疾步走到炕前，按着她的胳膊："躺着，别乱动，小心弄伤胎儿！"

冯太后询问太医，太医禀报说一切正常，马上就要生了。冯太后轻轻拍了拍李夫人的手："别怕，女人都会过这一关的！"

说到这里，冯太后突然有些伤感，声音有些发颤。自己也是女人，自己能够有这一天吗？能过这一关吗？听姑母说，自己已经丧失了生育能力，因为姑母左昭仪不准许自己为拓跋氏生子，她已经用药破坏了自己的生育能力。想到这里，她一时伤感起来，不知道是该恨姑母还是该感谢姑母。要是姑母不破坏自己的生育能力，自己也许已经怀上了李弈的孩子。她和李弈度过那么多快活的夜晚，应该早就怀上孩子了。可是，要是自己怀着李弈的孩子，这拓跋氏宗室的王爷们，还允许自己作为皇太后来临朝称制吗？也许这时，她已经被拓跋氏宗室的王爷们赶出皇宫，甚至连小命都不复存在，还敢奢望生孩子？要永远把女人生孩子的欲望彻底扼杀，绝不允许它偷偷冒出来！

"我出去等着！"看到李夫人又扯着嗓子拼命喊叫，额头上冒出豆大的汗珠，冯太后有些悚然，急忙避了出去。

紫宫内监中常侍苻承祖在外偏殿里招呼着冯太后。冯太后见到苻承祖，总是很高兴，他在左昭仪宫里照顾着她长大，尽管冯燕当了皇后，现在又当了皇太后，她还是忘不了苻承祖对她的关心照顾。现在，她把苻承祖安排在太子紫宫里做了中常侍，既是对他的照顾，也是为自己多安插亲信。

苻承祖让宫女端来刚摘下来的葡萄、沙果，给太后尝鲜。太后摘下一粒大紫葡萄，放进嘴里，笑着说："这高昌、于阗进贡来的葡萄，很甜哩，是紫宫自己种的吗？"

苻承祖笑着："是的，这是紫宫今年刚刚摘的，是头茬呢。"

冯太后品尝着："可不是，与进贡来的味道有些不一样。我宫里那棵葡萄架，按照于阗使者教的方法，也已经种了两年，为甚还不结果？"

苻承祖递给冯太后一颗沙果："太后别着急，于阗人说葡萄压枝三年结果，太后那架葡萄也快了，不是已经满架了吗？太后尝尝这沙果，这也是紫宫后院里的头茬果子哩。"

冯太后笑着："看来你们紫宫人丁兴旺，果丁也兴旺啊！"大家都笑了起来。

正说着，寝宫里面传来一阵一阵可怕的喊叫声，接着，"呜哇——呜哇——"几声清脆的婴儿啼哭声响了起来。

冯太后腾地站了起来，手中的沙果掉到地上，她冲进寝宫，一迭声地问："生了个甚？男娃娃还是女娃娃？"

接生婆和太医都急忙道喜："恭喜太后，贺喜太后，夫人生了个太子！"

"太好了！太好了！"冯太后连声喊着，欣喜已极，"国朝兴盛有保障了，看来这皇运更加兴隆了！要改年，改年！立即下诏改年！"

"太后说改元叫甚好呢？"苻承祖急忙追问。

"就叫皇兴，皇兴！"冯太后说着扑到李夫人的炕前："让我看看！让我看看！让我看看我的小皇孙！"

太医正在包裹一个浑身青紫的婴孩，婴孩正踢腾着小手小脚，向人们宣布他的到来。冯太后小心地抚摩了一下婴孩的小手，婴孩细嫩皮肤上的温热通过她的手指传到她的心坎上，泪水涌了上来，模糊了她的眼睛。

"这就是我的孩子！"冯太后喃喃自语。我要从现在起就抚养他，让他成为听我的话的娃娃！她暗自盘算。

首位称制：文明冯太后

"奶娘请好了吗?"冯太后问太医和李夫人。李夫人苍白的脸上浮着一丝笑意,感激地看着太后:"我没有让他们去找,我娘说孩子要自己喂养,要不将来孩子就不像自己。我娘说吃谁的奶像谁,我怕他将来像奶娘。"

冯太后微笑着点头:"也好,你先自己喂养吧。一定要照顾好李夫人和太子!"冯太后转过头严厉地命令符承祖。"你好好歇息吧。"冯太后又转过身,对李佩珠说:"赶快派人去通知你的娘家,给他们报喜!"

冯太后笑呵呵地抚摩着李夫人的手背,慈祥地说:"你要好好歇息,不要累着了。月子里坐下的病,难得好起来,你可要处处小心点。"

李夫人感激地点着头。

冯太后觉得这么安排似乎还不足以庆贺,她眼睛转了几转,又向符承祖说:"我要建造一所寺院,来庆贺皇孙诞生。你去传令吧。这寺院就叫永宁寺,让佛保佑我大魏和皇孙永远平安、安宁。在寺院里铸造赤金释迦像一座、七级浮屠一座。"

得外孙李惠喜出望外　闯后宫皇帝恨从中来

皇兴元年(467 年)八月的一天,李夫人李佩珠的父亲李惠在秦州刺史衙门里坐堂处理公务,衙门外面,两个人互相扭打着,抢夺着一张羊皮,来到衙门前擂鼓,要求见官。李惠让衙役把他们带进大堂。

两个人站在公堂刺史前,互相指责,互相詈骂,互相撕打,咆哮公堂。

李惠十分恼怒,把惊堂木在面前的高腿桌子上拍得山响:"大胆刁民,一个一个说,再争吵不休,本官将轰你们出去!"

两个告状的草民这才急忙跪到堂前,叩头如捣蒜一般。

李惠狠拍了一下惊堂木,指着右边一个:"说,为甚告状?"

那个中年男子叩头,说:"我和他一起行路,一起在树荫下歇息,他拿了我的一张羊皮。请大老爷做主,要回我的羊皮。"

左边青年男子急忙叩头:"刺史大老爷英明,那羊皮原本是小民的,是他趁小民不注意之时偷了去,望大老爷给小民做主!"

李惠看了看两个男人,指着地上的一张羊皮,问:"可是这张羊皮?"

两个人一起回答:"回大老爷,就是这张羊皮。"

李惠问中年男子："你背的是甚？"

"小民背的柴火。"

"你呢？"李惠又问年轻人。

"小民背的是盐。"

李惠笑道："这就好办了！你们来给我拷问羊皮，让它交代主人！"两个衙役上来，你一下我一下打着羊皮，羊皮毛里的盐粒纷纷飞了出来。

中年男子吓得脸色发白，向李惠叩头告饶。

李惠冷笑着："好一个刁民！偷一张羊皮，还敢耍赖，打他五十大板！赶出公堂！"衙役拖着中年男人到院子里行刑，青年男子千恩万谢，拿着羊皮兴冲冲地走了。

"刺史老爷，朝廷急使到！"门口守卫进来报告。

李惠慌张出座，朝廷急使已经进了公堂。李惠拱手，迎接急使。

急使哈哈笑着："小的给刺史大人贺喜来了！"

"原来是抱嶷常侍！"李惠认出皇帝宫中的大内监，"不知喜从何来啊？"

抱嶷笑着："你的女儿李夫人给皇帝生了个太子！下官奉冯太后之命专程来给刺史老爷报喜！祝贺刺史老爷！"

李惠喜出望外："常侍说甚？！我女儿生太子了？！"他拉着抱嶷哈哈傻笑着："那可太好了，我是太子太傅了！我是太子太傅了！"他欣喜若狂地拉着抱嶷跳着喊着。

抱嶷拉住李惠的手："刺史老爷别自顾自高兴了。下官骑马行了这么远的路，都快累死了，你还不快点带我去歇息歇息！"

李惠搔着头皮，不好意思地笑着："看我，真是高兴得疯了，快跟我到后宅歇息！你们快回去安排！告诉管家，赶快开宴！对，告诉夫人，让夫人安排张灯结彩，燃放爆竹！让全城的人都知道！"李惠手舞足蹈，领着抱嶷到后面的刺史府邸。

李惠准备停当，跟随抱嶷回平城去。冯太后准许他回平城探望女儿，同时准备让其接受赏封。他的女儿给朝廷生了太子，冯太后按照朝廷惯例要赏封他，要给他加爵，虽然他袭了父亲李盖的中山王爵位，可是世袭来的爵位，远不如皇帝赏封的荣耀。李惠现任散骑常侍、侍中、征西大将军、秦州刺史，手中也拥有一支军队。

到了平城皇宫看望了女儿和外孙以后，冯太后和皇帝传诏，正式给李惠晋爵为王，任命为征南大将军，加长安镇大将，转雍州刺史。

李惠想，女儿生了太子，有功于朝廷，应该怂恿皇帝封女儿做皇后才好，皇帝这么小，他一定能听自己的话，趁他心里高兴，要把封皇后的事情向他提出来。

这一天，皇帝拓跋弘在太华殿召见岳丈李惠，万安国和陆定国陪着皇帝。李惠小心翼翼地试探皇帝："陛下，小女已经生了太子，是否可册封皇后？"

中常侍王遇不动声色地为李惠上茶，上果品。

皇帝拓跋弘看了一眼万安国："安国，你说，是不是可以册封？"

万安国回答："册封皇后，是一国之大事。国不可一日无君，宫内也不可以没有皇后。我读过《周礼》，《周礼》规定皇帝必须有皇后。我看，中山王提出的事情可以考虑。"

拓跋弘点头："既然这样，我就禀报太后，不日举行册封皇后大典。"

李惠急忙感谢："感谢皇帝陛下的厚爱，小女有皇帝陛下这句话就放心了。"

万安国小声说："我估计禀报太后以后，这事恐怕办不成。"

"为甚？难道太后不希望册封皇后不成？"拓跋弘不解地看着万安国。万安国已经长成一个精悍的青年，满脸的聪明伶俐，一看就知道是个鬼点子多的精明人。

万安国苦笑着，不敢进一步把话说透，拓跋弘不过十二三岁，还太小，他不可能懂得大人的心思。"我不过猜测罢了，我听说，国朝旧制，封皇后要铸造金人。"他支吾着。

李惠若有所思地点着头："是这么个理，多亏中庶子提醒。要是禀报太后，被太后以铸造金人为理由阻挡，那可有些不好办。"他搔着头皮，苦思了一会儿，看着皇帝，征询着问："皇帝能不能自己做主，先册封，再禀报太后，如何？"

拓跋弘笑着："朕看也没甚，朕是皇帝，册封皇后是朕自己的事情，太后不会干涉的。"拓跋弘大咧咧，满不在乎地说笑。

"陛下，不可乱来，还是先禀报太后的好。"中庶子陆定国劝说着。陆定国也长成一个英武的大孩子了，他和万安国还陪着皇帝，与他一起读书听讲，与他一起处理朝政。

李惠突然激了拓跋弘一句："皇帝陛下是不是很怕太后啊？"

拓跋弘的脸一下子涨红了，他拍案而起："你说的甚话?！我怕她？我怕她个甚？她又不是我的亲生阿娘！我为甚要怕她?！"

李惠心中暗喜，却连声告罪："请皇帝饶恕，老臣说走嘴了。"

万安国饶有兴致地看着李惠的把戏。

陆定国急忙劝说着，安抚着拓跋弘："皇帝陛下，千万不要乱说，太后就是陛下的亲生阿娘，太后为抚养皇帝陛下很是尽心尽力！陛下万不可随意说此话，以免伤了母子之间的和气！"

拓跋弘梗着脖子："你们当朕不知道是咋的？朕的亲生阿娘早就被她给处死了！她算甚朕之亲娘啊？要是朕之亲娘，她早就让朕当皇帝来主持国朝政事了！"

李惠还要火上浇油，他笑着迎合皇帝说："这国朝当然应该是皇帝陛下的！皇帝陛下的祖先打下的天下，当然要由皇帝陛下来坐！哪里能轮上其他人呢，皇帝陛下的宗室肯定不答应！"

拓跋弘腾地一下子站了起来："朕这就去见太后！"

万安国和陆定国刚想阻拦，皇帝拓跋弘已经跑跳着出了宫室，万安国和陆定国只好赶快跟了出去。

安乐宫上空，飘荡着幽雅的琴声。冯太后正在安乐宫外殿里抚琴。她从小跟着姑母左昭仪学习抚琴，琴艺很是不错。姑母还请了西凉乐师教她弹奏西凉的琵琶、胡琴、箜篌，她也都能拨弄出曲调，还堪入耳。可是她自己就是不满意，她觉得自己没有姑母那样精湛的技艺。闲来无事，或者过于烦闷，她就焚起香，让自己静下心来，弹几曲自己喜欢的西凉曲、敦煌曲，或者是《昭君出塞》《汉宫秋月》《高山流水》《凤求凰》一类汉曲。

宫里青烟袅袅，散发出好闻的叫人心旷神怡的香气。冯太后抚琴，美男子李弈站在旁边敲着云板打着节拍伴奏。一曲西凉乐曲小角奏完，远处站着的宫女秦阿女和刘阿素急忙上来伺候，她们端来淡浆酪给太后和李弈饮。

冯太后把银碗递给秦阿女，抬起汪汪的眼睛，看着李弈："我们来弹曹丕的《燕歌行》，我姑姑最喜爱这曲子，我们一边弹一边唱，如何？"

李弈却定定地看着冯太后红扑扑的脸，她虽然没有涂搽胭脂，却如涂脂抹粉一般白的白，红的红，红白分明，叫李弈禁不住又想入非非。

"咳，跟你说话呢，你听见了没有？你想甚呢？"冯太后见李弈不回答，扭头看李弈，发现李弈正目光直勾勾地盯着她的脸看，她的脸不由热了起来，她嗔怪地拍了拍李弈的脸颊："你咋的了？发甚呆？"

李弈就势捉住了冯太后的双手，把她拉到自己的怀抱里："你太美了！"

冯太后半推半就，也抱住了李弈，两人的嘴唇贴到了一起。

秦阿女和刘阿素互相看了一眼，抿嘴一笑，急忙端起托盘，相跟着快步走出外厅，留下他们这一对恋人去亲热。

李弈紧紧拥抱着冯太后，像一对糖胶人一样粘在一起分不开。李弈喘息着抱起冯太后，把她轻轻放到琴床旁边的卧榻上。

冯太后娇喘息息，笑着说："青天白日的，被人撞见多不好！"

李弈一边脱衣，一边喘气说："青天白日才有情调呢，我们还没有青天白日做过呢。"

冯太后羞着李弈的脸："瞧你，心急得像个甚。真是一只馋猫！"

李弈笑着："我就是一只馋猫，谁叫你是一只香鱼呢，穿渊池里的香鱼！"说着，紧紧抱住冯太后。冯太后咯咯艳笑着，与李弈抱到一起。

拓跋弘被李惠一激，连跑带跳，奔向安乐宫去见冯太后。

拓跋弘从小不喜欢冯太后，冯太后做皇后的时候，经常去紫宫教训他，常太后死了以后，她担负起管教太子的职务以后，一到紫宫，就绷着脸，不是责骂他，就是责打万安国。父亲死了以后，本应该他做皇帝的，但是太后临朝称制，自己还得在她的管教下读书，不能坐到皇帝龙床上随意发号施令，大事小事都得禀报请示她。

想起这些拓跋弘就生气，可是他还不敢公开与冯太后分庭抗礼，他年纪太小，没有足够的智慧谋略和胆量对抗冯太后。

"太后！我要见太后！"皇帝拓跋弘一路喊着，一路冲进大殿，进入寝宫外殿。

跟在他后面的张祐一边劝阻一边拉扯着，想阻止皇帝进去。秦阿女和刘阿素急忙堵在门口,大声喊叫着:"皇帝陛下,皇帝陛下来了!"她们想挡住皇帝:"皇帝陛下,太后正在歇息,请陛下稍候片刻,容奴婢进去通报!"

拓跋弘犹豫着正要站住,万安国拉了他一把,小声说:"快进去!"

皇帝拓跋弘抬手拨拉开刘阿素和秦阿女,走进外殿。

"太后!太……"拓跋弘喊了一半,站住脚步不敢向前走去。

卧榻上,半裸的李弈和冯太后还拥抱在一起。

拓跋弘失声大叫:"你们在干甚呢?"这一声喊叫把卧榻上李弈惊得翻身而起。他呆呆地站在拓跋弘面前,浑身簌簌颤抖着,冯太后双手蒙面一动不动。

"不像话!"拓跋弘一跺脚,转身离开安乐宫。

万安国心里暗自乐,冯太后这临朝称制的美梦该到头了,拓跋弘和皇族不会答应她,更不会容忍她!

皇叔暗怀鬼胎　驸马阴谋夺权

皇叔京兆王拓跋子推在自己的府邸喝着闷酒。

拓跋子推是文成皇帝拓跋濬的三弟,景穆皇帝拓跋晃的尉椒房所生,是景穆皇帝拓跋晃十二子中的老三,太安五年(459年)封京兆王,位侍中、征南大将军、长安镇都大将。和平六年(465年)十月,应皇帝和皇太后之诏,与阳平王新成、济阴王小新成、汝饮王天赐、任城王云弟兄几个回京都以后,平了乙浑叛乱,拥戴皇太后临朝称制。

二月,他的同母弟弟济阴王小新成无缘无故薨了,听说是因为他入宫撞见他们的皇嫂皇太后与宿卫李弈在一起亲热,他愤怒斥责了皇太后。不久,就薨于平城的官邸里,听他家里人说是饮了皇帝送来的酒之后就薨了。

拓跋子推一直为弟弟小新成的死闷闷不乐。对弟弟的死,他不敢深究,可是,又不能忘怀,只好经常饮闷酒。

拓跋子推感到自己很委屈,皇太后是他们的皇嫂,所以他们兄弟在朝廷危难的时候,坚定地站在皇帝和她的一边,捍卫了拓跋氏皇朝。这是他们应该做的,因为他们是拓跋宗室,是皇帝的亲叔父,他们应该坚定不移地支持他们的侄子和皇嫂。

可是,结果却换来弟弟的死。皇太后会见他们,信誓旦旦说平息乙浑叛乱,她一定重用他们弟兄几个。"不依靠你们弟兄,让我依靠谁呢?你们是文成皇帝的亲兄弟,是皇帝的亲叔父,你们不支持我们娘俩,还有谁可以支持我们呢?"皇太后大眼睛里泪光点点,让他们弟兄十分心酸,他当时就带领着弟兄们宣誓,愿意以生命捍卫皇帝和皇太后。

可是,皇太后过河就拆桥,首先就惩处了敢于斥责她丑事的小新成。以后,谁知道她还会使出什么毒计。

另外,他对眼下朝廷的一些做法也忧心忡忡。这皇太后似乎在扭转着拓跋皇朝向另一个方向走,她想干什么?

想到这里,拓跋子推烦躁地推开酒杯,起身拿起一杆方头戟,到院子里舞戟。

万安国喜滋滋地来见舅舅,皇叔拓跋子推。

万安国出身高贵,他的父亲安振,封敦煌公、骠骑大将军、仪同三司,母亲是景穆皇帝的高阳长公主。高阳长公主也是尉椒房所生,与拓跋子推、拓跋小新成为一母同胞姐弟。万安国作为国甥,在拓跋弘出生不久以后,就与陆定国一起,被接到东宫做中庶子,陪伴太子生活、读书、玩耍。

一进院门,正看见拓跋子推在前院子里习舞,一杆方头戟舞得叫人眼花缭乱,万安国拍手叫好:"老舅!好身手!"

拓跋子推整理了动作收了戟,哈哈笑着:"安国啊,来看望老舅来了?"

万安国随老舅回到大堂,把礼品放到桌子上,给拓跋子推施礼:"老舅近来身体可好?小甥有些日子没有过来给老舅请安了。"

拓跋子推拉着万安国的手,把他拉进自己的书房:"快来看看我的宝贝。你看看,这是王右军的真迹,刚刚归附的一个南边将领送来的。你看看。"拓跋子推展开一幅已经发黄的卷轴,让万安国看。

"果真是王右军真迹!"万安国高兴得拍手笑着,仔细读着上面龙飞凤舞的字迹。"这是王右军《兰亭集序》的一部分!老舅,给我吧。"万安国涎皮涎脸地赖巴巴地央求。

"不行!不行!我刚弄到手,还没有赏玩够呢,等我看厌了再送你!"拓跋子推推开万安国,急忙卷起字幅,生怕万安国抢走。

"老舅真小气！小甥给你带来个皇宫里从西域进贡来的无价之宝，老舅还舍不得把这卷轴送给小甥！"万安国噘着嘴嘟囔。

拓跋子推哈哈笑着拍了拍万安国的肩膀："你小子净冤枉老舅，老舅对你甚时候小气过？老舅这里的好东西哪次不是让你自己挑拣？这字幅老舅实在是太喜欢了，过几天再送你，你就等不及了？甚人哇，快把你的宝贝拿出来给我看看！"

万安国拿出一把雕刻精致的双耳碧绿夜光杯，夜光杯散发着淡淡的柔和的绿光。拓跋子推一把握住杯，高兴地喊："这确实是一个无价宝！这是当年西域波斯国进贡给太武皇帝的宝贝，后来太武皇帝把它送给了右昭仪，听说右昭仪为了让宗爱扶她儿子拓跋余登基，就送给宗爱了。宗爱被诛，它也就下落不明了。咋就到了你手里？"

万安国微笑着，只是不说话，这是皇帝拓跋弘私下奖赏他的礼物。

拓跋子推打了万安国一拳："你小子还不对老舅说实话！是皇帝送你的吧？"

万安国点头："我这就借花献佛，送给老舅了。"

"你小子是有事求我吧？"拓跋子推笑了。

万安国拉着拓跋子推的手："老舅，其实不是我有事求你，是我阿娘有事求你。我阿娘对朝中局面很不满意哩。阿娘对二舅的死耿耿于怀，她说，二舅的死一定与皇太后有关，据她打探，太后确实行为不端，与宿卫监李弈关系暧昧。她还说，拓跋皇朝要被汉族女人抢走了。老舅，你没看见吗？"

拓跋子推把夜光杯小心翼翼地推到桌子里面，眼睛阴郁下来："我咋就没看见？皇帝年纪小，太后临朝称制掌权了，我们有甚办法？"

"我娘说啦，不能让她把拓跋氏的权力抢走！我娘说，她要出面联络其他几个舅舅，让他们关注一下近来朝廷动向。老舅你看，给她阿爷冯朗平反立庙，大肆赏封冯家人，这不是向先皇宣战吗？冯朗可是当年太武皇帝亲自处置的，她居然敢于翻案！胆子真不小啊！"

拓跋子推点头："是，我也正在琢磨这个事。这样不行！皇帝年纪小，太后临朝称制，会一点一点夺取拓跋氏权力的！"

"是啊，我阿娘怕的就是这个！给他阿爷平反只是个信号，将来恐怕更会变本加厉，很可能架空皇帝，随意行使她皇太后的权力。万一皇帝一点权力也没有,这魏国可是谁家之天下啊?!"万安国忧心忡忡地看着拓跋子推,"老舅啊,这拓跋氏国朝的明天可不那么乐观啊!"

拓跋子推站了起来,背着双手,低头沉思地踱着步走到万安国面前,目光闪闪地问:"你说咋办哇?"

万安国也站了起来,小声说:"联合几个王,罢太后临朝称制! 让太后还政于皇帝!"

拓跋子推背着手又走动起来。

"好,就这么办! 不过,还得找几个可靠的大臣,让他们一起来干。你看,还有哪些大臣可以联络?"走了一会儿,拓跋子推猛然停住脚步,面对外甥,斩钉截铁地说。

万安国掰着指头说:"依小甥的看法,还有大臣李欣,他是先皇帝的心腹和老丈人,肯定支持皇帝。还有李惠,他是皇帝的泰山老丈人,自然要支持皇帝。我看,有老舅几个皇叔,加上李欣、李惠,完全可以提议罢太后临朝称制了。"

拓跋子推吃惊地看着万安国:"真看不出,你小子嘴上还没长毛,就这么有谋略! 真是个人才! 皇帝有你这个好谋士,真难得! 你小子,好好辅助皇帝治理朝政吧。"拓跋子推拍拍万安国的肩膀,喜形于色。

万安国被拓跋子推夸奖得有些得意忘形,他哈哈笑着夸耀自己:"皇帝现在对我言听计从,一切都靠我给他谋划。他对太后又怕又恨,可就是没办法。我是国甥,自然要帮他出谋划策。要是有老舅的帮助,他可以很快地夺取权力,让太后大权旁落,回后宫去治理妃嫔,教养太子!"

拓跋子推拈着须髯,仔细地琢磨着:现在的冯太后,权力还不很大,还没有完全控制朝政,现在能够逼迫她还政于皇帝! 不过,要寻找一个合适的理由。甚理由呢? 说皇帝长大了,可以独立治理朝政了? 对,这是一个理由。不过,理由还不充分! 还有甚理由?

拓跋子推看着万安国:"皇帝生了太子,是吧?"

万安国点头:"快满月了,听说太后要主持着给他过个盛大的满月宴,要召集全体王公、公主、驸马都尉去参加呢。"

"太好了! 我们马上分头联络皇室成员。我们大家一起去参加太子的满月宴,让你阿娘在满月宴上首先提出,说太子出生了,需要太后回后宫专心照顾,然后我出来响应,提出皇帝已经成人,不需要太后临朝称制,接着让其他王和驸马一起附和响应。看她如何能够拒绝?"

"好,就这么办!我马上禀报皇帝和我阿娘。"万安国说着告辞了。

满月宴上演逼宫戏　喜庆酒酿成伤心事

太子紫宫里,鼓角乐队正演奏着大角,欢快雄壮的《簸罗回》全套七曲在紫宫里回荡。喜气洋洋的宾客络绎走进紫宫大殿,大殿上摆放着几十张紫色大方桌,上面摆满丰盛的美酒佳肴。太子满月宴热热闹闹地开始了。

冯太后以主人身份站在大殿上,喜气洋洋地迎接着打扮得华贵雍容的王爷、公主和他们的家眷。

冯太后一边注意倾听着大角七曲的演奏,一边微笑着注视着来宾,不时地与来宾打着招呼。她喜欢听大角这欢快的起捉马、被马、骑马、曲行、入阵、收军、下营七曲。这乐曲以鲜卑语演唱,演奏出来非常欢快,又非常豪迈和强劲,听了以后令人精神十分振奋。

万安国的母亲、景穆皇帝的长女、文成皇帝的姐姐高阳长公主来了。冯太后满面笑容地走过去向高阳长公主打招呼。

高阳长公主历来傲慢,过去一直看不起这罪奴出身的皇后,现在也一样。她斜睨了冯太后一眼,鼻子里哼了一下,昂着头,冷着脸,再也不看冯太后一眼,从冯太后身边昂首挺胸地走了过去,故意高声招呼着另一个公主,她的妹妹,并且故意和其他公主大声地嘻嘻哈哈说笑着,坐到一起。

冯太后心里一怔:这可是热脸捂到冷屁股上了。那尴尬的笑容便凝固在她的脸上,她的嘴角僵硬地拉扯在两边,她的心头立刻涌上一股愤怒的气团,她正想发作,看见高阳长公主正斜视着她,目光里泻出更明显不过的鄙视与仇视。

冯太后突然笑了起来,她扬起手,清脆地喊:"公主、王爷、王妃、妃子、驸马都尉们,请立刻入席!奏雅乐《御歌》!"《御歌》是拓跋建立魏国以后创作的宫廷宴会音乐,也收有《燕颂》等慕容鲜卑的一些歌曲。

宴会鼓吹敲击吹奏出更加喜气洋洋的西凉宴会乐,大殿里的气氛立刻融洽欢快起来。

冯太后携皇帝拓跋弘缓步走上大殿高基,让李夫人李佩珠抱着太子走了出来。大殿里立刻响起一片欢呼。

"抱着太子下去,让各位王爷、王妃、公主、驸马看看小太子!"冯太后和蔼地对李佩珠说。"你也下去,与李夫人一起转一圈,让大家看看!"冯太后对拓跋弘说。

一个女人喊了起来:"太子这么小,太后要罢朝回后宫去帮助皇帝抚养太子才是本分!"

冯太后向发出喊声的地方望去。那里坐着几个辈分最高的公主,都是景穆皇帝的几个女儿。冯太后本能地感到,一定是高阳长公主在发难。

她冷笑了一声:你个蝲蝲蛄叫唤,还能不种地?

那边一个瓮声瓮气的男人喊了起来:"是啊,太后还是回后宫照料小太子吧。皇帝已经当了阿爷,可以自己治理朝政了!"

又有几个男人附和着:"是啊,治理朝政应该是皇帝的事情,太后就不要勉为其难了!"

冯太后有些心慌,她不敢向喊叫声那边望去。可是,她又极想知道,是谁向她发出挑战,是谁在向她叫喊。她命令自己抬头,命令自己向喊声那边望去。

冯太后抑制住心慌意乱,让自己抬起眼睛望了过去。拓跋子推和他那几个兄弟正望着她,挑衅似的昂扬着头。旁边一桌上是外戚,李欣、李惠等人也是一脸的喜气和幸灾乐祸的样子。

原来是他们沆瀣一气!冯太后气愤地想。

"皇帝,你说呢?"拓跋子推又大声招呼着拓跋弘。拓跋弘急忙拉着李佩珠走了过去向叔父们行礼致意。

"皇帝陛下,刚才大家提出让太后回去照顾太子,陛下同意吗?"拓跋子推大声问,显然是想让全殿的人都听到。

拓跋弘回头看了看站在高基上的冯太后,又看了看与李惠等人坐在一起的万安国,万安国正在向他眨眼示意。拓跋弘小声回答:"皇叔、皇姑都同意这么办吗?"

拓跋子推站了起来,扬起胳膊大声向大家喊:"大家静一静!皇帝陛下问我们,是不是全体皇族成员都同意我的提议?你们说,你们大家同意不同意啊？这可是我们皇族内的决定啊!"

"同意!"大殿上响起炸雷似的吼声。

冯太后愣怔在原地。这么统一一致的行动看来是有组织有预谋的,为甚自己的耳目事前竟一点也没有报告? 看来这是有计划的逼宫阴谋! 她该怎么办? 那一刻,她的头脑里一片空白,她不知道该怎么办,能怎么办。

拓跋子推对皇帝拓跋弘微笑着说:"皇帝陛下,你看,这是我们皇族一致的看法,大家都同意了!"

拓跋弘扭头回去看了看冯太后。冯太后脸上有些苍白,没有一点表情,看不出她心里在想什么。

"太后同意吗?"拓跋弘回过头,微笑着问拓跋子推。

拓跋子推又扬起胳膊喊:"皇帝陛下问,太后同意吗?"

李惠大声喊:"问太后啊! 问太后啊!"

那边公主们也尖声喊叫起来:"问太后! 问太后!"

"太后,你说话啊!"

"太后,你为甚不说话啊?"

冯太后耳朵里、头脑里响着一片乱七八糟的喊声,眼前晃动着一片闹哄哄的熟悉的或者陌生的友好的或者仇视的脸孔。

拓跋丕呢? 他在哪里? 李弈呢? 他在哪里? 他们为甚不来救她? 冯太后在人群中寻找他们。不过,她立刻就意识到,自己这是徒劳。李弈不是皇族,拓跋丕也不是嫡裔,他们没有被邀请出席。

该怎么办? 他们正逼迫着她当场表态!

要是不表态,她恐怕出不了这大殿!

只有同意了! 她现在没有其他选择!

冯太后逼迫自己微笑着,她扬起双手,向下压压,乐队停止了奏乐,大殿上的人们安静下来,全都抻长脖子张望过来。

冯太后清了清喉咙,开始说话。由于紧张,她的声音开始时有点发颤:"王爷、公主,王妃、驸马们! 我很感谢大家对小太子的关心爱护! 小太子是我们皇室的希望,是我们皇室的明天,是需要我抽出时间和精力一心一意去照顾他,培养他,让他成为我们魏国的又一代像太武皇帝一样的有为国君! 所以,我同意大家的提议,从现在开始,我宣布,还政于皇帝,让他单独治理朝政。我呢……"

说到这里，冯太后已经完全平静下来，她故意停顿下来，抬眼扫视了一下全场，特意在拓跋子推和高阳长公主的脸上多停留了一会儿。拓跋子推和高阳长公主迎着她的目光，双方的目光紧紧逼视在一起。冯太后的目光锐利，充满了仇恨，像锥子一样锥进拓跋子推的眼睛。拓跋子推有些心惊，急忙掉转了目光。冯太后的目光又集中在高阳长公主的眼睛上，两个女人的眼光纠缠在一起，互相锥刺，互相剜挑，久久不分胜负。

底下的人开始低声议论起来。

"她要是不同意咋办？"李惠小声问拓跋子推。

拓跋子推冷笑着："由不得她！她这么聪明一个人，会同意的！她不同意，我们就公开她和李弈的丑事！"

冯太后收回自己的目光，她现在更加平静，没有一丝慌乱、害怕。一切都会过去，他们只想逼迫她还政于皇帝而已，他们不会为难她的。

冯太后开始微笑了，她的黑眼睛流露出灼灼的光芒，声音变得欢快轻松，还带着几分甜蜜："至于我嘛，我就按照高阳长公主的提议，回去一心一意照顾太子，我向大家保证，我一定会培养、教育、拉扯出一个健康、聪明、有学问、有谋略、能治国的好太子！"说完，冯太后向大家深深地鞠了一躬。

大殿上静得没有一点声响动静。

突然，拓跋子推带头拍起巴掌，大殿上响起热烈的掌声。冯太后的优雅贤淑和雍容大度，征服了这些王爷、公主。

"对，还有一事！"冯太后满面笑容，又扬起胳膊，向下压了压，"刚才得到六镇禀告，说六镇旱灾严重。我决定以皇太后的名义发最后一道诏令：赈济六镇灾民，每人赈布三匹！让普天下同沾皇帝恩德！"皇太后说罢，带头高呼："皇帝万岁！万岁！万万岁！"全殿一片山呼。

冯太后在欢呼声中平静地走下高基，举杯向大家祝贺。

冯太后回到自己的安乐宫。李弈与张祐、秦阿女、刘阿素等人急忙前来伺候。李弈目不转睛地看着冯太后苍白阴沉的脸，小心翼翼地询问："太后，满月宴热闹吗？"

冯太后冷着脸让秦阿女和刘阿素过来给她更换常服袍，她在自己宫里还是喜欢穿自己创制的汉家与鲜卑相结合的立领小袍配长裳。

李弈见冯太后阴沉着脸不答话，不敢再问，急得直搓手。张祐摇头，使眼色给刘阿素，刘阿素急忙随张祐出去。

"快，你去紫宫找符承祖，打听一下，看满月宴出了甚事。看太后这样子，好像出了大事！"

刘阿素急忙出去。张祐回到宫里，小心翼翼地伺候着冯太后。

冯太后挥手让人全部退了出去，自己上炕，拉开枕头，躺了下去。九月底，窗外秋虫啾啾、叽叽、喳喳，叫得冯太后心里发烦。她用夹被捂住耳朵，可是还有蟋蟀、蚂蚱、秋蝉的叫声聒噪着她。

"来人！"冯太后猛地从炕上坐了起来，拍着炕沿大声喊。

张祐和李弈进来："太后，甚事？"

"去！把那些该死的聒噪的秋虫都给我轰出去！"

"是！是！"张祐看了一眼李弈，急忙退了出去，布置宿卫、内监、宫女去扫荡秋虫。宫女、内监、宿卫挥舞着高粱黍子杆扎的扫帚，在葡萄架、石榴树、海棠树和墙根里台阶下、宫墙外面的草丛里，寻找鸣叫的秋虫。

秋虫鸣叫的聒噪终于安静下来，冯太后躺在炕上，心情也渐渐平静下来。虽然她还是感觉到心口堵得慌，心头还是有一阵一阵的愤懑之气没有宣泄出来，不过她已经平静多了。这一天终究是要来的，这她能够预料到。从她下决心要为自己父亲平反封爵的时候开始，她就预料到有这么一天。她已经达到自己的目的，父亲的爵位和平反诏书已经下达多个月，冯熙已经到长安去主持父亲的平反和封爵仪式，这祠堂和庙宇正在建造中，估计已经快要完工。罢朝就罢朝吧。罢朝就去好好抚养小太子。

想到这小太子，冯太后就有一阵莫名的激动。这太子也许就是她冯家的血脉，也许就是她的嫡亲侄儿。谁知道是不是呢？反正她已经认定，这太子身上流淌着她冯家的血脉。好好抚养他，好好用汉家文化教育他，让他从小濡染汉家儒家文化，让他成为完全汉化的魏国皇帝。通过他，来实现自己掌握拓跋皇朝的理想，通过他，实现自己改变魏国颜色的想法。既然自己没有这可能，就寄希望于这婴孩吧。

可是，这逼宫发生得太突然，她竟没有得到一点消息！谁策划的呢？皇帝拓跋弘？不会！他年纪太小，他还没有这能力。那么会是谁呢？

冯太后平心静气地回忆着满月宴的全过程。公主那边是高阳长公主发难，王爷这边是拓跋子推发难，他们是姐弟。谁在里面联络呢？

冯太后恍然大悟：万安国！对，就是这坏小子！

冯太后咬牙：又是他！从小就挑唆皇帝拓跋弘与自己作对，多次惩罚他，他越发怀恨在心了！

"好你个万安国！"冯太后从牙缝里挤出这句话。

冯太后翻身坐了起来，对着敞开的窗户发呆。罢朝以后，这日子该咋过呢？她揉搓着脸面：是不是就这么善罢甘休了？真的就从此在后宫打理事务，不再过问朝政大事？

不行！冯太后用拳头捶着炕。不行！她不能就这样轻易退居魏国朝政之外。她对姑母左昭仪的承诺还没有实现。姑母费了这么多的辛苦，不就是要让自己替她实现那个愿望吗？她咋就能这么轻易放弃呢？不要放弃，不许放弃！她的耳边似乎响起姑母的声声叮咛、百般嘱托。

不放弃！冯太后狠狠地捶着炕面，在心里自己对自己说，不管多么艰难，也要咬牙挺住，没有过不去的坎！

李弈蹑手蹑脚进来，给她端来一碗她最喜欢饮的酸甜浆酪："太后，饮浆酪吧。"李弈说着，把碗举到太后的面前。

冯太后接过浆酪碗，嫣然笑了笑，一口气饮了下去。李弈轻轻地长舒了一口气。冯太后心中的风暴已经停息了，她知道自己要干什么，她更知道自己应该咋干。

冯太后把碗交回李弈，抬眼笑着："去把寝宫大门关上，别让他们进来！"

李弈眼睛放光，急忙一切照办。等他返转过来，冯太后已经脱掉了外衣坐在炕上，露出鲜红的抹胸、雪白的胸脯、光溜溜的丰腴的双腿。冯太后微笑着看着李弈，李弈激动得浑身颤抖。

第五章　韬光养晦

罢朝太后恣意行乐　抚养皇孙韬光养晦

　　冯太后罢朝罢政以后，小皇帝拓跋弘成熟起来，国家朝廷的重担全都压到他的双肩上，他感到这分量的沉重。拓跋弘不敢再睡懒觉，每日早早起床，到太华殿听朝臣禀报内外大事。十三岁的他，要让自己担起国事的担子。

　　万安国、陆定国和拓跋子推，成为他依赖的主要人员。

　　太尉源贺很快被皇帝差遣到陇西封地去镇守西路，内行长拓跋丕被免职，内行长的重要职务任命给了他们信任的大臣苟颓。

　　冯太后冷眼旁观着朝中的变故，她并不过问，也不流露出任何的关心。现在她只是关心着太子的抚养。

　　太子满周岁的前夕，她任命冯熙为太傅，专门负责教养太子。看着婴儿一天大似一天，冯太后心里十分高兴。她每天都去紫宫看望婴儿，常常抱着他逗他玩耍，婴儿每次看见太后来，都会从摇篮里颤巍巍摇晃着站起来，拍手向她咯咯地笑，然后伸出小手让她抱。

　　这时候，冯太后心里充满了母爱，像饮了蜜糖一样甜蜜蜜的，充满了对这婴儿的情爱，充满幸福。此时，她忘掉了一切烦恼。

　　从紫宫出来，她就在李弈的陪同下，到鹿苑里骑马打猎，尽情嬉戏玩耍。

　　"你看，那里有片松林，我们进去看看。"冯太后指着山坡上一片郁郁葱葱的树林,让坐骑向松林跑去。李弈急忙打马赶了过去。张祐、刘阿素、秦阿女等随从也都随后跟上,紧紧跟随着他们的主人。

"这林子真安静。"冯太后坐在马背上,放松缰绳,让坐骑悠闲地顺着山间小路慢慢地走,她指点着林子里的景物,与李弈欣赏着。

"那里有一丛马莲,蓝个荧荧的!啊!还有一棵山丹!红个通通的!真好看啊!"冯太后惊呼起来,指着一堵山岩前的灌木丛。

"我去给你采来!"李弈说着跳下马,把马拴在松树上。

"我自己去采!"冯太后欢笑着也矫捷地跳下马背,像小姑娘一样跑到灌木丛前,拨开树丛,去采摘马莲和山丹。李弈笑着从地上拣起马缰绳,把它也拴到松树上。"你们在这里等着,小心听着动静!"李弈对张祐们说,自己急忙跑去帮助冯太后。

"啊!这里有个山洞!"冯太后扭回头,对李弈大声喊,声音里充满了惊喜欢快,真像一个天真烂漫的小姑娘!

李弈跑了过去。果然,在冯太后拨拉开的灌木丛里,露出一个垂着青藤、长满野草的山洞洞口。

"我进去看看!"冯太后说着,弯身要钻进去。

"等等!"后面的李弈一把拉住她,"让我先进去看看!里面那么黑,小心有野兽!"李弈从腰上取下火石,用力敲击着,点燃了火纸,又撕下一片衣服做成火把,他手举着火把,拨拉开洞口垂下的茂盛的青藤和野草,小心翼翼地走了进去。

洞里很干燥,当年的干草、皮张还好好的,一点没有发霉腐烂。李弈举着火把,仔细地照着山洞的角落,在石壁上发现了一盏青铜高脚鹤形油灯。

"这里住过人的!"李弈高兴地喊,"太后,你进来吧!"

皇太后钻进山洞,看着四周,高兴地说:"这可真是个幽会的好地方。"

李弈笑了:"可不是,看来这是为我们准备的。"

冯太后小声说:"叫人把这里打扫打扫,油灯里灌满油,以后我们天天来这里玩。你说如何?"

李弈把火把插在石壁上,一把抱住皇太后,把她搂进自己的怀抱里,亲吻着她的脸颊:"小将求之不得!"

"你知道这个山洞是干甚的吗?"皇太后与李弈钻出山洞,问李弈。李弈摇头。

"这就是当年常太后救文成皇帝的山洞,也是常太后和她丈夫王睹幽会的地方。"皇太后笑着,"我记得我姑母说过,文成皇帝也向我讲过。"

"原来如此,这山洞还有这么辉煌的历史啊!"李弈笑着,"真应该让秘书郎写篇赞或赋,立碑纪念!"

"那我们不是来不成了吗?"皇太后笑着,"这可是我们两个人的地方,不能告诉任何人!"

他们钻出山洞,皇太后招手叫来秦阿女和刘阿素,让她们把山洞重新打扫干净,铺上干草,铺上羊皮,铺上锦缎,在山洞壁上装了油灯,在山洞洞口垂下的青藤后面安装了木门。

以后,冯太后和李弈差不多天天都来这里,他们在山洞里说笑弹琴,在山洞里做爱,在山洞里嬉戏,疯打疯闹,在山洞外野餐,一直玩到太阳落山,才返回安乐宫。

冯太后与李弈在这里度过他们一生中最快活的时光。在这里,冯太后才找到她青春的年华,她才真正像一个二十五六岁的年轻女人一样恋情玩乐。在皇宫里,她是太后,这太后的名分让她和其他人都觉得她已经是个老夫人,一个雍容华贵的老夫人。

失去权势的冯太后,在鹿苑的山洞里,在与李弈的嬉戏中,得到一生中最为幸福的时光。她并不以罢朝为意。但是,在她的内心深处,总有一个声音在提醒她,总有一天,她还会夺回她失去的朝权! 现在,她却要尽情享乐,尽情享受那应该属于她的青春幸福。

"让李夫人把太子抱来吧。"冯太后从鹿苑玩耍回来,稍微歇息一下,就吩咐刘阿素。李夫人李佩珠和奶娘已经抱着太子拓跋宏等在外面。

宣布终制以后,冯太后每日都要把太子接到安乐宫,皇太后要跟他玩一会儿,教他说几句汉话,教他唱儿歌,教他玩游戏。这是冯太后每日少不了的生活内容。

冯太后从奶娘手里接过太子拓跋宏,先在他的胖脸蛋上亲了一口:"喊阿奶,阿奶。"

太子拓跋宏拍着小胖手,咯咯笑着,黑亮的眸子看着冯太后,一把抱着冯太后的脖子,在她的脸上响亮地亲了一下。"阿奶!"拓跋宏口齿不清地喊。

"我的心肝! 我的宝贝!"冯太后心里像被蜜糖融化了似的,甜蜜蜜的,心花怒放。"再叫一声阿奶,阿奶。"冯太后催促着。

"阿奶,阿奶!"拓跋宏口齿不清地喊着,嘴角还流下一滴涎水。

冯太后用他脖子上的绣花围嘴擦去嘴角的涎水,把他抱在自己的膝头,教他儿歌:

"小老鼠,上灯台,偷油吃,下不来。"

拓跋宏口齿不清地跟着祖母学唱。

冯太后站了起来,牵着蹒跚学步的拓跋宏,在宫里慢慢走来走去。拓跋宏脖子上挂着的金银长命锁、项圈、玉佩,叮叮当当地撞击着,发出清脆的响声。

"胖小子,坐门墩,坐在门墩想媳妇。"皇太后继续教着。拓跋宏咿咿呀呀,说不出清晰的长句。冯太后一遍又一遍地耐心地教,拓跋宏终于可以口齿不清地唱了出来。

冯太后高兴地抱起拓跋宏,在他的脸蛋上连连亲吻着:"学得好快哩。好聪明的娃!"

"来,阿奶教你玩虫虫飞了!"冯太后把着拓跋宏白胖的小手,让左右手的指头互相点着,"说,虫虫虫虫飞了!"

拓跋宏咯咯笑着说:"虫虫虫虫飞了!"皇太后把着拓跋宏白胖的小手,猛然分开。

冯太后决心让拓跋宏从小学会汉话。她要教会他说汉话,唱汉人儿歌,玩汉人儿童游戏,将来读汉人的四书五经。

贪赃枉法李欣获罪　别有用心驸马设计

就在冯太后心里充满了强烈的母爱和情爱的时候,小皇帝拓跋弘的心里却充满了仇恨。

小皇帝拓跋弘面色阴沉地看着冯太后和李弈一行有说有笑地从鹿苑方

向往安乐宫里走去，他的脸色更加阴沉，眼光闪烁着可怕的杀气。他下决心要杀掉那个敢于和冯太后睡觉来玷污他阿爷名声的李弈。

"看见了吧，他们是越来越不像话了！"万安国走到皇帝身边，小声说，"该想想办法了！不能让他们这么公然污蔑先帝！我娘听说以后很气愤呢！"

拓跋弘把牙咬得咯嘣嘣响，拳头紧紧攥在一起："欺负朕小，不能维护我父皇的脸面是不是？一定要给他们点颜色瞧瞧！让他们知道朕不是好惹的！"

"陛下准备做甚？"万安国高兴地催问。他阿娘对冯太后的仇恨已经到了不能忍受的程度，加上他自己小时候多次遭受冯皇后责骂和鞭笞积累起来的仇恨，都促使他把对付冯太后当作自己近来的主要事情。

"先杀掉李弈！除掉她这个心腹！"拓跋弘咬牙切齿地说。

"好！让我来办！"万安国压低声音，"找人暗杀他就行了！"

"不行！不能用暗杀的办法！要采用公开的办法，名正言顺地先把李弈关起来，再审问，最好能够连他的亲属一起连坐！只有这样，才能公开打击太后势力！"拓跋弘显得十分胸有成竹。

万安国吃惊了：小皇帝一向听从他的建议，今天居然有了自己的主意！看来仇恨使人成熟，以后可要小心伺候皇帝，不可再把他当作小孩子了。

"皇帝陛下英明！不过这李弈勤谨小心，他的哥哥李敷也是有目共睹的勤勉恭谨之辈，不曾有甚过失把柄，他们的父亲李顺曾经得到过太武皇帝的追赠，一门国朝老臣忠臣，恐怕不好治罪哇！"

"你说个甚？不好治罪？！岂有此理！皇帝让谁死，谁敢不死！朕想治罪于谁，还有不好治罪之说？也亏你还自夸足智多谋呢！'欲加之罪，何患无辞？'难道你就没有听过这话？！"拓跋弘掉转脸，直直瞪着万安国，呵斥着。

万安国惶惶地听着，连连躬身应答，这在他和皇帝之间还是第一次。皇帝变了，这手中有了大权，确实就不一样了！万安国心里叹息着。

"这事交给你办！"拓跋弘继续命令，"越快越好！"

"是！是！臣这就去想办法！"万安国答应着。

万安国苦思冥想了一夜，也没有想出一个万全的策略来治罪李弈兄弟。

首位称制：文明冯太后

李弈、李敷兄弟与父亲李顺在朝为官两代,恭谨忠效,能干精练,名声很大,如果随便加几条罪名给他们,恐怕难以让大臣心服口服。既然皇帝不想采用暗杀的方法除掉他们,就是想通过公开问罪的方法来杀一儆百,来削弱太后势力。他必须要把这事办得漂亮一些。

可是该怎么办呢?万安国一筹莫展。

姜是老的辣,还是去请教舅父拓跋子推的好。万安国又备了些礼品,去见拓跋子推。

拓跋子推坐在正堂上,几个明显是来自乡间的衣着华丽的人正围着他说着什么,个个一脸愤愤然的样子。

"老舅!"万安国喊。

拓跋子推看见万安国来,推开围着他的人,过来迎接他:"安国来了,坐下吧。"

拓跋子推笑着对坐下的万安国说:"你看,我这几个坞壁主,又来告状了!"

"他们告谁?"万安国随口问。

"咳!还不是告相州刺史李欣!李欣这小子,不知是吃了熊心豹子胆,还是咋的,竟然勒索盘剥到我的坞壁里!"拓跋子推愤愤不平地说,"这几个坞壁主是我在相州坞壁的代理人,你听听他们告李欣甚。"

万安国只好坐在一旁,听京兆王拓跋子推和几个坞壁主的谈话。拓跋子推是相州几个坞壁的宗主,督护着他的坞壁。

坞壁主来自相州,他们正在向京兆王告发相州刺史李欣贪赃枉法的事情。坞壁主说,李欣越来越贪婪。

"那几年你们不是说他很不错吗?咋如今又都说他的坏话了呢?"拓跋子推瞪着眼睛,不大满意地问。

几个坞壁主抢着回答:"那几年他刚赴任相州的时候,确实不错,能够听我们的话,给朝廷上疏要求办乡学,后来他在相州主办乡学、郡学、州学,为百姓办了些好事。"

"当初冯太后就是听了他的上疏,立了乡学。李欣请求办学的疏,写得很是动人,太后读了以后,连连击掌叫好,立刻下诏,同意在州郡兴办乡学以培养人才。"拓跋子推对万安国说。

"是啊,朝廷考评州郡吏治,以李欣的相州为诸州之最,加赐衣服呢。"万安国点头插话。

"还不是因为有中书省尚书李敷的关照。我曾经跟李敷说过,李欣在相州有不轨行为,请他代为奏请有司,可是李敷与他关系极为密切,就是隐瞒不报。李敷主管考评官吏,他说谁好谁就好了哇。受了皇帝几次嘉奖,看他李欣就不知道他是谁啦,就骄矜自得不可一世了哇!"拓跋子推不屑地说,"他仗着他是皇子拓跋长乐的外祖姥爷,就不可一世了!真是的!可是拓跋长乐又不是皇帝!不过黄毛小儿一个!他以为他是谁呢!"

"真的是骄横不可一世,"几个坞壁主继续说,"西域商人来跟我们做生意,他强行阻拦,要胡商交纳过路钱,进贡各种西域珍宝,才允许胡商经商。现在,西域的胡商都不敢来跟我们做生意了,我们种的胡麻、织出的白叠(棉布)帛,都卖不出去了。宗主,王爷,你可要赶快想办法啊。再这么下去,我们相州这几个坞壁,可是维持不下去了啊!"

拓跋子推勃然大怒,拍着桌子吼了起来:"大胆李欣!我这就奏明皇帝,马上以贪污罪捕捉他到平城!看他还如何在相州为非作歹!"

万安国眼睛转了几转,脑子恍然一亮。他拍了一下脑门,鬼点子立刻涌上心头。李敷与李欣关系密切,李敷是李弈的兄长。让拓跋子推先抓了李欣,然后设法诱使李欣揭发李敷,由李敷牵连李弈。这不就有了办法了吗?

"老舅何不现在就与我同去见皇帝。有我在旁边帮助老舅说话,皇帝陛下马上就会下诏去捕捉李欣的!走吧,老舅!皇帝最痛恨贪官污吏!"

拓跋子推看了看万安国,点头:"可不是,有你帮着说话,这李欣是死定了!他不死,我在相州这几个坞壁就得叫他给弄死!走,跟你进宫!"

相州刺史衙门里,刺史李欣正在欣赏着西域商人进献来的透明琉璃杯。这琉璃杯没有颜色,里面倒上酒,从杯子外面看得一清二楚,杯子外面雕刻着十分精致的花纹。这么稀奇古怪的玩意,他还是第一次见。听说西域进贡太武皇帝的夜光杯,就是这样的,可是他却从来没见过那夜光杯。但愿这就是那价值连城的夜光杯。李欣想着,一边给琉璃杯里斟满了淡青的桑洛酒,他端起杯子,第一次能够从杯子外面欣赏到杯子里的桑洛酒淡青的美丽颜色。他饮了一口,又举杯赏玩着,端详着。

家人从外面进来通报，说京城来了人，说有皇帝诏书宣读。

李欣急忙整理衣冠，去公堂迎接京城来人。李欣在文成皇帝时期很受重用，作了礼部尚书，帮助文成皇帝除去常太后。拓跋弘皇帝即位以后，冯太后把他调出京城来相州作了刺史。这几年在相州兴办乡学，很受皇帝和冯太后的重视，正想着在相州多打闹点钱财，积聚些财富，然后通过李敷活动着再打闹回京城去。上次回京城去看望过他好友李敷，向他谈起自己的打算。虽然李敷当时还劝说他为官不可太贪，否则会有人向朝廷举报弹劾，到时候悔之晚矣，但他并不以为然。李敷是个忠厚之人，在朝廷为官，不知道州郡情况。为官没有俸禄，这财富不靠自己想办法积聚，仅靠皇帝朝廷那一年几次的赏赐，如何维持生活？州郡官吏，不是全靠自己敛财吗？所以，别看京官神气，可是京官却没有地方州郡官吏实惠，州郡官吏哪个没有几十个坞壁、屯堡，每年各种收入几千斛、几千匹，富甲一方。

李敷这朋友真够意思，一定是办好了迁自己进京为官的诏令，这么快就派人来接他回京城。李欣欣然地想着，满脸春风得意地来到公堂。

一个羽林军侍郎一见他就高声喝问："你可是相州刺史李欣？"

李欣心中一怔：宫中钦差这么不客气，是什么原因？

没容他多想，急忙回复：

"正是在下。"李欣拱手，"请问将军有何贵干？"

羽林军侍郎挥手："拿下！"几个羽林军士一拥而上，把李欣就地捆绑。

李欣高声喊着："将军，这是为甚？在下犯了甚王法啊？咋的也不言传言传就捆了？是不是弄错了？"

羽林军侍郎大声喊着："没有错，捆的就是相州刺史李欣！这里有皇帝诏书，说你贪赃枉法、欺压百姓，相州百姓把你告了上去，皇帝命我们前来捉拿你！不要啰唆了，推他上囚车！"羽林军士不由分说，推搡着他走出刺史衙门，门外停着木条捆绑的囚车，羽林军士把李欣推上车，关了起来。

李欣的妻妾、子女、家人、丫鬟、仆妇，全都哭喊着涌了出来，围住囚车，阻拦着囚车离开。消息立刻传开来，相州城里百姓也涌了出来，站在远处看热闹，互相议论着，有的惋惜，有的幸灾乐祸。羽林军侍郎和军士挥舞着腰刀和枪戟，把李欣家人赶到远处，鞭打着拉车的骆驼，在李欣家人的一片号哭声中开向平城。

囚车里，李欣眼睛流泪，哭喊着向跟在车后哭喊的娇妻美妾与一堆儿女告别，交代后事。拉车的骆驼在赶车人的吆喝声中加快步伐，羽林军侍郎抖着缰绳，马开始小跑，跟在车后的哭喊的家人落得越来越远，眼看着就没入了茂盛的树林后面。

李欣长叹一声，闭上了眼睛。

怎么会这样呢？他怨愤地想。

身陷囹圄贪生李欣出卖挚友　殃及池鱼无辜李弈连累全家

牢门"吱扭"一声，把蜷缩在干草堆上的李欣吓得一激灵，他睁开了眼睛，转动着惊恐的眼睛，望着牢门。

又要提审了，他惊恐地想着，把身子蜷缩得更紧一些。

关押在牢狱里已经一个多月，提堂审问了多次，让他交代他的贪赃枉法的罪行。他交代了在相州大小全部贪占事实，从勒索胡商，到接受坞壁主、郡县官的贿赂给他们谋取官职，从纵容家丁、衙役、军士到周围坞壁勒索农人牲口猪羊，到秋收去抢夺农人庄稼，他能够想到的，都已经交代了出来。就这样，那些审问他的官员还是要拷打他，逼着他再交代，让他交代和谁沆瀣一气。他交代不出来，他们就让羽林军士打他。那些羽林军士平素经常被长官抽打，现在允许他们打人，自然把对官吏的满腔仇恨都使到鞭子上，把他打得皮开肉绽。他真想立刻被他们处死算了，省却受这份罪，可是，他还舍不得死，他才不过五十岁，家里老婆、妻妾、儿女成群，怎么舍得死呢。想起死，他就怕得全身发抖。想起挨打，他也怕得全身发抖。

李欣浑身颤抖着缩成一团，惊恐地看着走进来的羽林军士。

来人走到他面前，小声喊着："岳父大人，小婿来看望你。岳父大人，你坐起来吧。"

李欣这才认出，来人不是羽林军士，是他在平城朝廷为官的女婿裴攸。

裴攸搀扶起李欣，眼睛流着泪："岳父大人受苦了。小婿这才得到消息，好不容易才打通关节，允许进来探望。岳父大人，这是为甚事啊？"

李欣摇头流泪："还不是为了贪赃。我在相州收受了些贿赂，被人揭发，才落到今天这个地步。"

首位称制：文明冯太后

裴攸说："就为了这么点事情？这朝廷官员哪个不贪污受贿啊？做官不发财，打死也不来，咋就这么整你一个呢？再说你老人家还是皇子拓跋长乐的外祖呢。"裴攸捻着须髯，坐到李欣身边的干草上，继续说，"怕是醉翁之意不在酒吧，怕不是要通过你整别的甚人吧？岳父大人，你要仔细想想。朝廷的事，可不是这么简单的，为你的那点贪占，不至于这么兴师动众，大动干戈，我看，这里一定有别的春秋！岳父大人，你再好好想想，审问时，他们对你可有些甚暗示没有？"

李欣点头："贤婿言之有理。这两天，我也在琢磨这事，可就是理不出头绪。前段时间审问，只是逼我交代我自己的贪占事实，没有涉及其他人。上次审问，有司让我交代同党，问我和谁关系密切。我说了几个平素相好之人，有司追问他们的贪占事实，我说我不知道，他们就让我回来好好想想。"

"是了，是了，关节就在这里了。"裴攸高兴地一拍大腿，"岳父，你说，你都说了哪几个名字？说出来，我帮你思谋思谋，看有司到底想通过你整谁？"

"我交代了中山王李惠、内行长拓跋丕、南部尚书尉元。"李欣回想着。

裴攸摇头："我看不是他们，有司不是想要他们的事情。你再想想，你还和谁关系密切？你还交代了谁？"裴攸着急地催问着。

李欣想了想："我还说了中书省尚书李敷。"

裴攸双手一拍："这就是了！这李敷才是有司想要的人啊！岳父大人，你没交代关于李敷的事情？要是你交代出李敷的事情，我保管你可以逢凶化吉了！"

李欣吃惊地问："这是为何？李敷父子兄弟为官两代，谁不夸他们为官忠谨，有功朝廷？有司为何要整他？"

裴攸大惊小怪地呼喊着："哎哟，我的岳父大人！你可是在京城外待的时间太久了，你对京城的事情甚也不知道哇！京城官员都知道，皇帝和皇太后不和，现在皇帝把太后逼得还政，太后停止了临朝称制，失去了权力。这是其一。其二，宫里传说太后行为不端，与宿卫监李弈关系暧昧，皇帝十分生气。李弈是谁，岳父大人难道不清楚？"

李欣吃惊地瞪大眼睛看着女婿裴攸："李弈不是李敷的弟弟吗？难道朝廷是想通过我牵连李敷，然后再牵连李弈吗？"

"我的岳父大人，你说得一点也不错，看来玄机就在这里。所以你老人家就吃苦了！不过，好在现在岳父大人醒悟过来，这就有救，岳父就按照有司的愿望，揭发李敷的罪行，马上就可以将功补过了！"

李欣眉毛一扬，正色呵斥裴攸："你休得满嘴胡嗪！李敷待我恩重如山，我如何可以出卖朋友以换取个人安危？这等话休得重提！"

裴攸把嘴撇得像瓢似的，发出轻蔑的嘶嘶声："我的岳父大人哟，现在还是你讲究读书人气节的时候啊？你不出卖他，恐怕自有人要出卖他。皇帝想整他，谁也救不了他！你不出卖他，还怕找不到个想出卖他来换取功名荣耀的人？这种人古往今来多着呢！你讲气节，恐怕你的小命就过不了这两天！老实给你说吧，我来看你，是受驸马都尉、皇帝中庶子万安国的接见以后由他亲自安排的！他让我来劝说你，要不我敢跟你交代这些朝廷内的机密？刚才我说的这些机密情我能知道？这都是万安国亲口告诉我，让我用来劝说你的！他说，早点揭发出李敷，你就可以早点出去，他保证你出去一个月以后官复原职，再过一个月，迁你回平城，让你主管南部。怎么样？你答应不答应？不答应，他就让你活不过三天，还要灭你五族！岳父大人，你即使不为自己想，也得为你的家人、你的儿女我们想想啊！这可是要灭五族的啊！"

李欣浑身颤抖，手指着裴攸："你……你……你原来是做说客的啊！我与李敷少小一起在中书长大，一起读书，一起为官，他待我情同手足！我再没廉耻，也不能干这种卖友求荣的事！"说着，他一头朝墙壁上撞去。

裴攸眼疾手快，一把拉住李欣的袍襟，死命抱住他，大声喊着："岳父大人，你这是干甚啊？你要害死我们大家了！"

李欣又从头上拔下骨簪，朝自己身上乱刺，朝自己咽喉刺去。裴攸没来得及制止住，李欣已经把自己刺得鲜血直流。他继续往咽喉深里刺去，却被裴攸死命拉住，手里的骨簪也被裴攸夺过。

李欣哭喊着："你让我去死吧！你让我去死吧！"

裴攸冷笑着："你想死，我还不想死呢！我要是劝说不了你，我和我的一家，还有你的五族，都别想活！岳父大人，你就这么死心眼，忍心看着你那些活蹦乱跳的孙儿、孙女、外孙儿、外孙女个个去做罪囚啊？"裴攸一边说，一边给李欣包扎伤口。

李欣这么一折腾，已经力气全无，他躺到干草上，放声大哭起来："天啊，

首位称制：文明冯太后

为甚要这么折磨我啊？我知道李敷何事？甚事不知道，我如何能够交代？"

裴攸一听，高兴了：有门！他急忙搀扶着李欣坐了起来，替李欣擦拭着眼泪："岳父大人，这就对了，你总算醒悟了！你不是不知道李敷的事情吗？明天我会找一个知道李敷事情的人来见你，他会跟你说出许多李敷的鲜为人知的事情来，这些事情，保管皇帝满意！"

"甚人啊？"李欣有气无力地问。

"这你就别管了。来人！"裴攸朝狱吏喊。狱吏急忙跑了过来，裴攸吩咐着："去给李大人请郎中来，给他疗伤！"

裴攸拍了拍李欣："岳父大人，一会儿就有人来给你疗伤，还会给你安排歇息的地方，今晚，你就安心吧，吃好，睡好，歇息好，明天那人就会来见你，你只要根据他说的，写一份揭发帖子就行了！你放心，万安国说话一定算话！他可是皇帝最亲近的人，与皇帝一个被窝睡觉的！"

说到这里，裴攸暧昧地笑了笑。李欣有些厌恶地闭上眼睛。

第二日，太阳照进房间，李欣睁开眼睛，他居然睡在一盘热炕上。这一夜，他睡得特别香甜，虽然浑身的伤口还不时疼痛，把他痛醒过来，可是他能够马上重新睡去。不像在牢狱里，被臭虫、跳蚤、虱子、蚊子咬得不能入睡，被初夏夜里的寒风吹得不能入睡，被饥饿、疼痛折磨得不能入睡。昨天，裴攸走了之后，果然有羽林军士把他带出牢狱，给他包扎了伤口，送来丰盛的晚餐，还有一杯桑洛酒，让他食饱饮足，又美美睡了这么一大觉，精神好多了。

"起来！起来！"有人进来喊。

李欣急忙一骨碌翻身下了炕，炕前已经站着两个人，手里提着食盒。

"李大人，在下叫马阐。"一个先自我介绍。

"在下范橛。"另一个满脸疙瘩、小眼睛总是骨碌转着、嘴角挂着笑的青年人谄媚地上前介绍自己。

"你们来做甚？"李欣一下子忘记昨天女婿裴攸说的事，奇怪地问。

"做甚？裴攸大人让我们来帮大人说李敷的事情啊。你忘了？"马阐不高兴地说，他为自己受到慢待而气恼。

"哦，我想起来了。你们认识李敷大人？"李欣喃喃发问。

范橛一边往炕几上摆放食物，一边说："裴攸大人让我们一边吃一边谈。

来,李刺史,上炕来,我们坐下先吃早饭,我可是从赵郡过来的,还没有吃饭呢,饿死我了。"说着,抓起盘里的烤羊尾巴就嚼了起来。

李欣和马阐分别坐到炕几两边的炕沿上,吃着早餐。喷香的小米稀粥、元麦饸饹、油炸秫米面黄软糕,胡萝卜炖羊肉粉条,都散发着令人垂涎欲滴的香味,可李欣就是吃不下去。一会儿,他就要用自己的双手,写一份揭发帖子,把他最好的朋友、从小一起长大一起读书的伙伴李敷送上不归路。他的心颤抖着,看着对面两个陌生人稀留稀留吃得正香。

范櫺和马阐用手背抹了抹油油的嘴,把碗盘叠放到一起,放到地上,马阐说:"我们开始吧。我们说,你写,纸笔在这里。"马阐从食盒里拿出纸笔,放到炕几上。

"你先说说你们是谁啊,我还不认识你们呢。"李欣迟疑着,想拖延时间。

"咳,我是李敷的管家。"马阐说,"我给他干了许多年,他却告发我,说我贪污了他的财产,把我拉到牢狱里关了几年,我的老婆跟人跑了,孩子和我的阿爷阿娘流落外地,听说饿死在异乡。李敷啊,李敷,你也有今天!"马阐的牙咬得咯嘣响。

李欣心一沉:李敷全家是完了! 他是没有办法救他了! 这么深仇大恨的人说出的事情不件件要他的命才怪呢。

"你呢? 你是何人? 如何认识李敷?"李欣看着范櫺那疙里疙瘩的脸和狡黠的小眼睛,问。

"我呀,我是李敷家乡的邻居,他的事,我都知道。"范櫺手舞足蹈,嬉皮笑脸地往下说,"裴大人说,我只要把李敷贪赃枉法和毁谤朝廷的事情说了出来,我就能够得到三匹帛、十斛谷,还奖我一匹马、一头牛呢。裴大人还说啦,这事完结以后,让我去他那里做事。这么好的事,我还能不干啊!"

李欣心里发抖,手也哆嗦着,开始在纸上把马阐说的事情用自己的口气叙述出来,共罗织罪名二十余条,作为自己揭发的事实。

然后,他又以范櫺的口气,把范櫺说的事情完全写了下来,成为赵郡范櫺揭发的事实。

李敷在家与儿子伯和、仲良一起谈论朝政。他们谈论到李弈,李敷摇头:"你叔叔他已经走火入魔,劝不过来了。与太后相好,恐怕凶多吉少,总有一天，要给我们李家招惹大祸。你们看，这太后已经罢政，皇帝正在一步一步地剥夺和削弱太后党，我们恐怕也要小心为上。”

伯和、仲良都点头。伯和说："三叔李式，近来已经大加小心了。他经常告诉渡口官吏，要是京都有使者过河，一定要先开启函件检查，然后去向他报告，之后才让他们渡河。你看，他多小心！"

李敷黯然："伴君如伴虎啊。你祖父死于君命，我一生小心谨慎，唯恐被皇帝猜忌，终日战战兢兢，恭恭谨谨，如夹尾巴犬一样做事，唯恐不测，即便如此，我看也难逃脱厄运。你二叔这事，真叫我担心害怕啊。"

长子伯和劝慰着："阿爷也不必担忧，二叔毕竟是太后相好，太后难道还保护不了她的相好？太后尽管还政于皇帝，可她还是很有势力的嘛，她现在不还是太后吗，皇帝未必就能把她的人全部除掉。"

李敷叹了口气："但愿如此吧。这些天，我是越来越不安乐，总是心惊肉跳。你呀，伯和，要是没事，就不要回家来了，还是在城外坞壁里居住为宜，万一有不测，你也好赶快逃命去，给我们李家保留一支血脉，不要让我李家断子绝孙断了香火啊。"

次子仲良也劝慰父亲李敷："阿爷，不要这么说，我们不是好好的嘛。"

这时，仆人传言，说坞壁有事，要伯和去一趟，伯和急忙告辞父亲和弟弟，往城外赶去。

伯和走了不久，万安国率领着皇帝宿卫羽林军士，就团团包围了李敷府邸。万安国大步流星、神气活现地走进李敷府邸，向李敷父子宣读了皇帝的诏令，说经过有司勘察，尚书李敷犯贪占、抢夺、欺压、蒙骗、强抢、受贿、包庇、毁谤朝廷、拉拢异己等多项罪名，诏令有司立刻予以逮捕。

李敷看着次子仲良，双眼流泪，摇头叹息不止。不过，他心里还稍稍有些安慰，幸亏长子伯和去了城外坞壁，他一定能够得到消息，希望他逃窜他乡走避大祸，为李家保留一支血脉。

李弈走出太后的安乐宫。刚才太后宫里守卫进来传话说，有个人给李弈送来家里的信，说他的儿子发了疾病，要他回去看看。他禀报了太后，向太后告假，太后准许他放假一天回家看看儿子。

李弈一边走一边想：确实应该回家看看了，他已经几个月没有回家，太后罢朝以后，几乎离不开他，一天不见他，冯太后就浑身不安逸，不是头疼就是肚子疼，搞得张祐直哀求他，千万留到宫里。

他也舍不得离开太后。太后浑身散发着青春的活力和魅力，好像有一种力吸引着他，让他紧紧跟随着她，死心塌地地守在她的身边。儿子病了，他这做阿爷的不能不管。太后虽然恋恋不舍，可还是同意了他的告假，送他许多礼品，让他带回去送妻妾、子女。

这太后，真是个知冷知热的尤物。李弈想着，不由得微笑起来，他加快脚步，想早点走出宫回家，要是儿子病得不太厉害，他准备明天早晨就返回皇宫，返回太后身边。

突然，路边窜出几个黑影，有人压低声音喊："李将军，请留步！"

李弈听出这是中庶子万安国的声音。几个提着灯笼的人赶了上来，前前后后围住李弈。

"驸马都尉啊，何事传唤？"

"皇帝请你去一趟。"李弈似乎感觉到黑暗中的万安国在笑着说。

"这么晚了，皇帝陛下何事见我？"李弈感到十分突然。

"是的，皇帝正等着你呢。"万安国还在笑。

"好吧。"李弈答应着，跟随着万安国走。

"咋不往太华殿去啊？"李弈看见走的方向不对，急忙问。

"皇帝不在太华殿。"万安国随口说。

李弈不好多问，默默地走。他们来到紫宫旁的一个小院，万安国拍门，院门"吱扭"一声开了，里面涌出一伙人，把李弈拥了进去。一进院子，这些人便七手八脚把李弈放倒在地，捆绑起来。

李弈正想喊叫，早有人用一团烂布塞住他的口，然后又有人上来用黑布蒙住他的眼睛。

"赶快带走！"万安国命令。

李敷和李弈分别关在牢狱里，却不得见面，有司分别审问了几次就没有了下文。李敷明白，这横祸全是因为弟弟李弈而起，他曾经多次劝说过李弈，可李弈就是执迷不悟，死不回头。事到如今，只有认命了。李敷明白，他们已经没有任何生还的希望，他已经心如死灰。好在次子仲良和他关在一

首位称制：文明冯太后

起,仲良还不断地安慰他。

牢门打开,军士又推进一个人。李敷站了起来。

"伯和!"李敷大喊,扑了上去,眼泪如决口的河水流了出来,打湿了儿子伯和的手和脸。"大哥!"仲良也扑了上来,父子三人抱头痛哭。

"你咋就不逃啊?你在坞壁没有得到消息?"李敷哭泣着问。

伯和搀扶父亲李敷坐到干草上,说起他自己的经历:"我得到消息,立刻化装逃出坞壁,我想跑回赵郡去躲避一下,然后想办法到南边去。路上遇到我们的老邻居范櫚,他一下子认出了我,热情地邀请我和他一起坐车走。我上了他的车,在车上,因为奔走鼠窜劳累不堪,一会儿就睡着了,等我醒来,他已经把车赶到官府,向官府告发了我。"

李敷跺脚喊天:"老天啊!你咋就这么不睁眼呢?为甚要这样惩罚我们李家呢?我们李家父子两代,忠心耿耿为魏国服务,为甚要这样残酷对待我老李家啊?"

李敷嘶喊着,向老天发泄着他的愤怒。

这时,牢门又被打开,军士吆喝着又推进一个人。

"三弟!""三叔!"李敷和伯和、仲良一起喊了起来。

李敷的三弟李式终究也没有逃过厄运。万安国私自派的使者突然到了渡口,渡口的官吏想先去报告李式,可是使者说,他们只是到南边去,不在这个州停留,不必惊动州刺史了。渡口官吏信以为真,与使者一起渡河。使者过了河,带领羽林军士,突然来到州府,捉拿了李式,把他带到京都投入了牢狱。

隔壁牢房里的李弈,蜷缩在角落里的干草上,闭着眼睛假寐,他的脑海里波涛起伏。他分析着自己的处境,分析着被抓的原因。他清楚知道,自己被抓不是因为兄长包庇贪污的李欣,而是因为自己与太后的私情触犯了皇帝和皇族。皇帝一定要置他于死地不可,他不再抱有侥幸,不指望谁可以拯救他,他是非死不可。但是,他不后悔,与冯太后的私情他引以为荣。他只是感到遗憾,在生命即将结束的时候,不能与他心爱的女人告别,不能再见她一面,让她知道自己的下落。

李弈叹了口长气,晶莹的泪珠一颗一颗地从他紧闭的双眼里滚落出来。

得消息忍悲痛埋仇葬恨　　想计策为复仇卧薪尝胆

冯太后在安乐宫里烦躁不安地走来走去。自从那天晚上李弈得到儿子生病的消息请假还家以后,这么多天,她再也没有得到他的任何消息。派张祐去他府邸打探,他的家人说,他从来没有回去过,他们也不知道他哪里去了,还以为他一直在宫内当差呢。

张祐到处打听,各宫耳目都打探不出任何消息。

李弈一定是出事了。冯太后忧心忡忡地想。可是,到底出了甚事,她无法猜测。不过,凭直觉,她知道,这一定是个阴谋,而且是一个与皇帝有关的阴谋。

张祐急匆匆回来见冯太后。他终于探听到一点消息。

"有消息了吗?"冯太后看见张祐进来,急忙迎了上来,劈头就问。

"太后,你不要着急,不要着急。"张祐见冯太后走路步履有些不稳,赶上来伸出双手要搀扶她。

冯太后却猛地抡开手,迎面打了张祐一耳光:"狗奴才!还不快说!你只管啰唆个甚!"

张祐捂住脸颊,可怜巴巴地看着太后,哆嗦着说:"奴家打探出一点,听说有司把李敷父子抓了起来,定了二十多条罪状。不过还没有打探出李将军的下落。"

冯太后大喝一声:"滚出去继续打探!"张祐急忙退了出去。

冯太后在宫里走来走去,思谋着张祐报告的情况。皇帝抓了李敷父子?李敷两代为官,深得皇帝宠信,更得文成皇帝宠信,掌管中书省内外秘书直到现在。拓跋弘为甚要对他下毒手?谁策划的?目的何在?

冯太后烦躁地抓着自己的头发,她的眼睛发涩,想哭哭不出来,想喊喊不出来,她知道这里面有阴谋,却不知道阴谋的具体内容,她知道自己心爱的人遇到了危险,却不知道该如何去救他!

冯太后心里火烧火燎,她如同被关在笼子里的愤怒的老虎,想冲出去,却怎么也冲不出去。

刘阿素和秦阿女捧着浆酪来,刘阿素温柔地劝说着:"太后,饮些浆酪降降火。太后要是急出个三长两短，更救不了李将军。"

冯太后接过浆酪银碗，慢慢地啜饮了一口，酸甜甘凉的浆酪叫冯太后慢慢冷静下来。她坐回卧榻，看着刘阿素："阿素，你说，到底发生了甚事？"

刘阿素站在冯太后面前，轻声说："太后，奴婢仔细思谋了这件事情。奴婢想，捉拿李敷是奔李将军来的。李敷有罪，当然要连坐他的兄弟。他们不好直接对李将军下手，就拐了个弯，先冲李敷来了。李将军一定被皇帝秘密捉拿了！"

冯太后点头："我也是这么看。李将军恐怕遇到了不测。李将军啊，李将军，要是救不了你，我发誓一定要为你报仇！"冯太后咬着嘴唇，嘴唇上滴下了鲜红的血珠。

刘阿素急忙给冯太后擦拭着嘴唇上的鲜血。

张祐又走进来禀报："太后，我查出来了。有人看见李将军请假回家的那天晚上，在宫里与万安国一起走了。"

万安国？冯太后腾地站了起来。果然与皇帝拓跋弘有关！这两个小犊子策划了一场大阴谋！

"不行！我要去见拓跋弘！我要亲自问问他为甚捉拿李将军！"冯太后说着就往外面走。

张祐"扑通"一声跪倒在冯太后面前："太后！请留步！请太后三思！请太后三思！"刘阿素见张祐劝阻冯太后，她也急忙跪倒在地，她知道张祐聪明机智有谋略，遇事能够冷静处之，他轻易不阻拦太后，现在这样做，一定是他比太后更清楚处理办法。

冯太后看着张祐，站住脚步。张祐很少阻拦自己，今天他敢于这样做，一定有他的道理。听听他的意见，然后再决定自己做甚。

"为甚拦着我？"冯太后没有生气，平静地问。

张祐仰着脸："太后，奴家认为，太后前去，不仅不能救出李将军，反而等于告诉皇帝太后已经知道了他们的阴谋。万一他们起了歹心，一不做二不休，连太后一起加害，可怎么办好啊？现在朝政大权都掌握在皇帝手中啊！这宿卫羽林卫士也已经掌握在他们手中了！太后，小不忍则乱大谋啊！"

冯太后低头沉思着：张祐的话很有道理！自己这不是自投罗网吗？

冯太后慢慢走回寝宫，她要睡一觉，好好睡一觉！

冯太后一觉睡到大天亮。她睡得不好,不断做噩梦,她梦见她心爱的李弈被小皇帝拓跋弘捆绑着,砍了头,鲜血喷洒出来。她大叫一声,惊醒过来,浑身冷汗淋淋。后来,她梦见李弈被五马分身,她又惊叫着醒来,然后又昏昏睡去。后来,她大睁着眼睛,看到常太后和姑母来到她的身边,常太后拉着她的手,安慰着她,姑母告诫她小不忍乱大谋,忍得当前一口气,方能成就人上人。常太后说,要想给李弈报仇,只有从皇帝那里夺回临朝称制的大权,有了权力,就有了一切,没有权力,她就别想给李弈报仇。

是的,一定要夺回权力。

"怎么夺回来呢?"她问常太后和姑母。常太后笑着:"你这么聪明的女娃,咋就想不出办法来呢? 当年你姑母和干娘我是咋整的? 你都忘了?"

冯太后笑了:"姑母和干娘为我做了那么多,我咋能忘呢。不就是立太子杀其母吗?"

"对啊,立太子!"常太后和姑母一起笑着说,"对! 立太子! 立太子!"

说完她们起身招手告别,慢慢隐去,消失在三两颗星闪烁、笼罩着薄雾的黑蓝的天空中。

宫墙内外,报晓的雄鸡清脆响亮的啼鸣声此起彼伏,夹杂着声声犬吠,在迷蒙晨光中混合成动听的晨曲。

冯太后完全平静下来,她在雄鸡报晓声中,安静地入睡了,睡得十分安稳香甜。

"太后,皇帝来给太后请安了。"刘阿素掀起黄绫罗帐,轻声唤醒冯太后。

冯太后睁开眼睛,阳光已经落在炕上,晃着她的眼睛。她用手背遮挡住阳光,迷迷糊糊地问:"甚? 你说个甚?"

刘阿素一边为太后张挂罗帐,一边又重复了一遍:"皇帝等着给太后请安呢。"

冯太后翻身下炕:"快,给我穿衣。"

冯太后穿戴整齐,走出寝宫,来到外殿。她一路走一路咯咯笑着:"皇儿来了。让皇儿久等了。"

拓跋弘与中庶子万安国、陆定国正坐在外殿里等着冯太后,听见冯太后清脆的笑声和叮当的环佩摇曳声,急忙站立起来,恭候着。

"给太后请安! 太后歇息得可好?"皇帝拓跋弘躬身行礼,万安国和陆定

首位称制:文明冯太后

167

国也都齐声问好。

冯太后瞥了一眼万安国，愤怒从胸中升起。她真想发作，劈头劈脑把万安国责骂一顿，或者一顿棒打鞭抽，来给她心爱的李弈报仇。冯太后从眼角看到，万安国正在和皇帝拓跋弘交换眼色。她明白了，皇帝不过是来试探她，来侦察情况，看她知道多少内情，然后再决定他们下一步的行动方案。她不能莽撞，不能让他们看出破绽。君子报仇，十年不晚。不要忘记梦中常太后和姑母的教导。她在心里告诫自己。

冯太后不动声色，还了礼："皇儿坐下说话吧。"她笑着拉拓跋弘坐到坐榻上："皇儿，这些日子你辛苦了，瞧，小脸都尖了，脸也发黄了，可是要注意歇息好，不敢累着哇。可怜见的，可怜见的！"冯太后很动感情地抚摩着拓跋弘的脸。

拓跋弘轻轻摆了摆头，他不喜欢冯太后这样亲昵地关心他。

好狗不识人敬！冯太后恨恨地想，讪讪地放下手。

稍微冷场了一会儿，万安国急忙说："皇帝陛下想与太后商量商量立皇后的事情。中山王李惠上疏提出立皇后之事，不知太后可曾考虑过？"

"立皇后？"冯太后尖锐地看了万安国和拓跋弘一眼。现在提出立皇后，这不是明摆着利用李弈事件来要挟我吗？立了皇后，不是趁势夺去我太后主持后宫事务的权力了吗？这一着可真够损的，够阴毒的，是想慢慢置我于死地啊！李惠，你这老家伙，活腻味了不是？没门！别想！

冯太后转着眼睛，还是微笑着看着拓跋弘和万安国，随口支应着："不错，好主意，好主意，立皇后是好事。"心里却翻江倒浪思谋应对办法。

"太后同意皇儿立皇后了？"拓跋弘高兴地站了起来，"那皇儿这里拜谢太后了。"说着就要行礼。

冯太后笑着阻挡着拓跋弘的行礼："皇儿先别这么着急啊，我还没有问清楚呢。皇儿准备立谁为皇后啊？"

"当然是立李惠的女儿李夫人了，她已经给朕生了太子，她的父亲早就想立他女儿为皇后。皇儿也喜欢李夫人温柔可爱，善解人意。"

"皇儿所言极是，李夫人确实不错，我也满意。不过，皇儿一定知道国朝故事，这立皇后要铸造金人。现在尚未铸造金人，如何可以立皇后？恐怕宗室不答应，这名不正言不顺啊。"冯太后语重心长地给拓跋弘摆道理，"皇儿作为一国之主,遇事一定要考虑周全,不能草率用事,让朝臣心里不服!"

拓跋弘惶惑地看了一眼万安国,连声答应着:"是,是,太后所言极是。皇儿疏忽了,疏忽了。"他又恼怒地白了万安国一眼:都是你多事,撺掇我来谈立皇后的事,让我碰了一鼻子灰,自讨没趣。看太后这么平静,她知道个甚,看来她甚也不知道。试探她个甚哇,多余!

万安国惶惶地低下头,不敢看拓跋弘。

冯太后心里暗喜:她暂时控制了局面,暂时遏制了拓跋弘的气势,现在该轮到她出击了。

"皇儿啊,立皇后的事情我马上去着手准备,等准备停当,我们就开始选拔,你再等个十天半月的。听说中书省尚书李敷病了,等他病好之后,就叫他草拟我的诏书,准备选拔皇后各项事情,好不好?可是这李敷,已经有几天没来当值了,也不知道他得了甚病,我正想找个时间出宫去他府上看看他。他可是跟你父皇多年的老臣,总管内外机密,他老不来当值,可不是办法!"冯太后笑着,唠叨着。

拓跋弘又看了一眼万安国,万安国急忙禀告:"太后,小臣正要向你禀报,李敷被李欣揭发出贪赃枉法二十多条罪状,已经被有司押进死牢,今日问斩呢!"

冯太后腾地站了起来:"甚?你说个甚?李敷贪赃枉法,今日问斩?!"

拓跋弘连连点头:"太后,正是这样,皇儿就是来向太后禀报的。"

冯太后心潮起伏。李弈呢?你咋处理李弈了?这问话已经冲到喉咙眼,她急忙用手扼住自己的脖子,硬是把这几乎要脱口而出的话语压了回去。"喔……喔……"冯太后又坐回座位,微笑着,"我说这些天见不到李敷,原来他犯事了。真没想到,他这么恭谨的人也会犯贪赃枉法的罪行。真是罪过啊,罪过啊!可见这贪婪乃人的本性!皇帝一定要向你父皇学习,严惩贪官污吏绝不能手软!"冯太后先是沉痛地叹息,接着是义愤填膺。

拓跋弘连连点头接受太后教诲。

"李敷的事是咋发现的?"冯太后看着拓跋弘,平静地问。

拓跋弘看了看万安国,支支吾吾:"都是驸马都尉安国的功劳。首先是叔父拓跋子推的坞壁主告发李欣贪占,有司审理李欣,李欣又揭发了李敷。"

冯太后心里痛脸上微笑,看着万安国:"这李欣与安国可是立大功了!

要好好奖赏奖赏！皇帝准备如何赏封他们啊？"

拓跋弘见冯太后这么高兴，心里轻松起来，也笑着："皇儿准备立即任命安国为大司马、大将军，封安城王。至于李欣嘛，现在先髡首发配他到太仓，晚些日子再调他回朝任命尚书，太后以为如何？请太后明示。"

"好啊，好啊，皇帝果真善于用人！好一个安城王，真是名副其实啊！"冯太后拍着手，咯咯地欢快地笑着："安国，看皇帝多看重你，你可要好好为皇帝出谋划策啊！"

万安国诚惶诚恐，原本很有些忐忑不安的心放稳了。看来冯太后没有意识到他们君臣谋害了她的情夫李弈，对李敷的事没有显示出更多的关心和重视。

冯太后看了看总是不大说话的陆定国，问拓跋弘："皇儿，这定国难道没有为你出谋划策吗？你为甚不封赏他啊？"

陆定国急忙回答："回太后，小臣愚钝，在李敷事件上一无建树，不封也罢。"

冯太后点头。旋即又说："依我之见，也可以封一下嘛。封了安国，不封定国，国家只安不定是不行的嘛。"冯太后的玩笑让大家都笑了。

"皇儿，还有一件大事，我想了很久，宗室也多次提醒我，我想今天和你商议商议。"冯太后看着拓跋弘。

"甚事，太后？你就只管说，反正我今天上午不准备上朝议事，就在这里陪太后说话。"拓跋弘很兴奋，他很少能有这么欢洽的与太后谈话的时候。从小到大，在他的印象里，冯太后每次来看他，不是检查他的读书，就是检查他的写字，每次总要挑他许多毛病进行训诫，就是他当了皇帝以后，来见冯太后，也是接受训诫的时候多，他好像永远没有讨太后喜欢过。

万安国也暗暗吃惊。冯太后对他这么安然，这么和蔼，这么愉快，怎么看怎么觉得有些反常。这里隐藏着什么呢？

万安国极力捕捉着冯太后的眼神，可冯太后的眼睛被黑黑的浓密的眼睫毛遮掩着，像一汪黑潭，叫他什么也看不清楚。万安国只好告诫自己，多留点神，这比自己大不了多少的女人可不像她装出来的那么简单！

冯太后接着说："这事关系着我们魏国的前途和命运，我不能不慎重，不能不早点与你商量。那就是关于立太子这头等大事啊。立太子，可是从道武皇帝开始就被列为朝廷头等大事,我想着要先把太子这大事定下来,然后再考虑立皇后的事。你想啊,太子一立,这皇后不就自然该立了吗?"

皇帝拓跋弘笑了:"还是太后想得周到。可不是嘛,皇儿已经有了太子,早点确立他的皇太子地位,是一件稳定朝政的大事。安国,定国,你们说呢?"

陆定国刚才得到太后的夸奖,这时忙着报答太后的恩惠,就抢在万安国的头里说:"太后所见极是,立太子确实是国家头等大事!"

万安国也点头。

"既然皇帝同意了,那我就命令内监开始准备。先给太子命名,然后册立太子。皇儿,我听太子太傅说,这'宏'字利国利民,预示着国家宏大兴盛。我准备给太子起名宏,你看如何?"

拓跋弘笑了:"我叫弘,他也叫宏,不是一样了吗?"

冯太后心里冷笑着:不一样!此宏非彼弘,我要以此宏替代彼弘!

"那也没甚的哇。我们鲜卑话还是不一样的嘛。"冯太后笑着解释。

拓跋弘毫不在乎地随便摆着手:"也是。那就按太后的意思办吧。"拓跋弘已经达到自己的目的,已经除去了李弈这最叫他不能忍受的眼中钉、肉中刺,他正在高兴得意之时,对太后说的其他事情,也就不很在意。

依魏宫旧制封立太子　照前朝故事赐死生母

皇兴三年(469 年)的正月,司空、平昌公和其奴薨。二月,蠕蠕、高丽、库莫奚、契丹国各遣使朝献。四月,命名皇子曰宏,大赦天下。六月,立皇子宏为太子,宣布大赦天下。

皇帝拓跋弘在太华殿里举行盛大仪式,庆祝立太子。

仪式结束,皇太后走下太华殿,回到太后安乐大殿,立刻向内监诏示:"明天清晨去传李夫人来见我!"

第二天清晨,李夫人正在紫宫与皇帝拓跋弘一起逗着儿子拓跋宏玩。拓跋宏赖在炕上不肯起床。

"叫你懒!叫你懒!"李夫人手里拿着一根灯草,轻轻挠着拓跋宏白嫩肥胖的小脚心。拓跋宏被灯草挠得痒痒,他咯咯笑着,从炕上爬了起来,投到

首位称制:文明冯太后

刚刚十四岁的父亲的怀抱里，躲避着母亲。

拓跋弘挡着李夫人的手，为儿子向李夫人求饶："算了，宏儿不是起来了吗？"

李夫人扔掉灯草，拓跋宏扑了过来，李夫人紧紧抱着儿子，在他的白嫩的胖乎乎的脸蛋上亲个不停："我的小太子啊，你已经是正式册立的皇太子了！魏国将来的皇帝！我真高兴！真高兴哇！"李佩珠亲着说着，兴奋不已。

"瞧你高兴的！"拓跋弘笑着，躺在炕上。

"我阿爷才高兴呢。他就盼着我能够给他光宗耀祖呢。这下，皇帝该再给他赏封了吧？"李佩珠一边咯吱着儿子，一边问。

"还封他甚啊？他已经是中山王了，还要封甚啊？不过再赏他许多财物就是了！"皇帝拓跋弘爬起来与李夫人一起逗引儿子玩。

"不是还可以封赏个开府，来个仪同三司吗？"

李佩珠斜睨着皇帝，让皇帝拓跋弘的心都酥了，他抱住李佩珠，在她的脸上亲了几口："好！好！就依你，给他这青州刺史以开府的赏封，让他仪同三司！这下，你满意了吧？就是他，整天想着给你打闹个皇后当当，他想让你当皇后，都快想死了！"

李佩珠也亲了拓跋弘一口："那是当然的了，当了皇后就有了主持后宫的大权，就可以代替太后，谁不想啊！"

"这话可别让太后听见，太后听见肯定不高兴。这太后主持后宫可是我们国朝的老规矩。"拓跋弘说笑着。

"当然不会叫太后听见，不是我和你说说嘛！"李佩珠撒娇发嗲，抱着儿子滚在拓跋弘的怀抱里，紫宫里荡漾着他们清脆快活的笑声。

"太后常侍来请李夫人到太后宫去！"紫宫常侍抱嶷进来通报。

李夫人看了看皇帝拓跋弘，问："知道太后诏我干甚吗？"

拓跋弘满不在乎地说："大概是与你商量册封你为皇后吧？她答应立太子以后就册封皇后的。你赶快去吧，别让她老人家等急了。"

"甚话？老人家？太后才比我大几岁啊，太后才不是老人家呢，她年轻着呢！"李佩珠一边说，一边让宫女给她穿戴朝服，兴冲冲去朝见冯太后。

冯太后端坐在安乐大殿上，两边立着几个内朝官员。内行长拓跋丕也站立在太后座位旁。

李佩珠心里一阵高兴:看这阵势,真是要册封皇后了。她把毛茸茸的大眼睛转了几转,又觉得自己的估计不对。册封皇后哪能没有皇帝在场呢?

李佩珠拜见了冯太后。冯太后冷冷地扫了她一眼,李佩珠倒吸一口冷气,一股寒意从头到脚笼罩了她,她的心战栗起来。

"内行长,给她宣布国朝制度!"冯太后凛然。

内行长拓跋丕走上前,朗朗宣布:"国朝太祖道武皇帝诏曰,子立母死,概莫能外!今国朝已立太子,国母冯太后遵照国朝规矩,诏赐太子母李夫人李佩珠自裁,即时执行,不得延误!"

大殿上寂静无声。李佩珠听得明白。自裁?!子立母死?!李佩珠一下子倒坐在地上,如五雷轰顶。

李佩珠愣怔地坐着,还是闹不明白到底发生了甚事,过去为甚就没听说过国朝有这规定呢?为甚父亲中山王也没有向她提过这规定呢?这就是父亲极力劝说皇帝早立她为皇后的原因?父亲为甚不让她先当上皇后,掌握了内宫大权之后再立太子,这样不就可以躲避这子立母死的规定了吗?

皇帝自己为甚不预先替她安排好呢?

李佩珠抬头看着端坐在上座的冯太后。一定是冯太后与自己开玩笑的,平素她对自己那么和蔼慈祥,她那么喜欢宏儿,去紫宫看望宏儿,总要对她嘘寒问暖,总要千叮咛万嘱咐,嘱咐她注意自己的身体,嘱咐她养好太子。她自己也很喜爱这婆母,对她千依百顺,从没有忤逆过她,她怎么会突然萌生杀意置自己于死地呢?

不会的!不会的!一定是太后在试探自己!李佩珠撑着地勉强站了起来,摇摇晃晃向前走:"太后,刚才内行长说甚?小婢没有明白,请太后再说一遍。"

冯太后忧郁的眼睛更加忧郁,闪过一丝同情,不过立刻被果断坚决代替:"没弄明白?内行长不是念得很清楚了吗?子立母死是国朝规矩,现在要执行国朝规矩了!来人,带李夫人下去!"

几个内监上来,架起李夫人就走。

李佩珠号哭起来,挣脱内监的拉扯,冲到冯太后宝座前,扑倒在太后的脚下,死死抱着太后的双腿哭喊着:"太后,太子还小啊!他不能没有阿娘啊！太后,求求你！放过小婢,小婢愿意当牛做马伺候太后！求求你啊!"李佩珠声嘶力竭地哭喊着,眼睛几乎滴血。

冯太后如泥塑木雕一样,一动不动地坐着,眼睛望着前方,不看膝下拉扯她抱着她哭喊乞求的李夫人一眼。她不是不想看,她不敢看,她怕看见这满脸流泪扭曲的脸,她的脑海里永远铭刻着这样一张脸,那是她阿娘在父亲被羽林军士拉走时哭喊乞求的脸。

冯太后连连挥手:"快拉下去执行!"

内监上来,架起李夫人。李夫人哭喊着:"那也要让我最后见见我的儿子啊！让我见见我的儿子啊!"

冯太后只是挥手:"快带下去! 带下去啊!"

李夫人被内监强行架着,拖着,向殿外走去。李夫人继续嘶喊:"让我见见皇帝啊! 让我见见皇帝啊! 见见我的儿子啊!"

嘶喊声越来越远,越来越小,最后消失在阵阵夏风中。大殿上死一样的安静。冯太后慢慢起身,一句话也不说,转身离开大殿,回到自己寝宫去。

一千五百年以后,有个大人物说过,历史有时会惊人地相像。这相像的原因,就在于后人经常不断地学习模仿前人的做法。冯太后如今模仿着十几年前的情形,像常太后当年处置拓跋弘的生身母亲李夫人一样,亲自处理了拓跋弘的生身母亲李夫人。这历史她还要重复一遍,十几年以后,她还要亲手处死拓跋宏的妃子林氏女。

倾心血教养皇孙　为大计抚育嗣君

册立太子以后,冯太后把不到三岁的拓跋宏接进自己宫里专心抚养。李弈不在了,她没有了欢乐,没有了情爱,她只能靠抚养皇孙拓跋宏来打发时日,她把自己全部的母爱、男女之爱,全部放到拓跋宏的身上。她下决心,一定要让拓跋宏对自己无限爱恋,无限依恋,无限敬畏,无限热爱,要让拓跋宏成为自己的继承人。将来,在必要的合适的时候,她要告诉拓跋宏他真正的身世,这只有她自己知道的身世。

冯太后压抑了自己的仇恨、自己的伤心、自己的悲痛、自己的愤怒,平静地担负起教养皇孙的任务。

太傅冯熙每日进宫,帮助冯太后教养拓跋宏。

拓跋宏刚刚过了三周岁的生日,长得虎头虎脑,敦敦实实,大眼黑眉,可爱极了。特别是那一双遗传李佩珠的眼睛,又大又圆又亮,被弯曲的长眼睫毛覆盖着,扑闪扑闪的,真是爱煞人。这与他阿爷拓跋弘很有些相像。皇帝拓跋弘从他阿娘李夫人那里得到一双覆盖着弯曲的长眼睫毛的大黑眼睛,现在又传给了他的儿子拓跋宏。谁见谁说,小宏儿与皇帝像一个模子里倒出来的。

冯太后抱着拓跋宏,亲着他的胖脸蛋,把他放置在自己的膝头,教他认字。拓跋宏按着太后祖母的指点,含糊不清地读着汉字:"人,人,大,大,小,小。"

冯熙笑着:"太后,你也太性急了一些,宏儿刚刚过了三岁的生日,你就要给他开蒙了。是不是太早了一点?"

冯太后看了冯熙一眼:"不早了,不早了,都三岁了。俗话说,'三岁看老',现在不开蒙,不就永远学不会了吗?我可是要他从小就学好汉字汉话,读汉书,我可是要培养一个完全是汉人的鲜卑皇帝!"

冯熙笑着摆手:"这话你可不要让拓跋人听见,要是他们听见了,可要吃了你!"

冯太后笑着:"我当然不能让他们听见,这是我们兄妹的事。不过,你可也不要让你婆姨、公主知道啊,她知道了,说不定会透露给她的兄弟,那就坏事了。"

冯熙点头:"我当然知道,你放心,我会瞒着她的。何况她的汉话不好,许多话她还听不大懂,瞒她很容易的。"

膝头上的拓跋宏开始不安分起来,在冯太后怀里扭动着,抱住冯太后的脖颈,把自己的小嫩脸紧紧贴到冯太后的脸上,蹭来蹭去,把冯太后蹭得心里甜甜的,说不出有多舒坦。冯太后亲了亲他:"小犊子,真亲人呢。"说着,把他放到地上:"宏儿,先自己去玩,我和太傅说会儿话!阿女,过来带宏儿玩一会儿!"秦阿女急忙跑进来,拉着拓跋宏在大殿里玩。

冯太后拿起面前果盘里新下树的石榴,剥了一个递给冯熙,自己拣了个金黄的大甜杏,剥了皮,慢慢咬着。

拓跋宏看见了,挣脱了秦阿女的拉扯,摇摇晃晃着跑了过来。

"慢点！慢点，心肝！"冯太后慌张地站了起来，伸开胳膊，准备迎接扑过来的拓跋宏。拓跋宏扑进冯太后的怀抱："我要，要……"他指着冯熙手里那个大大的红红的石榴，喊着。

冯熙急忙递给他，笑着："他还舍不得让我吃呢。你看，我拿个甚，他都要跑过来要回去！生怕我吃了你的东西呢！"

"可不是呢，你不说，我还没注意到。来，我们再试试。"冯太后笑着，从果盘里捡了个大水蜜桃，给了冯熙。冯熙刚拿到手，拓跋宏又伸出小手指点着喊："我要，要！"

"果然这样！"冯太后说着，笑得弯了腰，"这小犊子，这么小，就这么会维护自己的东西！"

冯熙笑着："这可是好事情啊！将来他当了皇帝会维护你，会维护朝廷！"

"但愿如此，那就不负我的这一片苦心了！"冯太后紧紧抱住拓跋宏，在他的小脸蛋上亲啊亲，好像亲不够似的。

"好了，该去读书了。"冯太后把拓跋宏交与刘阿素，自己与冯熙坐下来玩握槊①，对这传入国朝不久的西域的游戏，冯太后玩起来兴趣很浓。

"来，宏儿，阿奶给你讲故事。"冯太后向在院子里与刘阿素一起玩骑竹马的拓跋宏招手喊。

拓跋宏听到阿奶的喊声，立刻丢掉手中碧绿青翠的竹竿，脆生生答应着，连跑带跳地跑回大殿，扑进冯太后的怀抱，先在她脸上响响地"吧唧"亲了一口，就投进阿奶的怀抱，灶糖似的粘在她身上，哼唧着让她讲故事。

冯太后笑着问："宏儿，你想听甚故事？"

"听阿奶小时候。"拓跋宏把头抵在冯太后柔软的胸脯上，哼唧着说。

冯太后的眼睛暗淡了一下，缓缓讲了起来："阿奶小时住在长安城里，长安城又大又气派，可热闹了。"

拓跋宏仰着小脸，很向往的样子问："长安比平城还大，还气派？"

"那当然了，长安是西汉都城，那里有高大的宫殿，有太液池，有华清宫、

---

① 握槊：一种博戏，类似于棋的一种游戏，由西域传入北魏，兴盛在孝文帝以后。

昭阳殿,可豪华气派了。两汉的都城,不管是西安还是洛阳,都非常豪华气派,比平城气派多了!"冯太后笑说,"当年道武皇帝建平城皇宫的时候,专门派人到洛阳去量宫殿尺寸,画宫殿形状,然后照着洛阳宫殿建平城皇宫呢。"冯太后向往地说:"要是魏国都城建在长安或洛阳就好了。"

"那我们就把都城建到洛阳、长安去嘛。"拓跋宏笑着说。

"那可不许乱说!"冯太后呵斥着拓跋宏,"魏国都城是平城,这里是你们拓跋氏的太庙所在,是道武皇帝亲自建的!哪能迁都呢。"

"为甚不能迁都? 我做了皇帝就迁都!"拓跋宏偏偏不听冯太后劝说。

"你这小犊子,听不听我讲小时候故事了?"冯太后捏着拓跋宏的鼻子,问。

"听! 听! 阿奶快讲吧!"

"阿奶小时候,父母可疼阿奶了。"冯太后缓慢地讲着。

拓跋宏玩弄着冯太后手腕上的碧玉镯,仰着笑脸问:"像阿奶疼宏儿?"

冯太后亲了亲拓跋宏的脸蛋,咯咯笑着:"就是像阿奶现在疼宏儿一样疼阿奶,阿奶和哥哥一起玩骑竹马,打陀螺,抖空竹,推铁环,打翘,可高兴了。阿奶的娘从小教阿奶唱《小老鼠》。"

拓跋宏急忙说:"宏儿会唱《小老鼠》。"说着仰起小脸,朗朗唱了起来:"小老鼠,上灯台,偷油吃,下不来,扑哧扑哧摔下来。阿奶,还唱甚?"

冯太后抚摩着拓跋宏黝黑的头发,继续说:"还教阿奶唱花喜鹊。"

"甚是花喜鹊?"拓跋宏急忙问。

"花喜鹊,尾巴长,娶了媳妇忘了娘。"冯太后唱着。拓跋宏急忙跟着学。

"以后呢?"拓跋宏睁着黑亮的大眼睛催促着。

"以后,来了个坏蛋官员,把阿奶的父母抓进牢狱,把阿奶的父母给杀死了。"冯太后声音沉痛地讲。

拓跋宏伸出白胖的小手,在阿奶脸颊上抚摩着,摸得冯太后的心里痒酥酥的,十分舒坦。拓跋宏的小脸上洋溢着气愤和憎恶:"阿奶,坏蛋官员是谁? 宏儿去杀了他!"

冯太后把拓跋宏的小手握在自己的手心里,轻轻摩挲着:"宏儿是阿奶的心肝,宏儿一定会替阿奶报仇,是吧?"

拓跋宏从冯太后手心里抽出自己的小手,握成拳头:"宏儿一定替阿奶报仇!"

冯太后亲着拓跋宏的脸蛋:"好宏儿! 阿奶的心肝宝贝!"

"以后呢?"拓跋宏催问着。

"以后嘛,以后阿奶的姑姑,就是你太祖父太武皇帝的左昭仪,把阿奶接进大魏宫城,跟她住在一起。"冯太后微笑着,眼睛闪闪放光。

"以后认识了宏儿的祖父文成皇帝?"拓跋宏好奇地问。

"是的。宏儿真聪明!"冯太后亲着拓跋宏。

"骑竹马认识的?"

"是的,骑竹马认识的! 宏儿真聪明!"冯太后把拓跋宏紧紧抱进怀里,抚摩着他。这可爱的娃给了她安慰,给了她希望。

"阿奶,你穿的为甚跟其他太妃奶不一样?"

"是啊,阿奶穿的是汉装,她们穿的是鲜卑衣装,当然不一样了。"冯太后笑着解释。"谁的好看?"冯太后又问。

"阿奶的好看。"

"那你以后也穿汉装,说汉话,行不行?"冯太后期望地看着拓跋宏的小脸,殷切地问。

"当然行了!"拓跋宏自豪地说。

"不过,这话不能乱说,不能跟别人说。"冯太后小心地叮嘱。

"为甚?"拓跋宏仰着小脸,眨巴着大眼睛,好奇地问。

"让别人听到,他们就不让你做皇帝,你做不了皇帝,就说不了汉话,穿不了汉人的衣服,你只能穿鲜卑这样的袍子。"

"那我就听阿奶的话,不跟别人说!"拓跋宏懂事地点头。

"真是个乖娃! 我们去骑竹马!"冯太后站了起来,拉着拓跋宏到院子里去玩。

第六章　反戈一击

皇帝励精图治兴国　太后日思夜想复仇

李夫人被冯太后以国朝旧制赐死，拓跋弘难受了许多日子。太后派能净和惠净沙门去安慰他，能净和惠净沙门巧言令色，给皇帝拓跋弘说佛法佛道，带着皇帝修行，帮皇帝度过他最伤心难过的时日。

皇兴四年（470年），皇帝拓跋弘在经历了几个月的消沉以后，不得不振奋起来。八月，边境来报，蠕蠕受罗不真可汗（魏国称惠可汗）予成犯塞，正集结军队向武威凉州一带进发，掠夺人口、牲口、城池。大司马、司空、太尉、京兆王拓跋子推、东阳公拓跋丕等紧急聚集到太华殿，与皇帝商讨应付策略。大司马、京兆王拓跋子推提议让万安国代替他来统筹全局的指挥，他自己愿意协助万安国。

万安国毕竟年轻，他担心自己压不住阵脚，请求皇帝亲自出征。

拓跋弘很兴奋，亲政以来，国事一直比较平静，虽然有些战事，但是有能征善战的将军们浴血奋战，他一直没有亲自出征的机会。国朝里，哪个皇帝不是亲自出征，驰骋疆场，指挥着千军万马厮杀？哪个皇帝不是英勇善战的表率？只有他，到现在还没有出过一次征，没有亲自指挥过一次战斗，这样的皇帝在鲜卑可是为人看不起的，他不能叫自己的族人耻笑，不能叫自己的国人认为他是个小孩子不会打仗！

"朕决定亲自率领军队与你一起去平敕勒之乱！"拓跋弘昂头挺胸，挥舞

首位称制：文明冯太后

179

着拳头说。

"那太好了，有皇帝陛下亲自指挥，臣心中就有底了。"万安国高兴地说。

"这朝中如何安排?"东郡王、司空陆定国小心地问。

"朝中事有皇弟建昌王长乐和太后共同负责，还是按照前朝规矩办。"皇帝拓跋弘不假思索地说。

万安国提醒:"朝中事还是让录尚书事长乐总管，还是不要起用太后的好。"

拓跋弘瞪了他一眼:"皇帝出征，皇太后与录尚书事一起治理朝政，这是国朝规矩。当年太武皇帝出征，朝中事都交与窦太后;文成皇帝出征，朝中事交常太后。她们不过皇帝乳母封的皇太后，她们可以主管朝政，何况正儿八经皇后出身的冯太后，为何不能主理朝政?朕出征时朝政不交她，说不过去的。有长乐在，我放心! 她这一年很安静，尽心尽力抚养皇孙，宗室很满意。"

"对，冯太后应该协助长乐来主持朝政，长乐还嫩了点。"东阳公拓跋丕急忙附和皇帝的话。

万安国不敢再说什么。

九月，皇帝拓跋弘兴驾北上讨伐蠕蠕受罗不真可汗予成，京兆王拓跋子推、东阳公拓跋丕督军出西道，任城王拓跋云督军出东道，汝阴王拓跋天赐、济南公罗乌拔督军为前锋，陇西王源贺督军为后继。诸将会车驾于女水之滨。皇帝拓跋弘亲自率领诸将向天发誓，"朕拓跋弘，亲率诸将向天神宣誓:不破蠕蠕，誓不还都，愿天神佑我魏国!"宣誓以后，拓跋弘又对诸将说:"用兵在奇不在众，卿等为朕力战，方略已在朕心。"皇帝拓跋弘亲自挑选五千精兵去蠕蠕阵前挑战，又派遣多支军队四处出击以迷惑蠕蠕可汗。结果蠕蠕可汗率领着队伍多处出击，总被埋伏的魏军击破，十九日里，拓跋弘指挥着魏军来回往返六千余里，使蠕蠕队伍疲于奔波，被魏军向北撵了三十多里，斩首五万余，投降一万多人，缴获武器、器械、牲口不可胜数。

获得大胜的皇帝拓跋弘，让秘书侍郎作《北征颂》刻写石碑，树立在女水之滨以作永久纪念，同时下诏改女水为武川。

大捷的消息报回平城，平城百姓和皇宫一样兴高采烈，到处敲锣打鼓庆祝皇帝出征大捷。

首位称制：文明冯太后

冯太后站在安乐宫的窗前,听着皇宫里处处响起的锣鼓声和欢呼声,不由皱起了眉头。皇帝表现出来的军事才能叫冯太后又是高兴又是担忧。这么能干的皇帝继续主持朝政,她自己的希望看来要落空了。这么能干的皇帝,刚满十七虚岁还不到十六周岁,就在第一次出征中表现出如此卓越的军事才能,以后,她如何能够控制他驾驭他? 要是不能很快恢复自己临朝称制的愿望,以后怕是别想为李弈报仇了,也别想实现自己送拓跋宏上皇位的理想了! 他拓跋弘这么年轻,甚时候才能心甘情愿把皇权拱手送给儿子?

不行,要积极想办法了。时不我待!

冯熙太傅牵着太子拓跋宏过来,拓跋宏紧紧拉着冯熙的手,来到摆放果品的桌子前,从果盘里拿起西域刚刚进贡来的金黄色蜜瓜,抱着给冯熙:"太傅,给你!"

冯熙亲昵地拍了太子拓跋宏脸蛋一下:"舍得给太傅吃了?"

冯太后转过头,笑着:"小孩子变得可快了,瞧,他现在多亲你啊。"说着,弯下腰指着桌子上堆着的瓜,问:"给不给阿奶拿一个?"

"当然给了!"拓跋宏说着跑了过去,又抱起一个长形的大瓜,艰难地跑了过来,递给冯太后:"阿奶,我给你挑了个最大个的!"

冯太后急忙接了过来:"可怜见的,抱这么大一个敦煌瓜。那个最大的像斛一样的大瓜,出自凉州。这堆瓜有辽东、庐江、敦煌的三种,有乌瓜、狐头瓜、蜜茼瓜、女臂瓜、羊髓瓜等,听说都是些好瓜。可不敢捡最大个的抱,小心压坏你! 来,让阿奶眊瞭眊瞭(山西方言,看看),累坏了没?"冯太后拉过拓跋宏,翻看着他的小手,拓跋宏趁势倒在冯太后的怀抱里,像牛皮糖一样粘在冯太后的怀里。

冯太后欢喜地亲着她的心肝宝贝孙子,心里不断想:一定要想办法让皇帝早日让位给我的小孙子!

外面又传来一阵锣鼓和欢呼声,还有许多人在齐声朗诵《北征颂》。宫里正在举行庆祝皇帝大捷的庆祝会。

冯太后看着冯熙,下颏抬了抬:"听见了没?"

"听见了。"冯熙微笑着。

"你看,这样下去,他可就没有希望了。"冯太后下颏点了点怀中撒娇的拓跋宏。她推了推拓跋宏:"去吧,宏儿,该去念书了,别光顾玩,一会儿我要考你背诵《论语》，要是背不出来，小心我罚你站黑屋子!"说着，脸色就随之沉了下来。

拓跋宏抬起脸，小心仔细地看看阿奶的脸色，发现阿奶不是说笑话，急忙从冯太后怀里钻了出来，一溜烟跑向书房，去仔细读书了。

冯熙笑着:"你可真有办法，把宏儿教育得又爱你又怕你，这么听话! 将来真是你的福气!"

冯太后笑着:"小孩子猴性猴性的，牲口都要从犊子时候调教，何况孩子! 你不调教他，将来顽劣任性，一无是处，皇帝哇又咋样，还不是被人推翻! 我可不想我的孙子甚也不会，只是一个顽劣不堪的犊子! 你看，我设立了皇子太学，把所有的皇子、公主都送进学堂里，让他们读四书五经，让他们从小学习礼教。"

冯熙点头:"太后从来眼光远大，为兄十分佩服，我那几个孩子，女娃娃还算听话，温文尔雅，那两个男娃都有些顽劣了，不服管教。我有些担心呢。"

冯太后笑着:"你那几个娃娃都是一表人才，长得那么好看，粉团团、粉嘟嘟的，我见了都爱不够。将来，把女娃弄到宫里做太子妃，你愿意不愿意? 男娃可是要好好调教呢，可不要牛屎蛋蛋面上光，里面一包草。要不，把他们弟兄俩送到我这里来，做太子中庶子，让我来替你管教。舍得不舍得?"

冯熙急忙作揖拜谢:"那敢情再好不过了。冯诞与宏儿同岁，冯修才三岁，还小一些，恐怕一起送进宫太劳累太后，等他们稍大一两岁再送来不迟。"

冯太后笑着:"可也是。这么大的犊子实在太累人，我现在还有大事需要操心，缓两年送来不迟。不过，告诉博陵长公主，不要太宠爱孩子，还是要早些调教得好。现在，我想跟你商量一件大事。你看，皇帝这次出征，很显露出些军事才能，这倒叫我有些担心。恐怕他不会自动让位给太子，你说，这可咋办哇?"

冯熙看了看左右，张祐、秦阿女、刘阿素几个都在外面侍候，便压低声音:"我也有这担心。皇帝这次出征，可是完全控制了朝中军事大权，太后恐怕一时还无能为力。不过，我研究过国史。当年太武皇帝禅让皇位给太子的时候，只是禅让朝中权力，而自己掌握军事。如果可以说服皇帝禅让朝中权力给太子，让他自己掌握军事，恐怕还是有可能的。我们只能见机行事，一步一步走，走一步算一步。"

冯太后点头，沉思了一会儿，说："心急吃不得热油糕，只好先耐着性子再等待了。不过，我看不能等待太久，时间越久，恐怕对我们越不利。"

冯熙点头。

冯太后想了想："等皇帝班师回朝以后，我们要大肆给皇帝举行庆祝，要给他多选些贵人、妃子，让他好好享乐享乐！"

皇帝拓跋弘从平蠕蠕回来以后，到阴山祭天地，祭告祖先，接着祭告宗庙，把他第一次大捷的军事行动张扬得无人不知。接着，他下诏开了文成皇帝的山泽禁令，允许打猎。十二月，西苑武周山灵岩的石窟寺落成，他和皇太后一起带领着新选来充实后宫的妃子、夫人去参加石窟寺石佛的开光和石窟寺落成典礼。由文成皇帝下诏重新开工的石窟寺经过十多年的经营，坛曜沙门主持雕凿的五窟已经完成，五尊高大的石佛披挂着红绫彩绸，等着皇帝来揭幕。

乐队敲奏着喜庆的鼓吹乐，播鼓的后生用自己热烈的鼓点与寒风对抗，系着红绸的鼓槌上下翻飞，鼓声热烈得令人振奋。

冯太后与皇帝拓跋弘在前呼后拥中来到石窟前，逐一瞻仰着高大的石佛。五大石窟凿成椭圆穹庐，正像鲜卑人早期逐水草而居的帐幕，每个石窟里矗立着一尊极其高大的三世佛成像，佛像上身内穿僧衣，外着袒右肩或通肩大衣，佛像脸部丰满，大眼、大嘴，面容庄重，略带微笑，双耳垂肩，慈爱安详。菩萨有的袒上身，有的斜披络腋，胸佩项圈、短璎珞，浑圆的胳膊上戴着臂钏，下着羊肠大裙。石窟顶壁还雕刻着一些造型生动的飞天罗汉等小石像。

冯太后慢慢地走，冷静地观看着，在面前这五尊高大石佛脸上寻找着她熟悉的模样。这五尊大佛正是魏国五位皇帝的象征：太祖道武皇帝拓跋珪、太宗明元皇帝拓跋嗣、世祖太武皇帝拓跋焘、景穆皇帝拓跋晃、高祖文成皇帝拓跋濬。

小皇帝拓跋弘伫立在石佛前，心潮起伏，激情澎湃，浑身热血沸腾，他瞻仰着他的父祖，脑海里浮现着父祖开创魏国的光辉业绩。

他自豪地举起拳头对着文成皇帝的雕像说："父皇，儿臣没有辜负你和祖辈的期望，儿臣一定会继续发扬父皇的治国策略和方针，把魏国治理得国

首位称制：文明冯太后

富民强！儿臣一定不辜负父祖期望！"

冯太后微笑着看了看拓跋弘，拓跋弘满脸写满得意和豪情，冯太后眼睛里闪过一丝不被人察觉的嘲讽的冷笑：别得意得太早！

开光仪式结束以后，冯太后笑着对拓跋弘说："皇帝征战辛苦了多日，是不是要在石窟寺里住些日子，歇息调养调养啊？你可以与妃子一起在野鹿苑打打老虎啊！"

拓跋弘笑了："太后与儿臣想到一起了，儿臣正有这打算！"

冯太后笑着，关心地嘱咐着："那就让那些新选来的妃子、夫人们陪着你玩吧。对，让沙门能净和惠净也来陪你，给你讲讲佛道佛理。"

拓跋弘答应着。

拓跋弘在野鹿苑早晚与沙门能净、惠净议论佛事，讨论佛理，白天与万安国、陆定国以及猎郎漫山遍野地打猎，夜里轮流与妃子、夫人睡觉，尽情玩乐，一直玩耍到皇兴五年（471年）初夏。

皇帝征蠕蠕失利　太后抓时机反击

皇兴五年（471年）初，殿中尚书胡莫寒根据万安国的意思，准备重新组织一支新的可靠的殿中武士宿卫队。殿中尚书胡莫寒打了个如意算盘，想一举两得，既完成驸马都尉的指示，同时又可以靠选拔武士敛些钱财。西部敕勒有一些做兵丁的人，家里都是豪富，从他们中选拔在皇帝近旁行走的殿中武士，他们一定十分踊跃，一定会争相贿赂于他。殿中尚书胡莫寒来到高平镇敕勒兵丁中选拔殿中武士，同他猜想的一样，那些敕勒兵丁纷纷用钱财贿赂他。可是，这胡莫寒收了人家的钱财，却无法实现他的许诺，无法给敕勒士兵办事。万安国自己另行选拔了一批他认为可靠的士兵充当了殿中武士。敕勒士兵愤怒了，他们在高平镇起事，杀了殿中尚书胡莫寒和高平镇假镇将。同时，各部敕勒一起叛乱。

敕勒，北方名敕勒，南方名高车、丁零，《魏书》说其先人为匈奴之外甥。传说匈奴单于生了两个漂亮的女儿，国人都以为是神仙下凡。单于说，我这两个女儿怎么可以配人呢，只可以配天。于是在国北无人的地方，修筑高台，安置二女于其上，说："请天来迎娶她们吧。"过了三年，她们的母亲想把她们接回去,单于不同意。又过了一年,来了一只老狼,昼夜守在台下嗥呼,并且在台下刨挖了一个洞作穴,住了下来不肯离去。小女说:"我父把我放在这里,想让天神来迎娶我,现在来了一只狼,或者这就是天神天意的安排吧。"说着,想下台去会老狼。姐姐大惊,劝说着:"这是畜生啊,不要羞辱父母!"小妹不听,毅然下台,作了老狼的妻子,并且生子。以后逐渐繁衍滋生,成为敕勒。①

敕勒反叛的消息报到平城皇宫,皇帝拓跋弘这才恋恋不舍结束了自己的长假游乐,车驾匆匆回宫。

皇帝拓跋弘诏汝阴王天赐、给事中罗云率兵征讨。前锋敕勒诈降,罗云信以为真,不做任何准备,结果,敕勒率几千轻骑突袭,罗云被杀,军队死伤十之五六,汝阴王天赐侥幸逃命。

魏军被敕勒大败的消息传回平城皇宫,从皇帝拓跋弘到群臣都大惊失色,朝廷上下一片恐慌。

消息传到冯太后耳里,冯太后大喜:时机到了! 逼迫皇帝让位的时机就在眼前!

冯太后立即召见录尚书事拓跋长乐、东阳王拓跋丕以及太傅冯熙等。冯太后威严地说:"皇帝大败,辱没祖先,应该到阴山祭祀祖先、天地,自行告罪,乞求祖先、天地保佑,这样才利于国朝。东阳王,你是拓跋老祖,你说,是不是这么个理?"

拓跋丕朗声回答:"太后所言极是。当年道武皇帝一遇军事失利,随即亲自伏身神坛,向天神祈祷请求恕罪! 太武皇帝更是多次亲赴阴山,举行盛大祭祀祈祷仪式,请求天神的饶恕和保佑!"拓跋丕声高气朗,每当谈起祖先旧事,他就立刻摆出老祖宗的架势,十分神气活现,十分得意扬扬。

录尚书事拓跋长乐跟着太后主持了几个月平城事务,已经养成听从太后决断的习惯,太后对他关心备至,他对太后很是喜欢。

拓跋长乐是拓跋弘的异母弟弟,比拓跋弘小几个月,是李欣的外孙,去年(皇兴四年)五月,刚刚封为建昌王,任命为录尚书事。皇帝领兵打仗外出时,他和冯太后一起主理朝政。

---

① 见《魏书·列传第九十一·高车》。

首位称制:文明冯太后

拓跋长乐面露难色，看了看太傅冯熙和拓跋丕："皇帝去岁大胜，锐气尚在，让他到阴山祭祀告罪，恐怕他不会去。"

拓跋丕说："为国朝安危，皇帝明大理，应该同意去。"

冯熙也说："还是去一趟的好，大家放心。"

冯太后严肃地看着拓跋长乐："大家都是为国朝安危着想，皇帝明理识义，我们一起去劝说他，他会同意的。"

冯太后率领着几个大臣，来见皇帝拓跋弘。

冯太后把大家的意思给皇帝拓跋弘说了说："为了国朝安危，我和几个臣子商议，觉得皇帝应该幸阴山，去祭告天地、祖先，请求天地、祖先的保佑。这次战争，可是国朝几十年来少有的大败仗，而且败在小小敕勒手中，太武皇帝一定在地下感到汗颜，也许想要狠狠惩罚他的不肖子孙呢。皇帝要是不赶紧去祭告天地、祖先，这惩罚来了，国朝安危难料啊！"

一席话说得皇帝拓跋弘满脸大汗，羞惭不已。万安国想解释什么，被拓跋长乐和拓跋丕狠狠瞪了一眼，制止了。

冯太后继续说，语气很是严厉："这次败仗已经叫朝中人心浮动，如果不赶紧采取措施，人心乱了起来，后果不堪设想！"

拓跋丕慢腾腾地说："太后所见极是。皇帝陛下三思啊，要是能够幸阴山祭告天地、祖先，确实是最好的补救措施。当年道武皇帝……"拓跋丕又洋洋得意地以拓跋氏老祖的身份，宣讲了一番国朝历史。

皇帝拓跋弘看看拓跋长乐："长乐，你说呢？"

拓跋长乐点头："我也同意太后的看法，到阴山祭祖，小弟愿意陪皇兄前往，小弟愿意与皇兄一起接受天地、祖先的责备。"

拓跋弘无可奈何："既然大家都这么看，朕也没甚可说，应该去阴山祭告天地、祖先。不过，长乐还是留在平城，你是录尚书事，朕不在宫城，你要与太后一起掌管朝廷事务。"

冯太后笑着："你们弟兄这么友爱，叫我高兴。不过，祭告天地，还是弟兄一起去的合适。好在你去不了几天，三五天就可以返回来，这三五天可以让东阳公拓跋丕代理。皇帝意下如何？"

拓跋长乐高兴了，急忙说："太后所言极是，祭告天地还是小弟陪皇兄去合适。就让东阳公拓跋丕叔祖代理几天吧。"

万安国急得一个劲挤眉弄眼对皇帝使眼色。

冯太后冷笑着，定定看着他问："驸马都尉，可是哪里难受不成？干甚皱眉挤眼的？"万安国不敢说话，苦着脸说自己肚子有些疼痛。

"那就歇息去吧。"冯太后毫不留情地赶万安国出去。

等万安国出去，冯太后和颜悦色地问拓跋弘："皇帝，决定了没有？敢不敢去阴山祭告天地、祖先呢？要是你不敢去，我们只好让拓跋长乐代替你前去了！"

拓跋弘被冯太后这激将法说得满脸通红，他腾地一下子站了起来："朕为甚不敢去？朕敢做敢当！这一次打了败仗，以后朕会打更多的大胜仗的！"

"好！是个顶天立地的皇帝！"冯太后笑着，站了起来，"内行长，立刻给皇帝准备，皇帝明日去阴山祭告天地、祖先！"

皇帝拓跋弘前脚出平城，冯太后立刻召见在平城的皇叔任城王拓跋云。拓跋云是景穆皇帝十三子中老七，现官居侍中、征东大将军、和龙镇都大将。冯太后知道，任城王拓跋云一直想回平城，他现在正在宫里到处串联活动，想让皇帝调他回宫。

冯太后嘘寒问暖，询问了他在和龙镇的情况。"皇叔，不知你可想回都城来为官？"

拓跋云笑着："小弟当然想回京都了，可是皇帝侄儿迟迟不肯下诏，小弟不敢不听诏命擅自回京。"

冯太后点头："云弟从小孝悌，恭宗崩，你刚五岁，啼哭不止，令世祖太武皇帝十分伤心，抱着你哭泣，说你一个小孩子怎么能知道成人的意思呢。"

拓跋云不好意思地搔着头皮："皇嫂提起小弟幼时，真不好意思！"

冯太后咯咯地笑："谁都有小时，有甚不好意思！嫂子我十分景仰皇叔的孝悌呢。我这里有点你喜欢的东西，送给你，不知你可接受？"

拓跋云连连摆手："太后说哪里去了，只要是太后送的，小弟都视若无价珍宝！"

"拿来！"冯太后提高声音喊。刘阿素和秦阿女捧着金光灿灿的托盘走了出来，托盘上放着西域进贡的最好的玉雕，一尊晶莹剔透的释迦牟尼结跏趺坐成道像，另一托盘上放着一尊金光灿灿的纯金观音菩萨像。

拓跋云是个痴迷的佛家信徒，与他哥哥文成皇帝一样，笃信释迦。看到这碧玉佛像，他的眼睛灼灼放光，目不转睛地盯着碧玉的佛祖像："真漂亮！真漂亮！"他喃喃自语。他知道，这是西域进贡给魏国的最珍贵的礼品，一直收在文成皇帝那里，谁也无缘得以看它一眼。多少次，他请求文成皇帝给他看一眼，文成皇帝总是顾左右而言他，支吾过去。

"快让皇叔仔细端详端详！"冯太后笑着说，把碧玉佛祖像从托盘里小心捧了起来，亲自递给拓跋云。

拓跋云小心地抚摩着碧玉佛祖，感动得热泪盈眶："太后真的把它送给小弟？"

冯太后笑着："你看我甚时候诳过人？这当然是送给你的！还有那金佛，那也是无价宝，它是南朝来的，听说是从佛祖家乡南洋来的呢，是南洋僧人亲自做的，珍贵得很！听说是专门给南朝那个菩萨皇帝制作的呢。"

拓跋云眼睛放光，放下碧玉佛祖，迫不及待地捧起沉甸甸的纯金观音菩萨，仔细端详着，又是啧啧赞叹不已。

冯太后挑拣了一个鲜红的石榴给拓跋云，同时深深地叹了口气，沉默不语，满怀心事地抠着石榴子慢慢地咀嚼着。

拓跋云不安地看了看冯太后，小心翼翼地询问："太后为甚叹气？可有甚心事，不知小弟能否效劳？"

冯太后又叹口气："近来朝中事情不大妙，想皇叔也听说了吧？皇帝近来迷上佛道，在石窟寺一住就是差不多半年，越来越怠于朝政，一心与沙门谈佛论道，结果朝中混乱，一个殿中尚书的贪婪造成敕勒诸部的反叛，朝廷打了一个几十年都少有的大败仗。我这皇太后，怎能不操心呢。"

拓跋云点头："是的，皇帝毕竟年轻，还需要太后指教。"

冯太后冷笑："指教？说不上。皇帝从小就不听我的话，他现在更是只听沙门的话，对朝政大事越发懈怠，这样下去如何是好呢？祖先开创的事业难道要毁于他手不可？"

"这咋行呢？我们都是皇帝的亲叔，我们兄弟不会答应他的！"拓跋云已经义愤填膺了，他红头涨脑地喊着。

冯太后只是摇头叹气："他现在是谁的话也听不进去了。我看，要想让他改变主意，是比登天还难。"

"那咋办？我们就任他糟蹋国朝不行？"拓跋云激动地喊。

冯太后沉静地看着拓跋云："皇叔不要激动，不要激动。这办法还是有的。皇帝很具有军事才能，要是皇帝能够效法太武皇帝，自己专心军事，把朝政大权禅让出来，禅让给像你这样德高望重的皇叔，他就可以有更多时间参禅礼佛，而朝政大事也不会耽误，这不是一举两得的大好事吗？"

任城王拓跋云心跳起来：让皇帝禅让皇位？禅让出来的皇位给我这样的皇叔？太后说得多明白直接啊！

"皇帝听你们几个皇叔的话，不知皇叔能不能从旁劝说劝说皇帝？皇帝像现在这样，如何能继承乃祖遗志，治理好国朝呢？国朝不兴，不光皇帝自己无法面对祖宗，连你们这些皇叔都脸上无光。既然皇帝无意朝事，我们也不好勉强。皇叔德高望重，劝说皇帝早日禅让，有利于国朝。皇叔你说呢？是不是这么个理？"

拓跋云连连点头："是这么个理，是这么个理。我这就去串联我们几个兄弟，看如何说服皇帝。"

冯太后微笑着站了起来："皇叔能为国朝分忧，请接受我一拜。"说着，弯腰深深一拜，慌得拓跋云手忙脚乱地还礼不迭，嘴里连声说："太后折小弟寿了，小弟不敢当，不敢当！"

冯太后又说："朝中事情复杂，请皇叔串联其他皇叔时，不要多说，只当是皇叔你自己的主意。否则，其他皇叔可能要心生疑虑，以为你得了我甚好处呢。其实，我是最看重七皇叔的，我正在想办法调皇叔回朝，任命皇叔为都督中外诸军事的中都左大官，不过，眼下我不能直接任命，尚须皇帝同意才行。可皇帝总是在我提议时顾左右而言他，我也拿不准皇帝的心思。"

拓跋云感激涕零，激动地说："太后放心，小弟一定把这事情办成！"

"对，还有一事望皇叔留心，这事最好不要让二皇叔你二哥拓跋子推知道，他可是有自己野心的！"冯太后又叮嘱着。

一句玩笑失皇权　四岁孩童承皇位

拓跋弘与拓跋长乐从阴山回来，拓跋云就和几个兄弟一起去看望他，寒暄了阴山祭祀的情况,拓跋云把话题拉到目前朝政形势上。

拓跋云问起皇帝参禅礼佛的事情,拓跋弘立刻变得兴致勃勃。在他父亲拓跋濬的影响下,他从小就拜佛礼佛,对佛祖崇拜得五体投地。近来在沙门能净、惠净的教诲下,更多更深入地理解了佛教教义,对佛教的认识加深了许多,他更加笃信佛教,而且决心身体力行,要苦修十地境界,以求正果,以修来生。

拓跋弘滔滔不绝地说起佛教教义:"佛教教义实在博大精深,它可以让人摆脱苦海,进入极乐世界。只要修到十地境界,都可以成佛,成了佛,就进入了极乐世界,没有了任何烦恼。朕以为,皇叔也要潜心向佛,争取早日修成正果。"

拓跋云摇着头,兄弟几个互相看了看。果然如冯太后说的一样,皇帝痴迷于向佛,这可怎么好呢?

拓跋云说:"皇帝这样向佛,我们弟兄都很高兴。可是,皇帝要以国家大事为重,这参禅礼佛会不会影响皇帝治理朝政呢?"

拓跋弘叹了口气:"朝政琐事真的很叫人厌烦。就说这次打仗吧,费了许多心机部署,结果打败了,朕还得担当责任,亲自去阴山祭告天地、祖先乞求原宥,确实不如参禅礼佛叫人心静。"

拓跋云又问:"皇帝真的厌倦朝政事务?"

拓跋弘点头:"朝政生活真的不如我在石窟寺那几个月平静,每日陪伴在佛祖前,与沙门论道,多清静啊。可惜朕没有这福分。"

拓跋云笑了:"皇帝陛下想过这种日子,其实容易之极。当年太武皇帝为了清静一些,把朝政大事让与景穆皇帝,自己掌管军事,日子不是清静多了。皇帝陛下果真喜欢参禅礼佛,不妨效仿太武皇帝,只掌管军队,而把那些琐碎的朝政交与我们这些皇叔或者你的兄弟、儿子,不是一举两得了吗?"

拓跋弘笑着:"可不是,这倒是个办法。不过,我这皇帝不是当不成了吗?"

拓跋云笑着:"当年太武皇帝不还是皇帝吗?他是太上皇,谁敢不听他的?你同样是太上皇嘛!只要掌握着军队,依然大权在握,不是吗?"

"是的,是的,做太上皇可是清静多了,没有那么多繁杂事务来缠绕,也不必每日上殿处理杂务了。"拓跋弘笑着。

"是啊,是啊。太上皇只掌管军事大事,琐碎小事全都可以推给皇帝去处理。陛下以为如何?"几个兄弟也都七嘴八舌地问。

"不错,不错,似乎是个不错的主意。"拓跋弘哈哈笑了起来,开着玩笑说,"要不,我这就下诏禅让皇位?"

"感谢皇帝英明!"拓跋云和几个兄弟马上起身跪到拓跋弘的面前,一起高声说。

拓跋弘急忙摆手:"朕不过戏言,不必当真,不必当真!"

拓跋云正色厉声:"君无戏言!皇帝哪能以皇位为戏言呢?皇帝既然说了,就是一言既出,驷马难追的!我们兄弟这就去禀告太后,禀告宗室!皇帝陛下还是想想,把皇位禅让给谁好,可不要再说甚戏言了!"

"不必去,我自己来了。"说话间,冯太后施施然走进来,后面跟着东阳公、内行长拓跋丕,太尉源贺,内外朝官员一行。皇帝拓跋弘与几个皇叔一起拜见冯太后。

冯太后笑着:"我和诸卿都已听见皇帝所言,皇帝要禅让皇位做太上皇,显示皇帝之英明!与其干自己不想干的琐碎事务,还不如自己做太上皇,把军队控制在你手里,专门处理军务,保护社稷。至于那些琐屑事务,不妨让别人去处理!"

拓跋弘张口结舌,不知说什么好。一切似乎已经成了定局,没有他分辨的可能。他不过说笑,怎么他们就当真了?

"皇帝准备把皇位禅让给哪位皇叔啊?"冯太后笑着,定定地看着拓跋弘,语气没有一点商量和征询的意思,全然的权威命令。

拓跋弘苦着脸,愣怔了一会儿,才吞吞吐吐地说:"要不就禅让给二皇叔京兆王拓跋子推吧。"

拓跋云愣怔了,脑子翻腾起来:太后所言果然不错,这子推确实与皇帝关系不一般。看来皇帝禅位于自己的希望渺茫了。但是,也不能让二哥拣了这大便宜!

"不妥,不妥!皇帝的决定有些不妥!"他急忙表示反对,"陛下方隆太平,临覆四海,怎么能上违宗庙下弃兆民呢?父子相传,其来已久,皇魏之兴,未之有革。皇储正统,圣德凤章。陛下想割捐尘务,想颐神清旷,也应该继续皇位正统。如果舍弃皇储,轻移宸极,恐非先圣意思,恐骇动人情。再说,天下是祖宗之天下,而陛下辄改神器,上乖七庙之灵,下长奸乱之道,此是祸福所由,愿陛下谨慎深思!"①

冯太后微笑着点头,心里不住地赞叹着:好口才,当初找他算是找对了!

太尉源贺上前,行礼后说:"陛下今欲外选诸王而禅位于皇叔,臣恐怕春秋乱套,昭穆混乱,万世以后,必招惹反对讥讽之论,臣望陛下深思任城王之言!"

拓跋弘看了看冯太后:"太后以为如何?"

冯太后微笑着:"我看任城王说得很有道理。禅位于皇叔,可是乱了宸极,乱了魏国祖宗的规矩,皇帝不可不慎!"

拓跋弘叹气:"既然不可禅位于皇叔,那就只有禅位于太子了。可是太子刚刚四岁,如何能够担当治理国家这么大的责任呢?"

拓跋云看了看冯太后,冯太后的眼睛里闪过一丝得意。他突然明白了:冯太后的本意就是让皇帝禅位于太子!他急忙说:"太子虽然冲幼,可上有太上皇教诲,大事太上皇决策,小事满朝文武大臣代劳,上下一心,国朝兴旺!"

东阳公拓跋丕了解拓跋弘的个性:你越劝说他,他越不听你的话!不如反其道而行之,故意反对他禅位于皇太子,反倒可以更快促使他同意。他意味深长地看了看太后,冯太后正向他示意。他故意咳了一声,愤愤不平地说:"皇太子固然圣德凤章,然实冲幼,难以担负如此重任。陛下正富春秋,才开始揽机政,普天景仰,全国向往,然陛下却想独善,不以万物为意,不知把若宗庙放在哪里?把亿兆百姓放在哪里?"

皇帝拓跋弘愤怒地看了一眼拓跋丕:你凭甚来责备朕?朕偏偏传位于太子!拓跋弘腾地站了起来,大声喊:"储宫正统,受终文祖,有群公辅助,为何不可!朕决心已下,传位太子!"

冯太后轻轻地拍起巴掌。群臣都趴伏于地,高呼"皇帝万岁!万岁!万万岁!"然后又高呼"太上皇万岁!万岁!万万岁!"

拓跋弘颓然坐到座位上,接受群臣祝贺。

---

① 见《魏书·列传第七·景穆十二王》。

皇兴五年(471年)八月丙午,在太华前殿,皇帝拓跋弘举行了盛大的册命太子典礼。皇帝拓跋弘发表了一通言不由衷的讲话:"昔尧舜之禅天下也,皆由其子不肖,若丹朱、商均能负荷者,岂搜扬仄陋而授之哉?尔虽冲弱,有君人之表,必能恢隆王道,以济兆民。今使太保、建安王陆馥,太尉源贺持节奉皇帝玺绶,致位于尔躬,其践升帝位,克广洪业,以光祖宗之烈,使朕优游履道,颐神养性,可不善欤?"

丁未,下诏宣布禅位,诏书说:"朕承洪业,运属太平,淮岱率从,四海清晏。是以希心玄古,志存淡泊,躬览万务,则损颐神之和;一日或旷,政有淹滞之失。但子有天下,归尊于父;父有天下,传之于子。今稽协灵运,考会群心,爰命储宫,践升大位。朕方优游恭己,栖心浩然,社稷又安,克广其业,不亦善乎?百官有司,其祗奉胤子,以答天休。宣布宇内,咸使闻悉。"

群臣纷纷劝说:"昔三皇之世,淡泊无为,故称皇。是以汉高祖既称皇帝,尊其父为太上皇,明不统天下。今皇帝幼冲,万机大政,犹宜陛下总之。谨上尊号太上皇帝。"

拓跋弘听从了群臣的劝说,上尊号太上皇帝。这大约是有史以来最年轻的太上皇,不到十八岁。

己酉,太上皇帝移居北苑崇光宫。

皇兴五年(471年)八月丙午,四岁的拓跋宏一身金龙缠绕,戴着皇帝的冠冕,在大臣的簇拥下,冯太后紧紧拉着他的手,一步一步登上太华前殿,在雄壮喜庆的朝堂鼓吹乐曲声中,在声振皇宫的三呼万岁的口号声中,慢慢登上大殿正中高高基台上的镏金宝座,接受了太上皇拓跋弘的禅让皇位的仪式,宣布继承大统,宣布大赦,然后宣布改元延兴元年。

冯太后紧紧拉着小皇帝拓跋宏的手,微笑着站在高高的基座上,俯视着大殿上的群臣,明亮的眼睛熠熠放光,嘴角挂着似有似无的得意神情,接受着群臣的欢呼。她扫视着匍匐在脚下的王爷宗室和内外大臣,内心充满着胜利的喜悦。她又一次登临这宝座,又一次站到魏国权力的顶峰。从今天开始,在实施了第一步计划以后,她要坚定不移地走下去,逐步实现她的第二步、第三步计划,她要按照自己的意愿和意志来治理拓跋鲜卑的魏国。

首位称制:文明冯太后

第七章　帝后斗法

皇太后如愿以偿太子登基　太上皇闭门思过北苑度日

太上皇拓跋弘走出简陋的崇光宫，放眼望去。白登山迤逦，满目苍翠，映着蓝天白云，十分美丽。崇光宫外浑水河发出哗哗的流水声，向南流去。崇光宫简陋，梁柱不加漆，全是原木颜色，椽子都没有加以斫削，还带着树皮。宫前的台阶不过是几块青色石板支垫起来，有的还晃荡着，不够牢实。太上皇选择这么简陋的宫殿居住，颇有些卧薪尝胆的意味，他自己却说，居陋室以闭门思过，以反省赎罪。

拓跋弘慢慢走下青石板支垫的还有些晃动的石阶，走到东面他最喜欢的两根石柱前，深情地抚摩着细腻、密实、滑爽的白色石柱，这些雕工精致的花纹总让他流连忘返。这两根石柱，据说是石勒赵国时代雕刻的，原来做石虎邺城东门的石桥柱，不知什么时候被什么人移到这里。拓跋弘十分喜爱这两根雕刻精美的石柱，他抚摩着石柱上镂刻的云烟和飞腾在上面的蟠螭，感慨不已。他现在再也不能飞腾了，再也不是蟠龙，而是一只被太后贬到这里闭门思过的病老虎。禅位以来，他居住在北苑里的崇光宫，只有几个内监、几个沙门陪伴着他，他把自己的妃子、夫人也留在宫中，他想在这里好好修养身心，以便能够早日修成正果。

想到这里，拓跋弘噘起嘴唇啸着，一曲哀伤悲凉的曲调飘荡在空旷的院子里。

今天，是儿子皇帝拓跋宏前来探望他的日子，每月一次，皇帝拓跋宏在内行长拓跋丕等大臣带领下前来探望他，向他禀报朝中诸项大事。

没有了权力，太上皇拓跋弘感到冷清孤独，没有了前呼后拥，没有了奉承阿谀，没有了笑脸谄媚，他还真有点不习惯。孤独中，他学会吹啸（口哨），经常一个人吹着各种曲调的啸。

太上皇不时踮起脚尖向北苑那条通向平城的大道张望。大路两旁高大的柳树、杨树、榆树、松树、枣树、槐树蓊蓊郁郁，遮挡了他的视线。他失望地垂下头，吹起悲伤的啸。

今天，他早早起来，来到宫外，就是为了等待儿子拓跋宏。虽然，每次儿子前来探望都要勾起他的伤感，但是，他还是翘首以待着每月一次的短暂的会面。

拓跋宏每次都是在前呼后拥中前来探望太上皇。拓跋宏对自己的父亲拓跋弘已经开始陌生起来，每次来探望的不长时间里，主要是大臣向太上皇禀报朝政各种公务，他一个小孩子，只能听，听得不耐烦了，就在宫里乱跑，等大臣禀报完公务，太上皇想和儿子亲热亲热的时候，常侍苻承祖就会说："皇帝陛下回銮读书的时辰到了。请皇帝回銮！"

太上皇觉得这班奴才有意制造障碍来间离他与儿子，可是，他又毫无办法，眼睁睁看着儿子拓跋宏被前呼后拥地带着离开他。

想到这里，拓跋弘叹了口气，噘起嘴唇，吹起哀怨悲切的龟兹曲调，眼泪不知不觉顺着他的腮帮子流了下来。

太阳已经升起老高，来路已然静悄悄的，看来今天拓跋宏不会来了。

拓跋弘眼睛流着眼泪，转身向宫里走去。

早就偷偷跟着太上皇出来的万安国偷眼观察着太上皇，看见他这么伤感，急忙走上前来，亲热地扶住他的手，轻轻地抚摩着他。拓跋弘泪眼婆娑地朝万安国笑了笑，心中算是有了些安慰。要不是有时时刻刻跟随着他的万安国，与他一起谈论佛道，给他讲解些典故故事，与他一起读书，与他一起游玩，他真的不知道如何度过这孤寂的日子。拓跋弘刚刚十八岁，却对女人——他的妃子、夫人失去了兴趣，倒是与万安国一起，叫他快活。

万安国看着拓跋弘怅然若失的颓废样子，极力安慰着他："太上皇不可一味消沉，皇帝年幼，这国朝诸事尚须太上皇操持，太上皇若是一味沉溺，臣窃以为小皇帝难于把持朝政。万一朝政旁落，太上皇可真的要无颜面对列祖列宗了。"

"你说朕能做甚？太上皇无法过问朝政，又不能待在皇帝身边，与他商量朝政，太后紧紧地看管着他，朕纵然有多少雄心壮志，也都无可奈何。"

万安国继续劝解着拓跋弘："太上皇不可过于悲伤。俗话说，事在人为，太上皇手中还掌握着军队，国朝四边各国与六镇总是不会太平，刚刚发生的沃野、统万二镇的敕勒部落反叛，虽然派太尉、陇西王源贺追击，斩首八千余，灭了这二镇的敕勒。可是，他们就像那些野草一样，不会就此罢手的，这战争还会不断发生。只要时机到来，太上皇就应该率军驰骋，太后限制不了你。只要太上皇在军事上屡有建树，能够维护国朝，这宗室和满朝大臣一定会重新拥戴太上皇。大丈夫能屈能伸！当年韩信能受胯下之辱，方有以后率领千军万马！太上皇要学着忍受暂时的委屈！"

拓跋弘连连点头，他激动得拍着石柱："对！听你的！大丈夫报仇，三年不晚！走！我们去跑马射柳！"他一边向马厩跑去，一面尽情地啸着，啸着雄壮的凉州大角，由刚才的悲切哀伤变为狂放豪迈，充满豪情。

冬日的阳光从窗户上那块西域进贡来的透明琉璃上射了进来，暖融融地照在南炕上，照在还醋睡着的五岁皇帝拓跋宏的脸上。睡梦中，他感到自己的脸蛋捂在阿奶温暖的手心里，舒服极了。他翻了个身，把胳膊伸出被窝，又睡了过去。炕上，还睡着另外两个小男娃，他们是太傅冯熙的两个儿子：冯诞和冯修。冯太后把他们接进宫，与皇帝一起教养。这两个男娃也呼呼睡得正香，嘴角都挂着一股涎水。

站在炕沿前的秦阿女把皇帝拓跋宏的胳膊轻轻地塞进被窝，心想：让他再睡一会儿吧，太后现在不会过来的。可怜见这么点点个小人儿，又是上朝，又是读书，又要背诵四书五经、国朝规矩，也真够他受的。看他瞌睡的样，还是让他再睡一会儿吧。

秦阿女轻轻走出寝宫。"醒了没？"常侍张祐小声问。

秦阿女摇头："叫不醒，让他多睡一会儿吧。可怜见的。"

"你咋就忌吃不忌打啊，你忘了太后吩咐？你看现在甚时辰了，那天刚刚为没有按时叫皇帝起床挨了一顿责骂，这就又犯了老毛病哇。你不知道太后最不喜欢皇帝睡懒觉吗？还不快去叫皇帝起来。你看，甚时辰了！太后一会儿就来，她不会迟到的！"张祐唠叨着，心疼地推着秦阿女进去。

秦阿女看了看寝宫外间桌子上的秤漏①，秤漏已经漏了五升水，秤称了五斤，每天清晨，冯太后就在这个时刻来叫皇帝用早膳，一刻以后，太傅来叫他读书！

"我的娘啊！"秦阿女小声叫了一声，急忙奔进寝宫去叫皇帝起床。这时，皇帝寝宫对面的太后寝宫里已经响起一片内监、宫女请安问好的声音："太后安详！""太后安乐！""太后健康！"

"太后起来了！你快点吧！"张祐在后面大声催促着，迎了出去。冯太后已经扶着刘阿素过来。

"起来了没？"冯太后问迎上来的张祐。

"起来了，起来了！正穿衣服和履呢。"张祐笑着上来挽扶住冯太后，讨好地笑着，"太后还是让奴家伺候着先漱口洗面吧。来，阿素，扶太后过来洗面！"

刘阿素暗笑，知道又是秦阿女还没有把皇帝搞停当，急忙答应着，挽扶着太后到洗面漱口的地方。冯太后满心狐疑地张望了皇帝寝宫门口一眼，心里也明白，看来皇帝还是没有下炕。不过，她也不想次次责备这些宫女、内监，就揣着明白当糊涂，走了过去，让张祐和刘阿素伺候着她洗面漱口。

寝宫里秦阿女手忙脚乱，先从热乎乎的被窝里拉起冯诞和冯修，帮他们穿衣服。冯诞和冯修苦楚着脸，揉着睡眼，乖乖地让秦阿女给他们穿衣服。入宫快一年，他们已经被调教得十分听话，虽然没有睡醒，也不敢哭闹，秦阿女给他们穿好衣服，他们就自己爬下炕，穿上靴子，走出寝宫，坐到卧榻上，等着皇帝出来。

秦阿女急忙从热被窝里抱起皇帝拓跋宏。

皇帝拓跋宏可不那么乖，睡不醒的时候被人叫醒，他总是又哭又闹，踢胳膊踢腿，不肯把胳膊、腿往衣服、裤子里伸。每天早晨给他穿衣，总要让秦阿女累出一身大汗。

"皇帝陛下，我的小祖宗，太后已经起来了，你再不赶快穿，太后可要生

---

① 秤漏：北魏道士李兰发明的计时仪器，用渴乌（类似于虹吸管一样的器具）将漏壶中的水引入仪器，然后称量水的重量，以确定时间，标准是：漏水一升，秤重一斤，时经一刻。秤漏简易，准确。

气了！快点吧，求求你，我的好皇帝！好陛下！"秦阿女连说带哄，"你要是听话穿衣，我午后带你去逮雀玩！"

"真的？你不哄我？"拓跋宏高兴地抱着秦阿女的脖子，把他赤裸着的身子吊出被窝，光屁股露了出来。

秦阿女用指头划着拓跋宏的脸："羞不羞，皇帝还露出光屁股，看，连小鸟鸟都出来了。快穿上衣服吧！"

拓跋宏这才听话地穿上裤子、袍子。秦阿女抱起他，顺便亲了他一口："今天还算听话！来，快穿靴子！"

秦阿女拉着皇帝拓跋宏走出寝宫。冯太后已经洗漱完毕，正走了过来。

"快给太后阿奶问安！"秦阿女对皇帝拓跋宏说。冯诞、冯修见皇帝出来，也早已站了起来，跟在皇帝后面一步远的地方，向自己的姑母问好。

冯太后来到皇帝拓跋宏面前，抱着他亲了亲，右手拉着他，左手拉着冯诞，冯修噘着嘴拉着冯诞，一起去用早膳。

冯太后抚摩了一下冯修的黑头发："别噘嘴了。来，拉着我的手！"冯太后放开冯诞，拉住冯修的手。冯诞哼唧着有些不高兴。拓跋宏拉过冯诞："来，拉我！"

冯太后夸着拓跋宏："宏儿真懂事！一会儿上朝听大臣禀报公务，可不许再捣乱，说甚拉巴巴、尿尿的，听到没有？要是再闹个不停，又得让你诞儿哥替你挨打了，听见没有？皇帝上朝要有个上朝的样子。"

皇帝拓跋宏点头，清脆地回答："记住了，皇阿奶！我一定听话！你老放心！"

冯太后坐到椅子上，笑着戳了戳拓跋宏的额头："你啊，嘴甜着呢，就是一转脸就忘了。唉，告诉过你多次，皇帝要说朕，不能说我，记住没有？你是皇帝，皇帝说自己都要说朕，咋就老记不住，没记性！"

张祐把皇帝抱到太后身旁的龙椅上，冯诞和冯修也在内监、宫女的帮助下，坐到自己的座位上，桌子上已经摆满了太后喜欢的早膳。

冯太后看了看满桌子满满的各种盘碗，脸色一沉："跟你们说了多少遍，我们几个人吃不了多少，让你们少弄几个，你们总是不听，弄这么多，我们哪能吃了啊。农人种地不易，浪费了多可惜！"

张祐赔着笑脸解释："奴家看新杀了只鹿，又新下了秋米，想叫太后和皇帝尝尝新鲜,才多弄了几盘。太后见谅,要不撤下去?"

"算了吧,大家都辛苦了半天,撤下去,多扫大家的兴! 算了,今朝就这样,以后还是弄四个盘碗就行了。"

张祐欢喜得满眼满脸都是笑。这太后,真是体贴他们这些下人,要是太后需要他们,他们宁愿赴汤蹈火,也在所不辞。

冯太后端起新米熬的稀粥,用瓷调羹搅了搅,新米稀粥黄澄澄的,散发着诱人的米香。她看了看皇帝拓跋宏,他搅动着米粥喝得吸溜吸溜的。冯太后笑着:"慢点喝,小心烫着嘴。"自己也用调羹舀了一勺,准备喝。

"这是甚东西?"她看着碗里一小段黑乎乎的东西,用筷子挑了出来放到桌子上,拨弄着问。

张祐急忙凑了过去。"哎哟,我的娘!"他喊了起来。冯太后从自己粥碗里挑出一只小蛐蜒。

"来人! 快去把厨子给我抓来!"张祐咆哮着冲了出去。

宿卫立刻把厨子绑了拉了进来。

"你看,你把甚东西弄进太后粥里了!"张祐喊着,拉着厨子把他的头死命按到桌子上,"你看,你看! 看清楚了没有,那是甚?"

厨子吓得哆嗦起来,立刻就哆嗦成一团跪到太后面前:"太后饶命! 常侍饶命! 这蛐蜒不是奴才故意放进去的! 做饭时天黑,可能是房顶上落下个蛐蜒掉进锅里,奴才没看见! 太后饶命! 奴才不是故意的! 不是故意的!"

"不是故意的? 谁知道你是不是故意的? 太后早膳,你居然敢这样疏忽! 拉出去砍了!"张祐大声喊着。

冯太后摆手:"算了,算了。他确实不是故意的。冬天早晨黑,看不见是真的,就不要难为他了! 回去吧,好好做饭吧。"太后把蛐蜒扔到地上,微笑着对厨子说。

厨子跪在冯太后面前,哆里哆嗦,好一通感谢,才被宿卫拉了出去。厨子感动地想:这么仁慈的太后,今后愿意为她赴汤蹈火!

用过早膳,太后拉着皇帝到太华前殿去见朝臣,朝臣每日在这里等候着拜见皇帝与太后,禀报朝内外各项要事,等着与皇帝、太后商议要事,等着皇

首位称制：文明冯太后

帝、太后对要事下诏。太上皇逊位以来,太后以小皇帝的名义已经发布了许多诏令,改变了前朝许多陋习。

皇太后微笑着,今天,她要和皇帝一起接见胜利归来的太尉源贺。去年(延兴元年,公元471年)十月,沃野、统万二镇的敕勒部落反叛,她诏太尉、陇西王源贺出击。源贺率领着军队日夜兼程,追击敕勒部到抱罕,降伏二千多部落,斩首五千余,俘虏男女万余口,缴获牲畜三万余头。然后又追击统万、高平二镇反叛的敕勒到金城,斩首三千,灭了二镇反叛的敕勒。今天,源贺回朝廷禀报战事。

冯太后与小皇帝拓跋宏携手并肩坐到大殿龙床上,大臣列班拜见,冯太后召见源贺,请源贺陈述他追击敕勒的经过。

"辛苦了,太尉。卿不辞辛苦,转战严冬,追击敕勒,大获全胜。皇帝和我不胜感激!"冯太后微笑着向源贺表示了朝廷的嘉奖。

"臣源贺依古今兵法及先儒耆旧之说,略采至要,为《十二阵图》,献皇帝陛下与太后览阅。"源贺说着,双手捧上自己写的《十二阵图》。

冯太后让中常侍张祐接了过来送给皇帝拓跋宏,拓跋宏翻了翻,递给太后:"阿奶,你看吧。朕看不懂。"冯太后伸手拧了他屁股一下,小声提醒着:"不得乱说!"

拓跋宏被太后拧得"哎哟"了一声。

冯太后微笑着:"陇西王战事繁忙,还著书立说,精神实在可嘉!"

"感谢太后和皇帝的褒奖!源贺还有一事欲上,不知该说不该说?"

"陇西王请讲。我以为,为君之道在于广开言路,让臣民敢于直言上疏,敢于直言陈述。要是言论不通,臣民意见不能上达,朝廷如何知道下情?那些欺上瞒下的贪官污吏如何得以揭发?陇西王只管讲!"

冯太后端坐着,可旁边的拓跋宏已经开始扭动屁股,不安生起来。冯太后只好又伸手过去,在他的屁股蛋子上拧了一把,他"哎哟"一声,坐正了身体。

源贺抬头,看了看冯太后和皇帝,拿出自己写好的上疏朗朗读着:"每岁秋冬,遣军三道并出,以备北寇,至春中乃班师。虽然必要,但臣以为,劳役京师,又非御边长计。臣以为,招募诸州镇又武健者三万人,赦其徭役,厚加赈恤,分为三部。二镇之间筑城,城置万人,给强弩十二床,武卫三百乘。弩一床,给牛六头;武卫一乘,给牛二头。多造马枪及诸器械,使武略大将二人以镇抚之。冬则讲武,春则种植,并戍并耕,则兵未劳而有盈畜矣。又于白道南三处立仓,运近州镇租粟以充之,足食足兵,以备不虞,于宜为便。不可岁常举众,运动京师,令朝廷恒有北顾之虑也。"

冯太后专注地听着,源贺读完,她立刻拊掌夸赞:"陇西王高见!高见!这样确实令朝廷无北顾之虑。边镇有事,可以不劳动京师,就地解决!确实高见!我同意陇西王的提议,这事就交由陇西王亲自去筹建!皇帝,你说呢?"

冯太后低下头,征询皇帝拓跋宏的意见。拓跋宏正闭着眼睛在打瞌睡,冯太后只好又轻轻地掐了他一下。拓跋宏睁开眼睛,迷瞪着冯太后。

"快说,朕同意。"冯太后小声提醒。

拓跋宏听话地按照冯太后的话大声说:"朕同意!"

源贺退了下去。

冯太后看着下面的群臣,微微皱起眉头,她要把她最讨厌的事情,把她最近十分恼怒的事情,她决心要与鲜卑陋习斗一斗并斗到底的事情爽快地说出来:"这元旦正月里,平城百姓出城拜祭天地祖先,原本好事,可是,又有请萨满男觋作法的,甚至连拜孔子也请萨满,披头散发,鼓舞跳跃号叫,实在不成体统!这装神弄鬼的祭祀,文成皇帝时期已下诏严禁,文成皇帝崩后,朝廷未严加申饬,这风俗竟又死灰复燃,民间用萨满祭祀之事日渐增多。皇帝和我,对此十分愤怒,今天,重新严加申饬,严禁萨满男觋,妖言惑众!秘书郎,请宣读诏书!"

一个身材魁梧岸然、长相十分英俊的秘书郎走了上来。冯太后吃惊地看着这陌生面孔的秘书郎,她回过头问张祐:"他是谁?我怎么没有见过?"

张祐小声说:"回太后,这是中书省新起用的秘书中散,原为太史令,叫王叡,晋阳人,今年三十二岁。"

冯太后转回头,看着王叡,听他朗读他起草的禁止萨满男觋的诏书。

"顷者淮徐未宾,庙隔非所,致令祠典寝顿,礼章殄灭,遂使萨满妖觋,淫进非礼,杀生鼓舞,倡优猲狎,岂所以尊明神敬圣道者也。自今以后,有祭孔子庙,制用酒脯而已,不听妇女合杂,以祈非望之福。犯者以违制论。其公家有事,自如常礼。牺牲粢盛,务尽丰洁。临事致敬,令肃如也。"

秘书郎王叡声音洪亮，朗读得抑扬顿挫，朗朗清楚，十分有情。

冯太后赞许地看了看王叡，心想：这秘书郎不但口才好、文才好，长相也这么伟丽。不禁又多看了他几眼。

"还有，"冯太后在王叡宣读以后，抬起明亮的眼睛，看着群臣，缓慢而坚定地说，"有司奏天地五郊、社稷以下以及诸神，合一千七十五所，岁用牲畜牺牲七万五千五百。这么浪费，这么残害生命，实在令人发指。我想，此种景况该是变革之时了。诏中书，以太上皇之名义发诏，以后群祀悉用酒脯，禁用牲畜！立即去办！"

太上皇重振雄风图谋再起 皇太后运思机巧警惕政变

"太上皇，太上皇！机会来了！"万安国大呼小叫着跑进崇光宫。

太上皇拓跋弘正在研读坛无谶的《涅槃》，他抬起头白了万安国一眼："大惊小怪的！甚事？"

"北方蠕蠕犯塞了，朝廷告急！偏偏太尉、侍中、陇西王源贺重病在身！太上皇，立刻发诏调兵吧！"万安国气喘吁吁，兴奋极了。

太上皇拓跋弘推开面前的书，用拳头捶打着桌面："老天助我！老天助我！立刻诏诸将到北郊集合！"

"太上皇，还是先禀报太后的好。"万安国急忙拉住拓跋弘。

太上皇想了想："走，回皇宫去见太后。"万安国立刻让人备马，带领着侍卫护卫着太上皇向平城驰骋而去。

太上皇来到太后安乐宫，守宫侍卫见是太上皇驾到，不敢阻拦。太上皇径直走进安乐宫。

冯太后正在安乐宫里与拓跋长乐、拓跋丕、冯熙、陆定国等人商议蠕蠕犯塞的事情。

拓跋丕忧心忡忡："蠕蠕犯塞，来势汹汹，太尉源贺重病在身，一时不知派谁率兵出征的好。"

"我去！"拓跋弘一边大声说，一边走进宫。

"臣叩见太上皇！"拓跋丕等人急忙站了起来，向太上皇拓跋弘行礼。

冯太后扬起眉毛，诧异地问："你怎么来了？不是让你在崇光宫闭门思过吗？"

太上皇叩见太后，太后让他坐到自己身边。太上皇看着冯太后："儿臣听闻蠕蠕犯边，心下忧虑，不可再闭门思过。儿臣愿意戴罪立功，率领军队，驰骋疆场，保卫大魏。不知太后可否允诺？"

拓跋长乐看见兄长神采奕奕，心下高兴，接过拓跋弘的话头："太后肯定允诺，我们正在发愁呢，不知道该派谁去平息蠕蠕。"

拓跋丕也不假思索地说："若太上皇领兵，求之不得！太上皇征蠕蠕，蠕蠕一定闻风丧胆！蠕蠕可是太上皇的手下败将！"

冯熙与陆定国互相议论："可不是，蠕蠕一定惧怕太上皇！蠕蠕可汗予成一定忘不了前年［皇兴四年(470 年)］太上皇大败他们于女水，他们一定还记忆犹新呢。"

冯太后看了看拓跋弘，拓跋弘精神焕发，正定定地看着自己，眼光里满是祈求与希望。冯太后沉思着：几个大臣众口一词都同意太上皇率兵去征蠕蠕，自己非要反对，就与这几位她需要依靠的大臣有了罅隙。何况，这太上皇监兵，是太武皇帝的故制，自己反对，难免显得不遵故制，容易贻人口实。再说，太尉源贺病重，只有太上皇率兵才能压服众人，胜算的把握大了许多！

冯太后偏转脸慈爱地看着拓跋弘："弘儿，你行吗？"

拓跋弘腾地站了起来，挥舞着拳头向冯太后发誓："太后，儿臣向你盟誓，要是不打败蠕蠕，儿臣誓不还京！"

冯太后拉了拉拓跋弘："不要盟誓，不要盟誓！只要你有胜利的想法，你就能够取得胜利！好吧，我同意，由太上皇亲自率兵出征蠕蠕！"冯太后转向大家。

太上皇拓跋弘得到太后许可，立即召集军队集合在北郊。拓跋弘任命驸马都尉万安国为大司马、大将军，封安城王，与他一起出征。

太上皇率领着大军挥师北上，追击蠕蠕。

蠕蠕听说太上皇亲自率兵来征讨，确实闻风丧胆，急忙逃窜过阴山，消失在草原上。一个来不及逃窜的头领阿大干率领千余部落投降。太上皇首开得胜。

太上皇还没有班师回朝，东部敕勒投奔蠕蠕，双方兵合一处。为了防止他们反扑过来，太上皇又率兵追击，一直追过贺兰山才回兵。

从延兴二年（472年）春三月开始，一直到延兴五年（475年）十月，太上皇北郊大阅兵这三年多里，大多率领军队驰骋在北方，与蠕蠕捉迷藏似的，追击着蠕蠕和敕勒。其间，还率兵攻打蜀汉，南巡南伐。他有时驻守牛川，有时驻守云中，有时也驻守盛乐。太上皇每到一地，就与万安国一起，慰问官吏，抚慰高年，赈济穷人，嘘寒问暖，回平城以后，就在北郊练兵，检阅军队。

太上皇虽然驰骋在阴山南北，但是他一直关注着平城朝廷里的情况。皇帝拓跋宏不过几岁的孩童，这朝廷大权其实把持在太后手中，以皇帝名义发布的诏令，其实是冯太后的旨意。

最叫他不满的是，延兴二年（472年）关于祭祀的变革。太后下令斥责巫觋祭祀为非礼，声称整顿祭祀礼仪。过了两年，到延兴四年（474年），干脆在西郊祭天坛撤除了四十九木人，树起七个木人以代替，并且立石碑记载此事。从那时起，西郊祭祀不用萨满男觋，只洒酒拜祭七个木人。

鲜卑族从在鲜卑山的石室开始，一直进行着向西祭祀天地的仪式，在祭天坛上，立四十九个木人，穿着白裙，披着马尾白练，头戴白布做的头巾。当萨满升坛，手摇羊皮鼓，皇帝就立刻向萨满跪拜，百官跟随着跪拜，萨满每摇鼓跳跃一次，皇帝和百官就跪拜一次，这样反复折腾七次，才算完成祭祀仪式。现在以七个木人代替四十九木人，目的何在？居然说这七个木人是魏国的祖先。

祖先要祭祀，难道天地就不用祭祀了吗？这汉人女人究竟要把魏国引导到何方？拓跋弘愤愤不平地想。一定要想办法制止这汉女人破坏鲜卑传统的危险做法！

延兴五年（475年）十月，天气分外好，湛蓝的天空飘着白云，初冬的微风和煦，扑面不寒。平城外通往北苑的路上，铺满金黄的杨树落叶，黄色的道路两旁，虽然成排的树木已经光秃秃的，但是却站满了欢笑的百姓，他们正翘首盼望着班师回城的太上皇。

经过这几年的军事行动，太上皇的威望大大提高。听说太上皇班师回京，平城里外百姓都扶老携幼，倾城而出，来欢迎太上皇和他的军队。这几年，朝廷内有皇帝与太后治理，外有太上皇保卫疆土，虽然战事不断，却一直没有敌人能够打进魏国疆土，敌人只在边疆几个镇骚扰滋事，一点也没有影响到京畿地区，连东西部都没有被战事侵扰，百姓在太后、皇帝鼓励农桑和大力种植蔬菜果木的诏令下，发展农业，种植蔬菜果木，日子过得好多了。他们十分感激在外驰骋、保卫疆土的太上皇和他的军队。

百姓敲锣打鼓，平城外的坞壁主特意组织了一个腰鼓队，边扭边跳边敲打着各种曲调来欢迎太上皇。

拓跋弘与大司马万安国并辔而行。二十二岁的拓跋弘嘴唇上已经有了黑黑的须髭，脸庞黧黑透着红，显得十分壮健。几年的军旅生活，风吹太阳晒，飞沙走石扑打，他颜面粗糙，但是却明显成熟了。拓跋弘浑身戎装，穿着牛皮铠甲，戴着头盔，头盔上的红色绒毛在风中摇曳。他频频向人群招手致意，接受大家的欢呼。

平城外面通向北郊的道路上，人群欢呼声响彻云霄，栖息在树林里的鸟群被惊吓得一群一群扑棱扑棱飞了出来，在空中久久地盘旋着不敢回巢。

拓跋弘嘴角挂上得意的微笑，他拍了拍万安国的肩头："多亏你的鼓励，你的出谋划策，要不，不会有今天这局面。"

万安国谦卑地摇头，"那是太上皇英明！"

拓跋弘与万安国相视而笑，哈哈的笑声夹杂在锣鼓声、欢呼声中。

张祐来向冯太后报告太上皇回平城的情况。

"他回皇宫了吗？"冯太后问。

"没有，太上皇率领大军直奔北郊宁光宫去了。"崇光宫已经在去年改为宁光宫。

"欢迎场面如何？热烈吗？"冯太后眼睛望着宫外，问张祐。

张祐小心地看了看冯太后，支吾着："还可以。有些人去欢迎太上皇。"

冯太后发怒："你这叫甚话，吞吞吐吐干甚，甚叫还可以！到底热烈不热烈啊？有多少人欢迎他班师回朝啊？"

张祐尴尬地笑着："挺热烈的。有锣鼓队，有腰鼓队，敲锣打鼓的，闹得很呢。有多少人，奴家说不上，路两旁站的都是人，大人举着娃娃，青年人搀扶着老人,连寺院沙门也出来欢迎。总有上千上万的人!"

冯太后烦躁地挥手:"去!去!下去!"

张祐急忙弯腰退了下去。心里想:还是惹太后生气了。可是实情就是如此,不如实禀报,太后追究起来,更是吃不了兜着走。冯太后不能容忍别人蒙哄糊弄她,对她说假话,要是说假话被她发现,可是往死里打的!

冯太后烦躁地在宫里走来走去。秦阿女和刘阿素在远处紧张地注视着太后,担心太后生气伤了身体,可是又不敢上前去打扰。

太上皇这几年在外,她奈何不得,而且,太上皇的战绩确实显赫,有太上皇在外面打仗,才能有她和皇帝安稳地坐镇平城皇宫治理国家。所以,她也不想把太上皇怎么着。拓跋宏已经当了皇帝,他太上皇再有能耐,也不过是太上皇而已,皇帝已经是拓跋宏,这是事实,谁也改变不了的事实。当年太武皇帝当了太上皇以后,并没有宣布正式把皇位禅让给太子恭宗,所以他可以再从恭宗手里夺回皇位。现在不同了,太上皇正式禅让,他怕是不能夺回皇位。

可是,太上皇这次回京,似乎不那么简单。太上皇威望大大提升,而且他没有让军队散去,全部滞留在北郊,这里会不会隐藏什么阴谋呢?

不能不提防。冯太后思忖。

"来人!"冯太后朝外喊。张祐急忙奔了进来。

"我需要太上皇在北郊的每日举动,你要立刻安排!"

"是!奴家已经作了安排,北郊宁光宫里会有人每天来给太后禀报太上皇情况的!请太后放心!"张祐说。

太上皇北苑阅兵伺机反扑　皇太后帷幄运筹部署回击

巍峨的白登山迤逦在蓝天下,山前广袤的皇家苑囿里,传出咚咚战鼓声、震天的口号声。一队排列成方阵的士兵,穿着甲胄,扛着枪戟,枪戟在阳光下闪烁着银光,方阵前头,高大魁伟的旗手高举大纛,大纛迎风招展,在风中发出呼啦啦的响声,将军威武豪迈地跟在大纛后面,带领着他的部下走过高高的木台,一边挥舞着武器整齐地高声喊着响亮的口号。

太上皇把自己全部军队都带回北郊,集结在白登山下,举行了声势浩大的阅兵式。太上皇在北郊的阅兵也搞过两次,但是都没有这次规模宏大。

步兵方阵通过了检阅台。

检阅台上,太上皇一身戎装甲胄,戴着头盔,一动不动伫立着,举手向步兵方阵挥手致意。

雄壮齐整的嗒嗒马蹄声踏碎北郊。

拓跋弘笑了起来,他站得更笔直,把手举得更高一些,用力挥舞起来。这是他战斗力最强的骑兵,是跟随他驰骋阴山南北的主要部队。

骑兵方阵过来了,骑兵部队的大纛鲜红耀眼,在风中猎猎。骁骑将军骑着披着战甲的大宛马走在方阵最前头,上下挥舞着手中的银枪,指挥着后面的战马方队。战马披着牛皮战衣,排列成整齐的队伍,迈着一样的步伐走了过来,整齐的马蹄声像大角乐一样威武豪迈。马背上,士兵的甲胄头盔在阳光下闪着耀眼的光芒,他们挥舞着枪戟,高喊着口号,向太上皇致敬。

车队方阵滚了过来。车轮辚辚,四匹高头大马拉着战车风驰电掣一般滚了过来,一时间,检阅场上似乎刮起飓风,挟裹着十辆一排、十辆一行的战车方阵而来。战车上飘扬着画着徽号的旗帜。驭车手站在战车车辕上,拉着缰绳,嘴里呼喊着驭马令,驾驭着战车,战车上的战士挥舞着武器,喊着口号,向太上皇致敬。

接着是驼队,高大的骆驼昂着头,迈着坚实有力而缓慢的步伐,一步一个脚印地走了过来。骑在高大驼峰之间的战士向检阅台上的太上皇挥舞武器,呼喊着口号。

检阅台上,太上皇面露些微的笑意伫立着,欣赏着雄壮的队伍,听着各个方阵的震天口号:太上皇万岁!万岁!万万岁!

大司马万安国站在太上皇身后,满脸得意,他是这阅兵的总指挥,他要把军队的实力展现给太上皇拓跋弘看,以便他早日做出抉择。他比太上皇还着急,他的母亲和他的舅舅拓跋子推都担心太上皇完全失去对朝廷的控制,让拓跋皇权旁落到太后手里。如果皇权落到太后手里,当年道武皇帝制定的"子立母死"制度可是白费了。道武皇帝就是担心拓跋皇权落到太后手里,才让太子的母亲死去,以阻止她对幼小皇太子的控制。可是,现在不是皇太子亲生母亲的太后正在慢慢夺取拓跋氏的皇权,这怎么能叫他们不着急呢。他们极力撺掇万安国,让万安国利用自己对太上皇的影响力,帮助太

首位称制:文明冯太后

上皇夺回朝廷的控制权。

这一天快要来到了，万安国微笑着想。

骆驼方阵走过检阅台，接着又是一个步兵方阵走了过来。太上皇高举双手，向方阵士兵挥手致意。方阵响起震天的口号声："太上皇万岁！万岁！万万岁！"

太上皇拓跋弘激动得眼睛里满含着热泪。他有这么多勇敢的士兵，有这么多忠心拥戴他的士兵，他有什么攻无不克呢？

万安国凑到拓跋弘的耳后，小声问："太上皇，感觉如何？"

拓跋弘激动地连声说："太好了，今年又超过了去年。很明显能够看出，军队比前两年强大了许多，不管从人数上，还是从装备上。我们大魏的军事力量更加强大了！"

"有了这样一支强大军队，太上皇还怕谁啊！"万安国小声说。

拓跋弘点头。

万安国又小声说："太上皇该拿主意了吧？机不可失，时不我待！太上皇可是要做决断了！该断不断，反受其害啊！"

拓跋弘只是点头，一句话也不说。贸然起兵未尝不可，但毕竟是下下策，名不正，言不顺，即使成功，朝臣宗室还是要谴责他，说他言而无信，说他出尔反尔，当初是他自己提出禅让皇位给太子的，现在却发兵从太子手中夺回皇位，这算甚呢！他需要寻找一个冠冕堂皇的理由，他还需要等待时机，等待那理由的到来。

"心急吃不了热油糕。"他拍了拍万安国的肩膀，"不行啊，这等大事，需要仔细计谋，我还需要多找几个心腹商议商议呢。等蠕蠕朝贡与蠕蠕结亲以后再说吧。"

"我只怕夜长梦多。"万安国嘟囔着。

"阅兵？"冯太后轻声反问着。

"是的，太上皇在北苑里举行这几年规模最大的阅兵仪式。"张祐毕恭毕敬地回答。

"阅兵以后，军队散去了没？军队是不是各自开回自己的驻地？"冯太后用手搅拌着手里端着的浆酪，慢慢问。

"没有，军队全部留在北苑驻扎，似乎在等待太上皇诏令。"张祐把他的暗报报来的消息原原本本告诉太后。

"哦？是这样？他想干甚？"冯太后扬起眉毛，略微提高声音问。

"不知道。这些日子，万安国、拓跋子推、拓跋长乐、陆定国都曾应太上皇诏，去北苑见过太上皇。每次来人，他们都进密室里商谈，由大司马万安国亲自把守，谁也进不去。对，探报还说，连万安国的母亲长公主也去过。"

冯太后慢慢啜饮着浆酪，一边沉思着。

"好了，我知道了。不要声张，继续打探消息！凡是太上皇的一举一动，都随时向我禀报！"

"是，太后。"张祐说着，准备退了出去。

"等一等！"冯太后说着从自己头上拔下一支纯金簪子，递给张祐，"把这金簪赏给那探报！告诉他，这是我亲自赏给他的！"

张祐接了过来："太后不必打赏他这么贵重的东西，奴家自有赏赐给他。"

冯太后白了他一眼："这算甚啊，他冒着生命危险给你送信，要担多少惊慌，受多少怕啊。对为你出力的人，出手一定要大方！"

"是，奴家明白。"张祐答应着退了下去。

冯太后坐在宫里，眼睛半闭陷于沉思，她在回想自己在这两三年里的治国经过。拓跋弘禅让皇位给四岁的儿子拓跋宏以后，这魏国朝政其实都把持在她的手里。

在这三年里，她决心整饬朝政。在整顿了祭祀礼仪之后，她首先整饬官吏。先是整顿州郡选贡，以保证能够选贤任能。冯太后对当时州郡选贡情况看得很清楚，"多不以实，硕人所以穷处幽仄，鄙人所以超分妄进，岂所谓旌贤树德者也"。她诏令，"自今所遣，皆门尽州郡之高，才极乡闾之选"，保证选贡的质量。

接着，她就着手制定官吏的考核制度。"官以劳升，未久而代，牧守无恤民之心，竞为聚敛，送故迎新，相属于路，非所以固民志，隆治道也。"她制定了"三年一考"制度。"自今牧守温仁清俭、克己奉公者，可久于其任。岁积有成，迁位一级。其有贪残非道、侵削黎庶者，虽在官府，必加黜罚"，并且诏定了三年一考课,明确罢黜奖掖标准。同时,下诏鼓励官吏"勤率百姓""同部之内,贫富相通,家有兼牛,通借无者,若不从诏,一门之内终身不仕"。让那些"仓囷谷麦充积者,出赐贫民"。为了监督官吏,她下诏广开言路,开相告之制,允许官民互相揭发罪行,允许官吏举荐贤能。大臣举荐代人苟颓,说他直言敢谏,办事公道。她已经提升他做司曹监,主理刑法。

冯太后整顿官吏以后,开始整饬刑罚。她自己深受门诛之害,所以她首先诏定废除连坐法,废除门诛,"非谋反、大逆、干纪、外奔,罪止其身而已",同时下诏,大量宽恕一些获罪人,让地方官吏掩埋死于牢狱的犯人。同时,她下令让各州郡检点人口户口,隐瞒不报、弄虚作假者处以刑罚。将来如有可能,她还要主持大臣制定大魏刑律,改革礼仪制度,让大魏走上一个完全汉化的路途。

冯太后深知农业的重要,不那么喜欢拓跋鲜卑以牧猎为主的生产方式,她下诏鼓励"工商杂伎,尽听赴农",课民益种菜果,禁止饲养鹰鹞、宰杀牛马,开放苑囿让百姓采樵,同时减免鳏寡孤独的赋税,禁止寒食这种不利于生产的习俗。

冯太后满意地微笑着。尽管没有临朝称制,但是魏国还是在她的治理中,她自己能够按照自己的想法来治理魏国,这就够了。

冯太后还有个令她高兴的举措,便是减少了官吏的妻妾人数。古时候诸侯有九妻,士有一妻一妾,官品令规定,第一、第二品有四妾,第三、第四品有三妾,第五、第六品有二妾,第七、第八品有一妾。但是拓跋贵族都以多妻为荣,有人有一二十妻妾。她对拓跋男人占有如此多妻妾很是不满。现在,她便以遵古制为名,下令王公、官吏减少妻妾数目,以官品令为依据,让他们减少妻妾。她还放还宫中一些年纪大的宫女和前朝皇帝的没有子女的嫔妃回家,任她们成家。她自己是女人,总要为女人做点事情,让女人感受到她的恩惠。

张祐进来报告:"报告太后,北苑来人说太上皇又召集了一些人去宁光宫密谈。"

"哦? 有谁?"

"探报说,还是那些人,拓跋长乐、拓跋子推、长公主、陆定国,还有李欣、李惠。"

"李欣？李惠？他们也去了？"听到李欣的名字，就勾起冯太后的一腔愤怒。可是，她无法惩罚他，因为她需要韬光养晦，需要等待最合适的时机。现在有太上皇的支持，她不可能也不敢明目张胆地行使她的报复。

"是的。他们都去过好几次了。"张祐的声音里充满了忧虑，他已经看出，北苑里正在酝酿着一场针对冯太后的阴谋。可是，他不敢把自己的担忧说出来。他和皇帝的中常侍王遇、中曹侍郎抱嶷以及东宫中常侍苻承祖等几个死党私下交换过想法，他们都在替太后捏着一把汗。

"还有甚动静？"冯太后站了起来，问。

"太上皇开始练兵了，又从六镇调集军队呢。"

冯太后看了看张祐，冷静地问："消息靠实吗？"

"靠实的，这探报从没谎言。"

冯太后又坐回座位，把头靠在卧榻背上，闭着眼睛思谋了一会儿，猛然用拳头擂着面前几桌："立刻给我传陆定国！不要叫任何人知道！"

陆定国正在自己府邸里紧张不安地走来走去。太上皇召见他多次，向他暗示要在春天起事。他很害怕，自己一家三代都是魏国老臣，祖父陆馥是太武皇帝宠信的忠臣，父亲陆丽更是一生忠谨，结果被乱臣乙浑所害。他自己从小就在太子紫宫与拓跋弘一起生活、读书，从小就被任命为朝廷官，现在更是身负重任，作朝廷司空，继任了父亲爵位东郡王。是站在太上皇这边，还是站在太后一边，他左右为难，拿不定主意。从感情亲疏来说，他应该与太上皇站在一起，像万安国那样。可是，太后目前掌控着朝廷，势力不小。万一太上皇失利，他和他全家性命就岌岌可危了！他敢拿自己全家人的性命开玩笑吗？万一失败，那可是犯上、干纪、逆反等几项"门诛"的死罪啊！

太上皇这么信任他，一再邀请他参与他的行动，而且还答应将来封他更大的官职，他能拒绝吗？何况，他是知道太上皇计划的知情者，万一太上皇看出他有动摇，他和他的全家也还是难逃一死！

陆定国烦躁地扯开袍子，走出堂屋，来到院子里。院子里有早春料峭的春风吹着，让他烦躁的要冒汗的头凉快了许多。院子里的几株垂柳已经长出细小的嫩芽，婆娑的枝条在风中摇摆，好像胡姬在舞动。

陆定国操起墙下靠着的长枪，把袍子掖在腰带里，开始舞了起来。不一会儿，他就舞出一身大汗。

正在这时，一个人走了进来，向他问好："中庶子，好消停啊。"

一听声音和这中庶子的称呼，陆定国就知道来人是紫宫中常侍符承祖。他放下枪，抱拳向符承祖问好："符公公，你咋来了？"

符承祖笑着："中庶子不愿意老奴来探望中庶子吗？"

"哪里，哪里。符公公说甚呢，我怎么会不愿意公公来探望我呢。我不过有些吃惊罢了。"符承祖在太子紫宫照顾太子和几个中庶子，最喜欢这陆定国。陆定国老实听话，不喜欢捉弄下人，不像万安国那样诡计多端，经常出坏点子撺掇太子拓跋弘作弄欺负小宫女、小内监。所以，符承祖经常关照陆定国，各方面都偏爱他。陆定国也喜欢这中常侍。

陆定国急忙让符承祖到堂屋里去，让丫鬟捧出浆酪、果品招待符承祖。

符承祖等丫鬟都出去以后，这才小声对陆定国说："奴家奉太后诏命，来请司空大人去见她。"

"太后？"陆定国惊吓得一下子站了起来，"为甚啊？为甚叫你来叫我，不让她宫里人来呢？"

符承祖急忙拉住陆定国的袍襟："司空大人小声点。太后为司空考虑，不想让别人知道她私下召见你。你知道这朝中人眼多嘴杂，说不定传到谁的耳朵里，对司空大人不利。太后做事缜密细致，你放心好了。"

"可是太后为甚要私下见我呢？"陆定国还是惊魂未定。

符承祖摇头："太后见司空的原因奴家说不上。不过，既然太后这么缜密地安排，肯定是出于对司空大人的信任。司空大人尽管放心，太后如果想加害于你，肯定不会这么安排的！"

陆定国点头："这是，这是。"去不去呢？陆定国忐忑不安。当然得去，太后亲自派人来请，他敢不去？他有几个脑袋？去看看太后，同时摸摸太后的底，然后决定自己站到谁的一边，这大概是对自己更好的选择。

陆定国进了宫城，来到太子紫宫，太后安排好在这里召见他。虽然现在没有太子，但是太子紫宫里一切照例。皇帝拓跋宏和他那几个伙伴有时还到紫宫住，中常侍符承祖主持着紫宫里的一切事务。

陆定国拜见了太后。冯太后笑着嘘寒问暖，拉呱起他当年在紫宫的日

首位称制：文明冯太后

子,然后问起他的儿子和他的妻妾。太后随意地跟他拉呱着家常话。

陆定国心里七上八下,太后叫他来,绝不是来跟他拉家常的。他应付着太后的问话,不断擦着额头上的汗。

冯太后看着陆定国张皇不安、紧张的样子,笑了:"司空,天气并不太热,卿咋大汗淋漓啊?"

陆定国尴尬地笑着:"臣有些紧张,故而大汗淋漓。"

冯太后咯咯地笑了起来:"有许多大臣在我面前是汗不敢出,卿倒是别致,大汗淋漓的!"

陆定国被太后的玩笑话说得也笑了起来。这一笑,冲淡了他许多紧张。

冯太后笑吟吟地看着他:"我今天叫卿来,是想问一下太上皇召见你们的情形。听说太上皇前不久分别召见了李欣、李惠以及拓跋子推等人?"

陆定国刚松懈下来的心一下子又提到嗓子眼。他吃惊地想:恐怕没有办法瞒下去,最好的办法是把自己知道的实情完全告诉太后,否则,全家的性命堪忧了。

陆定国又擦着脑门上沁出来的汗珠,连声说:"是的,太上皇定期召见我们几个大臣,商讨出征的部署。"

"这一次也是商量出征部署吗?"冯太后尖锐地看了陆定国一眼,声音沉沉地问。

"是的,是的,是关于出征的部署。"陆定国急忙离座躬身回答。

冯太后沉默了一下,点了点头,她明白了陆定国的意思:好一个聪明的陆定国,不把话挑明,用暗语来暗示我。

太后笑着:"准备甚时辰动手啊?"

"时辰还没有完全确定,估计要到夏天,等蠕蠕进贡与蠕蠕结亲以后。"

"为甚要与蠕蠕结亲以后?"太后奇怪地问。

"太上皇说与蠕蠕结亲,可以与蠕蠕联合起来,力量大一些。可以趁蠕蠕迎亲,太上皇把皇帝关闭起来,然后宣布复位。"陆定国机械地说着。

"原来这样!"冯太后还是微笑着,平静地说,"设计周全,很周全哇。太上皇煞费苦心了。是不是又是那万安国的主意?"

"是的,万安国出了一些主意!"

"李欣、李惠呢?拓跋子推呢?他们都在帮助太上皇想办法是不是?"冯太后咬着嘴唇,从牙缝里挤出这问话。

"是的!是的!太后英明!他们也都帮助出了主意。"陆定国拿定主意,太后问什么,他回答什么,绝不隐瞒。

"好了,我知道了。"冯太后站了起来,陆定国急忙也站了起来。

冯太后想了想,看着陆定国,慢慢地说:"陆司空,你恐怕犯事了。明天我就宣布你坐事,免去你的官爵为兵!"

陆定国喜不自胜,他正在发愁将来怎么去向太上皇那里交代。好一个精明的太后,这下算是拯救他了。"感谢太后!感谢太后不杀之恩!"陆定国趴伏在地,磕头感谢着冯太后的安排。

"不过,卿不必担心,将来会很快恢复卿之官爵的!"太后微笑了一下。

七岁的皇帝拓跋宏从外面蹦蹦跳跳地跑了进来。他刚刚练习完骑射,穿着小马靴和骑马小袍,腰上扎着腰带,一头大汗。

"热死了!热死了!"他大声嚷嚷着,一头扎进冯太后的怀里,把头上的帽子摘了下来,扔到卧榻上。冯诞、冯修也一样的装束跑了进来。

"阿奶,太上皇派人来接孙儿去宁光宫看望他。"拓跋宏从冯太后怀里钻了出来,仰脸看着太后,笑嘻嘻地说。

冯太后警觉地看着拓跋宏:"甚时辰去?"

"说是明天。"

"不行!"冯太后断然说,脸色凝重起来。自从知道拓跋弘在北苑阅兵以来,她就禁止拓跋宏去北苑宁光宫看望太上皇。正月元旦里,也只是允许太上皇回来参加祭祀太庙的活动。这几个月,她严密注视着太上皇的一切行动。

这几个月,拓跋弘确实行为反常,他已经不回平城皇宫。皇宫里举行各种祭祀时,去请他回来参加,他总是寻找各种借口,从北苑直接到达祭祀的太庙祭天坛,在太庙祭天坛与宗室一起参加各种仪式以后,立刻动身返回宁光宫,并且把几个夫人也接了过去,根本不像过去那样,留在皇宫过夜,与自己的夫人团聚亲热。

看来,他已经心生戒心。不能让拓跋宏到宁光宫去探望他父亲,除非他自己回宫来看望儿子!可是,现在很难让拓跋弘返回皇宫,该怎么办呢?

冯太后看着小脸红扑扑的拓跋宏，微笑了。

不管拓跋弘多么有戒心，他都还在牵挂着他的儿子，是不是可以利用拓跋宏来引诱他回宫呢？冯太后思忖着，心里已经有了主意。

太上皇阴谋玩火图复位　皇太后果断出击下毒手

蠕蠕可汗予成和魏国太上皇打了几年仗，一直未能打败魏国军队，自己反倒被太上皇追击得无处安身，不得不远离阴山南北，逃遁到大碛里去躲藏。蠕蠕伤亡惨重不说，连放牧以维生的草原都快没有了。阴山一带，是蠕蠕放牧的主要牧场草原，他不想失去这肥沃的地方。当年匈奴人被汉武帝打得离开祁连山，不得不悲哀地唱起"失我祁连山，使我六畜不蕃息，失我阏氏山，使我嫁妇无颜色"。蠕蠕可不想失去他们赖以生存的阴山草原。

蠕蠕可汗予成决定罢兵求和。可汗予成想：这样一味与魏国硬拼，除了白白伤亡，不会赢得战争。还是与魏国讲和，才可以保存自己的实力。蠕蠕可汗还向太上皇提出求婚的要求，希望与魏国通婚以保证世代友好。

太上皇想：与其与蠕蠕不断打仗，不如同意蠕蠕可汗予成的要求，与他通婚，换取几年的安稳。不过，他也知道蠕蠕奸诈，经常言而无信，蠕蠕可汗予成也许是借求和以养精蓄锐，借求婚以麻痹他，待他马放南山、刀枪入库，不准备打仗的时候，突然奔袭过来，打魏国一个措手不及，趁机抢占阴山敕勒川地区——这蠕蠕一直垂涎的肥沃草原。

太上皇拈着须髯琢磨着对策。

不妨试一试，通婚总比打仗好得多。古来汉人都可以用通婚的办法与北方胡地和平相处，汉朝有昭君出塞匈奴，以通婚实现两国之间的和平之事，自己是北方鲜卑，为何不能与蠕蠕和解呢？

拓跋弘答应了蠕蠕可汗予成的通婚请求，答应把自己的一个公主嫁给予成的儿子。这是拓跋弘在阴山北与蠕蠕作战时达成的协议。予成答应，来年五月，派使者到平城，正式向魏国朝贡求婚。

延兴五年(475年)五月，蠕蠕可汗派了使者来平城，送来良马、貂裘作朝贡贡品，同时提出通婚。

冯太后和朝廷有司都以为，蠕蠕数犯边塞，应绝其使，绝其求婚的要求，部署调出太上皇的军队，由拓跋丕率领发兵征讨蠕蠕。

"甚？要调我的军队攻打蠕蠕？"太上皇拓跋弘怒喝着，"为甚攻打蠕蠕？蠕蠕前来朝贡求婚，又不是下战书，我们却发兵去攻，这是甚道理？也不怕别国笑话！他蠕蠕贪而无义，但是朕当以信诚待物，不可拒绝。予成知悔前非，遣使求和，求结姻缘，安可辜负其好意？我去找太后理论！"

万安国急忙拉住拓跋弘："太上皇请止步！你万不可贸然回宫城。在北苑，太后奈何不了你，可是你一回宫城，必自投罗网，谁也救不了你！"

"你说咋办？"太上皇瞪着万安国问。

"太上皇总怕名不正言不顺，现在可是一个让你的讨伐成为名正言顺借口的绝好时机！"

"你说咋做？"

"与蠕蠕约定的事情如今反悔，一定激怒蠕蠕可汗予成。太上皇不妨把这消息告诉蠕蠕，蠕蠕一定大怒，待其发兵前来，太上皇假征讨蠕蠕名义，带人回宫城以部署军事为名，宣布皇帝幼小，暂时不能处理朝政，恢复太上皇皇位！"万安国紧张地说。

"好，就这么办！我马上诏报蠕蠕！"

"我这就去部署！"万安国说。

五月，平城外一片葱绿。

几匹快马飞驰出平城，向北苑飞奔。皇帝中常侍王遇、抱嶷和紫宫中常侍苻承祖以及神部长奚买奴带着十几个侍卫，催马奔进北苑宁光宫。到了宁光宫，他们滚落下鞍，哭喊着向宁光宫冲去。

太上皇拓跋弘正在北苑宁光宫后召集军队，听说宫城皇帝中常侍来，急忙回到宁光宫接见王遇。

王遇一见太上皇，便放声大哭，抱嶷与苻承祖也大放悲声。"太上皇啊，皇帝他得了急症，生命垂危。他要见太上皇啊！"

拓跋弘一时慌乱起来："甚急症？甚急症？"虽然这三年太上皇见儿子的次数不多，但是只要他回到平城北苑宁光宫，拓跋宏每月都按时来探望他一次，虽然每次绕在他膝下的时间不算太长，但是拓跋宏对他的依恋还是叫他感动,拓跋宏总是围着他嘘寒问暖,紧紧拉着他的手,紧紧靠在他的肩头,不时用手抚摩他的脸颊。

最叫太上皇不能忘记的是,那年他背上长了个疮,疼得他无法睡觉,才四岁的儿子拓跋宏心疼得好像自己长疮了似的,围在他的卧榻前,不停地喊着阿爷,不停地用小手给他抚摩,用手巾给他擦拭,最后竟爬到卧榻上,用自己的小嘴去吮吸疮痈,感动得他拓跋弘眼泪流了出来,抱住儿子拼命亲吻。

想到这里,太上皇的眼睛发热,他一把拽住王遇的手,大声喊:"你快说啊,得了甚急症?"

王遇哭得抽抽搭搭,眼泪、鼻涕一把一把的,他上气不接下气说:"昨天还好好的,夜里突然肚子疼得死去活来,然后就浑身青紫,气息也越来越微弱。折腾了一夜,眼看着好不过来,皇帝哭喊着非要见太上皇,皇太后让我们前来禀报,说皇帝想见太上皇一面!请太上皇赶快动身,晚了可是怕……"王遇说到这里,又泣不成声了。

神部长奚买奴说:"太上皇回去以后,神部立刻安排太上皇去道坛和神庙祈天,也许还能拯救皇帝生命!请太上皇速速行动!"

太上皇拓跋弘已经十分慌乱,听了神部长奚买奴的话,慌乱地连声说:"走,走,我们这就走!"

万安国匆匆跑进宁光宫,他见平城来人,有些不放心,把外面军队安顿好,匆匆来宁光宫打探看发生什么事。

"太上皇,你要去哪里?"万安国撞到迎面匆匆走出来的太上皇,急忙喊着问。

太上皇连连摆手,小跑着奔向他的坐骑,侍卫已经牵着他的坐骑迎着他跑过来。太上皇拓跋弘抓住马鞍,矫捷地飞身上马。

"太上皇,你到哪里去啊?"万安国追着喊。太上皇双脚一夹马肚,骏马奔跑起来。王遇、抱嶷、符承祖等人也都打马飞跑起来。

万安国抓住动作缓慢的神部长奚买奴,不让他走:"告诉我,你们要带太上皇到哪里去?"

奚买奴慌里慌张地支吾着:"皇帝得了急症,太后让禀报太上皇,让太上皇回宫城探望皇帝陛下。"

"甚?太后让你们来的?!"万安国跺着脚,"太后让你们来的?!"他咬牙

首位称制：文明冯太后

切齿地看着奚买奴咆哮："你们害死了太上皇！你们害死了太上皇！"他猛地从腰间抽出闪光的腰刀，喊："我要你的狗命！"手起刀落，一道白光闪过，一道红流从奚买奴的脖颈处奔涌而出，"扑通"一声，奚买奴倒到地上。

万安国招来坐骑，飞身上马，快马加鞭追出北苑，想把太上皇追回来。

太上皇拓跋弘与王遇等人飞驰进平城。他没有注意到，平城城门上已经比平时多了许多兵士。当王遇们一出城，冯太后就诏令平城内外戒严。守卫平城的羽林虎贲在将军的带领下，把守了各城门及要道。诏令说，蠕蠕大军压境，全城内外实行戒严！

太上皇进了平城，城门正要关闭，守门将军冯熙看见一骑飞奔而来，他以为是神部长奚买奴，就让士兵放他进去。这时，城门慢慢关上，城门上的士兵弓上弦，弩待发，严阵以待。城门后大批的骑兵、车兵都做好一切战斗准备。

万安国冲进平城，突然听到身后城门关闭的声音，他勒住马，回头看去，城门正在关闭。万安国懊悔得哇哇乱叫着打马向城门冲去，两扇高大厚实的城门已经严严实实地关上了。

守门将军冯熙从城门上下来，看见万安国，笑了："没想到是大司马安城王啊。太后就怕你不回宫城，没想到，安城王回来了！拿下！"士兵一拥而上，把万安国捆绑起来带回宫城。

拓跋弘下马进了宫城，直奔太华殿。"宏儿，宏儿！"他连声喊着，扑进寝宫。

寝宫外间里的卧榻上，端坐着冯太后。

"太后，宏儿呢？"太上皇心急如火燎，劈头只问拓跋宏的情形，"他怎么样了？他在哪儿？"

冯太后冷笑着站了起来："你还关心你的儿子啊，我以为你只想着如何从他手里夺回你的皇位呢。"

太上皇惊诧地看着冯太后："太后，这话从何说起啊？我甚时候说要夺回我的皇位了？"

"甚时？不是约定让蠕蠕援助你，来个里外夹攻吗？"冯太后冷笑着。

"太后,你这是说甚呢。蠕蠕来求亲,太后不允,我不过觉得太后这样做不大妥当而已。我甚时和蠕蠕约定里外夹攻了?"

"你还敢狡辩!"冯太后拍着面前的桌子,大声喊,"你当我甚也不知道,可以让你欺骗?!你这两天不正在调兵遣将部署动手吗?!"

太上皇见狡辩无用,就紧闭嘴不再说话。

冯太后怒不可遏,她擂着桌子,厉声数落着:"你这不识好歹的犊子!我为你拓跋氏朝廷操碎了心,我给你平息了乙浑叛乱,我为你安定了朝廷,我替你抚养你儿子,替你教养儿子,帮助你儿子治理朝廷,你却在背后暗害我!你有没有良心?"

太上皇拓跋弘平静下来,他冷笑着:"你为我操碎了心?你替我治理朝政?你为拓跋氏朝廷?笑话!你根本没有为别人,你是在为你自己!你在祸害我拓跋氏朝廷呢!你当我不知道,你是汉人,你不是拓跋鲜卑人,你想把我拓跋魏国变成你们冯家汉人的天下!你的狼子野心,路人皆知!我父皇上了你的当,我拓跋弘绝不会再上当!"

冯太后哈哈笑了起来:"你说对了!我就是在为我冯家报仇!我就是要让你鲜卑拓跋氏的天下变成汉人朝廷!不信,你等着瞧,在你以后,再也不会有拓跋氏了!"冯太后走到拓跋弘面前,用手扳起拓跋弘的下巴颏,死死盯着拓跋弘,咬着牙关,压低声音说。声音里透露出压抑不住的仇恨。

拓跋弘用力甩开冯太后的手,他拼命喊着:"你妄想!魏国的皇帝永远是我们拓跋氏鲜卑家族的!你永远当不了魏国的皇帝!"

冯太后冷笑着:"妄想?不是妄想!我告诉你,从明天起,我就正式宣布临朝称制!魏国不再属于你们鲜卑拓跋氏了!"

太上皇拓跋弘也哈哈冷笑起来:"就算你明天宣布临朝称制,你也绝不敢宣布废除拓跋氏的皇帝!总有一天,你还得还政于我们鲜卑拓跋家族!否则,我们拓跋鲜卑宗室,我们在天的列祖列宗,都将把你拖向深渊,让你永远不能翻身!"

冯太后气得浑身发抖,她抓住拓跋弘的袍襟,拼命摇晃着:"你这犊子,从小就仇视我!你诅咒我!我不会放过你!"

拓跋弘扬起胳膊甩开冯太后的拉扯,咆哮着:"我诅咒你!我们拓跋家族诅咒你!我的父祖诅咒你!我儿子诅咒你!永远诅咒你,让你永远下地

首位称制：文明冯太后

狱不得翻身！你等着，我的儿子会替我报仇的！"

冯太后冷笑着："你的儿子？你的儿子？我会让你没有儿子的！"

拓跋弘浑身颤抖起来，他指着冯太后，声音颤抖："你想干甚？你这恶毒的女人！你想干甚？你想把我的儿子们都害死吗？"

冯太后哈哈笑着："我才不会像你们拓跋氏那么残忍呢！你放心！我不会残害你的一个孩子！他们都那么可爱，他们又没有任何责任，我干甚去害他们，我不会让我手上沾染无辜人的鲜血！不过，我将来会让你的儿子都变成我的儿子！你不是有七个儿子吗？皇帝宏儿不用说，他将来一定是我的儿子，我说甚他听甚！就是你那封昭仪生的僖、韩贵人生的干和雍、孟椒房生的羽、潘贵人生的勰和高椒房那还没有满月的祥，我都会亲自教养他们，让他们成为我的儿子，我说甚他们听甚，我让他们干甚，他们就得乖乖地干甚！这不就行了吗，你拓跋氏还有甚后代呢？"

拓跋弘颓然坐到坐榻上，一句话也说不出来。过了一会儿，他发疯似的喊了起来："不会的！我的儿子不会答应你的！宏儿永远是我的儿子！他会替我报仇的！"

冯太后冷笑着看着拓跋弘暴跳如雷。

"怎么样，我这办法不错吧？比你们残害无辜的李弈一家要仁慈多了！"冯太后压低声音，从牙缝里挤出这深仇大恨，这压抑了几年的深仇大恨！

拓跋弘感到口渴，他端起放在几桌上的一碗浆酪，咕嘟咕嘟地饮了下去。

冯太后冷然地看着他，却一句话也不说。这时，她的心里塞满了仇恨。

拓跋弘放下银碗，看着太后："你想把我咋样？不管你想咋样处理我，让我去看看皇帝，我的儿子宏儿。"拓跋弘眼睛里含着满眶眼泪，看着冯太后，哀求着。

冯太后有些心痛，她掉转了眼睛，望着外面，大声喊："让皇帝进来！"

不一会儿，皇帝拓跋宏蹦跳着从外面跑了进来，大声喊着："阿爷，阿爷！阿爷你回来了！"他一头扑进拓跋弘的怀抱，用自己的手抚摩着太上皇拓跋弘的长着须髯的脸颊，亲热地喊着说："阿爷，我好想你呢。"

冯太后心里难免有些发酸，她走了出去。她不忍心看他们父子俩诀别的时刻。尽管她那么仇恨拓跋弘，却还是感到有些伤心。

拓跋弘抱住儿子拓跋宏，双手抚摩着儿子的脸，双眼垂泪："宏儿……"他张口说，可是发现自己并不能发出声音。他着急地双手抓挠着自己的脖子和胸口："给我一点时间，让我亲口告诉宏儿，是谁谋害了他的父亲。给我一点时间啊！"拓跋弘在心里呼喊着，哀求着上苍。

"阿爷，你想说甚啊？"拓跋宏看着拓跋弘难受的样子，惊慌地喊着。

拓跋弘眼睛瞪得圆圆的，大大的，张着嘴，"啊啊"地喊着，看着儿子，他在说：是她！那个阴毒的汉女人，她谋害了你的父亲！

"阿爷，你在说甚啊？"拓跋宏大声喊着，抱着拓跋弘，使劲地摇撼着，"阿爷，你这是咋的了？阿爷！"

拓跋弘感觉自己的身体正在慢慢僵硬起来，他腹疼如刀搅。拓跋弘无力地放开了自己的手，倒在卧榻上。他的目光开始散乱，嘴僵硬地大张着。

"阿爷，阿爷！你咋不说话啊？你咋的啦？阿爷！你咋的啦？你说话啊！说话啊！"拓跋宏抱着二十三岁的太上皇拓跋弘，用力摇撼着，撕心裂肺地号啕起来，那凄惨的伤心欲绝的哭喊声在宫城上空震荡着。

内监、宫女都偷偷地哭泣起来。

关黑屋太后教训小皇帝　思悔改皇帝效忠冯太后

冯太后躲在自己的宫里，正偷偷地抹泪。听到拓跋宏那撕心裂肺的哭声，她还是感到有些难过。她说自己不残忍，说自己仁慈，可她还是亲自下毒手，杀死了她从小看着长大的拓跋弘，那个与她有着深仇大恨又给了她无上显赫地位的家族的成员，她曾经爱过的人的亲生儿子。

张祐进来禀报，说冯熙将军求见。

冯太后擦了擦眼睛："请他进来。"

冯熙高兴地走了进来。

"怎么样？城外有没有动静？"冯太后问。

"没有，一点动静都没有。北苑那里没有一点动静。看来这一着棋搞得他们措手不及，群龙无首，北苑里的军队不知道该咋办。"冯熙笑着又说："告诉你个好消息，万安国被我逮住了！太后，你看咋办？他自己借太上皇的诏令在北苑杀了神部长奚买奴！"

首位称制：文明冯太后

"这犊子一肚子坏水！"冯太后厌恶地说。

"可不是，属他坏点子多！太上皇要不是听他的撺掇，也不至于走到今天的地步！"冯熙也义愤填膺地说。

"真该处他个剐刑！"冯太后咬牙切齿。

"先裸体游街，然后就处他剐刑吧！解解你的气！"

冯太后沉思了一下："按说处他剐刑都解不了我的气！李弈就是死在他的手里！不过，算了，我们不能把鲜卑拓跋那些酷刑再搬出来使用！裸体游街已经废除，不能再使用！"说到这里，冯太后掠了掠自己的头发，好像要掠去她心头那无限的仇恨一样。

"赐他自尽算了！"冯太后摆摆手，很软弱地小声说。

冯熙诧异地看着冯太后："赐他自尽？这不是太便宜这犊子了吗？你忘了李弈的死了？"

"我怎么会忘了呢？我一天都没有忘过。可是，刚才处决了拓跋弘，我突然觉得这死人的事情太残忍，我不能以鲜卑拓跋的残酷来对待他们的残酷。还是用孔子的仁、佛家的慈悲来改变他们的残酷吧。"

冯熙摇着头，他虽然有些感动，但是更多的是不理解，不知道他这妹子具有什么样的胸怀。

"李欣呢？李惠呢？你也准备饶了他们吗？"冯熙问。

"李惠还当他的刺史，不过这李欣，确实要费点心机来对付他。我不会饶过他的。不过目前还不是时候。先封他个三公，以后再说！"

冯熙又大吃一惊！她那么憎恨的李欣，居然要封他三公！真是不可思议！不可思议！冯熙叹息着。

"你去见他，把我这安排告诉他，然后再暗示让他出来向皇帝上疏，说皇帝年纪幼小，推我临朝称制！我想他这么机灵个人，那么会见机行事的没有骨气的家伙，一定会感恩戴德，一定会像条狗一样，听我们的吩咐！"冯太后笑着说。

冯熙点头，他这才明白太后的用意。

"拓跋子推呢，你准备如何处理他？"冯熙又问。

"我不会放过他的！否则他还会拉拢拓跋氏来跟我作对！不过嘛，要缓些日子。"冯太后轻轻地说，声音里充满了腾腾杀气。

"你听,宏儿到现在还在哭喊,他对他阿爷感情还挺深呢。"冯太后用下颌指了指外面。外面还可以隐约听到拓跋宏大声哭喊的声音。

"这也难怪,父子血肉相连嘛。"冯熙有些怜悯地说。

"父子?"冯太后冷笑了一声,差点想说出那晚的事情,不过她还是及时地把已经冲到嘴边的话咽了回去。谁敢保证那晚他冯熙就种下了自己的种子,也许拓跋宏确实就是拓跋弘的亲生骨肉呢。再说,如果冯熙知道自己这恶毒的做法,会不会从此非常讨厌、憎恶自己?这做法确实过于恶毒与阴毒,连她自己现在都不愿意去回想它。

"不行! 我不能同意立这拓跋宏!"冯太后突然一激灵,这拓跋宏也许确实是拓跋弘的亲生骨肉,人们常说血比水浓,拓跋宏目睹了自己父亲的死,万一他拓跋宏有心灵感应,万一有一天神相助,让他感觉到亲生父亲的死与她这祖母有关,她和她的冯家将会发生什么灾祸?

不行! 不能立拓跋宏,立他的弟弟拓跋僖算了。冯太后想。

"去把宏儿给我带到这里来!"冯太后站立起来,挥手对冯熙说,"快一点! 快去!"

冯熙不知道冯太后想什么,急忙出去。不一会儿,他把还在痛哭的拓跋宏带了回来。拓跋宏一见冯太后,哭得更加伤心。他扑进冯太后的怀里,抱着太后失声痛哭:"阿奶,阿爷死了! 阿爷死了!"拓跋宏哭得几乎背过气去。

冯太后抚摩着拓跋宏的头发,安慰着他:"乖乖,不要哭了,小心哭坏身子!"

拓跋宏还是哭。

冯太后烦躁起来:"叫你不要哭,你偏偏哭个没完! 这么不听话! 来人,把他关到黑屋子里去! 饿他三天,看他会不会听话!"

张祐立刻过来,拉起拓跋宏就走。他把拓跋宏关进冯太后寝宫旁的一间小屋子里,里面黑洞洞的,没有窗户,没有一点光线。

拓跋宏最害怕这关黑屋子的惩罚。他哭喊着:"阿奶! 我不敢了! 阿奶! 我不敢了!"一边哭一边死命蜷缩着身子,在张祐手中挣扎着,不想进去。

张祐回头看了看冯太后,冯太后冷着脸,冷着声音说:"推进去! 推进去!"

冯熙着急地搓着手，张口想说什么。冯太后瞪了他一眼，他唯唯诺诺，不敢再说。

张祐只好狠着心，把拓跋宏推进黑屋子，"哐啷"一声，把门用铜锁锁上。

"阿奶！放我出去！放我出去！我不敢了！我听话！我听话！"拓跋宏在里面拼命擂着，摇晃着门板，呼喊着，他的声音已经嘶哑，气息也越来越微弱。

冯太后召见宗室拓跋丕和冯熙等大臣，商量立皇帝的事情。

皇太后阴沉着脸说："皇帝拓跋宏年纪幼小，又顽劣不堪，难以就任大统。我看拓跋僖虽然小他几个月，可是比他聪明，比他懂事，我以为确立僖儿作大魏皇帝比拓跋宏合适。诸卿以为然否？"

拓跋丕大吃一惊，不知道冯太后为什么改变了主意。这立太子为皇帝是大魏多年前定下的规矩，冯太后为何要出尔反尔？

拓跋丕清了清喉咙，一边考虑着措辞，一边开口说："太后所见英明。这僖儿确实伶俐聪明，可爱乖巧，谁见谁爱。可是，太后不知可曾想过，立太子是太祖道武皇帝立下的规矩，太后轻易废除，不怕宗室反对？眼下正是朝廷不大稳固的时候，万一宗室看到随便废皇帝立非皇太子的皇子，便趁机各自拥立皇子，朝廷乱了起来，太后如何处置？"

冯熙也急忙说："东阳公所言极是。太后要三思而行。何况宏儿聪颖，悟性极强，这些年在太后的亲自教诲下，十分听话。太后万不可率性而为！"

冯太后沉吟着不说话。她已经把拓跋宏关了三天，不给他水饮，也不给他饭吃，不知现在情况如何。

拓跋丕见冯太后已然沉吟，似乎有些心动，但是她还没有被完全说服，急忙说："太后不是不知道，僖儿是封昭仪的儿子，封昭仪可是蠕蠕人，前朝封皇后的本家侄孙女。太后难道忘了吗？"

冯太后笑了："我咋能忘了呢。封皇后与我姑母关系尚好，这封昭仪也很孝敬、尊敬我，不知东阳公提起这做甚？"

东阳公拓跋丕不敢再往下深说。

冯太后想了想，明白了东阳公的用意。蠕蠕予成可汗与太上皇拓跋弘关系密切，自己确立有蠕蠕血统的皇子做皇帝，不是给自己树立了一个敌人嘛！

冯太后咬着嘴唇，眼睛转了转。她感激地看了看拓跋丕，微笑着问："东阳公有何高见呢？"

拓跋丕急忙说："臣以为不可轻易废皇帝。皇帝惹太后生气，教训他一顿就行了。他虽然年纪幼小，但十分聪慧，只要太后教诲得当，他会听从太后教导的！让臣去看看他，与他谈谈，看看他现在有无悔悟？如若幡然悔悟，请太后饶恕他！"

冯熙急忙说："东阳公所言极是，请太后三思。冯诞和冯修也哀哀请太后放皇帝出来，皇帝已经三天水米未沾了。"

东阳公拓跋丕慌做一团："太后开恩！请太后恩准臣去看望皇帝，让臣去开导开导他则个！"

冯太后点头："好吧，就依东阳公所言！张祐，带东阳公去看望皇帝！"

"皇帝陛下！皇帝陛下！"冯诞和冯修隔着门板喊着。他们把耳朵贴在门板上，听了又听，里面没有一点声音。

"皇帝陛下，你咋的了？你说话啊？"冯诞哭喊着。

"皇帝陛下，我给你带浆酪和肉脯来了，你凑过来，我从门缝里给你塞进去！这是浆酪，别洒了。还有鹿肉干！你接着啊！"冯修把门板推开一条缝，大声喊着。他们每天都来给皇帝送吃的喝的。张祐故意走开去，不阻拦这对小兄弟对皇帝陛下的照顾。

拓跋宏刚刚睡着，被门外的喊声惊醒。他在黑暗中看到门缝里透进来的一线亮光，摸索着来到门口。

"是冯诞、冯修吗？"皇帝拓跋宏隔着门缝。

"是我们！皇帝，你没事吧？你可把我们吓坏了！"冯诞和冯修一起说。

"我刚才睡着了。今天是第几天了？"

"第三天了。"冯诞带着哭腔说。

"第三天了，阿奶还不放我出去？你们没有找阿奶给我求情？"拓跋宏哭泣起来，"我害怕！我害怕黑屋子！"

"我们知道，我们找了，可姑姑不见我们！"冯修也哭了起来。

"那咋办？就这么老把我关在黑屋子里？我怕死了！里面有老鼠！老鼠咬我的脚！"拓跋宏大声哭喊着。

225

这几天,他每天都是哭着睡着。好在有冯诞和冯修天天给他送食物和浆酪,倒也没有饿着他,只是黑夜到来以后,黑屋子没有一点光亮,听见许多老鼠在梁上窸窸窣窣跑来跑去,吱吱乱叫着互相招呼,叫他害怕。他紧紧抱着头,缩在干草上,哭泣着入睡。老鼠趁他睡着,跑下来啃咬他的脚趾,啃咬他的鼻子和嘴唇,把他弄得满面流血,疼得醒过来。

从他记事起,他已经多次被阿奶关进黑屋子来惩罚他不好好读书,不听话,或者别的什么错处。"阿奶啊,饶了我吧,我会听话的!"拓跋宏喊着阿奶。

"去叫阿奶来,说我一定听她的话!让她放了我吧!"拓跋宏哭喊着对冯诞说,"阿奶最疼你,你去找阿奶说!"

冯诞哭泣着:"我找过了,可是姑姑不肯听我说!她说,你甚时候说你听话,她甚时候放你出来!"

"我现在就听话,我以后永远听话!去告诉她,放我出去!"拓跋宏喊着。

"有人来了!"冯修侧耳听了一会儿,小声对冯诞说,"快走!快走!别让人看见我们!"

冯诞急忙对拓跋宏说:"有人来了,我们走了!你把吃的拿进去!"说着,拉起冯修,一溜烟跑了。

张祐带着拓跋丕来到黑屋子前,打开门上的铜锁,敞开大门,光线照进屋子里。

拓跋丕轻声喊着:"皇帝陛下,皇帝陛下!臣拓跋丕前来探望陛下!"说着,摸索着走了进去。

"叔祖!"拓跋宏喊着,从黑暗处扑了过来。

拓跋丕一把抱住拓跋宏:"皇帝陛下受苦了。太后派臣来看望皇帝陛下!"拓跋丕紧紧抱着簌簌发抖的拓跋宏,抚摩着他的头发:"不要害怕!不要害怕!太后让臣放你出去!"

拓跋宏在拓跋丕的怀抱里放声大哭,他的声音嘶哑,气息越来越微弱。

"快抱皇帝出去!"拓跋丕命令着张祐。

张祐和拓跋丕一起把皇帝拓跋宏抬出黑屋子。拓跋丕在门口滑了一下,一个趔趄,差点倒在地上。

"这是甚？"拓跋丕看着脚下，一囊浆酪洒了出来。拓跋丕笑着："看来皇帝也不是三天水米不沾啊。"

张祐笑着："这可多亏冯诞、冯修兄弟俩了，要不，我们这些人谁敢给皇帝陛下送食物啊？奴家第一天给皇帝送了件衣服，被太后她老人家发现了，叫人捶了我百下，要不是伙伴手下留情，奴家这些天恐怕是起不了床的！"张祐边摇头边说。

"不过，这也还是多亏你关照，要不冯诞他们也别想送来，是不是啊？"拓跋丕笑着，瞥了张祐一眼。

"还请东阳公为奴家遮掩则个。要是叫太后知道奴家违抗她的旨意，恐怕奴家这屁股又得挨大板子了！"

拓跋丕呵呵笑着："你放心。我不会告诉太后的！"

拓跋丕和张祐把皇帝拓跋宏抬到大殿里，放在卧榻上。张祐给皇帝端来热腾腾的浆酪，让皇帝趁热喝了。

拓跋丕环抱着拓跋宏，轻声温柔地问："太后让我来看望陛下。太后让我问陛下，陛下可识错？"

拓跋宏急忙说："朕识错了，识错了。请叔祖告诉太后，说宏儿以后一定听话！听太后教诲！再也不惹她老人家生气了！"

拓跋丕高兴地说："我就说皇帝聪明伶俐，悟性好。皇帝识错就好了，要不，太后可是警告皇帝陛下，陛下要是再不听她的话，她就让你弟弟僖儿作皇帝！陛下可要记住这话啊！太后她可是说一不二的！"

拓跋宏可怜巴巴地连连点头："记住了，记住了！"

"记住就好！记住就还是我的乖孙儿！"冯太后大声说着，笑着，从里面走了出来。

拓跋宏急忙从拓跋丕的胳膊弯里站了起来，摇晃着向冯太后行礼："阿奶好！阿奶好！宏儿给阿奶行礼！"

冯太后抢步上前，抱住要下跪的拓跋宏："宏儿这几天受苦了，不要行礼了！不要行礼了！"拓跋宏身子一歪，倒在冯太后的怀抱里。

冯太后急忙抱着拓跋宏坐到卧榻上。"传太医，来给皇帝号脉！"冯太后吩咐张祐。她低下头，亲吻着拓跋宏："宏儿以后听阿奶的话，是不是啊？"

拓跋宏被太后的亲吻弄得热泪涟涟，他抽泣着说："是的，阿奶！宏儿永远听阿奶的教诲！"

冯太后轻轻地抚摩着拓跋宏的头发、脸颊，亲吻着他的眼睛和额头，温柔地问："宏儿不会诓阿奶，是吧？"

拓跋宏热泪满面，他挣扎着从冯太后怀里站起来，跪倒在佛祖前："宏儿愿意跪在佛祖面前发誓，宏儿一辈子听阿奶的话！要是宏儿违背了自己的誓言，宏儿愿意接受佛祖的任何惩罚！"

冯太后流着泪，抱住拓跋宏："这样，阿奶就放心了！宏儿，从此以后，我们祖孙二人同心同德，一起治理大魏！"

拓跋丕等人都被感动得热泪涟涟。

延兴六年（476年）六月辛未，皇宫宣布太上皇崩。壬申，宣布大赦，改年为承明元年。戊寅，征西大将军、安乐王拓跋长乐为太尉，尚书左仆射、南平公目辰为司徒，进封宜都王、南部尚书李欣为司空。尊皇太后为太皇太后，临朝称制。

半年以后，即延兴七年（477年）正月，以皇帝名义下诏，诏曰："朕夙承宝业，惧不堪荷，而天贶具臻，地瑞并应，风和气婉，天人交协。岂朕冲昧所能致哉？实赖神祇七庙降福之助。今三正告初，祇感交切，宜因阳始，协典革元，其改今号为太和元年。"

以拓跋宏皇帝名义宣布的太和年号，寓意着太后安康，魏国在以后的二十三年里一直采用太和年号，直到太和二十三年皇帝拓跋宏崩。

第八章　权谋复仇

虚情假意提拔仇人　知恩图报赏封心腹

太皇太后踌躇满志，现在，她已经没有禁忌，完全可以按照自己的想法来治理魏国了。她知道，拓跋弘临死之前所说的话不是戏言，她不可能改换魏国姓氏，她只能打着拓跋氏的名义来治理魏国，但是她完全可以改变魏国的颜色，让它不再具有鲜卑颜色，她可以把它变成汉族颜色，让它在儒家治国的道路上封建化。

太皇太后严厉打击了太上皇的势力，挫败了以太上皇为首的拓跋鲜卑贵族势力，重新任命官吏。

十月，晋假东阳王拓跋丕为正式东阳王；特迁张祐为殿中尚书，晋爵陇东公，加安南将军；王遇迁散骑将军，晋爵宕昌公，拜南部尚书；苻承祖迁散骑常侍、辅国将军，赐爵略阳侯，任吏部尚书，兼任中部尚书；抱嶷迁为太皇太后的中常侍、安西将军，赐爵安定公。

不过，太皇太后并不敢掉以轻心，朝中还有几个人是她的心头之患，不除去叫她寝食难安。他们就是太上皇的弟弟拓跋长乐、太上皇的叔叔拓跋子推和李欣。

今天，太皇太后专门召见这三个人。

太皇太后看着拓跋长乐、拓跋子推和李欣，目光很是柔和，一脸灿烂的笑容。

"我临朝称制,正是用人时辰,卿等都是皇亲国戚,对朝廷忠心,无人可比,实为朝廷难得人才。现在正是用人时辰,我想委卿等以刺史重任,卿等既在朝中任事,又兼任重州刺史,可以为朝廷出更多力。吏部尚书提议,任命太尉、安乐王长乐为定州刺史,京兆王子推为青州刺史,司空李欣为徐州刺史,可开府,仪同三司。不知卿等意下如何?可否为我分忧?"

李欣急忙表示感谢。他虽然蒙太皇太后重用,但总有些心惊胆战,一想起李弈事件,他就惶惶不可终日,倒是远离太皇太后到外面做官,也许能够保证他和全家的安全。

拓跋长乐和拓跋子推也有同样的心思。他们曾经全力支持过太上皇,在太皇太后身旁总感到有一种潜在的危险在窥视着他们,他们也巴不得赶快离开京都到州郡去。在外面,天高皇帝远,他们是当地的土皇帝,太皇太后即使想加害于他们,都不大容易。

拓跋长乐和拓跋子推都同声感谢太皇太后的恩德。不过,拓跋子推还有些不大甘心立刻离开京都,他看了看太皇太后,小心恭谨地请示:"太皇太后,小弟想在京都度过元旦,等明年天气暖和以后,再到青州赴任。太皇太后可否应允?"

太皇太后尖锐地看了拓跋子推一眼:甚?想拖到明年?是不是想软磨硬抗啊?要是识相一些,你还可以在青州过几天平安日子。我只想剥夺你们在京城的权力和影响,还不想对你们怎么样,要是不识相,想与我对抗到底,恐怕你别想到青州!

太皇太后脸色沉下来:"我希望卿等早日到任。不过卿要是觉得明年赴任合适,卿自行决定!"

李欣看出太皇太后不大高兴,急忙说:"臣准备立刻动身赴任!"

拓跋长乐也说:"臣也立刻动身前去赴任,请太皇太后放心!"

拓跋子推仗着他与太皇太后平辈的身份,傲慢地说:"小弟还是请求太皇太后允许小弟明年六七月再去赴任!"

太皇太后沉默了一会儿又开口:"那就这样定下来。我很感谢你们的支持!来人!"

宫女刘阿素与大监秦阿女带领着几个宫女捧着托盘,给几个人拿来西域波斯进贡来的各色精美的金银器皿以及各种精美的毛织品。

太皇太后召见她新提拔的几个心腹和重要大臣：殿中尚书、安南将军、陇东公张祐；迁散骑将军、晋爵宕昌公、拜南部尚书的王遇；迁散骑常侍、辅国将军、略阳侯，任吏部尚书，兼任中部尚书的苻承祖；中常侍、安西将军、安定公抱嶷等，欲与他们商议几件大事。

"今天叫你们来，是想商议这样几件大事。"太皇太后接过刘阿素端来的浆酪，慢慢啜饮着，慢慢说。

太上皇崩了以后，朝内局势已经完全控制在她的手里，她心里很高兴。她采用了果断有力的措施，没有引起朝内一点动乱，集合在北苑的军队都已经各自返回他们的驻地，没有引发任何不安。太上皇几个死党被秘密逮捕处决，干得果断利落，由于没有扩大打击面，也就没有引起朝中大臣的不安和抗拒，大多数朝臣平静地接受了太皇太后临朝称制的事实。

官吏都是墙头草，哪边风大他们向哪边倒！太皇太后嘴角浮起一丝嘲弄的冷笑。所以，她不想重用那些大臣，反倒是眼前这几个曾经是拓跋氏罪囚、被拓跋氏戕害的低贱内监，从她姑母左昭仪时代起，就矢志不渝、忠心耿耿跟了她们几十年。所以，她一定要回报他们的忠诚，同时，她也需要他们以后有更多更大的忠诚奉献。

太皇太后说："第一，这新朝开始，需要有新气象，可皇宫宫殿皆前朝所建，年代久远，凋敝不堪，我欲新起几座大殿。以卿之见，可新起哪些宫殿呢？"

宕昌公王遇过去曾经谋划着这事，他首先开口说："依奴家之见，可以先起一座七宝永安行殿，明年春天再起两座大殿，以纪念太皇太后临朝称制。"

"为甚叫七宝永安行殿？"太皇太后笑着问。

"命名永安，乃望我大魏永保安宁平安，七宝乃《阿弥陀经》中所说的七种宝物，赤金、银、琉璃、玻璃、珊瑚、珠、玛瑙，新殿以七种宝物装饰，以显示我大魏国富民强，新殿金碧辉煌，以壮我大魏国威！这行殿专用于接见与宴请外国使者，摆放展示国朝所有之宝物。"

"对，好主意！那蠕蠕可汗予成不是提出要见见我国朝之宝物嘛，好，就起一座七宝行殿，摆放展示我国朝宝物，供外国朝贡使者观摩，让他们看看我们大魏的威风！"太皇太后拍手，眉开眼笑。

"另外，奴家以为，北苑里也该新修游乐殿一座，供太皇太后和皇帝幸临时候使用。"王遇又说。

"你们看,这皇宫尚须修建些甚宫殿呢?"太皇太后问。

"奴家看,这宫城城门不够雄壮,是不是可以重修几座城门,在城门上修建门楼,让宫城与平城的城门都巍峨雄壮些?"抱嶷说。

"是个好主意! 这宫城与平城城门有几个修建了城楼,比起太武时高大了许多,不过,尚有东门、西门没有修整过。另外,北门、南门出入频繁,需要增修几个。"太皇太后点头补充说。

"你们还有甚提议?"太皇太后亮晶晶的眼睛亲切地扫视着在座的每一个人,把几个人看得都心里热乎乎的。

"大家要是没有甚话要说,那就定下来。在宫里新起三座大殿,先起永安七宝行殿,接着动工修建北苑的永乐游观殿,另外两座明年动工。这修建大殿的事情就交由宕昌公王遇去主管,殿中尚书张祐协助。对,在起宫殿的时候,你同时要在城里给你和他们三个各建造一座住宅。可怜见的,在宫里多年,也没有自己的住所。你们现在都是朝廷重臣,应该拥有一所自己之住宅!"太皇太后笑吟吟地说。

王遇、张祐、苻承祖、抱嶷四个人一起离座,跪倒在太皇太后的面前,感激得涕泪交流。只有这太皇太后,才把他们当作人看待,才能够这么重用、这么关心他们这些罪囚出身的内监。

"起来吧,起来吧。"太皇太后做着手势。

她突然拍了拍额头:"不行,光给你们盖住宅,那些拓跋氏宗室会攻击我的,说我任用私人,说我处事不公。还得堵一堵那些拓跋成员的嘴! 对,传我的诏令,说我赏赐东阳王拓跋丕一座府邸! 褒扬东阳王对朝廷劳苦功高!"

"太皇太后想得周详!"王遇笑着说,"奴家这就开始着手办。"

"你要先去找蒋少游,他可是设计皇宫的功臣和老臣,让他把这几座新宫殿盖得更华丽雄伟一些,要超过过去任何一座的规模!"太皇太后接着指示。

"是,奴家记下了。"

"这第二件事,是想与吏部尚书商议关于设女官的事。"太皇太后看着苻承祖。

"太皇太后请讲,奴家洗耳恭听。"符承祖微笑着看着太皇太后。

"这大魏宫内,有不少能干的宫女,她们聪明好学,又有才华,可惜,她们没有擢升的机会,除了巴望着升到皇帝妃嫔之出路以外,她们不可能得到擢升。像你们熟悉的刘阿素、秦阿女。皇帝、太子、皇后、昭仪的宫里,也都有这么一些宫女。我知道有一个刘华人,像刘阿素一样能干。我很替她们可惜,她们的才华得不到重视,只能窝憋在宫里,做些端茶递水、扫地洗衣一类活计。等年纪大一些,只好发送她们出宫嫁人,把一个聪明的女子全给毁了。我想,以后在宫里内监设立女官制,把一些有才华的宫女提升做女官,让这些宫女也有个奔头。吏部尚书,卿看,我这想法如何?"

符承祖看了看王遇、张祐和抱嶷,大家目光都亮了。可不是,他们也为刘阿素、秦阿女和刘华人这些聪明伶俐的宫女惋惜不已,她们几个都很好学,经常读书学习,才学超过他们这些男人。可是,谁都知道,她们在宫里不过是个宫女,很难有什么提升。这下好了,太皇太后替她们想到了。

符承祖急忙说:"设立女官,在汉人前朝中也是有先例的,汉宫里就设过女官。虽说大魏未有故制,但太皇太后开创初设,有何不可? 有才华之宫女充任内朝女官,可方便太皇太后治理朝政。奴家完全同意。"

"太皇太后如此体恤下人,叫奴家感激不尽! 太皇太后明确了内官可以外任,对我们这些被人称作阉竖的小人已经是天大的恩惠,如今又恩及宫女,太皇太后对我们这些宫中小人真是恩重如山!"抱嶷唏嘘着感叹不已。

"那就定下来,在内监设女官制。我想,女官可以设置这样几个品级。"太皇太后说着,拿出她让刘阿素和秦阿女为她准备的宫女名称清单,说,"内司视尚书令;作司、大监、女侍中三官视二品;监、女尚书、美人、女史、女贤人、书史、书女、小书女视三品;中才人、供人、中使女生、才人、恭使宫人视四品;春衣、女酒、女飧、女食、奚官、女奴视五品。"

符承祖看了看几个同僚,没有说话。太皇太后把女官的品级定得这么高,可是大大出乎他的意料。他从其他几个同僚的眼睛里,也读出同样的心里话。大家互相看了一眼,都没有说话。

太皇太后尖锐地看了符承祖一眼:"是不是嫌我给女官的品级高了?"

符承祖哼唧着,没有说出完整的话。

太皇太后脸色稍微沉了沉:"你们这些男人,总是轻视女人。宫女从没有定过品级,这首次定级,不定得稍微高一些,如何能够提升女官地位?就像你们这些内监、内官,不规定你们可以任外朝高官,谁听你们的!你们怎么刚好了伤疤就忘了疼!"

符承祖冷汗涔涔:"是,太皇太后所言极是,奴家同意太皇太后规定的女官品级!"

张祐等也急忙表示同意。

"那好,就这么定下来。其实,女人做官有许多好处!"太皇太后微笑着说,"女人做官可以刹住大吃大喝风,可以刹住嫖娼买妓风!这些都是男人的痼疾,也是男人当官容易腐败奢靡的主要原因!"

大家都笑着应和着太皇太后的高见。

"可不是哩。"

"太皇太后所言一点不错!"

"确实如此!"

太皇太后看了看大家:"既然卿等未有异议,那就首先擢升刘阿素、秦阿女、刘华人几个宫女为内曹大监,官居二品。"

刘阿素和秦阿女听到太皇太后的话,互相拥抱着,一起跑出来跪倒在太皇太后面前谢恩,两个女子泪流满面,泣不成声。刘阿素抽泣着说:"太皇太后的大恩大德,奴婢终身不敢相忘,奴婢愿意终身在太皇太后身边,伺候太皇太后一生一世!"

太皇太后笑着:"女娃不要说大话!将来见到如意郎君,能不踏地唤天喊着出嫁?"

大家都笑了起来。

刘阿素红着脸,倔强地说:"奴婢决不出嫁,奴婢愿意终身服侍太皇太后!"

"好了,有你这心意我就满意了。以后你就替我掌管文书,帮我写写画画甚的,我看你文才还不错。"太皇太后拉秦阿女和刘阿素站了起来,接着说,"这第三件事,是我想改变大魏婚姻陋习。你们都知道,我对大魏婚姻中的兄弟继婚、同姓乱婚、婚姻不讲辈分,很是厌恶。我想立即下诏严禁这些乱礼的婚姻,你们看,可否行得通?"

殿中尚书张祐想了想,摇起头。

"不可行?"太皇太后立即追问。

张祐说:"太皇太后的想法非常好,不过不可操之太急。操之太急则会招致鲜卑贵族的激烈反对。奴家之见,婚姻毕竟不为朝政重要,可不可以先缓一缓,待各项大事大体具备以后再行诏令?"

中常侍抱嶷点头,苻承祖和王遇也都附和。

太皇太后微笑着:"既然各位都同意殿中尚书之见,那此事就先缓一缓再议。不过,我可告诉你们,下次再议,不许反对,我是非要改变大魏这乱礼婚姻不可!"

张祐讪笑着:"奴家下次不敢! 下次不敢!"

"谅你们也不敢!"太皇太后笑着,"好了,今天议事到此为止。中常侍抱嶷留步,其余可以退下了。"太皇太后慵懒地打了个哈欠,伸了伸胳膊。

苻承祖正要退下,太皇太后猛然拍了一下自己的额头:"我差点又给忘了! 诏令恢复陆定国的官职与爵位。立刻就办!"苻承祖答应着退了下去。

"王叡找来了吗?"太皇太后在都退出之后问中常侍抱嶷。

抱嶷急忙说:"回太后,找来了,正在外面候着呢。"

太皇太后点头微笑了。自从那日在太华殿见到王叡以后,不知为什么,这个英俊、挺拔、威武的青年男子的身影总是在她眼前晃动,他那深沉、浑厚、响亮的声音总在她耳边回响。这些日子,政局稳定以后,太皇太后就更禁不住去想他。李弈唤醒她做女人的幸福,给了她无比的快乐,让她享受到男女之间无可比拟的美妙和快活。但是李弈却被拓跋弘和李欣等人害死了,让她这几年生活在孤独、孤寂和虚空的苦闷中,让她再也无法享受那男女快乐。她今年才三十五岁,还年轻着呢。俗话说,"三十如狼,四十如虎",她正当年,为甚不能再享受那男女情呢? 他们拓跋氏皇帝哪个不是皇后、昭仪、椒房、夫人、贵人、妃、嫔十几个,她现在是魏国临朝称制的皇帝,为甚就不能有一个男夫人来安慰她呢? 她要给自己寻找一个相好,寻找一个安慰。

"叫他进来。"

抱嶷急忙出去召唤王叡。

王叡打扮得整头齐脸,神采奕奕,随抱嶷走进太皇太后的寝宫。

听说太皇太后要召见他,王叡激动兴奋得一夜没有睡着,在炕上翻来覆去折腾,做着各种猜测,猜测太皇太后召见他的原因。是不是太皇太后有甚重要诏令需要他这笔杆子来起草,还是太皇太后要重修国史,需要他这太卜令效劳?他整夜折腾,搅得他妻子丁氏一夜也没睡好。

王叡神采奕奕,跪拜太皇太后。

太皇太后微笑着端着银碗,慢慢啜饮着浆酪,打量着王叡。她突然想起李弈第一次来见她的情形。多么相似的情景啊!当年的李弈也是这样容光焕发,也是这样神采奕奕,也是这样有些胆怯和讨好。她能够从他们发亮的眼睛里看出,他们一样抱着希望,抱着野心,抱着侥幸,希望能够讨到她的欢心。不同的是,眼前这王叡比李弈年长一些,比李弈多了几分威武,比李弈更加高大、强壮、魁梧,更多一些英姿勃发的男人气概。

太皇太后压抑着眼睛里的笑意,头也不抬,声音平淡地问:"你可是王叡?"

"是的,臣是王叡。"王叡回答着。

"在哪里供职啊?"

"回太皇太后,小臣在太史馆任太卜令,领太史。"

"吏部尚书已经跟你谈过了吗?从今以后,迁你为给事中,以后在中书省行走,领中书省。你可愿意?"

王叡以为自己没有听清楚,机械地重复了一句:"太皇太后说甚?让臣任甚职务?"

太皇太后抬起眼睛,看了看王叡。

王叡正目不转睛地盯着太皇太后,期望太皇太后再重复一遍他刚才听到却不敢相信的职务,那是个他日思夜想的职务,是他只敢想却不敢抱任何希望的职务。他一个穷书生,贫寒家庭出身,没有任何后台,从不敢奢望能够擢升到机要职务上。只是因为自己还有些才华,才得以在朝廷中混了个小小的太卜令,在没有多少油水而且还容易惹祸上身的太史馆里混饭吃。他们这些太史馆里的书呆子,都害怕当年崔浩的悲剧在他们身上重演,所以,修史不过只是搞一个编年记载一下皇帝起居出行等所谓大事而已。

可是,就在刚才,他听到临朝称制的太皇太后说要任命他为给事中。给事中虽为右从三品官,却是十分重要的官职,给事殿中,就是说,他可以在殿上准备太皇太后顾问时应对,也有机会参与朝政议论。给事中,是极为显赫而重要的职务,是平步青云的重要阶梯！所以,他虽然听到了,却不敢相信,不得不冒昧地再向太皇太后问一遍。

太皇太后看到王叡那双眼睛。那是一双怎样的眼睛啊,充满着期望,充满着野心,充满着欲望,灼灼、幽深、亮晶晶,闪烁着,滴溜溜滚动着,却不奸诈,只给人一种灵活、精明、机灵的感觉。

太皇太后那颗孤寂的心突然跳动起来。

王叡正目不转睛地盯着太皇太后的脸,希望太皇太后再重复一遍那叫他心跳的职务名称,却不提防太皇太后抬起眼睛看了看他。

太皇太后接触到王叡的眼睛,不禁有些耳热心跳,她的脸有些发热。

王叡看到一双令人心动的黑眸子,那黑眸子里是孤独、孤寂、落寞,是一双渴望男人爱抚的幽深的眸子,是一双略带忧伤的眼睛,是一双闪烁着渴望、期望、盼望的眼睛,是一双很有魅力的年轻美丽女人的眼睛,而不是那双冷漠的、凛然的、威严的太皇太后的眼睛。

王叡心跳了。

王叡突然意识到太皇太后看上他了！他在心里喊,太皇太后看上他了！他喜出望外,差点跳了起来。早就听说太皇太后行为不端,曾经宠幸李弈,果然,这太皇太后风情多种,初初见面就看上他了,就向他卖弄风情,向他暗送秋波了！

王叡聚集起全部的精神,在目光里弄出许多温柔、许多爱意,一时间,那目光柔和得像刚出生的婴儿的皮肤,柔软、爽滑、水灵、细腻、温热,他把自己这目光全部贡献给太皇太后。

太皇太后垂下自己的眼睛,她不敢再接触那火辣辣的风情万种的眼睛。

"你刚才说甚呢?"太皇太后问。

"小臣问太皇太后要封小臣甚官职呢。"王叡用甜蜜温柔的声音说。

"哦,你没听明白啊。我说,给你个给事中做,你看行不行?"太皇太后脸上终于带出些微的笑意。

"感谢太皇太后的提携！"王叡这次可是完全听明白了,他"扑通"一声跪倒在太皇太后面前,捣蒜般连连叩头,连声说着各种肉麻的感谢话:"太皇太后真乃小臣再生阿娘！太皇太后比小臣阿娘还亲。小臣从今以后愿意做太皇太后的牛马,供太皇太后驱使！"

首位称制:文明冯太后

太皇太后皱了皱眉头：这男人没有一点男人的气节和骨气，这么肉麻的话都能滔滔不绝地说出来。

"好了，起来吧。"太皇太后灼灼的眼睛暗淡下来，冷冷地说，"做给事中，可是要看你有无才华了。要是牛粪蛋面上光，你这给事中还是干不下去的！回去吧！"

太皇太后眉头微皱，厌恶地挥了挥手，让王叡退了下去。

狗仗人势内监作恶害百姓　整饬吏制太后挥泪斩旧臣

"甚？告林金闾贪赃枉法？"太皇太后看着吏部尚书符承祖，挑起黑眉毛。

"是的。太皇太后，你看，这都是上疏揭发定州刺史林金闾的！"张祐说着，把许多函展开摊到太皇太后面前，指点着，"这是揭发他收受贿赂的。这是揭发他抢占土地的。这是告他霸占民女的！"

"他一个宫刑之人，霸占民女干甚？"太皇太后抬眼看着符承祖惊诧地问。

符承祖尴尬地笑着："太皇太后问得好，奴家也觉得奇怪，以为下面乱告。可是奴家调查了以后，证实确实如告发所说，他到定州几年，已经抢了好几个民女做他的妻妾，证据确凿啊。"符承祖叹息着，连连摇头。

"真是吃饱了撑的！他娶妻妾不是成心害人家女娃吗，太不像话！太不像话！手中有了权就不知道他是谁啦！"太皇太后嘟囔着，心里很是恼怒。她一直在整饬吏制，怎么就不能禁绝官员贪婪侵占与欺压庶民的恶疾呢？难道这官员本性就是贪？

一定要想办法整饬吏制，我就不信管不住官员贪占！太皇太后暗自发誓。

"太皇太后，你看这事该咋处理？朝臣议论很多，拓跋长乐到任以后，整理了林金闾许多劣迹，到处散布。那拓跋子推也放风说，看太皇太后咋处理这奴才，要是处理不公，他就不到青州上任！而且，听说新上任到徐州的刺史李欣幸灾乐祸，也学林金闾，大开行贿受贿之风，在徐州大肆敛钱呢！"

"这还了得！"太皇太后拍着桌子怒喝着，"林金闾这奴才，当年乙浑咬他，为了救他性命，才放他到定州去做刺史，以为他能够感恩戴德，清正廉明，奉行为官之道。不曾想，他居然这样为非作歹！给事中王卿，你说如何处理？"

王叡作为给事中，同时又兼太皇太后的秘书侍郎，现在几乎每时每刻都紧随太皇太后其后，随时供太皇太后驱遣。

王叡作为贫寒士人，极为讨厌那些依仗权势大肆敛财、欺压黎民的官吏，他想也不想，大声说："太皇太后有何犹豫，这等官吏是国家蠹虫，蠹虫不除，太皇太后再好的政令也要被他们搞坏了！小臣以为，不铲除这些贪官，无以整饬朝政，无以树立太皇太后之威望！小臣以为，立刻下诏，宣他回朝，等他回朝后，严加处理！此乃树立太皇太后整饬吏制诏令威望之必要举措！不如此做一些杀鸡给猴看的事情，不足以树立威望！不足以威吓那些贪官污吏！"

太皇太后看了看王叡，点头赞赏他的果断干脆："说得很对哩。看这拓跋子推和李欣不是猖狂起来了，全是这林金闾惹事！"太皇太后厌恶地挥着手，好像要挥去那些讨厌的叫她心烦的事情。

"就依给事中王卿的意思办理！王卿，代吏部草拟文书，调林金闾回来，就说另有委任！"太皇太后说完，看着符承祖，眼光有些暗淡，"我有些不忍心处理他，他可是你们几个中跟我时间最长的一个！"

符承祖叹了口气："太皇太后说的是，奴家就是怕太皇太后伤心，才长久压下这些上疏，可是，拓跋长乐到任以后，搜集了他许多劣迹，鼓动定州家破人亡的人亲自来平城告状，弄得满城风雨，我想压都压不了！司曹监苟颓大人也多次催问如何处理！太皇太后知道苟颓大人的秉性，他可是不好说话的！他既然知道了，奴家恐怕谁都难以替林金闾遮掩。其实，奴家也不忍心啊！"

"这该死的拓跋长乐！"太皇太后压抑着愤怒，"故意和我作对！"

王叡急忙安慰太皇太后："太皇太后仁慈念旧，朝中人人称道。可是，对这等贪官绝不能心慈手软，他们可是祸国殃民的罪魁祸首，不惩处不足以平民愤！太皇太后念他过去好处，不妨在他身后给以补偿，也算太皇太后对他仁至义尽！"

"给事中说的对！"符承祖正发愁不知如何排解太皇太后的忧愁和烦恼，

首位称制：文明冯太后

见王叡这么会说话,急忙随上,"奴家知道他有一个心愿,他想把他哥哥的那个十二岁的女儿送进皇宫,选做皇帝的妃嫔。要是太皇太后能够成全他这心意,他也就死而无憾了!"

太皇太后点头:"皇帝如今已经十岁,该给他选妃了。好! 就成全他最后一回! 回城以后,交付司曹监处理他。你去把我这话转告他。王卿,你去找到他哥哥,把那女娃领回来,收到皇帝后宫,以后选她做皇后!"

王叡吃惊地赞叹着:"太皇太后对他可真是大恩大德! 他自己作孽,反倒得到这么大的恩惠! 连我都想去死了,他还有甚抱怨的!"

太皇太后笑着:"你这灰鬼,真会说笑话! 你想去死?"

王叡笑着:"要是太皇太后能够答应让我的女儿做皇后,我可是真的想让太皇太后赐死了。"

太皇太后斜睨了王叡一眼,心里甜蜜蜜的,十分舒坦。这王叡,很会替人解闷说话哩。她又斜睨了王叡一眼,过去的反感荡然无存。

林金闾回到宫城,心里喜滋滋的。自从乙浑祸乱朝政反咬他一口,太皇太后为了保护他把他调离都城到定州作刺史,已经过了多年。在定州多年,他林金闾过得也相当不错。在定州,他几乎就是那方的皇帝,说一不二,想干什么就干什么,没有人敢于阻挠他。可是,他总想念平城皇宫岁月,他日思夜梦着有朝一日返回皇宫,像他那几个好兄弟、好伙伴张祐、抱嶷、苻承祖、王遇一样,在太皇太后临朝称制的朝廷里谋一个显赫的官职,封一个爵位,也算是光宗耀祖,洗刷家族和他被行刑的耻辱。林金闾多次带着厚礼回平城找苻承祖、张祐,请求他们帮忙。他们到底是一丘之貉,都非常痛快地答应帮忙。

在皇帝和太皇太后身边为官,那才有前途、有希望,才有光宗耀祖的感觉。看来升官的时机到了。林金闾兴高采烈回到平城,去吏部报道。

一进吏部,没有看见前来欢迎他的吏部尚书苻承祖,倒是几个羽林军侍郎在那里等待他:"你是定州刺史林金闾?"

"是的,下官便是。"

"跟我们走一遭。"羽林军侍郎毫不客气地说。

"到哪里去?"林金闾问。

"少废话！跟我们走吧！"

林金闾心里十分气愤：皇宫里这些奴才狗眼看人低，不把地方官吏放在眼里！咱们走着瞧，等老爷任命了宫里官职以后，看老爷如何整治你们！

心里想着，林金闾便仔细打量着这几个羽林军侍郎的模样，想把他们牢牢记在心里。

林金闾跟着羽林军侍郎来到内监，看到他很熟悉的地方不禁微笑起来，大约是他那班老伙伴要在这里给他接风。

"进去吧！"羽林军侍郎对林金闾大声吆喝。

林金闾白了他们一眼。"你们客气点！"他喊。

羽林军侍郎踹了他一脚："你神气个屁！进去吧！"

林金闾正要发怒，里面喊了起来："把罪犯林金闾推进来！"

林金闾的头"轰"地一下大了许多。甚?! 罪犯林金闾?!

立时过来几个侍卫把他胳膊反剪着推进大堂，大堂上坐着有司官员——司曹监苟颓，并没有他熟悉的老伙伴的身影。

林金闾慌了，双腿不由颤抖起来，"扑通"一声跪了下去。

司曹监苟颓宣读了他贪污受贿、强占民女等种种劣迹，最后宣读判决："诛！"

林金闾轰然倒地，号啕大哭："苟承祖啊，你就这么对待老伙伴啊？你们不看僧面也要看佛面啊！看我多年服侍太皇太后的分儿上，也该赦免我啊！"

哭了一通，他突然跳了起来，狂呼怒喊："我要见太皇太后！我要见太皇太后！"

苟承祖从外面踱了进来。见到苟承祖，林金闾一下子扑了过去，抓住苟承祖的衣襟，大声喊着："苟兄，带我去见太皇太后！她会饶恕我的！"

苟承祖按住林金闾的肩膀："林兄，你冷静冷静！听我说！听我说！"

林金闾看着苟承祖："你说，为甚这么对待我？大魏官吏贪污，并非我一人，为甚就处理我一人？"

苟承祖摇头："这官吏贪污却非你一人，可是只有你被百姓告了上来，朝廷不惩处，无法给百姓个交代！太皇太后有心赦免于你，可是一些王爷咬住不放，太皇太后没有办法，她只好挥泪斩马谡啊。太皇太后让我转告你，你只管放心去,太皇太后她会满足你的要求。你说吧,你有甚要求只管说,太皇太后一定满足你,替你做到。"

林金闾流着泪,抽泣着:"感谢太皇太后的大恩大德!奴才也没有甚抱怨的了。奴才只有一个愿望,也曾给你们多次说过,奴才有个侄女,与皇帝年纪相差不多,奴才想让太皇太后把她接进宫里,赏给皇帝做个嫔妃,奴才就死而无憾了!"

符承祖拍着林金闾的肩膀:"你放心!太皇太后已经把你侄女接进宫里,而且决定让她做皇后!"

"真的?"林金闾"扑通"一声跪倒在地,大声号啕,"感谢太皇太后的恩德!奴才林金闾只有在阴间做鬼报答太皇太后了!"

报旧仇以其人之道治其身　买小人用当年办法除斯人

料峭春风吹得人颜面生疼的二月里,太皇太后和皇帝穿着貂皮斗篷,在内外大臣的簇拥下,来到宫城里一片大空地上,这里彩旗飘扬,鼓吹齐鸣,气氛十分热烈。这里是将要盖的两座新宫殿的殿址,太皇太后和皇帝来参加这两座分别叫太和、安昌的大殿的奠基仪式。

在刚刚过去的正月里,太皇太后已经让皇帝发布诏书,向天下宣布大魏改承明年号为太和元年,这新改的纪年年号象征着太皇太后临朝称制的和平祥瑞,象征着太皇太后临朝称制的长治久安和昌盛安康。所以,主持皇宫建设的王遇和张祐就把新起的这两座大殿命名为太和、安昌,以纪念太皇太后的临朝称制和大魏改元,当然更表明他们对太皇太后的祝福和忠诚。

太皇太后和皇帝拓跋宏并排站着,说笑着。"那是七宝永安行殿。"皇帝指着南边正在紧张施工的工地对太皇太后说。

太皇太后高兴地笑着:"这下皇宫要大变样了,宫城里一下子耸立起三座金碧辉煌的大殿,该多壮观啊!"

"可不是,北苑的游观殿和穿渊池也正在紧张修建,张祐说争取在秋季竣工,加上新建的两座大城门,到那时,大魏的宫城和都城多好看啊!"皇帝拓跋宏跳跃着,"太皇太后要让都城三年一大变,是吧?"

"是啊,我们平城是大魏都城,大魏是北方最大最强盛的国家,那么多国家向我们朝贡,我们一定要让大魏都城有大魏皇家的大气派!像长安、像洛阳一样。皇帝,你说呢?"

拓跋宏亲热地拉着太皇太后的手:"太皇太后英明!我听太皇太后的!"

张祐跑前跑后,忙碌得很。太皇太后指着张祐对拓跋宏说:"你看这张祐,又能干又忠心,你可要重用他啊。听说他还有个老父亲,从家乡来看望他,可他整天忙着起宫殿事务,没有闲暇相陪。皇帝要是有余暇,可以去探望探望,显示皇帝对忠心大臣的关心,大臣会很受感动的!对你会更忠心更卖力!知道吗,小皇帝?"太皇太后亲昵地戳着拓跋宏的额头,教训说。

"是,孙儿听太皇太后吩咐,明天就去探望他老人家,赏赐他一些金银,赐他个公侯爵位!"拓跋宏笑着。拓跋宏已经比过去高大了许多,站在太皇太后身边,几乎和她一样高,但是还是一脸的稚嫩,白胖胖的,像个大孩子。

太皇太后和皇帝在热烈的鼓吹声中,在一片欢呼声中,拿着铁锹,象征性地挖了几锹土,埋下刻写着大殿名称和纪元以及赞文的石碑,进行着奠基仪式。

仪式完毕,大臣们热烈欢呼,鼓掌,欢送太皇太后和皇帝离开工地。

吏部尚书苻承祖紧紧跟随着太皇太后,趁别人不注意,小声说:"太皇太后,奴家有要事禀报。"

太皇太后点头,对身旁的皇帝拓跋宏说:"我有些困乏,要回宫歇息去。你还是回去让太傅讲书吧。好好读书啊!"太皇太后慈祥地叮嘱着。

"知道了,太皇太后!"拓跋宏听话地答应着。

太皇太后领着苻承祖回到自己的安乐宫。

"说吧,甚事?"回到宫里,刘阿素和秦阿女为太皇太后脱去貂皮斗篷,从太皇太后怀里拿走暖炉,为太皇太后换上柔软、暖和、轻便的毡靴,给太皇太后端来各色果点和热气腾腾的浆酪。火墙地龙都烧得很旺,寝宫里暖洋洋的,太皇太后舒服地靠在松软的卧榻上,端起浆酪饮了一口,润润喉咙。

"太皇太后吩咐奴家的事情,奴家已经办妥了。这就是那个范檦书写的揭发帖子,揭发李欣和南朝勾结,准备叛逃!"苻承祖把一叠雪白的竹纸放在太皇太后面前,竹纸上是密密麻麻的黑字。

太皇太后眉毛一扬,惊喜的笑容浮上她的眉梢、眼角、嘴角:"真的?这么快？卿果然能干！"她说着，放下银碗，拿起竹纸，哗哗地翻着："这人还真能写，写了这么多页！"

"这范櫵可是当年那个揭发李弈的人？"太皇太后皱着眉头问。

"就是他！"

"为甚选他？他应该与李欣一起去死！"太皇太后的声音充满了仇恨。

"是的！奴家知道他罪大恶极！可是，他现在是李欣的心腹，他的揭发最有说服力，有司会相信他的话。而且，这是个有奶便是娘的小人，很容易拉拢引诱。奴家找到他，只用了几锭白银和一个侍郎的官职就说动了他，他就屁颠屁颠地答应揭发他的主子，很快就写了这揭发帖子。"

太皇太后说："对！李欣用无中生有的栽赃来陷害李弈全家，现在也要让他尝尝被栽赃陷害的苦头，这也是以其人之道还治其人之身吧！不过，对范櫵这种卖主求荣、反复无常、没有一点廉耻的小人绝不能留，留下就是朝廷的祸害！利用之后，一定要及时除掉！你是吏部尚书，以后用人绝不能任用这种反复无常的小人！"

"是！是！奴家谨记太皇太后教诲！"苻承祖毕恭毕敬地回答着，"太皇太后明示，如何处理李欣？"

"立刻下诏征李欣回京！我要亲自审讯他！"太皇太后挥着手断然一劈，"我等这一天已经等了好几年了！"

须发皆白的李欣蜷缩在牢狱地上那堆干麦桔上，二月的天气还很冷，阵阵北风吹在他的身上，他浑身颤抖着，更紧地蜷缩成一团，钻进麦桔堆里，抵御着刺骨寒风的吹袭。他已经被关在这里好几天，却不见有司来提审他。他不知道自己犯了什么王法。不过，他知道不管他犯了什么王法，也不管他犯没犯王法，他都不可能活着走出这牢狱。从太上皇崩起，他就一直在提心吊胆地过日子。太上皇那么重用他，他也曾风光显赫一时。他本以为自己靠了座不会坍塌的大山，一座比武周山还高大坚实的天山似的靠山，可是不曾想，太上皇一夜之间就没了性命，这靠山立时坍塌。他曾经弹冠庆幸太皇太后仁慈宽厚、不计前嫌，还任命他做司空，庆幸太皇太后同意外放他到徐州做刺史、开府仪同三司，让他又一次觉得自己是漏网之鱼，庆幸自己逃脱终日害怕太皇太后迫害的寝食不安的恐惧。正当他在徐州如鱼得水，以为可以为所欲为的时候,朝廷把他征回京都,把他径直投放进这又黑又冷的牢狱。

李欣环顾着牢狱的四周。他认了出来,这正是当年关押李弈的那间牢狱。

"报应啊!报应啊!"李欣哀叹着。

一切都是命中注定。是福跑不了,是祸逃不脱。他终究逃不脱太皇太后的控制和报复!李欣流着泪,闭上眼睛。

"起来!起来!"迷蒙中的李欣被凶恶的吆喝和一阵拳打脚踢惊醒。他睁开眼睛,牢狱狱卒把他一把拉扯起来,拖着往牢狱外面走。

"把我拉到哪里啊?"李欣惊恐地喊叫着。

"闭上你的臭嘴!"牢狱狱卒吆喝着,"再喊我扇你嘴巴!"

李欣害怕皮肉之苦,急忙闭上嘴巴,不敢再大声喊叫。

狱卒把李欣拖进一间大屋,把他扔了进去。李欣踉跄着想站直身体,身后又响起响亮的炸雷般的喊声:"跪下!"

李欣急忙趴在地上跪了下去。他不知道上面坐着什么人,不知道谁来审问他。但愿能遇到一个相熟的官吏来审问他,也许他还有条活路。李欣偷眼窥探着上面,还是没有看出主审的面目。

李欣正要偷偷抬起头,上面有司大声喊:"罪囚李欣,抬起头来!"

李欣急忙抬起头。

"啊?!"他大喊一声,浑身颤抖起来,一屁股坐到地上。太皇太后正冷冷地满眼仇恨地紧紧逼视着他,目光里泄露出恨不得一口吞了他的深仇大恨。

李欣现在才知道,太皇太后是多么仇视他,可是太皇太后居然可以忍耐几年,见到他还甜蜜和蔼地向他笑,对他嘘寒问暖,还擢升他的官职!这是一个什么样胸怀肚量的女人啊!

太皇太后冷笑着,从牙缝里挤出带着阵阵冷气的问话:"李欣,你知罪吗?"

李欣跪了起来,连连告饶:"太皇太后海量,饶恕小人!小人真的不知罪!"

太皇太后站了起来,离开座位,来到李欣面前,冷笑着:"你还说你不知罪!你在徐州为刺史,勾结南朝,约定起事南逃,还说不知罪!"

李欣惊诧地瞪大双眼，看着太皇太后："太皇太后，这可是天大的误会！小人在徐州兢兢业业，不敢有半点懈怠，这勾结南朝叛离之事，从何而来？小人断断不承认！"

太皇太后走回座位，稳稳地坐了下来："好你李欣！巧舌如簧，善于诡辩！你是不见棺材不落泪，不到大河不死心啊！告诉你，你部下的揭发帖子在我们手中，你还敢断然否认！把证人带来！"

有司急忙带来范檽。李欣见范檽，大为惊讶："怎么是你，范檽？你揭发我南逃？"

范檽不看李欣，只面对太皇太后和有司官员，向太皇太后媚笑着："小人范檽，听候太皇太后吩咐！"他从没有机会见太皇太后，今天能够这么接近太皇太后，他激动不已，恨不得变成一条狗，去舔太皇太后的脚。

太皇太后懒得搭理他，看了看主审的司曹官员。王叡把桌子一拍："大胆范檽，你可愿意揭发李欣的罪行？"

范檽一激灵，连声说："小人愿意！小人愿意！小人是李欣的心腹，李欣的大事小事小人都一清二楚！"

"既然如此，你就把李欣南逃的罪行呈述有司！"

"好，好！小人这就说。"范檽把李欣如何策划，如何派人过江联络，如何与南朝约定时间、地点，如何做准备，说得有鼻子有眼。

"大胆李欣，你还有甚话说？"王叡听完范檽的叙说，拍着桌子喊。

李欣浑身颤抖，他指着范檽："你……你……怎么能信口雌黄？我甚时辰派人过江联络？你怎么可以不顾过去我对你的恩德，这么栽赃陷害呢？你还有没有良心，有没有仁义道德，有没有廉耻？"

范檽冷笑着："你还配谈甚礼义廉耻、仁义道德！你对我有多少恩德？你对我的恩德可有当年李敷对你的功德多？你不是亲手栽赃陷害，把李敷害死了吗？你既然忍心这样对李敷，我有甚不忍心对你呢？"

太皇太后拍着巴掌："说得好！说得好！李欣，你不配谈甚礼义廉耻！你是个最没有廉耻的小人！你今天这是罪有应得！"

李欣踉跄着站了起来，冲向范檽："我要杀了你！可恨我当年没有听兄弟李璞的话，任用了你这个无耻小人！今天真是后悔莫及啊！"

侍卫急忙拉住李欣。

李欣疯狂地挣扎着，喊叫着："范檦，你这小人！我做厉鬼，也要找你报仇！"

李欣跺脚长号，踏地唤天，悔恨不已。当年范檦协助李欣陷害了李敷、李弈之后，投靠了李欣，李欣见范檦乖巧机灵，就把他引为知己，让他作了自己的助手。李欣的兄长李璞劝李欣说："此人奸诈，善能降人以色，假人以辞，未有听他说过德义之言，只有势利之说。听他说话甜如蜜，观他行为奸似贼，正所谓诣谀、谗慝、贪冒、奸佞俱全，不早与他断绝来往，必受其害，后悔莫及！"可惜，当时李欣被范檦的甜言蜜语和恭维诣媚所迷惑，十分信任他，心腹之事，全都说与他听，让他参与自己的一切大事。

太皇太后冷笑着："李欣，你也有今天！你也尝到陷害的滋味！"她对王叡说："审讯就到此！让他画押具结吧！"

王叡扔下一张处决告示，侍卫拉着李欣在上面按了手印。

李欣与两个儿子令和、令度一起被诛，正报应了当年李敷父子和李弈四人性命。

"要不要门诛？"王叡请示太皇太后。

太皇太后摇头："不必连坐了。司曹监苟颓坚决不同意，你看他不参与审讯，交与你来审理，不就显示了他的不满吗？我看就不必了，我不能说了不算。我要执行太和元年制定的大律！"

太皇太后没有连坐治罪李欣的兄弟，他的几个兄弟继续为官，其中先于李欣去世的，太皇太后还都赠官职给谥号，实现她自己不连坐的诏令，表现出她的赏罚分明。

子推阴谋重演逼宫戏　　太后得信决断除皇叔

"京兆王子推动身赴青州上任了吗？"太皇太后问皇帝拓跋宏。

拓跋宏摇头："没有听说，好像还没动身，前几天孙儿在宫里还见过他，他去拜见李太妃。"

"是吗？我们去年都已经任命他青州刺史，他拖到今年还不去上任，他想干甚？谁来治理青州？皇帝，你说，这样行不行？"

皇帝拓跋宏搔着头皮，支吾着："大约不行，大臣要服从调动哇。"

首位称制：文明冯太后

"皇帝,你说咋办?他这样长久抗拒诏令,以后我们如何让令行禁止呢?"太皇太后皱着眉头看着拓跋宏。

"不好办,他是孙儿的叔祖父,孙儿不好惩处。"

太皇太后脸上闪过一丝不愉快:"叔祖又咋哇?越是皇室宗族,越应该一心支持皇帝才是!你看,他迟迟不去赴任,那目辰,你那几个叔父都在推诿着迟迟不到任,这几个州现在都是一片混乱!"

"太皇太后看该咋办就咋办吧。"拓跋宏笑着。

"好,我命令他三日内必须出发离开平城,要是再不动身,就以抗拒诏令的罪名交有司审理!中常侍,马上昭示吏部办理!"太皇太后对刘阿素下令,刘阿素急忙去办理。

"太严了点吧?"拓跋宏赔着笑脸小心说。

"治国没有威严是不成的!人心很贱,你对他们宽大,他们会以为你软弱可欺,所以,治国一定要宽严并用,该严厉一定要严厉!"太皇太后看着拓跋宏说,"特别是那些仗势皇族的宗室子弟,更要严厉一些!要不,他们一定为虎作伥,为害朝廷!"

皇帝拓跋宏似懂非懂、懵懵懂懂地点着头。在他眼里、心里,祖母太皇太后所做的一切都是那么值得尊敬、值得敬佩。他爱他的祖母,他更敬佩他的祖母。

拓跋子推这些天很忙,李欣、李惠都以南逃罪名被处死以后,他心里十分不安。与其坐以待毙,不如奋起反抗,也许还有一条生路。他之所以拖延着不离开平城去青州赴任,就是想在京城里联合自己的兄弟、叔叔、子侄,希望能够发动一次政变,把太皇太后再一次从临朝称制的宝座上赶下去,让权力和宝座再回到他们鲜卑拓跋氏的手中来,他不能坐视拓跋天下慢慢变成冯氏天下而不顾。眼看着这汉人女人在行使着她的权力,正在慢慢改变魏国的鲜卑习俗。文成皇帝时代,她撺掇文成皇帝发布婚姻禁令,禁止魏国臣民不管身份地位随便抢婚,她刚称制不久,就又下令禁止祭祀活动。这祭祀,是拓跋鲜卑生活中的大事,是拓跋鲜卑还没有走出鲜卑山石洞就开始的重大仪式,怎么能废止呢?拓跋鲜卑正是靠着祭祀、靠着天地的庇佑,才走出鲜卑山来到草原,才建立起代国,建立了魏国。没有祭祀,恐怕就没有了拓跋鲜卑。可是，她一纸诏令就废除了拓跋鲜卑几百年以来的传统习俗！以后，还不知她会借手中权力如何折腾魏国呢！

他拓跋子推是拓跋魏国的皇子弟，不能任凭这汉女人折腾魏国！

拓跋子推来到皇宫去见拓跋长乐的母亲李太妃。

拓跋子推十四个兄弟已经只剩了三个。同父异母弟弟任城王拓跋云为冀州刺史，在冀州任上兢兢业业任职，廉谨自修，挫抑豪强，息止群盗，深得冀州百姓爱戴。他当年不同意皇帝拓跋弘禅让皇位给拓跋子推，力谏禅让给太子拓跋宏。拓跋子推从此对他有了芥蒂。另一个同父异母弟弟乐浪王万寿，脾气暴躁，与他倒是相投，他已经传书让他回京。子侄辈里如今也只剩了一个安乐王长乐能够共事的。

检点拓跋氏皇族诸王，拓跋子推感到很悲哀凄凉。他的父亲拓跋晁有子十四人，他的兄弟文成皇帝有子七人，才过了不过二十五年，却零落到如此地步，兄弟、子侄都逐渐薨去，让他千方百计寻找，都找不到几个。皇族又如何？皇族子弟死得更快更早！他们兄弟都是怎么死的，谁能说清楚？有的被赐死，有的被诛，有的可能被毒害，有几个能够平安一生、寿终正寝？

拓跋子推勉强抑制着涌上来的伤感，不断鼓励自己：你不能气馁，振兴拯救拓跋氏皇位只能依靠你！

拓跋子推知道李太妃对太皇太后恨之入骨，他今天来见她，就是想鼓动她，让她以去看望儿子拓跋长乐的借口到定州去，然后与拓跋长乐商量他们逼迫太皇太后退位的办法。

李太妃孤寂地住在宫城偏僻角落里一个很狭小的土屋院落里，这是皇宫里唯一一所土屋院落，住着文成皇帝三个还活着的夫人。

李太妃看见拓跋子推来探望自己，十分高兴。她也不过三十多岁，但是长期的孤独、寂寞和忧郁，使她显得很苍老憔悴，没有一点亮色，倒好像五六十岁一样，与当年和乙梅叶在一起的时候判若两人。

拓跋子推问候了这侄媳妇，然后问起拓跋长乐的情形。

"你不想去看看他？"拓跋子推问。

"咋的不想哇？我想得都快疯了。可是我咋去哇？太皇太后不准许我们随便出宫。"李太妃伤心地说。

"你只要亲自去向太皇太后告假，说明你只是去探望探望生病的儿子，太皇太后会应允的。我听说玄夫人就去探望过她的儿子。"

大监刘华人过来问讯李太妃，她现在是这宫的大监，虽然她对这职务并不满意，跟在几个早已丧失权势、几乎被遗忘的太妃的身边，能有甚前途？可是，太皇太后的安排她不敢违抗，太皇太后看重她，首批任命了她三品的官职，她还敢挑三拣四？何况，她还肩负着刘阿素私下交代给的任务：注意监视这些太妃和她们儿子的动向，随时向太皇太后禀报。

大监看了一眼拓跋子推，笑着向京兆王行礼，匆匆退了出去。

李太妃看着刘华人出去，才接着刚才的话头说："京兆王想让我去探望长乐，可有事情要我去办？"

拓跋子推压低声音说："我想让你告诉拓跋长乐，拓跋长寿和我准备在中元时候发动宗室一起行动。"

李太妃惊慌地看着拓跋子推，连连摆手："你可不要乱来。如今可不是前几年。她已经把皇帝牢牢掌握在自己的股掌之上，你们没有办法的！闹不好，要赔上身家性命！"

"你放心！我们已经有了十分的把握，内行长、司徒目辰也站在我们这边！"

李太妃叹了口气："要是有内行长、司徒目辰的协助，也许还有点希望。不过，我还是害怕，你可不要害我的长乐啊！我就这么一个儿子，要是长乐有个三长两短，我可是活不成了！老爹没有了，要是再失去儿子，你可让我靠谁啊！"

拓跋子推摇头："我们都活不长的！你没看出，那女人一定要把我们拓跋家族的人一个一个都干掉，她才安心呢！"

李太妃点头："我看出来了，可我们有甚办法哇？她大权在握，皇帝在她的手心里，她临朝称制，谁也奈何不得！"

"所以我们就得尝试尝试啊。反正早晚都是死，还不如反抗反抗，也许还有活路！"

"我看，这样恐怕死得更快一些！"李太妃嘟囔着，"这是自己找死。"

"你到底愿意不愿意帮我？"拓跋子推问。

"我当然愿意帮你，那个女人害死了我全家！害死我父亲！"李太妃咬牙切齿地说。

"那就这么说定了，你明天就去告假，立刻动身去定州。"拓跋子推站起身，"我这就告辞了，宫里到处是她的耳目，不便久留。"

刘华人急忙闪身一边，让拓跋子推走出屋子。

刘华人匆匆来到安乐宫见刘阿素，刘阿素领着她见太皇太后。

太皇太后正在与王叡一起读《汉书》。王叡告诉她，读历史可以知道皇帝如何治国，她现在临朝称制，需要很多治国之道。

"你说，汉朝官吏有没有专门的服饰啊？"太皇太后问王叡。

"当然有了，皇帝有皇帝的冠冕，三公有三公的衣服，不同的官职级别都有各自的衣服。"王叡笑着说。

"我老在想，既然汉朝这么大的皇朝都有各自规定的服饰，我们大魏是不是也该定一定这官员的衣服规格呢，让不同级别的官员有不同的衣服。你说规定了好呢，还是像我们现在这样，没有严格规定的好？西域的国家都是没有严格规定的，衣着随便、混乱。"

"我看还是汉朝这样的好。这样可以显示官员身份等级，让官员觉得自己地位的荣耀。"王叡想了想说，"朝廷上就该分出等级来！"

太皇太后微笑着点头："侍中所见很合我心意。我也是这么看的。"她低下头翻看着《汉书》。她很爱读书，特别是与王叡一起读书，更是兴味无穷。这王叡越来越得她的喜欢，他博学聪明，善解人意，话从他嘴里说出来听着特别舒服。她烦闷的时候，他还会想方设法说些笑话逗她发笑。所以，她现在常常召见他，让他进宫来给她起草诏告，给她讲解历史以及治国方略。

刘阿素走到太皇太后跟前，伏在太皇太后耳边小声说了几句。太皇太后扬起眉毛："快叫她进来。你去准备一份奖赏。"

刘华人跪拜了太皇太后。太皇太后微笑着，很慈祥很随和地看着刘华人："你就说吧。侍中王大人不是外人。"

刘华人看了王叡一眼，王叡也正好奇地看着这女官中常侍，心里正欣赏着她的清秀俊俏以及那聪明外露的机灵模样。

刘华人把拓跋子推去拜访李太妃的事情简单说了一遍。

太皇太后皱起眉头："听到她们说甚了吗？"

"听得不大清楚，只听到一些断断续续的话，听到拓跋子推说让李太妃告假,说中元,说拓跋长寿,还说一些甚。好像李太妃挺害怕的,她说不要害了她和她儿子。后来,好像李太妃同意了。"刘华人说着,看了看王叡。王叡正笑眯眯地端详着她,让她脸感到有些发热。她急忙掉转目光,看着太皇太后。

太皇太后沉思着,自言自语:"甚意思?他们想干甚?想干甚?唉,王侍中,你说,他们想干甚?"太皇太后转过脸,看着王叡,问。

王叡摇头:"这女官说得不够清楚,臣暂时还不敢断定。不过,他们一定是在搞阴谋,太皇太后不可不防。"

刘阿素捧着一匹锦帛进来。

太皇太后一看就笑:"你是不是想出卖她啊?拿着这么显眼的东西回宫,遇到那些太夫人问她东西哪里来的,她说甚?那些太妃可一个比一个精明,她们一下子就能猜出个八九不离十。"

刘阿素笑着告罪:"多亏太皇太后提醒,奴婢太蠢,差点坏事。"她急忙出去调换了奖赏,赏给刘华人一对碧玉手镯,把刘华人高兴得嘴都合不拢。

"告假?"太皇太后抬眼冷漠地看着李太妃,"告假出宫干甚?"

李太妃赔着笑脸,小心翼翼地说:"我儿子拓跋长乐带信来,说他在定州身体不适,想让我去看看他。"

太皇太后抬起满是狐疑的眼睛盯着李太妃:"身体不适?没听说过他有何病痛啊?他在宫里精神得很呢。是不是有其他事啊?"

李太妃心中一惊,慌乱起来:"没有……没有……太皇太后不要多心。妾真的是想去探望探望儿子,他去定州已半年,妾十分想念他。"说着,眼睛就红了,眼泪也流了出来。

装得还挺像!太皇太后冷漠地看着李太妃,面无任何表情,只是依然一动不动地盯着李太妃的眼睛。

李太妃心里发毛,她索性捂住脸抽泣起来。

太皇太后断定,这女人在装假!干脆捅破她的伪装,敲山震虎,看她如何掩饰!

太皇太后冷笑了一声,一字一顿地说:"是不是受京兆王委托,去给长乐送甚信啊?"

李太妃惊吓得一下子跳了起来,脸色煞白,惊恐地看着太皇太后,"扑通"一声倒在地上,昏厥过去。

"来人!"太皇太后大声喝着。中常侍刘阿素带着侍卫急忙跑了进来。

"提桶水来! 把她给我泼醒!"

侍卫提来一木桶冰凉的井水,"哗"地全都泼到李太妃身上,李太妃浑身抖动了几下,醒了过来。

"给我把她拉起来!"太皇太后怒喝着。

侍卫把李太妃架了起来。

"你好好给我交代,京兆王找你去干甚?"太皇太后走到李太妃身边,用手托起她的下巴颏,直直看着她的眼睛,慢慢地说。

李太妃浑身抖成一团。

"你说不说!"太皇太后厉声重复着,"要是不说,可就别怪我! 来人,拖到虎圈里去喂老虎!"

"我说! 我说!"李太妃哭喊着,"京兆王让我去告诉长乐,他和拓跋长寿以及目辰准备在中元逼迫太皇太后退位!"

太皇太后猛地放下李太妃,暴躁地骂了一句:"鸟他娘! 妄想!"她愤怒地走了几步,大声喊:"来人,立刻叫皇帝来!"刘阿素正要转身,太皇太后却又说:"不! 等一等! 让我想想! 先把这贱人打入冷宫!"

太皇太后坐到卧榻上,以手支额,想了一会儿。不! 不能惊动皇帝! 她要一个一个收拾这几个该死的拓跋王!

"叫沙门能净、惠净来!"太皇太后吩咐。

拓跋子推正在家里坐着,等待着李太妃动身去联络拓跋长乐。皇帝的中常侍与太皇太后的中常侍带着皇宫宿卫来见他。

拓跋子推让他们到大堂相见。

"中常侍来访,不知所为何事?"拓跋子推心中猜想着。

皇帝中常侍王遇说:"皇帝有诏令,请看。"

王遇把诏令展开,给拓跋子推读了一遍。诏令命令拓跋子推立刻动身前往青州赴任。拓跋子推看了看太皇太后的中常侍张祐。张祐笑着说:"太皇太后命令王爷立刻动身,不得延误!"

拓跋子推愤怒地站了起来，一拍桌子："本王爷已经得到太皇太后的允许，是她太皇太后亲口许诺我，让在认为合适的时候赴任。为什么出尔反尔，逼迫我立刻赴任呢？"

王遇和张祐一起笑着摇头："具体为什么，奴家不知，奴家已经传达了皇帝陛下和太皇太后的旨意，请王爷立刻动身，不得有误！太皇太后派宿卫在外面保护，请王爷立刻动身！"

拓跋子推看着院子里一队荷枪的宿卫正虎视眈眈地注视着他，他知道已经没有办法拖延下去，只好央求着："到青州赴任，路途遥远，本王需要做些准备，方可动身。望中常侍向皇帝陛下和太皇太后通融通融，宽限一些时日。"

王遇和张祐互相看了看。王遇说："好吧，请王爷速速准备，明日清晨动身。明日清晨我们再来！"

拓跋子推只好连声感谢着，送王遇和张祐出府。

第二天清晨，京兆王拓跋子推的府邸里，车马队伍已经准备停当，拓跋子推动身去青州赴任，带着几个亲信随从。

张祐和王遇领着皇宫侍卫前来送行。

拓跋子推恋恋不舍地离开平城，心情十分忧伤。什么时候可以重回平城呢？他不知道。也许就此回不了平城了。

行了一日，看着天色渐黑，还没有到前方驿站，拓跋子推不由心生焦躁。他勒着马缰，加快了速度，随从也紧紧跟上，向前快马跑去。在天色完全黑下来之前，他们终于赶到横山脚下驿站。看到前面驿站挂着的两个大灯笼在朦胧夜色中发出昏黄的光芒，也看到上面写着大大的官字，拓跋子推才算松了口气。

来到驿站，驿站里的人急忙出来伺候王爷，拉马解缰绳，卸马鞍，把王爷让进准备好的房间。拓跋子推和随从走进驿站，驿站堂屋里，坐着两个沙门，他们正在吃饭，看见王爷进来，急忙站起来向王爷行礼，然后急匆匆离开堂屋，回自己房间去了。

"沙门到哪里去？"高大魁梧的拓跋子推手按腰刀，警惕地问。

驿站官员诌媚地回答："他们从青州方向来，回平城去，说是朝廷新建了不少寺院,召他们进京都有新的任命。"

"有官牒吗?"拓跋子推还是有些不放心地问。

"有,我们查验了官牒,才让他们住下的。"驿站官说。

拓跋子推进了自己的房间,认真查验了房间,才喊人上茶上饭。王爷与随从吃喝以后,一夜安息。

清晨,拓跋子推走出客房,看见两个沙门已经吃过早饭,从厨房里出来,向马房走去,呼喊着马夫为他们备马,说立刻要上路。

拓跋子推返回房间,随从从厨房里端来早餐,请王爷用膳。王爷看见热气腾腾的鲜浆酪,坐下就喝,抓起烤羊肉就吃。吃饱喝足,他命令马夫备马准备出发上路,自己回房间去歇息着等待动身。

马夫备好马,随从来房间里叫王爷动身。

房间里,拓跋子推正捂着肚子在炕上打滚,凄惨地呼号着。随从吓得上前搀扶,只见王爷鼻子、耳朵、嘴巴、眼睛七窍流出嫣红的鲜血,慢慢地停止了抽搐。

随从吓得屁滚尿流,哭喊着叫来驿站官吏。驿站官吏手足无措,急忙抱起拓跋子推灌下半瓶老醋,可是已经无济于事。

驿站官吏只好让拓跋子推的随从带着拓跋子推的尸体返回平城报信。

拓跋子推暴死一个月后,朝廷宣布宜都王、内行长、司徒目辰调任雍州刺史,不久,又宣布有罪,赐死。又一个月,宣布安乐王拓跋长乐有罪,征诣京师,赐死。又几个月,宣布征调镇和龙的拓跋长寿回京师,途中暴死,接着征他的儿子乐良王乐平进京,不久传出王薨。

到太和三年(479 年)七月,太皇太后完成了她的大清洗,彻底打败了准备反扑的拓跋氏势力,也彻底打击了拓跋氏宗室力量。从此以后,拓跋氏在大魏的势力开始式微,以后的大魏,开始了它的新历程。到此为止,太皇太后实现了她改造大魏的誓言,实现了她在临终姑母前的誓言。以后,她要按照自己的意愿来治理大魏了。

首位称制：文明冯太后

第九章　太后私情

北苑中元大游乐　王叡虎圈勇救主

太和三年(479 年)秋七月十五,中元日。塞外早秋的天气,风和日丽,天高云淡。平城白楼的戒晨鼓早早敲响,新起的朱明门已经洞开。这新起的朱明门和对面的思贤门都是王遇监造,蒋少游负责设计的,新的城门高大,巍峨,上建高大的门楼,雕梁画栋,飞檐斗拱,十分雄壮,改变了魏国城门简陋和没有高大城楼的历史。

太阳还没有升起,浩大的皇家车马队伍开出朱明门,向北方白登山下的北苑开去。仪仗队伍的刀枪戟剑银光闪烁,伞罗旗扇七色灿烂,在秋风里哗哗飘扬。朝廷乐队吹拉弹敲出雄壮的出行乐,和着拉高车骆驼脖颈上的串串铜铃铛的清脆叮当声,在秋风中飘荡向很远的地方。

太皇太后和皇帝并排乘坐在华丽的镂金辂车上,拉车的骆驼脖子上、头上都装饰着金银饰物,红色、白色流苏,一串串铜铃铛随着它们坚实的步伐而发出清脆的叮当声。太皇太后和皇帝车驾一早出发,到北苑去参加神渊池和永乐游观殿的落成剪彩的欢乐仪式。

车驾进入北苑,太阳已经升了起来。北苑里一片绿,牧草还没有发黄,紫苜蓿草还是一片碧绿,白登山山坡上的桦树林、杨树林还是绿绿的,没有开始落叶,放眼望去,赭色白登山头映在蓝天下,与绿色草原和绿色山坡交相辉映,十分赏心悦目。

太皇太后深深地呼吸着野外清新的带着青草和阳光香气的空气,舒展着四肢。"北苑真美啊!"她指点着迤逦的山脉,指点着山坡的绿树林,赞叹着,胸中升腾起不可遏制的无限的豪情。这是她的江山,这美丽的山树土地都属于她!得意自豪的笑容慢慢爬上她的嘴角、眼角。

皇家车驾队伍沿着一条宽阔平坦的、两边种满树木的大道威武雄壮地开进北苑。

"看!蓝天下这新落成的永乐游观殿多雄伟!"下了车的皇帝拓跋宏拉了拉太皇太后的衣袖,喊着,跳着。

太皇太后沉稳地转过头,看着面前耸立着的大殿,也不禁拍着手,赞叹起来:"真漂亮!真雄伟!"

永乐游观殿是一座建立在青色岩石高台上的大殿,青色岩石的高台上,围着白色岩石栏杆,上面雕刻着各种云形、莲花形图案,十分精致。大殿梁柱、门窗一色朱红,栋梁上画着金银五彩的故事情节以及花鸟虫鱼,五彩缤纷,金碧辉煌。大殿房顶以黄色、绿色琉璃瓦覆盖,在阳光照射下闪烁着光芒,耀人眼目。大殿房檐四角上翘,瓦脊以各种琉璃瑞兽装饰。

皇帝拓跋宏搀扶着太皇太后慢慢登上青石台阶,上到高台,高台上摆放着青铜大鼎。他们在张祐的引领下进入大殿。大殿中央摆放着镏金的龙床,上面铺着柔软的羊毛坐垫和五彩斑斓的虎皮。

"太皇太后和皇帝请上座,庆祝仪式马上开始!"张祐一边搀着太皇太后上座,一边说。

大殿外响起喧天的锣鼓声,鼓吹齐鸣,一队精悍的后生头上扎着白色锦帕,穿着鲜红的小褂,小褂都一律敞开着,露出他们精壮的胸脯,配着金黄的灯笼百褶裤,一色的长靴,腰里挂着朱红的腰鼓,开始跳跃着,系着红绸的鼓槌翻飞,敲打出齐整的鼓点,嘴里还响亮地吆喝着,场面十分热烈欢快。

太皇太后笑着,她就喜欢看这雄壮的敲打腰鼓的场面。

接着是一队穿着绿色长裙、金黄上衣的姑娘,她们腰里系着鲜红的长带,在琵琶、胡琴的悠扬音乐里,扭着,跳着,旋转着,她们在西域舞师的教练下,跳起美丽的西域舞蹈。

歌舞过后,张祐宣读了王叡写的永乐游观殿落成贺词,这贺词已经勒石为碑,树立在大殿前面。

首位称制:文明冯太后

257

太皇太后在大殿上稍事歇息后，去参观神渊池。如浑水在这里分为两支，其中一支西出南曲，流进北苑，灌注进神渊池，又一路向南流到虎圈。神渊池望去，浩瀚碧水，清凌凌得十分可爱，渊里已经放养了一些活鱼，在清水里游来游去。一只画舫停在岸边。

"太皇太后请上画舫。"张祐躬身退到旁边，请太皇太后和皇帝登船。画舫在鼓吹声中绕湖行，让太皇太后和皇帝赏玩风光。神渊池周围种着垂柳、杨树，池心堆砌着穿渊挖出来的泥土造的小岛，上面也种着垂柳、松柏。

太皇太后凭着画舫栏杆立着，很有兴致地看着神渊池周边的风光，看着画舫激起的白色波浪，看着清澈水面上倒映的蓝天绿树被画舫波浪搅乱，看着那些清晰的倒影如何被涟漪搅乱而迅速散乱开来，消失在波浪里。

"太皇太后，我们到虎圈去看虎，行不行？"太皇太后下了画舫，皇帝拓跋宏对太皇太后说。太皇太后不大喜欢看人虎相搏，看到老虎抓伤那些斗虎人，她心里不舒服，看到斗虎人围拢老虎，鞭打戳刺老虎，老虎浑身流血，她心里也不舒服。可是拓跋宏喜欢看，一来北苑，他就一定要去虎圈。太皇太后不想让他不高兴，点头答应了。

皇帝拓跋宏高兴地喊着，蹦跳着，拉着冯诞、冯修向虎圈跑去。"慢一点，小心摔跤！"太皇太后在后面扬手大声喊。可是几个男孩子早就一溜烟跑到前面去。"快去伺候，小心出事！"太皇太后急忙吩咐王叡。王叡从侍卫手里拿过一杆长戟，领着几个侍卫跑了过去。

太皇太后也加快步伐朝虎圈走去。

虎圈里关着十几只老虎，有的在悠闲地踱步，有的在安详地睡觉，也有几只小老虎在练习扑打擒拿，在学习谋生本事。

皇帝拓跋宏和冯诞、冯修一口气跑到虎牢前，大声喊侍卫："放老虎出来，朕要观虎斗！"

王叡也跑了过来："陛下，请上座位观看！"拓跋宏上了观虎台，一边催促着："快点放虎出来！"

虎圈斗虎人急忙打开虎牢门，一只老虎慢吞吞地走出虎牢，走进虎道。

太皇太后一行也来到虎圈，正登上观虎台。

又一只年轻力壮的老虎窜出虎牢，这是一只急性子老虎，它不耐烦地跟在前边那只踱方步慢吞吞的老虎后面，弓起身子，猛地向前一窜，一下子蹿出几丈远，落在虎道外面。老虎四下看了看，有些茫然。

观虎台上一片惊叫！眼看老虎再一窜，就能窜上御台，危及太皇太后和皇帝的安全！拓跋宏和冯诞、冯修全都吓得惊叫起来，一片混乱。

王叡正在下面，声声尖叫吸引了他的注意，他转过头去，看见那只老虎正扬头看着观虎台，正在慢慢纵起身子，只要他一纵，一下子扑上去，正好可以扑到御台上太皇太后和皇帝身上。

王叡顾不上多想，挺起长戟，大喊一声，朝老虎刺了过去。王叡用长戟戳着老虎屁股，一边大声吆喝："滚开！滚回虎圈里去！"

老虎被王叡的长戟戳疼了，它大吼一声，瞪着灼灼的铜铃般的眼睛，张开血盆大口，朝王叡走了过来。

王叡沉着地用长戟抵挡着老虎的进攻，一边吆喝着："滚回去！回去！"斗虎人也都甩着长鞭、端着枪戟冲了来，与王叡一起赶着老虎回虎圈。

御台上太皇太后紧张地看着下面，看着老虎被王叡和斗虎人赶回虎圈，才长长舒了口气，浑身瘫软到座位上。这虎圈经常发生老虎出逃伤人事件，另外斗虎也常常出现人虎两伤，看来是应该下诏废止这项活动，禁止猎虎，禁止进献虎了。

王叡把老虎赶进虎圈，跳过栅栏，跑上御台，向太皇太后行礼："让太皇太后惊吓了！臣罪该万死！"

太皇太后用手捂着嘭嘭乱跳的心口，声音还有些颤抖："多亏王卿，多亏王卿！"她突然想起当年救她于烈火的李弈。

太皇太后心里一片感动。她看着虎圈里的老虎，不由十分生气。这以老虎搏戏实在太残酷，不能让虎圈和搏虎游戏再存在下去。

不久，太皇太后下诏，停止捕虎进贡，也禁止了人虎相搏之戏。诏令说："虎狼猛暴，食肉残生，取捕之日，每多伤害，既无所益，损费良多，从今无复捕贡。"

赏心乐事太后温旧梦　如愿以偿王叡得新欢

夜晚来临，平城天高气爽，圆月挂在黑蓝的中天，稀疏的星星在天幕上闪烁眨眼。银色的月光泻在平城上，泻进皇宫，雄伟高大的宫殿建筑在地上落下影影绰绰的影，树木在地上落下斑斑驳驳的形。宫中各宫殿前都挂着各种形状的灯笼，与天上的月光争辉。宫城外的京都平城寺院里，传出悠远的钟声、鼓磬声，空气里散发着淡淡的桂花的香气。

太皇太后与皇帝拓跋宏在北苑寺院烧香礼佛归来，在白楼上和家人赏月庆中元。七月十五中元节，佛寺里举行盛大的盂兰盆会，太皇太后和皇帝在河里放了河灯，绕城的御河里满是河灯，闪闪烁烁，美丽极了。

去年落成的太和、安昌二殿和今年落成的坤德六合殿、乾象六合殿已经高高耸立在皇宫里，更增添了皇宫的气派。

宫城白楼已经重新建过，增高增阔了许多，高基上修建了斗拱飞檐的楼阁，黄绿琉璃瓦、琉璃砖覆顶，朱红的描金画彩的雕梁画栋，在银色的月光中还闪烁着色彩。大鼙鼓摆放在第三层上，依然在晨昏敲响作开关城门的号令。

太皇太后很兴奋。每次到寺院礼佛，都叫她兴奋不已。礼佛之后，她觉得自己从内到外都轻松、舒坦、干净了许多。刚才放了河灯以后，她特别松快，这几个月以来一直缠绕她的罪孽感消失了，杀人以后的内疚和自责全都消失殆尽。为给李弈报仇，她已经杀了李欣父子三人。上个月，她又诛杀了拓跋宏外祖父李惠一家。杀李惠一家以后，总有恐惧缠绕着她。接着，她又杀了拓跋子推、目辰、拓跋长乐等几个王爷。这种莫名的恐惧总是缠绕着她，让她心中总潜藏着不安与内疚。到寺院礼佛以后，她才轻松了许多。

太皇太后拉着拓跋宏的手登上白楼，冯诞、冯修紧紧跟在皇帝后面，他们都已经封了王。白楼上鼓吹齐鸣，陪着游玩的宗室大臣与内眷都起身欢迎太皇太后与皇帝。

太皇太后和皇帝入座，微笑、慈祥、和蔼地说："大家随便坐，随便吃喝，今天是中元，我们一起赏月，一定要玩个痛快！来，我先给大家弹奏琴曲。"

刘阿素和秦阿女把太皇太后姑母留给她的那架桐木焦尾琴摆放在琴床上，太皇太后焚香净手，坐到琴床前，对皇帝和她的两个侄子说："我弹琴，你们一起唱歌。"

月光静静地向宫城倾泻它柔和的光，太皇太后的琴声在月光里流淌，三个脆生生的男娃的歌声缭绕在柔和的光与琴声中，清脆的声音歌吟着曹孟德的《短歌行》：

> 对酒当歌,人生几何？譬如朝露,去日苦多。
> 慨当以慷,忧思难忘。何以解忧？唯有杜康。
> 青青子衿,悠悠我心。但为君故,沉吟至今。
> 呦呦鹿鸣,食野之苹。我有嘉宾,鼓瑟吹笙。
> 明明如月,何时可掇？忧从中来,不可断绝。
> 越陌度阡,枉用相存。契阔谈宴,心念旧恩。
> 月明星稀,乌鹊南飞。绕树三匝,何枝可依？
> 山不厌高,海不厌深。周公吐哺,天下归心。

悠扬的琴声和着清脆的歌声,歌声清越欢快,体现不出一代枭雄的老辣苍凉和雄壮豪迈,悠扬深沉的琴声里倒有几分曹孟德的风骨与影子。

琴声与歌声慢慢消失在月光里。

大家都鼓掌欢呼起来。

太皇太后对皇帝拓跋宏说：“这《短歌行》可是世祖太武皇帝最喜欢的曲子,你可要效法世祖太武皇帝,建功立业,让天下归心啊。”

拓跋宏很听话,立刻说：“太皇太后的教诲孙儿一定牢记在心！”

太皇太后高兴地夸奖着：“可真是我的好孙儿。有你这么听话孝顺的孙儿,我这一生可是太有福气了！”

大家都随着太皇太后夸奖着皇帝。

“来,来,现在该你们各自献艺了！”太皇太后笑着说,“让王叡和抱嶷用竖琵琶给大家弹奏一曲大角！今天他可是救驾立了大功！”

一曲铿锵的大角和着月光泻在宫城里。天幕上挂着大大的圆圆的中元月,静静地照着大魏的都城和皇宫,白楼上歌声、琴声、欢笑声不断,一片祥和与喜庆的景象。

“王叡呢？”太皇太后上炕,看着刘阿素问。

“就来。”刘阿素说,“他在准备法事器具。”

自从诛杀李惠一家以后,太皇太后夜夜做噩梦。梦中,李惠夫妇和他的两个弟弟,以及李惠的十几个儿女,站在她的面前,眼睛流着血,一起扑向

首位称制：文明冯太后

她,呼喊着、哭泣着、撕抓着她:"你为甚杀我们? 我们是皇帝的亲人啊!"

是啊,正因为他们是皇帝拓跋宏的亲人,是拓跋宏的外祖父、外祖母,是拓跋宏的亲舅舅、亲姨母,她才不能让他们活着。万一有一天,皇帝从甚地方听说李惠是他的姥爷,他要召见他们,他们一定会告诉他,他的阿娘是她赐死的,那时,拓跋宏还能容忍她这太皇太后的存在吗? 还能容忍她冯姓家人的存在吗? 每逢想到这一点,太皇太后就不寒而栗。不能让这一天出现!

太皇太后用了与杀李欣相同的方法,罗织了李惠外叛的罪名,诛了李惠一家,连坐了李惠妻子、两个弟弟以及李惠的诸子。

这些日子,李惠的影子总出现在她的睡梦中,眼睛流血,厉声呼喊着扑向她。她总是冷汗阵阵尖叫着醒来。秦阿女、刘阿素都无法叫她平息自己的惊恐。只有王叡,仗剑披发为她作了几次法事,才叫她睡了几天安稳觉。从那时起,她就离不开王叡作法。她只能在王叡作法之后才能安心入睡。

王叡穿着道袍,披头散发,仗剑而来。他执剑在太皇太后寝宫里左劈右砍,口中念念有词:"太上老君在此,恶鬼统统滚开!"

劈砍了一阵,王叡收拢剑,笑着对太皇太后说:"太皇太后安心,恶鬼已经遁迹了! 有我王叡请来的太上老君在此,他们已经被吓跑了,再也不敢来了! 太皇太后只管安心入睡吧!"

太皇太后有些不大相信:"真的? 他们不敢来了? 要是万一他们不死心,半夜又偷偷溜了进来,如何是好?"

王叡乜斜着眼睛看着太皇太后,太皇太后已经脱去外袍,只穿着一件小褂,露出白皙浑圆的胳膊,小褂下饱满的胸脯也显露无遗。王叡早就垂涎太皇太后姿色,要是能够与太皇太后相拥而睡,这辈子算没有白活。他常常禁不住这么想。但是他不得不努力抑制住自己的欲望,他可不敢主动勾引太皇太后。万一太皇太后恼怒,他的脑袋恐怕就要搬家! 在太皇太后身边这么久,他还是拿不准太皇太后的喜怒哀乐。第一天那轻率的想法,早就被太皇太后接下来许多天的冷淡粉碎,他再也不敢轻率地认为,太皇太后风骚,容易勾引,再也不敢以为太皇太后看上他、喜欢他。

每晚来给太皇太后作法事,看着小袄内衣的太皇太后,他总忍不住心猿意马。太皇太后比他年轻十多岁,浑身都散发出青春的诱人的气息。浑圆白皙的胳膊,泛着酒窝的胳膊肘,饱满挺拔的胸脯,在鲜红的绣着莲花鸳鸯的兜肚下颤颤巍巍地抖动,浑圆的小腿肚子,一双似柔黄的手,都在引诱着王叡。特别是那一双毛茸茸的眼睛流露出的些微忧郁的光芒,更是叫王叡想看又不敢多看。他害怕自己被那双幽深潭水吸引进去,永远不能自拔,他更害怕自己控制不住自己,做出什么蠢事,为自己惹来杀身之祸。

王叡急忙掉转自己的目光。王叡虽然已经年过四十,可是,四十岁的男人正是最喜欢年轻女人的时候,正是想到处偷食的年纪。他依然精力充沛,老婆丁氏远远满足不了他的需要。

太皇太后微笑了。她已经不止一次看到王叡那喷火似的眼睛,目灼灼似贼。太皇太后心里笑着说。不过,她现在已经不反感王叡的讨好谄媚了。王叡的英俊、高大、魁梧的身材,王叡风趣机敏的谈吐,王叡的博学多才,王叡的精湛的乐器演奏,都已经冲去了她对他过于阿谀、过于谄媚的反感。王叡的影子越来越占据她的心。特别是今天北苑的壮举,更是叫她对王叡充满了感激和喜爱。

不过,太皇太后不想和这男人过于亲热,她的心中还没有完全忘记李弈。李弈给她的幸福和快乐叫她太刻骨铭心、难于忘怀了。女人都是这样,在没有完全忘记一个男人的时候,是不喜欢也不会和另一个男人发展新的关系的,更不会和另一个男人发展肉体关系,除非她为了金钱、地位等目的。她们不像男人,可以同时和几个女人保持同样亲密的肉体来往。

这王叡同所有男人一样,心里充满了欲望,但是他却是有贼心没贼胆。

太皇太后讥讽的笑意挂在眉梢、嘴角。

王叡突然捕捉到这讥讽的笑意。太皇太后在嘲笑自己呢,他想着,一时感到脸颊有些发热。这是咋的?太皇太后看穿了自己的心思,在嘲笑自己有贼心没贼胆?太皇太后身边没有男人已经好几年的光景,她一定感到虚空,这么年轻,这么充满活力与欲望,她能够忍受这孤寂的日子和夜晚?瞧她那忧郁的目光,不是充满着一种渴望吗?她看他王叡的眼光,不是有一种挑逗的意思吗?

王叡突然勇敢起来,把生死置之度外;管她甚太皇太后,在我眼里,她只是一个好看的吸引我的女人!我只要她!只要把她搂在自己的怀里,去亲吻她,抚摩她,让我的肌肤摩挲着她的肌肤,这就够了,哪怕她生气,哪怕她暴跳如雷,哪怕她把我投到牢狱或者要我的性命!

首位称制:文明冯太后

王叡突然勇气大增，他扔掉手中的宝剑，一下子扑到炕上。

太皇太后吓了一跳，压低声音喊："王叡，你要干甚?!"

王叡扑到太皇太后的身边，小声说："太皇太后，小臣快要死了，请太皇太后可怜可怜小臣，救救小臣!"

太皇太后坐在炕上连连向后退去，一面小声呵斥："王叡，不得乱说! 快下去! 要不我喊人了! 刘阿素、秦阿女都在外宫，你不要命了?!"

王叡只是涎着脸跪在太皇太后面前："太皇太后尽可以喊人，小臣不管一切了! 与其活着这么受折磨，还不如死在太皇太后面前!"说着，王叡就把头扎进太皇太后的怀里，在太皇太后怀里乱钻乱拱，一边坏笑着小声说："太皇太后直管喊人吧，小臣已经心满意足、死而无憾了!"

太皇太后反倒没有了主意：喊人? 那王叡的小命确实休了，以后谁来给她作法事驱鬼? 谁能够舍命去救她? 她舍得把王叡严办了吗?

太皇太后摇头叹息着：她真的还舍不得这王叡，有王叡在身边，她夜里才能睡个安稳觉。

王叡见太皇太后犹豫着没有喊人，心里乐得直想喊叫。他把嘴紧紧拱在太皇太后丰满的乳房上，蹭来蹭去。

太皇太后被王叡逗引得欲火升腾，心里痒酥酥的，血液开始欢快地流动起来，她的心开始欢快地跳动着。

"你这死犊子! 灰鬼①!"太皇太后半笑半恼地戳着王叡的脑门，"你真的不要命了?"

王叡从太皇太后怀里抬起头，仰着脸涎笑着："小臣今晚是铁了心，宁愿以生命换取接近太皇太后肌肤一次! 小臣知道太皇太后另有所爱，小臣不敢奢望与太皇太后有更进一步的接近，小臣只愿意能够像只小狗一样躺在太皇太后的脚下，挨着太皇太后，嗅着太皇太后的气息，暖着太皇太后的脚，这样小臣就可以死而无憾了!"

王叡说着，竟抽泣起来。太皇太后原本最看不上流泪的男人，她轻视、蔑视、讨厌流泪的男人，但是她却被眼前这流泪的男人所感动，因为这男人的泪水是因为喜欢她才流的。一个男人为他喜欢的女人流泪，没有感动不

---

①　灰鬼：大同一带方言，笑骂语。坏人。

了的女人，哪怕这女人是皇太后或者太皇太后！

太皇太后感动得也泪流满面，她一下子抱住王叡的头，寻找着他火热的嘴唇。太皇太后完全被王叡征服了，她像一团和软了的面团一样倒在王叡的怀里。

刘阿素伺候着太皇太后洗涮梳头，一边从菱花铜镜里端详着太皇太后："太皇太后，下次洗头再加一个蛋清，头发一定比现在还油光发亮。太皇太后今天真漂亮，真好看。"刘阿素梳理着太皇太后乌黑油亮的头发。

太皇太后今晨脸色分外红润，眼睛分外亮。自从李弈死以后，再没有见过太皇太后这么漂亮，这么精神，刘阿素暗暗赞叹着。她不明白，为什么男女情事能叫女人像换了个人似的，变得漂亮温柔和神采奕奕。

太皇太后脸微微一红，从琉璃镜里避了一下，闪过刘阿素的眼睛。

"阿素，你能不能把王叡救驾的英勇事迹编成新声，让大家传唱呢？"太皇太后看着刘阿素，微笑着说。

刘阿素从琉璃镜里看着太皇太后："奴婢哪能舞文弄墨啊，太皇太后还是让那些秘书郎或者中书博士们做吧，他们学富五车啊，一定出口成章！"

太皇太后从琉璃镜里斜睨了刘阿素一眼："没出息，还没干你就说干不了！编几句押韵的词，让乐师配上曲谱，大家唱起来，有何难哉？等以后闲暇了，我也要学着写些东西，比如赞啊，赋啊，歌啊甚的，我就不信我写不了！"

刘阿素笑了："太皇太后才思敏捷，所有的秘书郎、中书博士都赞不绝口，奴婢如何敢跟太皇太后比？"

太皇太后摇头："别听那些秘书郎的，他们不过当面阿谀逢迎而已，当不得真的。我知道我自己，虽然头脑还算聪明，可是真的让我去写那些赞啊，铭歌啊，赋啊，怕是一个字也写不出来。我不过好争强，不相信自己不如别人而已。你啊，要向我学这一点，别遇事先说自己不行！"

刘阿素感动得眼眶有些发热，太皇太后这么信任她，处处鼓励她，爱护她，自己确实应该努力多学习，更好地伺候太皇太后。"奴婢谨遵太后教诲，奴婢一定把王叡大人斗虎御驾事迹编成歌，让京师仕女传唱。"

"这才像话！我就喜欢有志气的女娃。我们大魏的女人比南朝女人幸

首位称制：文明冯太后

265

运得多,我们可以和男人一样出外活动,所以,我希望我们大魏女人要像男人一样能干有才学。"太皇太后端详着镜子里的自己,唇红齿白,明眸乌发,依然美丽迷人。她在治理好大魏的同时,还要好好享受自己的幸福。李弈死了,现在有了王叡,王叡依然能够给她那销魂的快乐。

一定要把王叡的威信提升到无人可及的高度,太皇太后想。

"我还想让皇帝下诏褒扬他,让画工把他捍虎状摹画下来挂在各个殿里,让高允为图作赞。"太皇太后自言自语似的说着。

太和三年(479 年)秋九月,京师到处都传诵着王叡的英勇事迹,在向王叡学习的号召声中,在京师童子、仕女争相传唱刘阿素创作的《中山乐》的歌声中,太皇太后重新任命三公八议。以侍中、司徒、东阳王拓跋丕为太尉;以侍中、尚书右仆射赵郡公陈建为司徒;侍中、尚书、河南公苟颓为司空;王叡封侍中、尚书,由太原公晋爵中山王;侍中、尚书、陇东公张祐晋爵新平王。再加上昌黎王冯熙、符承祖、抱嶷等八人,为朝廷八议。太皇太后与皇帝赐以八议终身不死之金券。同时,她还赐以十八个内监不死金券,以奖掖鼓励他们忠心服务。

沙门法秀作乱闹京师　太皇太后平乱定乾坤

京城报德寺建在如浑水绕进京城的支流边上,风光秀美,河边绿柳夹岸,绿丝飘扬,轻抚水面。报德寺是平城著名寺院之一,与五级大寺、永宁寺、天官寺、建明寺和皇舅寺齐名,同为京师著名寺院。永宁寺为皇帝所建,自然名列其首。永宁寺大殿前立七级浮屠,浮屠青石所造,加以金箔银粉涂身,披着彩色绸帛,熠熠闪光,十分壮观好看,与对岸掩映在皇舅寺的五极浮屠对峙,是京师一景。皇舅寺是太皇太后兄长昌黎王冯熙所建,位于水边。昌黎王冯熙潜心向佛,在定州做刺史时,在各州郡兴建佛寺共计七十二所。在京师平城大大小小、新新旧旧寺院百多所里,这四五所独占风光。当时百多所寺院里,有僧尼两千余人,其中比较有名气的寺院不过这四五所。报德寺占其一。

报德寺住持沙门法秀,从小在西凉坛无谶所在寺院里为徒,凉州被太武皇帝征讨以后,来到平城,先在武周山雕刻大佛,后来到平城寺院做住持,以后来到报德寺做副住持。报德寺的正住持是太皇太后派去的惠净沙门,原来宫里的内监居鹏。

报德寺原址是皇宫的鹰鹞房,太皇太后不喜欢驯鹰捕猎这在她看来太残忍的鲜卑旧俗,拓跋宏为讨太皇太后欢心,下诏废除捕鹰驯鹰进贡的习俗,并且把原来鹰鹞房中的全部驯鹰驯鹞放生,在鹰鹞房的原址上建立了一所宏大的寺院,取名报德寺,以感谢太皇太后抚养他的恩德。皇帝拓跋宏专门派太皇太后喜欢的沙门惠净来报德寺做住持。

这惠净仗恃着太皇太后的荫庇,十分霸道,对沙门十分苛刻,打骂随心,惩罚随意。偏偏法秀沙门秉性耿直,很不满惠净沙门所作所为,经常与之发生冲突。

这一日,法秀走出方丈,来到禅堂,惠净正在责打一个小沙门。这小沙门是法秀的徒弟,专门服侍法秀。小沙门跪在打碎的碗碴上,膝盖已经鲜血淋漓,惠净还在左右开弓扇打着小沙门,小沙门的嘴角也流出一股鲜血。

法秀沙门一时怒从胆边生,他大喝一声,冲向惠净,一掌打向惠净,把惠净打得趔趄后退,一屁股坐到地上。

法秀沙门替小沙门擦拭着嘴角的鲜血,抱着他回到方丈,替他包扎伤口。

惠净沙门从地上爬了起来,嘴里骂着:"反了你了,法秀!"他哪里受过这样对待,自从来到平城能净师父处,跟着太皇太后以后,享不尽的荣华富贵,经常在太皇太后、皇帝身边行走,被人尊崇,受人拥戴,即使到报德寺做住持,也是经常被召进宫,去为太皇太后、皇帝做各种佛事。现在居然有敢打他的沙门!

惠净冲到前堂,叫来几个沙门,各自端着禅杖,向法秀方丈冲来。

"法秀!出来!"惠净让众人堵在法秀方丈门口,自己进去拉扯法秀。

法秀继续给禅床上的小沙门包扎着伤口,头也不回:"等我给他包扎完伤口,就出去!"

惠净推开法秀,用手中的戒刀把小沙门捅了,反身砍向法秀。法秀看着禅床上汩汩流出的鲜血,几乎愣怔了:"你……你……你……杀了他!"

说话间,惠净的戒刀已经带着风声砍了过来。法秀把身子一偏,闪过砍来的戒刀,他抄起禅杖,撞开堵在门边的沙门,跑出方丈。

惠净抡着戒刀追了出来。

法秀跑到院子里，手持禅杖大声呼喊："惠净杀人了！惠净杀人了！"全寺院的沙门都跑了出来，团团围住法秀："杀谁了？""为甚杀人？"

"惠净杀了小沙门！"法秀流着泪说。

惠净抡着戒刀杀到院子里，他一边口里喊着："让开！让开！"一边凶恶地推搡着众沙门。

沙门还是围着法秀，转过身来怒视惠净，一声不吭。惠净平素经常责打沙门，对下人十分凶恶，而且十分贪婪，把寺院钱财全都把持在自己手里，寺院伙食平素十分恶劣。沙门对他早就积攒了一肚子愤怒。

惠净看大家不给他让路，就挥舞着戒刀朝身边沙门砍来，一个沙门头上流着血。沙门们惊呼着躲闪开来。

法秀喊着："惠净，我和你拼了！"说着，抢起禅杖，与惠净在院子里厮杀起来。其余沙门都非常愤怒，纷纷抄起各自的戒刀、禅杖，与跟随惠净的沙门对打起来。院子里火星四溅，乒乒乓乓，你来我往，打得热闹。

法秀与惠净跳跃腾挪，禅杖与戒刀撞出耀眼火花。法秀已经打得忘乎所以，一心要给小沙门报仇。他瞅着惠净一个破绽，抢着几十斤重的生铁禅杖朝惠净头顶劈了下来。惠净脚下一软，躲避不及，被禅杖打得天灵盖散开，一时间，脑浆与鲜血四下飞溅，红的，白的，黄的，全都飞了出去。惠净"扑通"一声倒在地上，抽搐着，慢慢没了动静。

沙门大声惊呼着："住持死了！住持死了！"听说住持死了，跟随惠净的沙门也就没有了斗志，急忙拖着禅杖逃出寺院，有的赶去向朝廷报信，有的逃奔其他寺院。

法秀愣怔在原地，看着已经不再抽搐的惠净发呆。

沙门都围了上来，纷纷喊着："法秀，我们咋办啊？"

"杀了惠净，闯大祸了！"

"我们赶快逃命吧！"

有的沙门开始夺路逃命。

法秀从愣怔里回过神，他大声喊着："大家不要慌，我法秀一人做事一人当！你们逃不了的！逃到哪里也会被官兵抓回来！"

"你说咋办？"

"我们听你的!"

沙门纷纷喊着。

法秀扬起禅杖:"我们不如趁官兵还没有来,组织起来,号召更多的沙门加入我们当中,然后我们杀了官军跑到五台山去!官军无法到山里抓我们!"

"有道理!"

"言之有理!"

"我们立刻行动起来!"

报德寺的沙门立刻分散到各寺院去,游说自己相熟的沙门。很快,他们就纠集了几百个沙门。法秀在报德寺里把他们集合起来,率领着沙门队伍向城外跑。

接到报告的官员急忙调集军队跑步赶到报德寺,报德寺已经空无一人。

法秀率领着沙门在平城坊里穿行,他想带领着队伍从东门出城。东门距离报德寺远,那里守城官军可能还没有得到消息,他们有机会出城。

一路上,平城里的泼皮无赖看见沙门造反,也闹嚷嚷地加入沙门队伍,喊着"打进皇宫"的口号,吸引坊间许多庶民。

官员急忙派人回皇宫报告,自己带领着官军一路追了去。

法秀率领着队伍来到东门。果然如他所料,东门没有得到消息,并没有增派守城官军。法秀大声喊:"杀了守门官军!冲出城去!"

守门校尉军看见冲来这么多举着武器的沙门,知道大事不好,急忙命令关闭城门。十个守门士兵急忙推动着沉重的大城门。法秀已经赶了上来,他挥舞起禅杖,把一个关门士兵打倒在地。其他沙门都拥了上来。守城校尉吹响牛角号,城墙上、城楼上的士兵都拿起武器,跑步冲下城门,与沙门打了起来。

法秀不敢恋战,边打边向城门靠近。可是守门士兵牢牢把守门边,他们冲了几次也冲不出去。

"向南门去!"法秀喊。

沙门跟随着法秀向南门跑去。

沙门们穿过一片坊来到南门。南门守卫已经听到东门牛角号声,知道出了事情，守门校尉已经命令士兵关闭了城门。法秀和沙门不敢接近城门，只好钻进坊间，向报德寺方向逃窜。

无法出城的法秀带领着沙门又回到报德寺，他们紧紧关闭了寺院大门，在寺院里坚守。

追赶的官军听说造反的沙门又回到报德寺，只好也掉头回报德寺。

报德寺大门紧闭，官军紧紧包围了寺院。

"投降吧！你们无路可逃了！"官兵向寺院里的沙门高喊。

报德寺里，法秀和沙门关闭了所有的大门，聚集在大雄宝殿里，准备死守。

太皇太后愤怒地在太华殿走来走去。听说惠净被杀，叫她又心疼又愤怒。惠净沙门做内监时在她铸造金人做皇后上有功于他，做了沙门以后对她还是忠心耿耿，替她办了许多重要事情，作为回报，把他安排到报德寺做了住持，让他可以借报德寺的名义，积累许多财富，在京畿一带建许多坞壁屯堡。谁知道竟被沙门所杀！这不是要造反吗？

"派军队去围剿了吗？"太皇太后问。

"军队正在追堵中，听说已经把作乱的沙门堵在报德寺。只是怕破坏寺院，只好先紧紧包围着，不敢命令军队冲进去。"王叡向太皇太后禀报。

"这种乱党留他做甚！传我的诏令，立刻围剿报德寺！一个作乱的沙门都不许放跑！我要用他们和他们的亲人来祭惠净！"太皇太后咬牙。

"我要亲自去看着捉拿作乱沙门！备车！"太皇太后说着动身向外走去。刘阿素想劝说，可是王叡朝她摆摆手：正在盛怒中的太皇太后绝不会听人劝说，她一定要亲自到现场去观看不可！

王叡紧紧跟着太皇太后，乘车来到报德寺。报德寺外围着官兵，大门紧紧关闭着，里外对峙。

太皇太后下令，让军士一起向里面喊话："告诉他们，赶快开门出来投降！要不我立刻命令军队撞开报德寺大门，血洗报德寺！"

士兵一起向里面喊话："里面沙门听着，太皇太后在此，命令你们立刻开门投降！要不，太皇太后命令血洗报德寺！"士兵们一遍一遍地喊。

报德寺里的沙门都守在大雄宝殿里，紧张地听着外面的喊话。

太皇太后见里面没有动静，立刻命令校尉："撞门！撞开以后，见一个杀一个！一个不留！"

士兵们抬来粗大的木头，喊着"一二三"，开始撞击大门。

法秀听见撞击大门的声音，知道无法坚守，只好让大家走出宝殿，打开大门。士兵们端着枪，要杀那些沙门。

王叡急忙跑进去高声喊着："不要杀他们！他们自己投降了！把他们捆起来！全都捆起来！"

官兵把作乱的沙门一个一个捆绑起来，放倒在院子里。

太皇太后走下车，官兵都跪下拜见太皇太后。

"哪个是作乱的法秀？"太皇太后问官兵校尉。

"我就是！"被捆绑着坐在地上的法秀昂首回答。

"你就是法秀？"太皇太后看着法秀，"果然生的凶神恶煞！"太皇太后冷笑着："大胆法秀，你为甚作乱？"

"官逼民反！"法秀昂首挺胸，回答说。

"朝廷待佛门弟子从来不薄，你们不种地却衣食无忧，为甚还要作乱？"太皇太后继续问。

"谁说我们沙门衣食无忧？你问问在座的沙门，我们哪顿饭吃饱过？我们开凿灵岩寺石窟，我们修建寺院浮屠，我们还要替那该死的惠净种他在坞壁村堡里的地，替他收庄稼，替他放牧牛羊，我们甚重活不干！他从来不给我们工钱，连饭也不给我们吃饱！我们每人就这么一件破烂袍子，还说甚我们衣食无忧！"法秀冷笑着。

太皇太后怒喝："你妖言惑众！佛家子弟慈悲为怀，哪能像你说的那样？"

法秀梗着脖子："惠净沙门是佛门败类，他滥杀无辜，他强占钱财，他贪、占、毒、杀犯十戒！他该杀！"

太皇太后咆哮着："好一个刁民！押进牢狱，立即抓捕他们的五族同门，族诛门诛！"太皇太后怒气冲冲，返身回到车上。

王叡急忙也上了车，坐到太皇太后身后，轻轻为太皇太后捶着后背，一面劝慰着太皇太后："太皇太后不必为几个作乱的沙门生气，气坏身体得不偿失。刚才微臣问了问其他沙门，看来法秀所说不是诓言。"

首位称制：文明冯太后

"说个甚话？你还替那作乱的妖人辩解?!"太皇太后回过头,狠狠瞪了王叡一眼。

王叡满脸堆笑,用自己那双会说话的大眼睛温柔地看着太皇太后,目光里泻出许多柔情蜜意。太皇太后看着王叡这对眼睛,凌厉的目光不由得软化了许多。她斜了王叡一眼,轻轻骂道:"灰鬼!"顺便从座位下掐了王叡一把。王叡就势抓住太皇太后的玉手,轻轻摩挲着,又把它放到自己双腿之间。

"灰鬼!"太皇太后"扑哧"一声笑了起来。

王叡急忙温柔地说:"太皇太后仁慈的名声已经传播很远。太皇太后宴请高年,慰问高年,抚恤高年、孤寡、贫困;太皇太后幸虎圈,亲录囚徒,轻者皆免;去年正月太皇太后下令罢蓄养鹰鹞,在鹰鹞房建起这报德佛寺。所有这些,万民传诵。太皇太后如若宽宥作乱沙门,仁慈名声必将传播更远,庶民必将更念太皇太后恩德。臣王叡恳请太皇太后千万不要在盛怒中恢复族诛门诛刑罚,否则,难免使庶民误会太皇太后言而无信。"

"你说咋办?"太皇太后的手在王叡的手掌里掐着,问。

"臣以为,太皇太后应对作乱沙门实行宽宥与诛杀结合的惩罚办法,宽宥为主,诛杀为辅,一定可以更好地感化庶民,使作乱奸民大大减少。太皇太后笃信佛道,佛要我们慈悲为怀,尽量少杀生。既然作乱沙门自己投降,太皇太后还是宽恕他们的好!"王叡极力劝慰着。

太皇太后微笑着点头:"就依你说。灰鬼!"

不久,太皇太后诏曰:"有司科以族诛,诚合刑宪。但矜愚重命,犹所弗忍。其五族者,降止同祖;三族,止一门;门诛,止身。"诛杀直接参与叛乱的百多人。

秘书李冲酝酿变法　太皇太后支持改制

太皇太后与八议大臣在安乐宫大殿议论国事。太皇太后坐在正中龙床上,刘阿素和秦阿女为她轻轻捶着肩膀。八议大臣坐在下面,围成半圆。

太皇太后微笑着说:"今天召集诸卿前来,乃为商讨国事。近来国朝安宁,我心欢喜。出外视察,发现还有鳏寡孤独生活艰难,虽然每年一次召集高年以慰问,赏赐粮帛,但是仍有贫困,依然有流离失所者,叫我心忧郁。不知诸位可有治国良方,以改善庶民百姓贫困现状?"

伟岸的太尉、司徒拓跋丕急忙称赞太皇太后关心民情,以庶民忧乐为怀。

太皇太后笑着:"废话少说,太尉可有好建议?"

拓跋丕尴尬摇头,他真的想不出什么办法。

王叡看了看同僚,昂首挺胸,声音朗朗地说:"太皇太后提出改变庶民贫困现状之重要问题。庶民百姓贫困,则国之贫困;庶民百姓富庶,国则富庶,正如小河无水大河干。小臣曾与臣之属下李冲私下议论,欲庶民百姓富,非施行均田于民不可。田地乃庶民百姓命根,如若庶民无土地,而土地尽在豪强手中,庶民流离失所,势必造反闹事,国力势必动乱衰弱。臣以为,解决庶民土地,乃为以后太皇太后治国考虑之大事。"

太皇太后敏锐地抓住两个词语:均田和李冲。

"何谓均田?"太皇太后眼睛闪烁着好奇的光彩,看着王叡问。

"均田仅为臣与属下私下议论提起之想法,尚无成熟意见。臣以为,按户之人数分配田地,使耕者有其田,乃为均田。此乃臣与属下之粗略想法,至于如何实施,尚无定论。"

太皇太后看着王叡,目光里满是温柔和赞许:"此想法弥足珍贵,十分新鲜。田地一直集中在坞壁主手中,朝廷重臣与武将手中也都占有大量田地,像太尉这些皇室宗族以及一些老臣,都拥有相当数量土地,如若分他们土地给庶民,他们能同意吗?太尉,你会同意吗?"太皇太后笑眯眯地问拓跋丕。

拓跋丕为难地看了看左右,尴尬地笑着。

太皇太后开心地咯咯笑出声:"中山王给太尉出了难题。"

王叡不好意思地解释:"臣唐突了,尚未考虑成熟,请太皇太后见谅!"

苻承祖和张祐互相看了一眼,张祐急忙开口:"臣倒以为中山王提议很合国情。土地高度集中,庶民没有土地,如何能够安居乐业?庶民不安居乐业,当然要聚集闹事。朝廷疲于应付各种暴乱,如何能够富庶?"

苻承祖附和:"臣以为确实如此。均田利于庶民安居乐业,利于富庶国家。"

昌黎王冯熙也点头:"臣也觉得有理。只是需要认真谋划,否则实施起来,可能遭到豪强反对。"

太皇太后点头,环视了一下八大臣,目光落到王叡脸上:"卿所说李冲为何许人?"

王叡回答:"李冲字思顺,陇西人,敦煌公李宝之少子,少孤,为兄长教养,中书学生,现为秘书中散,为臣府中郎中令。另外,他是臣的亲家,臣之小女许配给他的大公子,尚未完婚。"

太皇太后点头:"明天诏他来见我,我想听听他之议论。"

王叡心中一沉,顿生悔意:何必谈李冲呢,真多嘴。不过,事已至此,他也不敢忤逆太皇太后意旨,只连连点头。

李冲兴冲冲来见太皇太后。

太皇太后高兴地打量着眼前这年轻的秘书中散。李冲不过三十五六岁,与太皇太后年纪相仿,似乎还要小她几岁。这李冲,虽然不高大威猛,却是白白净净,自有一副王叡没有的潇洒倜傥、风流儒雅之风,很有些李弈的风采,叫太皇太后一见就滋生出许多喜欢。

太皇太后让李冲坐到一张木凳上,和蔼地询问着他的家世。"听中山王说,你是他的儿女亲家?"

李冲的紧张一扫而光,心里暗笑:太皇太后毕竟是个女人,开口问的就是家庭琐事,传说中那威严可怕、片刻决人生死的太皇太后并不如传言那么可怕嘛。

李冲一一回答着太皇太后的问话。

太皇太后话题一转:"听说你有治国之高见?我想听听。卿一一道来。"

李冲受宠若惊,连连表示谦虚:"太皇太后过奖了。臣素性狂放,喜发狂想,更好发狂论,时与中山王对饮,胡乱议论,何谈高见。"

太皇太后摆手:"卿不必自谦,说来听听。"

李冲便拿出准备好的条陈,开始朗朗读起来。

"臣闻:量地画野,经国大式;邑地相参,致治之本。井税之兴,其来日久,田莱之数,制之以限。盖欲使土不旷功,民罔游力。雄擅之家,不独膏腴之美;单陋之夫,亦有顷亩之分。所以恤彼贫微,抑兹贪欲,同富约之不均,一齐民欲编户。窃见州郡之民,或因年俭流移,弃卖田宅,漂居异乡,事涉数世。三长既立,始返旧墟,庐井荒毁,桑榆改植。事已历远,易生假冒。强宗豪族,肆其侵凌,远认魏、晋之家,近引亲旧之验。又年载稍久,乡老所惑,群证虽多,莫可取据。各附亲知,互有长短;两证徒具,听者犹疑;争讼迁延,连纪不判。良畴委而不开,柔桑枯而不采。侥幸之徒兴,繁多之狱作。欲令家丰岁储,人给资用,其可得乎?愚谓今虽桑井难复,宜更均量,审其径术,令分艺有准,力业相称,细民获资生之利,豪右靡余地之盈。则无私之泽,乃播均于兆庶;如阜如山,可有积于比户矣。又,所争之田,宜限年断,事久难明,悉属今主。然后,虚妄之民,绝望于觊觎,守分之士,永免于凌夺矣。"

太皇太后听得十分专心。李冲读完,太皇太后伸手:"拿来我再仔细读读。"

太皇太后拿着李冲的上疏,仔仔细细地又阅读了一遍。她抬起头,看着李冲:"卿洋洋洒洒书一大篇,不过是想说明现行弊病,要按户分田,是不是啊?"

李冲急忙点头:"是,太皇太后所言极是,太皇太后所言正是小臣本意。"

太皇太后笑着:"你们这些太学博士出身的人,上疏说买驴事,往往书纸三页,不见驴字。言简意明,该省多少时间精力。"

李冲面红耳赤,喃喃着,不知如何辩解,心中却不由自主潜生出许多敬意:这太皇太后果然目光敏锐,头脑敏捷,才思卓著,不同凡响!

太皇太后笑着:"秘书中散不必介意,我随便说说而已。你的建议很好,只是你是否考虑过如何实施? 实施起来会不会遇到抵抗而引发混乱?"

李冲摇头:"臣尚未考虑。"

太皇太后轻轻皱起眉头:"提建议容易,但是如何实施更为重要,没有实施的具体方略,这建议恐怕难以实施。"

李冲急忙说:"如若太皇太后与皇帝陛下不反对,臣愿意设计实施方略,以供太皇太后参决。"

太皇太后点头:"好,此事交付卿去办理,望卿仔细琢磨。此事实施恐怕还需要其他配合,如果能够辅以其他措施,同时遏制官吏贪占,避免庶民贫困,那才是治国良策。卿不妨多用心思琢磨,随时把你的想法与我探讨,等设想周全以后,方可呈来。"

李冲站了起来:"微臣定不辜负太皇太后期望!"

首位称制:文明冯太后

275

太皇太后喊："刘阿素,拿赏赐来!"

一行宫女捧着金银宝物鱼贯而来。

李冲跪下,感谢太皇太后的赏赐。

"装车给秘书中散送到府上。"太皇太后说。

夜读书皇帝苦学受儒道　听流言太后发怒惩皇帝

"我们去看看皇帝读书!"晚饭以后,太皇太后对刘阿素和秦阿女说。

"中山王一会儿要来了。"刘阿素提醒着太皇太后。

"告诉他,今晚不必侍寝。"太皇太后摆摆手,"我们走吧。"

刘阿素与秦阿女搀扶着太皇太后,几个宫女打着灯笼,走出安乐宫大门。

"太皇太后哪里去?"王叡提着灯笼匆匆而来,看见太皇太后出门,他紧跑两步赶上来问。

"我去看看皇帝晚上读书。不知他用功不用功。"太皇太后说着。

"臣呢,是随太皇太后一起去,还是在宫里等待太皇太后回来?"王叡眼巴巴地看着太后,着急地问。

太皇太后一边走一边说:"你还是先回家吧。你女儿快要出嫁了,你这当阿爷的,还不要准备准备? 回去吧,回去吧。"太皇太后说着,加快脚步,向皇帝的太华殿走去。

王叡提着灯笼,怔怔地站在原地,看着灯笼的光点越来越远,心里充满懊恼。他已经好几天没有得到太皇太后的召见,今天来,又碰了钉子。

太皇太后开始疏远他了。王叡心里难免酸溜溜的。自从把李冲介绍给太皇太后以后,太皇太后对他似乎有些疏远。太皇太后现在已经不再做噩梦,所以也不必每晚诏他去作法,当然他也不能每晚与太皇太后相拥而睡。

太皇太后自己倒没有觉出在疏远王叡,只是因为她不再做噩梦,便不再频频诏王叡侍寝作法。她并不想晚晚与王叡亲热,她现在觉得自己很忙,肩头上挑着一个国家的担子,她要把这个拓跋氏鲜卑的国家按照汉家国家的样子治理好,有许多事情需要她通盘仔细地策划谋算,安排设想,既要防备鲜卑贵族的反抗,又要警惕暴民乱民的闹事,还要想办法让庶民过上比较安定富庶的日子,她不能不耗费大量的心思精力和时间去与各方谋臣谋划探讨。谋臣可以出谋划策,但是最后决策还要靠她自己。皇帝拓跋宏虽然已经过了十岁,可在她眼里依然是个孩子,她让他好好学习,学习各种经史子集,学习各种思想学说,学习经典治国方略。现在不好好学习,将来她如何能够放心地把魏国交付与他。他应该是自己治国方略的不折不扣的继承人与执行者。

太皇太后来到太华殿。太华殿侍卫正要通报,太皇太后摆手:"不必通报,不必通报。"侍卫也就笑着让太皇太后进去了。

偏殿书房里,窗户上西域进贡的琉璃透出亮亮的灯光。太皇太后笑着,小声对刘阿素说:"还挺用功的,我们过去偷看看。"说着,太皇太后踮起脚尖,蹑手蹑脚走到窗户下,凑在琉璃上向里张望。

书房里,拓跋宏正坐在炕上几桌前看书。中书监高闾、尚书游明根坐在对面,正在与皇帝讲经。

高闾原名高驴,太平真君九年(448年)为中书博士,司徒崔浩改驴为闾。太皇太后第一次临朝,引高允与他于禁内,参决大事。太皇太后见他博纵经史,文才隽伟,特诏他为皇帝讲经太傅,同时,太皇太后的诏令、檄、碑铭、赞、颂都由他主笔。

游明根,和龙人,世祖时中书学生,年纪比高闾长十几岁,如今已经六十多岁,白发苍苍。同高闾一样,他也历五朝为官,勤谨小心,待人接物谦和清约,特被皇帝和太皇太后礼遇,一同聘来为皇帝拓跋宏讲解儒老学业,二人互相追随,不过,高闾以才笔高游明根一筹而倨傲于前,时号"高游"。

皇帝拓跋宏抬头看着两位德高望重的师傅,恭谨地问:"朕蒙太皇太后慈训,告诫为君必善辨忠奸。朕诚知忠奸有损益,而未识其异同,常惧忠贞见毁,佞人便进。每当癗瘵思之,则觉忧虑,应如何分辨真伪?请卿为朕言,以释朕怀。"

游明根说:"忠佞之士,实在难以辨认。依古法,先让其做官试之,官定然后录用,三年一考,然后忠佞可明。"

高闾说:"臣以为可以史书中古圣人对待他人之方法检验忠佞。能够撤小人官职者为忠,僭杀晃错忠臣者为奸。"

皇帝拓跋宏摇头:"朕以为不妥。自非圣人,忠佞之行,时或互有,但忠功显即谓之忠，佞迹成斯谓之佞。史官根据成事而书，后人方可分辨。朕所问者，未然之前，卿所对者，已然之后。"

高闾急忙解释："佞者，巧言令色，用修饰与心机行事；忠者，遵循正道，发自本心行事。譬如玉石，晶莹剔透可辨。"

拓跋宏以手支颐，亮晶晶的眼睛看着高闾，继续与他辩论："玉石同体而名字不同，忠佞异名而同理。如果有托佞以成忠，或有假忠以掩饰佞，又如何分辨？"

高闾想了许久才说："陛下所问，确实难辨。不过，假忠而行事，必有蛛丝马迹，凡有私利隐藏，必为佞。凡口口声声为别人，实则假公济私，为一己之私利而营营，必为佞。至于托佞以成忠，则更加易辨，托佞不过权宜之计，不过为更好劝谏而已，很快就会显露其忠心之本意。"

拓跋宏点头："卿之所言，甚有道理，朕心明白。朕还有一事相问。和平三年(462年)十二月，文成皇帝下诏，'名位各不同，礼亦异数，所以殊等级，示轨仪。今婚丧嫁娶，大礼未备，贵势豪富，越度奢靡，非所谓式昭典宪者也。有司可为之条格，使贵贱有章，上下咸序，著之于令'。壬寅，又诏曰，'夫婚姻者，人道之始。是以夫妇之礼，三纲之首，礼之重者，莫过于斯。尊卑高下，宜令区别。然中代以来，贵族之门多不率法，或贪利财贿，或因缘私好，在于苟合，无所选择，令贵贱不分，巨细同贯，尘秽清化，亏损人伦，将何以宣示典谟，垂之来裔。今制皇族、师傅、王公侯伯及士民之家，不得与百工、伎巧、卑姓为婚，犯者加罪'。究竟婚姻礼制是什么，请指教。"

高闾说："这汉人婚姻与鲜卑婚姻礼制不同，不知陛下听汉人婚姻礼制还是鲜卑婚姻礼制？"

拓跋宏笑了："鲜卑婚姻与汉人婚姻大不相同，朕当然需要听汉人婚姻礼制了。"

游明根摇头："臣虽然也通婚姻礼制，不过不如高卿，请高卿为陛下解释。"

高闾说："周礼规定，同姓不得婚姻，不同辈分不得婚姻。婚姻大礼，不得越分。文成皇帝之诏，就是正人伦大礼，改变魏国婚姻习俗之始。"

拓跋宏点头："大魏婚姻虽经文成皇帝整顿，尚有许多不足，太皇太后常说要整饬婚姻大礼，看来还是必要的。"

太皇太后听得只是点头,她扭头对刘阿素小声说:"听皇帝这么说,我就放心了。让他们继续辩吧,我们不去打搅了。"

太皇太后微笑着蹑手蹑脚离开窗户,心满意足地返回自己的安乐宫。

出了皇宫和平城,皇帝拓跋宏像只飞出鸟笼的小鸟,他骑在马背上,与李冲并辔,让马在平城外的乡间道路上慢慢行走。平城乡间道路两旁都种植着各种树木、各种庄稼地。有的种着大麦、小麦,有的种植着谷子、黍子、豆子,有的种着桑树、大麻,各种庄稼都绿油油的,长得十分旺盛。远处的山坡上到处是茂盛的树林。放眼望去,满眼都是绿,满眼都是树木绿草和绿庄稼。

皇帝拓跋宏与李冲都是很平常的平城百姓打扮,后面只跟着两个穿百姓服装的侍卫暗地里保护着他们。

"陛下,我们去哪里?"李冲问。

"就去那个坞壁。"皇帝拓跋宏在马上指着前面一个绿树四合的坞壁村庄。

李冲和拓跋宏来到这个坞壁大门前,他们下了马,坞壁大门前守卫的兵丁立刻过来询问。李冲说,他们是平城皇宫宿卫,前来为皇帝寻访妃姝。守卫一听,高兴得不得了,急忙让同伴去通报坞壁主。李冲却拉住那个兵丁:"老弟先不忙着通报,我们想先和老弟说说话。也许你们有认识的好女子,先给我们说道说道。"

两个守卫一听,都直点头。可不是,他们都有待嫁的亲人呢,先说道说道也许不是坏事。守卫带着皇帝拓跋宏和李冲来到一家农户,农户家里只有一个老人和一个小女子在忙活,成人都下地去了。

守卫就在这一人家里与皇帝和李冲闲聊起来。

李冲首先询问了小女子的年龄,小女子不过八九岁,还是个没有发育起来的小姑娘。李冲故意摇头。

守卫说要带他们到另一家去看看。李冲说:"先在这里坐坐,说说话。我想问问你们,你们这坞壁有多少人家,多少户? 有没有苞荫户?"

守卫和老人都说:"坞壁主说只有四十户人家,其实这个坞壁里有二百多户呢。我们都是苞荫户。"

李冲又问:"现在还有没有新来的苞荫户?"

老人说:"有,我就有两个亲戚刚从山那边来,想在这里落户,给坞壁主许多钱财,才算成他的苞荫户,每年要向他交几斛粮食,他才肯租给他们一块地种。"

"你们有没有自己的田地?"皇帝拓跋宏问。

"没有,我们的田地都属于坞壁主的。我们每年要向坞壁主交纳五斛粮食呢。"老人的声音里流露出很大的不满。

"你们想不想有自己的田地种?"拓跋宏傻乎乎地问。

"谁不想有自己的田地种哇? 傻后生,问这么傻的问题。可是,我们哪里能有自己的田地啊。田地都是皇帝和朝廷赏赐给大官的,大官就是坞壁主。我们这农户、兵户根本不可能有自己的田地。"老人摇头叹息着。

"那也说不定,也许哪天皇帝陛下高兴了,说把坞壁主的田地分给农户、兵户,每人都分一块田地,也说不定呢!"李冲笑着看着拓跋宏,对老人说。

"要是那样,我们这些农户、兵户可要日日给皇帝陛下烧高香了!"老人和守卫一起说。

"要是把土地分给你们,你们愿意不愿意给朝廷交纳粮食?"皇帝拓跋宏又问。

"傻小子,又问了个傻问题。"老人笑着说,"百姓给朝廷纳粮,这是百姓的本分。百姓不给朝廷纳粮,朝廷咋养活那么多官吏啊! 没有官吏士兵,这国家可就难保了。百姓有了自己的土地耕种,不用给坞壁主纳粮,种地一定能打更多的粮食。这粮食打多了,给朝廷交纳的粮食也多了,可真是好事啊。可惜,你们办不到!"老人嘟囔着说。

"你老人家可别小看我,也许我就能办到呢!"拓跋宏笑着对老人说。

"那我就叫你皇帝!"老人也开着玩笑说。

"那我就赐名这个坞壁叫宏赐堡吧。"拓跋宏笑嘻嘻地说。

"甚? 皇帝这么顽劣?"太皇太后怒喝着。

内监苻承祖垂手恭立在太皇太后面前,向太皇太后禀报他听来的有关皇帝行为的种种传言,以及皇帝近两天的种种行为,这是他重要的日常工作。

"昨天下午，皇帝带着几个贴身侍卫与几个秘书郎出宫了，听说去一个坞壁会见一个军户闺女，在那里一直逗留到晚上才回来。"

太皇太后霍地站了起来。"传皇帝来！"太皇太后怒喝。

皇帝拓跋宏听说太皇太后传叫，急忙带着人来见。

"昨天哪里去了？"太皇太后劈头就问。

拓跋宏想了想："回禀太皇太后，孙儿昨天到城外转了转。"

"为甚不来禀报一声？"太皇太后沉着脸问，"你不是发誓说大事小事都要禀报我知道吗，为甚言而无信？"

皇帝拓跋宏胆怯地看着太皇太后阴沉的脸，禁不住有些心跳："太皇太后饶恕孙儿，孙儿突然兴起，仓皇决定，未来得及禀报太皇太后。"

"到坞壁干了些甚？"太皇太后继续追问。

"也没干甚，只是四处转转，到处眊瞭眊瞭①。"拓跋宏嬉笑着说。

"你别嬉皮笑脸！你私自出宫出城，与一个军奴女子相会！如此不顾身份，成何体统？"太皇太后跺着脚申斥着皇帝。

拓跋宏看了看火气冲天的太皇太后，知道自己的辩解白白增加太皇太后的愤怒，还是不出声的好。拓跋宏皇帝只是垂头恭听着并不辩解。

"家法教训！"太皇太后喊。皇帝的默不作声更增添了她的怒气。

几个侍卫拿着鞭子进来。他们为难地看看皇帝，又看看太皇太后。

"你们看个甚！还不给我抽他几鞭！"太皇太后怒喝着。

侍卫还是犹豫着磨蹭着不敢动手。太皇太后从一个侍卫手中夺过鞭子，一鞭子狠狠抽在侍卫的头上："滚出去！你这奴才！"她又扬起鞭子，向皇帝拓跋宏身上抽去。

拓跋宏一动不动，任太皇太后抽打。皇帝默默忍受着，他早在佛祖前发过誓言，要听太皇太后的话，不管她怎么责罚自己，自己都要以孝字为先，以身作则，做到先贤教导的忠、孝。对他来说，就是忠于太皇太后，忠于大魏，忠于自己的誓言，孝顺太皇太后。

只打了两下，太皇太后就把鞭子往地上一丢，自己坐回坐榻，呼呼喘着粗气："等我歇息一下，继续惩罚你！"太皇太后指着拓跋宏恶狠狠地威胁着。

① 眊瞭：山西大同一带方言。看看。

首位称制：文明冯太后

281

刘阿素带着李冲来见太皇太后。太皇太后交代过,只要是李冲来见,她可以直接带他进来,不必先行通报。

"太皇太后安康!"李冲跪拜了太皇太后,这才看见皇帝拓跋宏站在一旁,急忙又跪拜了皇帝,"皇帝陛下安康!"

李冲感觉气氛不对,偷眼看了看太皇太后。太皇太后黑着脸,脸垮着,气呼呼的样子。皇帝可怜巴巴地垂手站立着,一句话不说,地上迤逦着一条蛇似的长鞭。李冲明白了:太皇太后在责罚皇帝,自己来得很不是时候。

李冲赔着笑脸,对太皇太后说:"微臣来向太皇太后禀报昨天与皇帝一起考察庶民土地情况。不知太皇太后有无闲暇?"

太皇太后心里一动:考察土地? 皇帝不是去私会女人? 她抬眼看了看李冲。李冲白皙的脸上一派诚恳,不像讹人的样子。

太皇太后看了李冲一眼,不动声色地"呃"了一声算作回答。李冲犹豫地看着太皇太后,不知道是不是该接着讲下去。

太皇太后又"哦"了一声,算是催促。李冲急忙说:"微臣与皇帝近来多次出城到一些坞壁去考察,我们发现,田地占有与朝廷不给官员颁发俸禄有密切关系。朝廷官员没有俸禄,全靠多占田地维持生计。坞壁主大多都是朝廷重臣,特别是开国那些功勋代人①,他们依靠朝廷赏赐的田地以及靠武力强占田地,使京畿一带田地多集中在他们手中。但是,一般臣子田地不多,生活就比较艰难,为了维持生计,他们只好采用盘剥抢夺、贪污受贿等不法手段来集敛财富。清廉的臣子就过着十分清贫的日子。像老臣高允,一直清廉洁守,眼下生活还是很拮据,他的儿孙不得不去捡柴火、挖野菜来贴补生活。"

太皇太后有些动容,她叹了口气:"这高允,倔巴得很。当年文成皇帝赏赐他许多金银帛锦,他就是拒不接受。不过也还是赏赐了他一些土地,他咋的还是这么贫困?"

李冲接着说:"高允一心放在朝政上,他没有军户、农户替他种田,焉能不贫困? 说起坞壁里那些替坞壁主种田的军户、农户,更加可怜,他们没有自己的田地,经常逃跑,有些坞壁主的田地就荒芜了。所以,微臣以为,要按

---

① 代人:魏国对鲜卑人的称呼,主要指早期代国的鲜卑老臣。

户给庶民分田,朝廷里要给官员颁发俸禄,这样,种田的好好种田,做官的好好做官,可以遏制官员的贪占受贿。这是微臣与皇帝近来出去考察得出的看法,请太皇太后定夺。"

太皇太后沉着脸,问:"坞壁里可有妙龄女子与你私会?"

李冲看着太皇太后的脸色,明白了太皇太后发怒的原因:太皇太后一定听到流言,说皇帝外出私会民间女子了!

李冲笑着:"坞壁里可能有妙龄漂亮女子,只是微臣与皇帝没有见到而已。即使见到,皇帝无心,微臣何敢? 皇帝陛下只关心土地,对漂亮女子根本无暇看其一眼。微臣倒想多看两眼,无奈皇帝陛下催促,微臣不敢放肆!臣只见到一个八九岁的小女子而已,何来私会漂亮女子?"

太皇太后看了看拓跋宏,"哼"了一声,好像是问:是这样的吗?

拓跋宏急忙咧开嘴,笑着点点头。

太皇太后狠狠地瞪了拓跋宏一眼,目光说:你这死犊子,为甚不早说?

拓跋宏搔了搔后脑勺,不好意思地朝太皇太后笑了笑。

太皇太后看着李冲:"你又提出个新事情——颁发俸禄。这均田与颁发俸禄能够一起进行吗?"

李冲看看皇帝拓跋宏,歉疚地说:"臣一时还没有思谋周详。等臣思谋周详以后,再向太皇太后与皇帝草拟一份详细筹划。"

太皇太后点头:"好吧,与皇帝一起去筹划吧。"

"皇帝陛下为出宫的事情受太皇太后责备了?"李冲与皇帝拓跋宏离开安乐宫以后,小声问。

拓跋宏不好意思地笑着点了点头。

李冲小心地搀扶着皇帝,小声责备:"陛下,为何不向太皇太后解释实情呢?"

拓跋宏笑着:"太皇太后在盛怒中,如果解释,徒增其愤怒而已。与其叫她老人家徒增愤怒,不如让她老人家责罚几下出出气,才算尽朕之孝道!"

李冲十分感动:"皇帝身体力行,为民作则,如此孝道,真乃国家之福。国无榜样,民无则典,如何确立先贤教导? 有皇帝陛下为民作则,国家弘扬儒道有望矣!"

李冲献方略蒙特宠　王叡闯宫闱惹大祸

王叡躺在自己府上的卧室里，懒洋洋地不想动弹。他的妻子丁氏坐在他身旁，温柔地问他到底哪里不舒坦，到底发生了甚事，让他总是长吁短叹。

丁氏现在很满意自己的丈夫。丈夫在太和这几年突然发达起来，成为朝廷重臣，让她充分享受到夫贵妻荣的煊赫荣耀。丈夫贵为八议之一，这富也就随之而到。富贵，富贵，总是双生兄弟，富离不开贵，贵了就一定富。豪华气派的王叡府邸是太皇太后诏令重新起建的，高大，堂皇，华丽，宽敞，是京师可数的几家，与冯熙、拓跋丕、张祐等列齐观。总有宫里马车装满各色珍宝财富，在夜色朦胧中，给他拉到府邸上。王叡府上，珍玩宝贝不可胜数。

但是王叡并不快活，妻子丁氏看得出来。丁氏正盘算着给王叡弄几个年轻的妾来，让王叡高兴高兴。过去家里穷，王叡不想娶妾，现在，眼看着王叡不快活，丁氏心里难过，想来想去，她想到这么个办法。

"官人，"丁氏抚摩着王叡，"听说宫里又要放宫女出宫嫁人，官人不想着去挑选几个可意的来？"

王叡吃惊地看着丁氏："你咋想出这么个事？"

"这有甚？宫里宫女都是挑选出来的女娃，都很好看，又是见过大世面的，很会伺候人。听说大臣都纷纷出面去为自己挑选呢。"

王叡摇头："宫里出宫女，这是太皇太后的意思。她说，可怜这些女娃，在宫里一辈子没甚前途，看着年岁大起来，不赶快放她们出宫，会耽误她们一辈子青春好年华的！所以，她每隔一年就选那些年纪大一些又不能当内官的宫女出宫。可是，太皇太后可不是让王公贵族挑去伺候他们的，太皇太后是让她们配那些没有妻室的军官、将校、臣子的。我怎么可以选来呢？"

"这你就傻了不是。那些大臣当然知道太皇太后这规矩，可是他们也有他们的办法啊。他们让自己没有妻室的部下去申领回来，然后自己占有。你看，这有多鬼。你就不能也学学他们？何况你也真的需要几个年轻女娃来伺候你。我可是老了，现在一心向佛，想图个清静，不想也不能叫你快活了！"丁氏说着，竟滴下几滴眼泪。其实，王叡已经有年头不挨她的身子了。

王叡有些歉疚，他拉住丁氏的手抚摩着："说这些干甚。女儿的婚事准备好了没？要催催李冲，他现在怕是忙得顾不上儿女婚事了！"王叡说着，心里感到酸溜溜得有些不舒服。他知道李冲这些日子经常在两宫里窜，一会儿在皇帝那里，一会儿在太皇太后那里，忙得不亦乐乎，眼见着他的府上也富了起来，晚上赶进他府上的那些车上装满的珍宝、帛锦、宝贝，也都是皇帝、太皇太后特意赏赐的。

丁氏笑着："李冲眼瞅着也一日富过一日，他正在起新宅，说是新宅起了以后来迎娶女儿。"

王叡点头："你还是要勤催着他点，万一他心红得全忘了儿女婚事，不是害了我女儿吗？"

丁氏续上刚才的话头："我看你还是进宫看看，万一有好宫女你看上了，弄一两个回来伺候你，不是好事吗？"

王叡被丁氏的一番劝说说得有些心动：可不是，太皇太后那里看着开始受冷落，丁氏这里又心如死灰，以后他到哪里寻找那些销魂荡魄的夜晚？他不过四十七八岁，正当年轻力壮，一夜御几女都不在话下。不是他这番金枪不倒的功夫，哪能得到太皇太后的欢心？太皇太后可是如虎似狼一样有旺盛的精力！对，现在进宫去看看。

王叡一骨碌从炕上爬了起来，让丁氏帮着他梳洗一番，换上华丽的袍服、靴子与冠帽，进宫去了。

太皇太后斜倚在寝宫炕上，她有些不舒服，正想好好睡上一觉，刚刚躺下，刘阿素却领着李冲径直走进寝宫来见太皇太后。太皇太后心中不悦，不过她也不好责备刘阿素，因为是她自己交代，李冲来见，不须通报，直接领进便可。她不能自食其言，言而无信。在她讨厌的东西中，就有这言而无信。

太皇太后只好苦笑着爬了起来，披上外衣，刘阿素为她垫起腰，让她斜靠在炕上的被褥摞上。"坐下吧。"太皇太后随便指了指炕沿。

李冲坐在炕前的一张椅子上，他把椅子拉得靠近炕沿，与太皇太后说话。

"为甚来见我？"太皇太后微笑着问。她喜欢看着李冲白皙而有些消瘦的脸，看着他那双不大的但是炯炯有神的眼睛，他的眼睛里有种说不出的吸引人的地方。

"请太皇太后原谅微臣的唐突打扰。微臣这些天转了许多坞壁，又发现一大弊端。"

"哦？甚弊端？"太皇太后来了兴趣与精神，她向炕沿移动了一下，露出她白皙的胸部和浑圆的胳膊。

李冲的眼睛有些发直。

太皇太后眼睛亮了亮，有些讥讽地一笑：这些男人咋都跟馋猫似的，经常看着她发呆。不过，看着一个她并不讨厌的男人为她眼睛发直发亮，总是很叫她高兴。能够吸引男人，总是女人心里暗自得意和高兴的事，不管这女人是否想勾引男人。太皇太后一样是个女人。

"咳，你这是咋的了？愣怔个甚？"太皇太后用手在李冲面前晃晃，声音里稍微有些娇嗔。

李冲的脸一下子红成了个关公，他尴尬地喃喃着，不知说些什么。

太皇太后摇摇头，喊着刘阿素："阿素，给秘书中散李大人拿把蒲扇，端杯浆酪，李大人口渴了。"说着，就咯咯地笑。

李冲这才发现太皇太后原来是个比他还年轻的美丽女人。可是过去，他一直认为太皇太后是个垂垂老矣的太后。

李冲急忙说："微臣不喜饮浆酪，微臣习惯饮南茗。"

太皇太后继续咯咯笑着："那好办，我这里有南朝进贡的最好的南茗，叫甚碧螺春。阿素，给李大人沏茗！"

李冲已经不再感到紧张和尴尬，他笑着问："太皇太后也喜饮茗？"

太皇太后摇头："说不上喜欢，小的时候在家里，父母都饮茗。进入魏宫三十年，又每日饮浆酪，也就习惯了。不过，我也饮茗，皇帝很爱饮南茗哩。"

"可不是，皇帝陛下比微臣还会品茗呢。甚茗，到他口里，只要抿一下，就能说出茗名。微臣佩服之至。"

刘阿素给李冲端来一杯清醇的茗水。李冲接过去，赞不绝口："太皇太后，果然好茗！果然好茗！清醇可口，香气袭鼻，入口清凉甘甜，微苦而甘，久久留香于口。"李冲抿了一口，慢慢品着。

太皇太后笑着："快，阿素，快去给我端一杯。我的馋虫让李大人给引了出来！"

刘阿素笑着跑出去给太皇太后端茗。

李冲抬头看着太皇太后，又有些恍惚。面前这太皇太后，简直就是一个活泼、可爱、顽皮的女娃！

太皇太后啜饮着清茗，与李冲谈论了许久茗经。太皇太后终于想起李冲来访的主要事情因被打岔，一直没有说起呢。她又咯咯笑了："我们这是做甚呢。你来谈甚事，咋就打岔了？"

李冲也笑了："可不是，白白耽搁太皇太后这许多时辰。微臣是来禀报微臣又一想法的。"

太皇太后舒服地靠在柔软的靠垫上："说吧，我只听，不再打岔了。"说着，给李冲一个顽皮的笑。

李冲不敢走神，急忙说："微臣发现，这城里乡里，不分级别，只有坞壁主作宗主督护，他们帮助朝廷维护地方治安，收取租税，管理户民。但是，这些宗主们仗势权力，私自招纳依附农户，不断扩大依附户数量，把三十、五十户编为一家，向朝廷隐匿实际户数，从而少交租税。一方宗主为之，多方宗主效仿，造成社会欺瞒之风盛行，骗税之事屡屡发生，官吏与民风腐败。"

太皇太后频频点头："言之有理，言之有理。你有何高见？"

"效仿汉代，建立三长制。"

"何谓三长制？"

"在国朝设立邻里乡党，五家立一邻长，五邻立一里长，五里立一党长，废除坞壁主。"

"有甚好处？"

"可以约束豪富恶霸，便于统计国朝户籍，能够抑制欺瞒，便于管理，还能够多收纳租调，充实朝廷。"

"谁可为长？"

"长取乡人强谨者，邻长只取一人，里长两人，党长三人。除了可以不征戍以外，其他同庶民一样。"

太皇太后沉思着。沉思良久，她抬头看着李冲，明亮的黑眸子里满是智慧机敏的光亮。李冲知道，太皇太后发现了问题的症结。太皇太后慢条斯理地说："这均田、班禄与实行三长制，可以说是一套抑制官吏贪占的完整措施。如果同时实施，一定可以整治官吏贪占的痼疾。"

"那就请太皇太后批准实施吧。"李冲迫不及待地说。他已经忘记了自己的身份,使用了很急促的命令语气。

太皇太后摇头:"不可操之过急。古语说,'欲速则不达'。如果一下子推出这么多的新方略,一定会惹起一些大臣、老臣、重臣的反对。要是反对的人太多,这新方略不就被推翻了吗?所以,我想,这三个方略虽然为一完整方略,却不能不逐一推出,逐步实施。"

李冲惊讶得张大嘴,半天合不拢。太皇太后的看法叫他耳目一新。他只考虑方略的可行性,却没有考虑方略的实施过程,而太皇太后率先考虑的是实施方略的策略。

太皇太后继续沉思着说:"均田、班禄与三长,恐怕最遭反对的是三长的实施。实施三长,势必削弱宗主督护的权力与利益,现在那些宗主,不是鲜卑几代老臣、武将,就是原来汉族的大族、大户、豪强,他们从宗主督护中得到了多少好处、利益,积累了多少土地和财富。现在朝廷提出不让他们当督护一方的宗主,不是削弱了他们的好处与利益吗。我看他们一定会拼命反对的。所以,我以为要最后实施三长,废除宗主督护。"

李冲急忙问:"太皇太后以为先实施哪项措施好?"

太皇太后微微闭了闭眼睛,李冲看到太皇太后那毛茸茸的弯曲黑密的眼睫毛在轻轻抖动着,这又叫李冲吃了一惊。原来太皇太后有这么美丽的眼睫毛。他过去咋就没有发现呢,真是粗心之至!

太皇太后睁开眼睛:"我以为,先实施班禄制,先给官员颁发俸禄,官员一定拥护的多,反对的少,像高允那些清廉自守的官员能不拥护?我看,他们一定拥护!有了他们的拥护,接着实施均田,估计不会有太大的反对。等均田实施以后,有了明显的好处,再实施三长制就容易多了!"

"太皇太后英明!李冲茅塞顿开啊!"李冲拊掌衷心夸赞着。

王叡来到安乐宫,侍卫自然不敢阻拦,他径直进了宫殿。殿里没有人,静悄悄的。王叡知道,每逢太皇太后在内寝宫里睡觉,宫女、内监有时就短暂离开,去干一些私人事情。王叡喜不自禁,踮起脚尖,蹑手蹑脚向内寝宫扑去。他想给太皇太后一个意外惊喜。多日没有与他亲热,太皇太后能不想念他?

王叡扑进内寝宫,口里喊着:"乖乖心肝,我可想死你了!"便转过屏风,直扑炕上。

炕上太皇太后还是斜倚着，微笑着看着李冲，继续探讨着改制。

李冲听到一个男人轻佻淫荡的声音，惊讶地站立起来，正要向太皇太后告辞，却见一个男人风似的扑到炕上，把太皇太后推倒，搂抱住太皇太后，一边在她脸上乱啃，一边"心肝宝贝""乖乖"地乱叫个不停。

李冲急忙退出屏风后，他已经从声音里听出来人是王叡。李冲吓得浑身乱抖，心跳得如揣着小鹿一般，不知道如何是好，是赶快回避，还是等太皇太后发话？

太皇太后毫无防备，被王叡推倒在炕上压在身下动弹不得。太皇太后又羞臊又愤怒，当着李冲的面被王叡这么轻慢侮辱，她愤怒得七窍生烟。太皇太后从王叡身下挣扎着抽出右胳膊，抡圆了扇向王叡。

"大胆狂徒！"太皇太后怒喝着，用力缩回右腿，朝王叡裆间猛地蹬了过去。

王叡"哎哟"一声，翻转过身，双手捂住下身，在炕上翻滚着，疼痛地喊叫着。

太皇太后从炕上坐了起来，整理了一下被王叡扯乱了的内衣，穿上外袍，冷冷地看着翻滚喊叫的王叡，声音冷钝地向外喊："来人！"

刘阿素、秦阿女跑了进来："太皇太后，甚事？"

"甚事？！你们是咋当值的，谁放他闯了进来？"太皇太后指着炕上翻滚喊叫的王叡，冷冷地问。

刘阿素和秦阿女"扑通"一声跪到地上："太皇太后饶命！奴婢刚才去茅房了，正好走开一会儿，没看到中山王来访！奴婢该死！奴婢该死！"

太皇太后冷冷地命令："互相打嘴巴二十下！"

刘阿素和秦阿女流着眼泪，互相看了一眼，各自抡起巴掌，互相抽打着。刘阿素和秦阿女实实在在地互相抽打着，谁也不敢糊弄太皇太后。巴掌清脆响亮，叫李冲听得心惊胆战。

刘阿素和秦阿女的脸颊立刻红肿起来。

"把他给我拖出去！"太皇太后怒喝。

"拖到哪里去？"刘阿素不明白，小心地问了一声。太皇太后这种吩咐，只有一个意思，就是拖出去用乱棍打死。可是，今天的吩咐也是这意思吗？

首位称制：文明冯太后

炕上可是中山王王叡,是太皇太后最心爱的人。所以,刘阿素不顾太皇太后的盛怒,斗胆问了一句。

拖到哪里去?拖出去乱棍乱鞭打死?太皇太后直着眼睛,看了看还在喊叫呻吟的王叡。王叡正呻吟着爬到她的脚下,抱住她的双腿,呼喊着:"太皇太后饶恕小人!饶恕小人!"

太皇太后冷着脸看了看王叡,眼下的王叡在她的眼睛里如一条癞皮狗一样叫她讨厌。她又缩回腿,一脚把他踹到炕下。

"叫人把他送回他的府上!从今以后,不要让我再见到他!"太皇太后说完,躺到炕上,不再说话。

刘阿素和秦阿女急忙把王叡拖了出去,李冲帮她们把王叡抬到车上,自己亲自把他送回府上。

可怜王叡病危上疏心系朝廷　有情太后难舍旧情优厚情人

"宫里赏赐又来了。"王叡妻子丁氏看见宫中车赶进自己的院子,高兴地对女儿说。这些年,经常有宫中车一辆接一辆地赶进自家院落,从车下卸下金银、珠宝、绫罗、绸帛、粮食、皮毛、牲畜。不过,那些车都是在夜晚赶进家门的,今天怎么这么早就来了宫中赏赐?丁氏有些纳闷。

车赶进院子,车上下来李冲和几个侍卫。

丁氏又纳闷。宫中赏赐财物的赶车人都是她认识的太皇太后宫里的几个内监,今儿咋就换了李冲和几个侍卫?

丁氏急忙带着仆人出去。

"慢点!慢点!"李冲正招呼着侍卫往车下抬着王叡。

"官人,官人,你这是咋的了?"丁氏急忙赶了上去,手把着抬杠喊。

王叡脸色煞白,紧紧闭着眼睛,痛苦地呻吟着。

"李大人,官人他这是咋的了?几个时辰前进宫还是好好的,咋就突然成了这样?"丁氏流着眼泪,慌成一团,抓着李冲的手问。

李冲摇头叹息,安慰着丁氏:"嫂夫人不必惊慌,中山王不过偶染急症,等太医来把脉医治,会很快好起来的。"

侍卫把王叡抬进卧房,放到炕上。丁氏送走李冲和侍卫,急忙回来照看王叡。

"官人,你这是咋的了?"丁氏拉着王叡的手,声泪俱下。

王叡终于睁开眼睛看了看妻子丁氏,立即又闭上眼睛,把头转到里面。他实在无颜面对妻子。这些年,他一直陪伴在太皇太后身边,早就冷落了他这贤惠的糟糠之妻。现在,他遭受了这样的奇耻大辱,如何向妻子张口诉说?有何颜面向妻子诉说他的伤痛?下体那痛彻肺腑的疼痛告诉他,他命不久矣,就算侥幸保存性命,他也必将是废人一个。太皇太后那里的宠幸别再梦想,就连妻子这里他也无法对付。以后,他该怎么向妻子解释,那些早就嫉妒他的同僚将会怎么嘲笑他,怎么幸灾乐祸地在背后议论他?以后,他走到哪里,背后的戳戳点点、指指画画就将跟随他到哪。

"活该!"

"罪有应得!"

"做面首的下场"

"嘻嘻!"

"哈哈!"

王叡似乎听到各种讥讽嘲笑的声音包围了他。

"不能这样!"王叡想着,紧闭的眼睛里流出几大滴热泪。与其苟活着忍受各种不堪的痛苦和嘲讽,不如就此了断人生!王叡心里下着决心。

"王叡情形如何?"太皇太后问李冲。

李冲难过地摇头:"情形不大好,一直发高烧,说胡话,卧炕不起。不吃不喝,还死不服药。"李冲向太皇太后禀报。

太皇太后脸色忧郁,眼睛里闪过一丝同情。

李冲急忙说:"中山王昨夜稍微好转一些,他抱病卧床给太皇太后和皇帝写疏,托我转交太皇太后和皇帝陛下。"李冲双手献上王叡的疏。

"你读吧。"太皇太后摆手,她有些不忍心看王叡亲手写的字。

李冲清了清喉咙,读了起来。

"臣闻忠于事君者,节义著于临终;孝于奉亲者,淳诚表于垂没。臣荷天地覆载之恩,蒙大造生成之德,垂周三纪,受先帝非分之眷,叨陛下殊常之宠。遂乃内侍帷幄,爵列诸王,位班上等,从容闻道,于知国政。诚思竭尽力命,以报所受,不谓事与心违,忽婴重疾。今所病笃,虑必不起,仰皇道宿眷之隆,敢陈愚昧管窥之见。"

读到这里,李冲有些哽咽,太皇太后已然热泪盈眶。她叹息着:"王叡也是满腹经纶,对朝廷至孝至忠,令人感佩。事已至今,还念念不忘朝廷,可赞可叹!"

李冲擦了擦眼睛:"微臣的一些想法都曾受中山王启发。太皇太后,可否继续?"

太皇太后点头。

李冲继续读:"臣闻为治之要,其略有五:一者慎刑罚,二者任贤能,三者亲忠信,四者远谗佞,五者行黜陟。夫刑罚明则奸尻息,贤能用则功绩著,亲忠信则视听审,远奸佞则疑间绝,黜陟行则贪叨改。是以抚荒裔宜待之以宽信,哀恤孤独,赈济困穷,录功旧,赦小罪,轻徭役,薄赋税,修福业,禁淫祀。"

太皇太后终于按捺不住,眼泪顺着脸颊静静流了下来,她抽泣着:"知我者,王叡也。他提出的治国之要,都是平常提示于我的。"

李冲急忙劝慰太皇太后:"太皇太后不必过于自责,其实中山王之所陈述,不过太皇太后平素所为而已,太皇太后正是如此方略治国。"

太皇太后站了起来:"话是这么说,可中山王在其重病期间,念念不忘地提醒我,足以显示他一片忠信!不行,我要亲自去探望他!请皇帝与我同去!"太皇太后对刘阿素说。

王叡府邸家丁慌里慌张跑到内宅,向丁氏报告:"太皇太后和皇帝来了,车驾已经来到府前!请夫人与公子赶快去迎接圣驾!"

丁氏慌张起来,急忙带着儿女、仆从来到院子里。太皇太后和皇帝已经下了车,在侍卫、内监、宫女的簇拥下,进了院门。

太皇太后环顾着院子,看着高大巍峨的院门,高大的院墙,看了看青砖墁地的院子,青砖青瓦镶着琉璃瓦脊的高大正堂,以及穿过堂屋可以看到的后面的几进院落。她点点头,这几年自己也没亏待于他,他也没甚可抱怨的,要不是他自己张狂轻浮,也不会有今天这地步。

皇帝拓跋宏看着太皇太后:"中山王这府邸相当漂亮,是不是,阿奶?"

太皇太后只是点头,不好说话。

丁氏率领着王叡全部家眷、仆妇，黑压压跪了一院，丁氏不断磕头，不断说："奴婢丁氏不知道太皇太后和皇帝大驾光临，有失远迎，恭请太皇太后和皇帝饶恕！"

太皇太后急忙伸出双手弯腰扶着丁氏："夫人请起，夫人请起。我和皇帝突然来访，没有通报，责不在你。我们担忧中山王的安康，前来探视探视！"

太皇太后说着，仔细打量着王叡的妻子丁氏，她心里有些好奇，又有些歉疚。她占了她的丈夫这么多年，她可曾对自己有过怨恨，或是她根本就不知道丈夫在宫里的行为。

丁氏的眼睛里只有惶惑和不安，没有一丝怨恨。太皇太后断定，她根本就不知道自己和王叡的事情。太皇太后心安了许多，刚才潜升起来的一丝慌乱与歉疚完全消失殆尽。她平静地微笑着看着站起来的丁氏："中山王呢，带我们去看看他！"

听说太皇太后和皇帝亲自前来探视他，王叡激动得泪流满面。他挣扎着爬了起来，眼前一黑，又栽倒在炕上。不行！我一定要起来跪接太皇太后和皇帝。王叡又挣扎起来，爬到炕沿边儿，想慢慢爬下炕去。着急中，他一头栽到地上，头上被碰得生疼，眼睛冒着金星。

王叡在地上躺了一会儿，恢复着不多的体力，手扶着炕沿慢慢地站了起来，一步一步向门外挪去。刚挪了几步，眼前又是一黑，跌坐到地上。

"老爷，你咋下地了？"丁氏领着太皇太后和皇帝进了内宅，来到王叡的卧房门口，看到王叡正艰难地扶着门框向卧房外的厅堂里挪来。丁氏和王叡的大儿子抢步上前，架着王叡。

王叡眼睛流着泪，上气不接下气地说："太皇太后，皇帝陛下，罪臣失礼了！有劳太皇太后、皇帝陛下大驾，罪臣罪该万死！"说着，跪下去倒头便拜。

太皇太后看着王叡头发蓬乱，脸色蜡黄，知道他病得确实不轻，心中难免有些难过，也掠过一些后悔，当时自己出脚确实太重了。她摇摇头，连声说："中山王请起，请起，免礼了！快搀扶他坐下来！"太皇太后伸出手正想亲自去搀扶王叡，看了看周围，皇帝拓跋宏正看着她，她伸出的手又收了回去，看着丁氏和她儿子搀扶王叡起来，扶他坐到卧榻上。

太皇太后和皇帝拓跋宏坐到王叡的对面，仔细地询问着王叡的病情。

丁氏流着眼泪诉说王叡拒绝饮食和服药的情形。

太皇太后责备着王叡："中山王这是做甚呢。有病医病，不吃饭、不服药这咋行啊？我和皇帝看了你的上疏，很感动，我们还等着你病好以后，和你商讨治国大要呢。"

几句话，把王叡说得热泪不断。太皇太后没有抛弃他，太皇太后对他还是有感情的。自己能够好起来，好了以后，还可以帮太皇太后治理朝政，与李冲一起商讨改制方略。自己为甚这么糊涂，竟要走绝路呢。可是，他转念一想，又心灰意冷了，自己这病已经是无药可医了。

王叡的眼泪啪嗒啪嗒滴落下来，落在青砖地上，慢慢洇在砖里。他抽泣着："罪臣感谢太皇太后和皇帝的关心，只是罪臣已经病入膏肓，恐怕时日不多，心有余而力不足了。"

皇帝拓跋宏关切地说："中山王不要这么丧气，太皇太后已经带了太医前来为卿诊治，卿会好起来的。"

王叡喘息着，可怜巴巴地看着太皇太后："罪臣死不足惜，只是有些事情放心不下，不知太皇太后可否容罪臣提几件事情？"

太皇太后心里难过，眼睛有些发热，她拼命控制着自己，不让眼泪流出来。"你说吧，我和皇帝一定答应你说的一切事情。"

"卿只管说。"拓跋宏顺从着太皇太后。

"罪臣现在最放不下儿女、妻子，臣恐没了荫庇，身后妻子、儿女无人照顾。罪臣殷切希望儿子能够承继罪臣爵位官职。不知太皇太后与皇帝是否恩准？"

太皇太后微微点头。拓跋宏急忙说："朕答应卿，卿只管放心。依典袭爵，让他代领卿之尚书令，领吏部曹、中部，如卿品职。"

"卿子几岁？"太皇太后看了看站在王叡身边的儿子，问。

"十四岁。"丁氏代替王叡回答。

"罪臣还有一事。"王叡喘息着，"罪臣女儿已经许配给李冲之子，罪臣想看着他们成婚，不知太皇太后可否为他们主婚？"

太皇太后急忙点点头："你尽管放心。我要让你的女儿嫁得最荣耀。抓紧时间这两天就办，一切我来安排。我要以公主的名义给你嫁女！"

王叡眼睛含着热泪："罪臣全家感谢太皇太后和皇帝的大恩大德！"说

着,头一偏,倒在丁氏怀里晕了过去。

太皇太后急忙站了起来:"快扶中山王去歇息,我们起驾回宫,马上安排中山王女儿出嫁!"

太皇太后与皇帝拓跋宏上车,太皇太后对拓跋宏说:"尚书令为百僚之首,民所具瞻,王叡儿子不过十四岁,年纪尚少,智慧思虑尚不周全,袭尚书令恐怕难以孚其重任,不妨先把尚书令职权记在他名下,让他闲暇好好读书,慢慢熟习政事,后用不晚。"

拓跋宏急忙点头:"随阿奶安排。"

太皇太后回宫,立刻叫来张祐着手安排王叡嫁女之事。

太皇太后双眼垂泪,对张祐说:"中山王王叡病重,看着叫人心里难受。他现在只有个心事,就是能够体面地送女儿出嫁。我答应了他的要求。你现在马上准备,明天让他嫁女。你看看如何安排?"

张祐想了想,说:"虽然有些仓促,无法安排得更加隆重热闹,但是奴家想,以公主身份替他嫁女,还是来得及的。让他女儿在太华殿过夜,当然需要寝于别帐,不过太皇太后要亲御太华殿过夜,奴家与中山王侍坐,让王叡妻子及其亲家李冲夫妇列于东、西廊下,等车到,太皇太后送过中路。礼仪虽然稍微低于公主出嫁,可是,毕竟不是公主出嫁,太皇太后只需送到中路,不必亲自送出大门。太皇太后以为如何?"

太皇太后点头:"一切依你安排。你现在就去安排。等把他女儿接进太华殿安排好寝处,再来叫我。我这里还要叫王遇来,与他商量中山王后事安排。"

"奴家顺便替太皇太后叫王遇来。"张祐告辞。

王遇从正在监造的思义殿工地赶来见太皇太后。王遇这几年忙得很,几座宫殿的监造,都是他主理,从与蒋少游商定宫殿式样,到采集调运木材石料,到民夫征调、工头选定,都要逐一过问,眼看着这几年他苍老了许多,须发白了许多。

太皇太后看着王遇须发几乎全白的样子,十分感叹:"这几年辛苦你了,宫城和平城这些大殿的建造,费了你许多精力体力。我很感谢你。"

王遇热泪盈眶:"太皇太后说的甚话。太皇太后对我们恩重如山,我们几个都觉得至死难于报答太皇太后的恩德。奴家恭谨勤勉,不过只是为太皇太后尽绵薄之力而已。太皇太后叫奴家来,可有甚事吩咐?"

太皇太后略微沉吟了一会儿:"思义殿和东明观进展如何?"

"很顺利,估计年底竣工。"

太皇太后点头:"今天叫你来,想派你个新差使。中山王王叡病危,我估摸着他熬不了几天,他女儿出嫁以后,就要准备他的后事。你在内监多次参与大丧仪式,中山王丧事交付于你监护,丧事所赏赐的温明秘器,一应所需,你来准备。这陵墓营造,也要你来监造。你看行不行?"

王遇急忙说:"太皇太后只管放心,思义殿和东明观大事已就绪,奴家只需三天五天督问一下,十天八天过去查看查看,奴家可以腾出手来准备中山王后事。这温明秘器和丧礼,不用花费许多时间。只是陵墓建造,需要立即着手筹建。敢问太皇太后,这陵墓墓址选在甚处?是太皇太后指定,还是让中山王家人选定?"

太皇太后擦了擦眼睛:"他的儿子才十四岁,他的妻子丁氏小家碧玉出身,此等大事难得有甚主见。我看,还是我们替他做主,让道士在城东选择一块风水宝地。"

"太皇太后高见,奴家这就去办。"王遇说完,头脑一转,却又想出一个新点子,"太皇太后,要不要为中山王立庙祭祀?要是需要立庙,奴家也要及早统筹安排才好。"

太皇太后点头夸赞:"还是宕昌公虑事周密,幸亏你提醒,立庙最好,另外还要立纪念大道石。这些都交付于你,你统筹去办理吧。"

王遇正要退下,太皇太后又叫住他:"对,还有一事。你去太学和秘书省找些有文才的博士或秘书郎,让他们作些哀诗、诔文、铭文以作纪念。把《捍虎图》和高允所作的赞多画一些,到处张挂起来,让乐师传唱刘阿素所作的《中山王乐》。总之,一定要把中山王的丧事办得热闹隆重!"

太皇太后替王叡以公主名义隆重热闹地嫁女之后,太和五年(481年)六月甲辰,王叡薨,年四十八岁。

(《魏书·王叡》记载:"高祖、文明太后亲临哀恸,赐温明秘器,宕昌公王遇监护丧事。赠卫大将军、太宰、并州牧,谥曰宣王。内侍长董丑奴营坟墓,将葬于城东,高祖登城楼以望之。京都文士为作哀诗及诔者百余人。乃诏为叡立祀于都南二十里大道石,起庙以时祭荐,并立碑铭,置守祀五家。……叡之葬也,假亲姻义旧,衰绖缟冠送丧者千余人,接举声恸泣以要荣利,时谓之义孝。"①)

亲上加亲为皇帝选妃　如花似玉令冯女侍君

"宏儿,我们去太傅府过中秋佳节。"太皇太后对皇帝拓跋宏说。

"太好了,阿奶! 我早就想去太傅府上玩一玩了。"拓跋宏高兴地蹦了起来。

拓跋宏十分高兴,他喜欢与冯诞、冯修一起玩耍,但是他即位以后,冯诞和冯修都回家居住,与他在一起的机会少了许多。去太傅府上,又可以与他们一起跑马打球,玩推铁环,甚至还可以和冯诞、冯修的几个姐妹一起玩抓羊拐子。

太傅冯熙府上那三个如花似玉的女娃叫他喜欢不已。大姐冯莲年十四,与他同岁。二姐冯媛年十一;三姐年纪最小,八九岁,身体不好,瘦骨伶仃,不过十分顽皮可爱。大姐冯莲与三姐是冯熙宠妾常氏所生,二姐冯媛与冯诞、冯修同母,是文成皇帝妹妹博陵长公主所生。

太皇太后和皇帝轻车简从来到太傅冯熙府上。

冯熙和夫人博陵长公主、宠妾常氏率领着儿女家人一起把太皇太后和皇帝隆重迎进府里正堂。太皇太后问讯着侄子冯诞和冯修的情况。冯诞和冯修虽然被太皇太后送进宫里太学与几个皇子一起读书,但是二人总是学不进去,功课难得长进,尽管已经封王,还是以陪伴皇帝为主。

太皇太后戳着冯诞和冯修的额头,笑着责备:"你俩咋就学不进去呢,比起皇帝你们可差远了。看皇帝,与你们岁数相仿,雅好读书,手不释卷,五经之义,览之便讲,史传百家,无不涉猎,有大文笔,好为文章。是不是啊,宏儿?"

皇帝拓跋宏被祖母夸奖得有些不好意思,他搔着头皮:"多谢祖母夸奖。不过祖母所言,皆为偏爱,多有夸饰,并非实情。孙儿尚有许多不足。"

---

① 见《魏书·列传恩幸第八十一》。

太傅冯熙感叹：“皇帝谦逊风雅，真乃犬子楷模。冯诞、冯修，以后要严加约束自己，以皇帝为楷模，不可一味贪玩。记住了吗？”

冯诞恭谨地说：“阿爷教诲，孩儿牢记在心。”

冯修却仗着他年纪小，又有母亲博陵长公主疼爱，并不把父亲教训放在心上，他做了一个顽皮的鬼脸，怪声怪气地说：“是，阿爷！向皇帝学习！”

“你这顽皮犊子！”太皇太后爱昵地捏着冯修的脸蛋。大家都笑了起来。

冯熙的宠妾常氏推着自己的小儿子冯夙：“去，到姑母那里去，给姑母问好。”六岁的冯夙不敢上前，畏缩着直向父亲怀里钻。

太皇太后拉了过来，把他揽在怀里，与他说话。

冯诞和冯修向皇帝拓跋宏挤眉弄眼，偷偷地做着手势。皇帝拓跋宏的屁股开始在座位上扭来扭去，他偷眼窥着太皇太后，又向冯熙求救似的看着。

太傅冯熙明白，这个半大小子在屋里坐不住，想出去到园子里玩。他微笑着对太皇太后说：“我们陪太皇太后说话，让冯诞、冯修陪皇帝到园子里转转，园子里新近来了几只西域大宛宝马，让他们去看看。”

太皇太后笑着：“去吧，你看他们早就在那里眉来眼去地做暗号呢，当我不知道！”

冯诞、冯修急忙拉着拓跋宏跑了出去。

博陵长公主看着跑出去的皇帝拓跋宏，笑着说：“这宏儿长高了许多，快成大人了。太皇太后难道还没有考虑他的婚事吗？”

太皇太后笑着：“哪能不考虑啊。当年我答应林金闾，已经选定他的侄女做宏儿的皇后。我准备在宏儿满十五岁的时候让他们成婚。要是生个太子，我还要亲自抚养他。”

常氏笑着说：“皇帝不能只有一个皇后吧？太皇太后不准备再给皇帝选几个夫人、贵人来充实后宫？”

太皇太后笑着：“你不要拐弯抹角来提醒我！你是不是想把你的莲儿、蕊儿送进宫来？”

常氏仗着自己是常太后的侄女，与太皇太后结拜姐妹之宜，就大胆地笑着说：“只要太皇太后不嫌弃你这两侄女粗笨，我当然愿意把她们送进宫里去侍奉皇帝！”

首位称制：文明冯太后

太皇太后拊掌笑着："我正思谋这事呢。既然你同意，我当然愿意让我的侄女进宫去享受荣华富贵。不过，要暂且等待一年半载，一定要等皇帝生了太子之后再进宫去。这原因不用我说，你们也都知道为甚。何况她们年纪都还小着呢。"

常氏急忙点头："太皇太后的心思我们都明白，我们感谢太皇太后为我们设想周全！"

太皇太后看到博陵长公主的眼睛里闪过一丝不快，她笑着转过脸，看着博陵长公主，问："你呢，你想咋安排媛儿？"

博陵长公主急忙笑着回答："听凭太皇太后安排。要是太皇太后不觉得媛儿粗笨，也就让她进宫侍奉皇帝。"

太皇太后看着冯熙："你呢，你同意不同意？"

冯熙急忙说："我当然同意了。不过，我有个顾虑，太皇太后你知道，我们汉人讲究礼数，《周礼》说过，同姓不婚，不同辈分不婚。皇帝可是小我这女儿一辈啊。"

太皇太后沉默了一会儿，不知道说什么好。她很反感鲜卑婚嫁中不讲辈分、不讲礼数的习俗，她正在想着要在合适的时候发诏禁止鲜卑婚姻陋习。可是，面对着侄女的前途，她却犹豫了。另外，她自己还有个秘密，也许拓跋宏与她们还有血脉渊薮？

可是，这几个侄女的幸福，就在于能否进宫做皇帝的后妃。她能反对吗？

"要是你很介意，就算了。"太皇太后犹犹豫豫地说。

常氏激烈反对冯熙："老爷，你咋糊涂了！我们是魏国，不是汉朝。魏国的婚姻没有汉人的那些穷讲究！你想害女儿啊？"

冯熙为难地摇头摆手分辩着："我不过说说而已，说说而已。"

太皇太后问博陵长公主："你在意她们的辈分吗？"

博陵长公主笑着："我是拓跋鲜卑，不懂你们说的甚辈分。只要太皇太后愿意，宏儿也喜欢媛儿，我不反对。"

太皇太后叹了口气："我看也就不要考虑甚汉人礼数了，就这么定下来，莲儿、媛儿、蕊儿都送进宫里侍奉皇帝。不过，蕊儿身体不好，年纪最小，还是让她先在家里养病。莲儿先送进宫里做贵人，媛儿等大一些进宫。"

常氏高兴得急忙表示感谢。她顺便问："太皇太后为皇帝选定几个后妃？"

太皇太后说："除了你家这三千金以外，还有林金闾的侄女。最近和龙镇上表称高公飏有个女娃，幼年时曾梦见自己立在厅堂，日光自窗中照耀着她，令她灼灼面热，她东躲西闪，可是阳光依然斜照不已。一连几夜，都做同样的梦。她把梦说给她阿爷，阿爷找人问，辽东人说，这是奇徵，将来贵不可言。她阿爷问因由，那人解说，夫日者，君人之德，帝王之像也，光照女身，必有恩命及之，女避犹照者，主上来求，女不获已也。昔有梦月入怀，犹生太子，况日照之徵。此女必将被帝命，诞育人君之象也。看说得有鼻子有眼的，我能不准她入宫？也许她能给皇帝生个皇子。之外还有个袁夫人、罗夫人，也都是大臣举荐来的，不好拒绝。"

"我看高女的故事，不过瞎编乱造出来欺哄太皇太后而已。"常氏撇嘴说。

"女娃我见过，长得漂亮贤淑，既然有这么个吉兆，姑枉信之，我答应把她接进宫来。"太皇太后笑着。

"太皇太后准备选谁做皇后？"太傅冯熙关心地问。

太皇太后沉吟着，半天没有说话。她实在不想给皇帝选定皇后。皇后选定以后，势必要抢去太皇太后的部分权力。现在的魏宫里既没有皇后，也没有皇太后，只有她太皇太后独尊，这局面需要一直持续下去，直到她入土为止，她不能让其他女人来分享她在魏宫里至高无上的权力和尊荣。

"谁给皇帝生了太子，谁就是皇后。"太皇太后终于开口说。

冯熙点头，不再追问什么。他明白太皇太后的用心，生太子的皇后是活不了多久的。只有生了太子的皇后被依照魏宫故制处死以后，才能再来为自己的女儿争取册封皇后。

"冯诞也快十五岁，他的婚事也要考虑了。"博陵长公主说。

"要是能当个驸马都尉就好了。"冯熙笑着。

"我已经替你们思谋过，把宏儿的妹妹长公主许配给诞儿如何？"

"谢太皇太后的恩典！"冯熙和博陵长公主一起说。

"自己人，说个甚谢啊。我的侄子，我不关心，谁关心啊。我们冯家还要靠他们光宗耀祖呢。"太皇太后每逢提起家世就有些伤感。

"冯家全靠妹子了!"冯熙由衷地说,"不是妹子,阿爷和我哪能封王,哪能在长安建起纪念阿爷的燕宣王庙,哪能在龙城建起我们思念祖先的思燕佛图!"

"表弟杨播三兄弟现在如何?"太皇太后问冯熙。

"都不错,在朝中做官,谨慎小心、勤恳谦恭待人,从不在太皇太后与皇帝间拨弄是非,也不以太皇太后亲戚自居而倨傲。"冯熙说。

"那就好,千万不要因为我的缘故飞扬跋扈,让朝臣说三道四。有几个奴才,就吃亏在狗仗人势,为非作歹,我想保他们都保不了。偏偏咱家这兄弟,都识大体,顾大局,没有给我找麻烦。可是,我让他们十日来密报一次朝内外情状,就是不见他们来报,这是为甚啊?"

"我听杨播对杨椿、杨津说过,忝列近臣,不言人非,纵被瞋责,慎勿轻言。"

太皇太后不大高兴:"哪天我要叫他们来责问责问,为甚不听我的话。叫他们十日一密报,为甚久久不来报?岂有此理!"说完,太皇太后站了起来:"我们不要净坐着说话了,我们也到园子里转转,看看你新修的佛图和池塘水榭吧。"

冯熙园子里,新修的池塘上张着碧绿的荷花,虽然粉红的荷花已经开过,含笑的花苞更是已经看不到,但是满眼的碧绿荷叶还亭亭玉立,荷蓬站立在绿色荷叶中,荷叶上滚动着晶莹的露水。池塘中间雕梁画栋的水榭长廊曲折,把一个大湖分成几块,有的以雕刻着人物、花鸟、虫鱼的白色石拱桥相连,有的以朱红栏杆、木桥沟通。湖边栽种着飘拂的垂柳、弯弯曲曲的曲柳,立着一些黄色、青色、白色的怪石。

皇帝拓跋宏和冯诞、冯修穿过长廊,一直跑向后院的马场,他们要去看西域进贡来的大宛宝马。

马场上,几个女娃正嘻嘻哈哈地追逐着。

"瞧,她们已经在那等我们了。"冯诞高兴地说。

"我们跑过去!"拓跋宏喊。三个男娃跑起来,一边跑一边喊:"我们来了!"

三个女娃正是冯诞的三个妹妹,大妹冯莲,二妹冯媛,三妹冯蕊。听说皇帝要来与她们家人一起过中秋,她们十分高兴,早早与哥哥约好,要到马场与皇帝一起玩耍。

三个女娃一样的穿着打扮,都穿着粉红的袍子,扎着黄色腰带,下身穿葱绿的百褶裤,高腰红色羊皮靴,头上梳着双扎角,坠着珍珠花、绢花金银钗钿,脖子上戴着赤金碧玉串。听见有人喊,她们一起迎着皇帝跑了过来。

三个女娃都粉白粉白的脸蛋,红扑扑的脸颊,根本不用涂抹胭脂官粉,粉团团的,十分好看。

几个月不见,她们更好看了,拓跋宏想。

冯莲第一个跑了上来,给皇帝行礼问好。她比拓跋宏小一点,不过,她的小心眼里已经被她娘灌输了一肚子将来做皇后的念头,所以,每次皇帝来访,她都要设法吸引皇帝的目光,让皇帝对她有个好印象。

拓跋宏看着冯莲,笑着对冯诞说:"莲儿又长高了些,越长越漂亮了。"

冯诞仅仅"哼"了一声。

冯莲白了冯诞一眼,飞了个媚眼给皇帝:"谢谢皇帝陛下的夸奖。皇帝此番来,可带了甚好东西赏赐我们姐妹啊?"说着,就用绸帕捂住小口痴痴笑个不停,一副娇憨模样。

冯诞瞪了他一眼,不高兴地说:"一边去!一边去!皇帝要去看马!"

冯莲故意歪着头,斜眼看着皇帝:"我跟皇帝陛下说话,又没跟你说话,关你甚事!"她故意蹭到皇帝身边,绞着绸帕,小声说:"皇帝陛下有甚好东西啊?给我看看。"

拓跋宏呆愣愣地看着冯莲,她的娇憨顽皮模样叫他出神。

冯诞拉着自己同母妹妹冯媛走到皇帝身边,催促着:"媛儿,给皇帝陛下行礼问好。"长得虽然高大的冯媛不过十一岁,羞答答地给皇帝行礼问好。皇帝拓跋宏看着冯媛,对冯诞说:"媛儿也长高了,也长漂亮了。"

年纪更小的冯蕊怯生生地走了上来,给皇帝行礼。拓跋宏看着眼前冯家这姊妹三人,哈哈笑着:"美人都出在你们冯家了。瞧这三个女娃,都粉嘟嘟的,面人似的,一个比一个好看!"

"比你那几个妃子还好看?"冯诞笑着问。

"可不是,比那几个妃子好看多了。"拓跋宏乜斜着眼,一脸坏笑着说。

这夸奖,把三个女娃都夸得红了脸,冯莲心里美滋滋的,脸上更笑成一朵花,更让拓跋宏的眼光离不开她的脸。

"走吧,我们去骑马射柳。"冯诞提议。

马场上,侍卫早已备好几匹高头大宛马。大宛马高大健壮,毛色纯净,一色的白,一色的枣红,一色的棕色,看上去十分威武雄壮。皇帝和冯诞、冯修骑马在马场上跑了几圈,冯莲上来也要骑。冯诞下来,把自己的坐骑叫给她,她接过马缰,一脚放到马镫上,一纵身,敏捷地翻身上了马背。

"好身手!"拓跋宏叫起好。

冯莲朝拓跋宏飞了个笑眼,一抖缰绳,坐骑就哼哼小跑起来。皇帝拓跋宏也抖动缰绳,追逐着冯莲。两匹大宛马并驾齐驱地在马场跑了起来。

冯诞站到妹妹冯媛身边,问:"你敢不敢骑?"

冯媛笑着:"有甚不敢!"

"你去跟他们比一比。"冯诞说。

冯媛摇头:"比甚啊,让她疯去吧。"

冯莲在马上与皇帝拓跋宏说笑着,跑了几圈。

"皇帝,我们射柳去吧。"冯诞朝拓跋宏喊。

拓跋宏骑射技艺高明,听说射柳,就勒住马,下马把马交给侍卫,来到冯诞身边:"走! 射柳去! 这次一定要超过你!"

冯修也赶了上来,挥舞着双臂:"我当裁仲,看你们谁胜过谁。"

"还是我胜!"冯诞骄傲地说。

"肯定我胜!"拓跋宏喊。

冯媛笑着劝解:"你们都别吵,射完不就分出胜负了吗,吵有甚用!"拓跋宏看了看冯媛,笑着对冯修说:"我看你也来比试比试,让媛儿当裁仲,她更公正。"

"我也当,我和媛儿一起当裁仲!"冯莲生怕皇帝忘掉她,急忙赶了上来,搂抱着冯媛的肩膀,喊着。

"好啊,好啊,你们姐妹当裁仲,我们几个比试,太好了。"拓跋宏高兴地喊着跳着。他就愿意出来,特别是来太傅府上,在这里他可以随意喊叫跑跳,可以和冯诞兄弟争吵打闹,在皇宫里他却得循规蹈矩,不敢乱说乱动。

马场中央竖起的几个杆子,挂着射柳,绿柳枝条编成的环上张着黄色绸帛,射柳的人向柳环射箭,谁射中的多,谁赢。侍卫准备好弓箭,让皇帝和冯诞、冯修三人射。皇帝拓跋宏张弓搭箭,飕飕射出五支箭,都纷纷扎在柳环的黄色绸帛上。

冯诞、冯修也各自射了五支。

冯媛和冯莲跑过去收柳环。"五射五中!"冯媛大声喊着。

"五射四中!"冯莲大声报出冯诞的成绩。

"五射一中!"冯媛又大声报冯修的成绩。

皇帝拓跋宏从地上拣起一个羊拐子骨,高高抛到太空,仰面朝着蓝天白云大声喊着:"我赢了! 我赢了!"正在他得意忘形的时候,羊拐子骨落了下来,砸在他的脸上。

拓跋宏被砸疼了,他抓起羊拐子骨,"咔嚓"一声,把羊拐子骨掰成两半。冯诞、冯修急忙上来,替皇帝拓跋宏揉着脸。冯莲却哈哈大笑,笑得弯着腰捂住肚。冯媛心里直赞叹:好大的臂力啊。

拓跋宏被冯莲笑得不好意思,也哈哈大笑起来。马场上一片男娃女娃清脆的笑声。拓跋宏看着冯莲,心里想:要是冯莲和冯媛能进宫才好呢。

皇帝偷试云雨遭责罚　林氏准许侍寝怀太子

"咋就这么没出息!"太皇太后怒喝着,戳着跪在她面前的皇帝拓跋宏,"你才多大点个犊子,就想和女人睡觉? 你知道不知道,你们拓跋族的男人都没出息,小小年纪就想和女人睡觉,结果都是年纪轻轻就没有了性命! 你还想走他们的路?!"

拓跋宏内心惶惶,低头跪在太皇太后面前,一句辩解的话也不敢说。他知道,盛怒中的太皇太后是不允许他辩解的,他越辩解,太皇太后越愤怒,对他的责罚也越严厉。

拓跋宏知道,自己确实惹怒了太皇太后。

事情经过是这样。

拓跋宏下午在书房读书。天气有些闷热,像往常一样,宫女林氏伺候他。宫女林氏就是林金闾的侄女,林金闾被处死以后,太皇太后把她接进宫里,让她先在皇帝身边以宫女身份侍侯皇帝。太皇太后讨厌拓跋男女十一

首位称制：文明冯太后

二岁就结婚的习俗,她不想让拓跋宏早早接近女色,所以,不管是林氏自己还是拓跋宏,都以为林氏只是个平常宫女而已。

林氏站在拓跋宏身后,为他扇扇。中常侍抱嶷与其他内监在宫外侍候。拓跋宏还是觉得热,他对林氏喊:"到前面给我扇扇。"

林氏走到拓跋宏的前面,低眉顺眼地扇着大扇。拓跋宏抬头看了看宫女,这宫女眉眼长得很好看,饱满湿润的嘴唇鲜红,像成熟的樱桃一样令人垂涎欲滴。看着林氏鲜红的嘴唇,拓跋宏走神了。这些日子,他夜里老是做些奇怪的梦,梦里经常有一个漂亮的女娃和他在一起,不是睡在他身旁,就是搂抱着他,抚摩着他,让他异常兴奋。那让他兴奋的女娃面目朦胧,却又似曾相识,好像是他经常见过的,是冯莲,还是冯媛,可是都不像。原来是她!就是她!面前这宫女!

拓跋宏猛一拍手,兴奋地喊了起来:"原来就是你!"

林氏宫女被他吓了一跳,抬眼看着皇帝。

"确实就是你!"拓跋宏笑着从座位上跳了起来,一下子抱住宫女。

"皇帝陛下!皇帝陛下!陛下要干甚?"宫女林氏浑身颤抖着小声喊。

"朕夜夜都梦见与你一起!来,让朕重温梦中之赏心乐事!"拓跋宏紧紧搂抱着林氏,把自己的胸脯紧紧贴到林氏丰满柔软的胸脯上,手伸进林氏的衣服下面,去捏林氏那不曾被男人触动过的丰满饱挺的乳房。一抓住林氏那圆润、滑爽、温热的乳房,拓跋宏就兴奋异常,浑身热血沸腾,身下的根已经开始蠕动,他迫不及待地把林氏放倒在卧榻上,动手撕扯着她的衣服。

正在这时,中常侍抱嶷走了进来。

皇帝拓跋宏不好意思地站了起来,放开宫女林氏。

抱嶷立刻报告了太皇太后。太皇太后马上赶到太华殿来责问拓跋宏。

太皇太后戳点着拓跋宏的额头呵斥着:"我呕心沥血,千辛百苦,就是想让你好好读书,学会治理国家的本事。你倒好,不好好读书,居然去调戏宫女,成何体统!你说,你是去黑屋子里反省还是接受责罚?"

拓跋宏急忙说:"孙儿知错,愿意接受阿奶责罚!"

太皇太后拿着荆条:"撅起屁股!"

拓跋宏转过身,撅起屁股。太皇太后用荆条抽打着拓跋宏的屁股,一边抽打一边教训:"以后还敢不敢了?"

首位称制:文明冯太后

"不敢了!"拓跋宏故意用哭腔大声响亮地喊着,其实他心里正偷偷地乐呢,太皇太后高高举起的荆条轻轻落在屁股上,只是稍微有点疼痛而已。

太皇太后问了十句"敢不敢?",拓跋宏回答了十次"不敢了",太皇太后扔掉荆条,结束了责罚。责打她的爱孙,其实她心里也疼。不过,为了教训他,她还是硬起心肠亲自责罚他。

该是给他选定侍寝妃子的时候了。太皇太后坐在卧榻上看着拓跋宏思量着。眼前的拓跋宏高大健壮,虽然脸上一片稚嫩,可是上唇已经有了浅浅的绒毛。拓跋宏已经虚岁十五,该是给他选定侍寝妃子的时候了,不然,这样的事情一定还会发生。

"从今天开始,你可以侍寝了。"太皇太后叫来林金闾的侄女林氏。

林氏听太皇太后这么说,一下子扑通跪到太皇太后面前,哭泣着连声感谢。

"你要好好侍奉皇帝,要是皇帝对你不满意,不要怪我不客气。"太皇太后沉着脸。

林氏低头怯生生地回答:"奴婢知道。奴婢听从太皇太后教诲。"

太皇太后又说:"在皇帝身边侍寝,要多留个心眼,皇帝那里有了甚事情,要及早过来密报!"

林氏急忙回答:"是,太皇太后,奴婢记住了。"

"来人,给林氏梳妆,送林氏过去!"

刘阿素和秦阿女引领着林氏去梳妆。

皇帝拓跋宏在殿里焦急地等待着。从今天起,他就要成为真正的男人。自从被太皇太后责罚以后,他不得不压抑住想与宫女求欢的强烈欲望,尽量以读书来转移自己的想象。他只能在夜梦里尽情发泄。

现在好了,太皇太后终于答应把妃子给他送进太华殿来侍寝了。他可是要尝尝那神秘的男女情事。过去在梦里出现的那些快活的事情,他能够亲自尝试了。

拓跋宏的寝宫里灯烛高照,把寝宫照耀得通明。寝炕上挂着喜庆的红色帐幄,帐幄上绣着金龙银凤、鸳鸯戏水,内监、宫女都穿着盛装,喜气洋洋站在各自的位置上,伺候着皇帝。

穿着鲜红袍子、戴着满头珠翠花钿的林氏被刘阿素和秦阿女搀扶着走进寝宫，脱了靴，坐到炕上。

一时间，寝宫外的鼓吹高奏起喜洋洋的乐曲，皇帝拓跋宏被中常侍抱嶷搀扶着走进寝宫，抱嶷亲自为拓跋宏脱靴，扶着拓跋宏上了炕。

抱嶷笑着向拓跋宏行礼祝贺："皇帝大喜！请皇帝与贵人安寝！"刘阿素和秦阿女放下帐幄，与抱嶷一起退出寝宫，关好寝宫门。

寝宫外，鼓吹继续吹奏着喜气洋洋的各种曲调，燃烧的爆竹发出喜庆的噼噼啪啪的响声。

拓跋宏迫不及待抱住他日思夜想的林氏贵人，完成从男娃到男人转变的重要一步。

侍寝的林氏没有浪费时辰，及时实现了太皇太后的想法，为皇帝怀上了拓跋氏的后代。

太后作文教训皇帝　皇帝诵读感念慈训

太皇太后担忧地听取抱嶷以及林氏的密报，皇帝这些日子经常赖在寝宫里不去书房读书，也不接见李冲、高闾、郑羲几个中散侍郎一起探讨关于改制的各种方略，一天缠绵在林氏的身边。

这样不行！太皇太后想，要告诫他，让他能够激励自己。想甚办法来激励他呢？以后不能再使用责罚的办法来教训他，对已经成人的皇帝，再使用鞭责惩罚的办法恐怕要使他心生反感，她可不想让他心爱的孙子对她心生不满。

太皇太后叫来太傅冯熙，与他商量办法。

冯熙想了想，说："皇帝陛下雅好读书，史传百家，无不该涉。莫如把太皇太后的训诫，写成文字，交与陛下诵读，我以为皇帝必日日念诵，激励于心。"

太皇太后拊掌："好办法，好办法。我曾经说，我若有暇，也要写写赞、铭、赋甚的，可只是说说而已，从来没有真正动手写过一篇完整文字。这倒要逼迫着我，写出点甚来提醒皇帝，让他每日念诵。"

冯熙笑了："还是找个中书博士或秘书侍郎甚的来代笔吧。"

首位称制：文明冯太后

太皇太后摇头：“不，我要自己先写出个道道，然后再让中书博士或者秘书侍郎帮助润色润色，不能全让别人代笔。”

冯熙笑着摇头：“你啊你，就这么要强好胜。你不知道，写文章是天下最辛苦的事，我宁愿去打仗，也不愿去咬笔杆。”

“正是知道它难，我才想试试自己能不能写呢。等我试过以后，知道自己能不能写，我才会安心哩。”

“你想写甚文章呢？”

“我刚才这一会儿已经思谋出两篇文章。一篇叫《皇诰》，另一篇叫《劝诫歌》，前一篇以诰的形式告诫皇帝，另一篇以歌的形式劝诫皇帝。你说如何？”太皇太后眼睛熠熠放光，兴奋地看着冯熙，像个小姑娘似的殷切等待兄长的夸奖。

冯熙拍手：“你可真是像朝臣所说，思绪敏捷，亏你这么短的时间就想出这么好的两篇文章题目！真佩服你！《皇诰》严肃庄重，皇帝读了以后不能不听。《劝诫歌》活泼生动，让皇帝在歌唱中接受教训。可是一庄一偕，相得益彰。太皇太后快些动手吧。”

“好！有兄长的鼓励支持，我现在就开始动手。那兄长就请不要打搅我了吧？”太皇太后站起身，笑着下了逐客令。

冯熙笑着站起身告辞：“你可是雷厉风行，说干就干。好，我就不打搅了，告辞了！我过几天再来看你的文章啊？”

“三五天以后吧！”

“甚东西？”皇帝拓跋宏接过刘阿素送来的一摞写满字的纸，奇怪地问刘阿素。

“太皇太后亲笔写的文章，她老人家要皇帝好好诵读。”刘阿素诡秘地笑着。

“太皇太后亲笔写的文章？”拓跋宏扬起眉毛，更加感到惊奇，“太皇太后还会写文章？朕可是没有听说过。甚文章？”

“皇帝陛下亲自读过以后就知道了。太皇太后还要奴婢转告皇帝，读毕要把陛下对文章的意见告诉她老人家呢。”

拓跋宏来到书房，开始阅读太皇太后的文章。《皇诰》《劝诫歌》，他看着题目,笑了,太皇太后开始用自己的文章来教训他了,倒是变换了手法,看来以后不用担心会被太皇太后关黑屋子或鞭打了。

拓跋宏微笑着端详着太皇太后的字。太皇太后的字虽然没有他的好看,却也工正整齐,横平竖直,十分好认。

拓跋宏仔细读着。《皇诰》十八篇,《劝诫歌》三百余章,开篇第一诰、第一章,就是教导皇帝重视读书,要好好学习。

太皇太后遵循国朝传统,重视学习,这他是知道的。国朝虽然为鲜卑,可一样重视学习。自从太祖初定中原始建都邑,虽百废待举,日不暇给,便以经术为先,立太学,置五经博士生员千余。天兴二年(399年)春,增国子监太学生员至三千。太宗时,改国子为中书学,立教授博士。世祖时,别起太学于城东,各州郡各举才学,太学生员兴盛,儒学转兴。显祖初,太皇太后临朝称制时,诏立乡学,郡置博士三人,助教二人,学生六十人。以后又诏:大郡立博士二人,助教四人,学生一百人;次郡立博士二人,助教二人,学生八十人;中郡立博士一人,助教二人,学生六十人;下郡立博士一人,助教一人,学生四十人。现在,太皇太后改中书学为国子学,建明堂辟雍,尊三老五更,又开皇子之学,让所有皇子、皇女和权贵大臣之子入皇子之学读书。

太皇太后很明白太武皇帝所说的一个道理:天下可马上取之,不可以马上治之,为国之道,文武兼用。太皇太后自己也喜欢读书。拓跋宏从小就看见太皇太后经常读五经汉书,读诗经、汉赋、神话、志怪、传奇、小说等闲书。

太皇太后在文章里劝诫皇帝要励精图治,要任用贤能,要亲贤臣、远奸佞,要宽惩处、严律己。另外,太皇太后还劝诫他要抚恤高年贫人与鳏寡孤独,劝诫他不要杀生,还劝他戒奢靡。

拓跋宏掩卷沉思:太皇太后劝诫的许多方面,她自己都率先垂范。她自己尊老敬老,每年都要在太华殿宴请七十以上的老人。每幸一地,总要亲自慰问高年。太皇太后性尚俭,没有太多奢靡的生活习惯,餐饭四样,衣服首饰不求奢华。拓跋宏已经受了太皇太后许多影响。但是,太皇太后待他严厉,严厉得近乎苛刻,有时也令他感到不满和愤怒。读这文章,拓跋宏却十分感动。太皇太后希望他成为一代明君的拳拳之心殷殷,跃然纸上,一切不满与愤懑在这一刻都倏然消融了,心里只剩下对这个汉人祖母的融融爱意和敬意。

"皇帝说甚呢？他喜欢不喜欢我的文章？"太皇太后急切地询问着刘阿素。刘阿素心里十分好笑：太皇太后这表现就像国子学里交上文章以后急切等待博士和助教夸奖的生员一样。为了帮助太皇太后写好这两篇文章，刘阿素特地去国子学请教了博士孙惠蔚。孙惠蔚帮助她修改着太皇太后的文章。

刘阿素笑着："皇帝陛下对太皇太后的文章赞不绝口。陛下说，要把太皇太后的《皇诰》刻印出来，发给所有的朝臣诵读呢。"

太皇太后突然扭捏起来："那多不好意思。我只是写给他一人诵读的。刻印发了下去，让那么多有才学的人看见，不笑话才怪呢。"

刘阿素笑着："谁敢笑话太皇太后！再说太皇太后的文章确实写得不错，连国子学中书博士孙惠蔚都赞不绝口，他没有替太皇太后润色多少。"

太皇太后笑着："这里面也有你的功劳呢。不是你帮忙，我还真的写不出来。这写文章，真是如太傅说的，实在是苦差事，真苦死人了！"

刘阿素故意把话题引导到孙惠蔚上："是啊，中书博士孙惠蔚也这么说。他说，写文章这么苦，太皇太后干吗自讨苦吃，不妨找他代笔就行了。"

太皇太后尖锐地看了刘阿素一眼，笑着问："这孙惠蔚真是立了大功，你左一次提他，右一次提他，是不是想让我奖赏于他？你是不是看上他了？"

一句话把刘阿素问得粉脸通红。秦阿女在太皇太后身后偷偷刮着脸蛋，羞刘阿素。刘阿素扭捏起来："太皇太后说甚啊，奴婢不过说说。"

刘阿素真的很喜欢孙惠蔚。孙惠蔚，字叔炳，小字陀罗。国子学的同学都笑着叫他陀螺，打陀螺的陀螺。他十三岁就通诗、书及《孝经》《论语》，十八九岁就已经周游儒肆讲学，有名一方。太和初年，各郡推举孝廉，他被推举上来在中书省对策辩论，被中书监高闾看中，举荐为中书博士，高闾受命于太皇太后整理编定国朝雅乐时，他做高闾助手。

刘阿素为太皇太后的文章多次找过他，请他替自己出主意，想办法，改定文章，修饰词句，编定篇章，连缀段落。孙惠蔚的机敏博学、年轻儒雅，打动了刘阿素的心。

"婢子要是真的喜欢上他，你就说出来，我会成全你的。"太皇太后看着刘阿素很诚恳地说。

刘阿素感动地抽泣起来，她哽咽着说："奴婢不敢欺瞒太皇太后，奴婢确实很喜欢他。不过奴婢不会想入非非,奴婢绝不会离开太皇太后。奴婢早已经发过誓的!"

"那就苦了你了,婢子!"太皇太后叹息着,"我每年都会放宫女出宫,就是不忍心她们一辈子孤苦伶仃。你们俩虽然做了内官,可毕竟还是女人,不能算甚官员的,朝廷内外还是许多人不承认你们!所以,要是真的有好人被你们看中,或是他们看中你们,你们千万不要耽误自己的前程!"

刘阿素和秦阿女都点头。

"这孙惠蔚,赏他皇宗博士,到皇子学教授皇子!"太皇太后补充说。

刘阿素替孙惠蔚感谢太皇太后的恩典,乐颠颠跑着去把这好消息告诉孙惠蔚。

皇太子生举国欢喜　林夫人死皇帝悲哀

太和七年(483年)夏,闰四月,平城皇宫内外喜气洋洋。拓跋宏的贵人林氏给拓跋宏生了头胎儿子,太皇太后比谁都高兴。太子出生,马上宣布大赦天下。

"下诏建立一个最大的寺院,庆祝皇太子出生。"太皇太后命令说。

"这寺院叫甚名字呢?"拓跋宏请示太皇太后。

太皇太后想了想:"建立寺院是为了让佛祖保佑太子平安长寿,这寺院一定要有个好名字,就叫永宁寺吧,让佛祖保佑太子永远安宁平安。"

看着襁褓里的胎儿,太皇太后的脑海里浮现出当年拓跋宏出生的情景,宛若昨天。不知不觉,拓跋宏已做阿爷,她这太皇太后变成了太太皇太后了,这叫她感慨不已。时光已经飞逝了十六年,从天安二年(467年)八月到现在,她亲自抚养了拓跋宏。以后,谁来抚养太子呢?他的生母林氏如何处理呢?

太皇太后沉思着。

太子还是要由自己抚养,交给别人她不放心。林氏自然还要依照故制处理,不能留下太子母亲以形成母后专权。这不是她规定的,这是魏国故制,从道武皇帝起留下的祖宗故制,没有什么要改变的。

拓跋宏喜气洋洋地端着自己的儿子,手足无措。太皇太后笑着:"看你笨手笨脚的，像端盆子似的，哪像个抱娃娃的样啊。"

拓跋宏看着婴儿粉红透亮的小手，小心拨弄了一下："太皇太后，你看他的手这么细小，我都不敢碰它，生怕把它弄断了。"

太皇太后笑着："不会的，它们结实着呢。你小时候也是这样，还没有他胖呢。一落地就哇哇大哭，哭声比他还响亮。"

拓跋宏不好意思地笑着。

太皇太后说："乳母已经请好了，把太子送到紫宫去吧。"

拓跋宏看着太皇太后："不让他留在他阿娘身边吗？ 他刚生下来，哪能离开他阿娘啊。"

太皇太后脸色一沉："这后宫自有后宫的规矩，你不懂，不要乱说话。太子生下来就要送进紫宫抚养，这是国朝从道武皇帝传下来的规矩！给我抱着，我给你亲自送过去。"

拓跋宏无可奈何，只能让太皇太后从自己手里抱走婴儿。

拓跋宏垂头丧气走回寝宫。

"娃娃呢？"林氏从炕上坐了起来，看着拓跋宏问，"我想该给他喂奶了。"

拓跋宏眼睛流露出深深的同情和悲哀，他爬上炕，揽住林氏的肩膀，爱抚地说："以后就不用你给太子喂奶了。紫宫里已经有了乳母，太子已经抱到紫宫去抚养了。"

"这是为甚？"林氏吃惊地看着拓跋宏。

"这是魏宫里的老规矩，祖宗规定的，朕也不知道为甚。朕也是从小在紫宫里喂养大的，太皇太后从小抚养朕。"拓跋宏懒洋洋地回答。

"皇帝陛下难道没有吃过生母的奶？ 没有让生母喂养过？"林氏更加吃惊。

拓跋宏的脸上闪过一丝悲哀："大概没有吧，朕不知道，小时候的事情记不住的。打我记事起，就是在太皇太后的怀抱里长大的。我觉得太皇太后就像我的生母一样疼爱我。"

林氏自言自语："那你的生母哪里去了？"

"不知道。"拓跋宏摇头。

"那皇帝也不打听打听？ 宫里这么多老内监、老宫女、老大臣，他们谁都不知道?"林氏奇怪地问。

拓跋宏苦笑着,连连摇头:"你不懂宫里的规矩。即使那些老内监知道,他们也不敢说。打死他们,他们也不会说。这就是皇宫!"

林氏突然不寒而栗。既然皇帝都不知道自己的生身母亲,那她自己呢,会不会和皇帝母亲一样的下场?

"皇帝,我害怕。"林氏抱着皇帝,流着泪说。

拓跋宏抚摩着林氏的黑发,安慰着她:"你刚临产,身体虚弱,不要胡思乱想,还是躺下去好好歇息吧。"

拓跋宏扶着林氏,把她轻轻慢慢地放到炕上,为她盖上被单:"睡吧,好好睡觉吧。不要担心太子,他在紫宫有乳母喂养。"

太皇太后领着内监、大臣来到林氏居宫。刚刚坐完月子的林氏养得白白胖胖,听说太皇太后来,急忙出宫来迎接。太皇太后对她一家恩重如山,她知道,叔父林金闾很得太皇太后喜欢,所以自己才能够被选进皇宫做了万民瞩目的皇帝的贵人,不知有多少女娃羡慕她的好运气呢。

"奴婢参拜太皇太后!"林氏匍匐在太皇太后的脚下,跪拜太皇太后。

"起来吧。"太皇太后冷冷地说。

林氏急忙站了起来,垂手站在一边。

太皇太后径直走进宫,坐到主位上。内监、大臣、内行长、内侍都分站太皇太后两旁。林氏心里有些发慌,跟着太皇太后走了进来,垂手站在太皇太后面前。林氏的心开始嘭嘭地急速跳动起来。太皇太后的脸上没有一丝亮色,内监、大臣都绷着脸肃立着,看来一定有大事发生。林氏的双腿不由自主颤抖起来。

"诵读诏书给她听!"太皇太后冷冷地说。

刘阿素站了出来,手捧诏书,朗朗读着:"泱泱国朝,代有定制,子立母死,持续数代。今有皇帝贵人林氏,为帝生长子,长子即为太子,以为储君。储君既立,生母不留。颁行旧例,赐林氏自决。身后追封林氏皇后,谥贞皇后,祔葬云中金陵,入太庙。"

林氏如炸雷击顶,怔怔地呆立着。昨天她还在做皇后梦,今天就实现了。可是,皇后封号是以她年轻的生命作代价换来的! 这是不是太惨烈了一些！子立母死，这是什么规矩啊！

林氏想呼喊，想控诉，可是，她却喊不出来。她不过是太皇太后手中的一个玩物，太皇太后开恩让她多活了几年而已。她不过是太皇太后用来给皇帝生儿子的工具，她能喊什么，能控诉谁？

林氏突然恼恨起她的内监叔父林金闾，为什么要恳求太皇太后把她选进宫来呢。不选进宫，她也许还能在自己家的村庄坞壁堡里，快快活活地嫁人生子。尽管没有宫里的荣华富贵，却也能男耕女织，过许多年幸福美满的小日子。可是，这一切，都破灭了，十八岁的她就要结束自己的生命。

林氏想恳求太皇太后开恩，饶她一条性命。林氏抬眼看了看太皇太后，放弃了这打算。太皇太后面沉似水，没有一丝亮色，宫廷生活给她的脸上刻下的严酷冷峻，现在正写在脸上，所有的恳求都一无用处，太皇太后不会开恩的。她突然明白为什么皇帝拓跋宏不知道自己的生母是谁了。拓跋宏的生母与自己结局一样！

林氏只是静静地站着，心里如翻江倒海，脸上却平静似水。

太皇太后不由抬头看着林氏。这女娃有些骨气呢。太皇太后心里赞叹。放她一条生路，把她贬入冷宫或者赶出宫去？这念头突然闪过太皇太后的脑海。

不行！太皇太后心里对自己说。千万不能留下把柄。她闭上眼睛。

刘阿素端来一碗浆酪，送到林氏面前："饮了它，太皇太后赏赐于你的！"

林氏接过银碗，眼泪滴进浆酪里，她一咬牙，眼睛一闭，仰起脖子，一口气咕嘟咕嘟地灌了下去。她把碗重重摔到地上，转身跑回寝宫，她要赶快把自己打扮得整整齐齐再上路。

林氏插了满头的珠翠金钗，戴上各种金银碧玉项挂，对着琉璃镜端详着自己。镜中的自己是那么年轻漂亮，是那样娇艳如花。镜中年轻的脸慢慢苦楚起来，难以忍受的疼痛如刀绞一样在她的腹腔里折腾。林氏知道自己的时间不多，她急忙爬上炕，从炕上的箱笼里翻出一件最鲜艳漂亮的汉裳，套在身上。她忍受着腹中的刀绞般的疼痛，在炕上躺了下来，闭上眼睛，等待那最后的时刻。

皇帝拓跋宏在太华殿与李冲、高闾、郑羲等人商议完改制方略后，想起林氏。林氏坐月子该满月了,不知近来她情绪如何。太皇太后在林氏生了孩子以后,立刻又选了几个夫人、贵人去侍寝。其中龙城来的高夫人和冯诞的妹妹昭仪冯莲叫他喜欢不尽。这两个女娃真是善解人意,特别是冯莲,调皮,活泼,风骚,给他许多快活,他也就把林氏慢慢给淡忘了。

该去看看她了。拓跋宏有些责备自己,怎么能这么寡情呢,林氏可是他头胎儿子的生母,可是他的功臣啊,不该这么轻易就忘了她!

拓跋宏来到林氏宫,刚刚拐弯,看到一队人从林氏那里出来,拐了过去。好像是太皇太后,拓跋宏猜度着,太皇太后也去看望林氏?

拓跋宏加快脚步,来到林氏宫院。宫院里静悄悄的,没有一点声音。人呢?拓跋宏想,林氏到哪里去了?他进了宫门,走进寝宫,里面还是没有一点声音。拓跋宏推开虚掩着的寝宫门,炕上的帐幄低垂。拓跋宏掀起金黄色的帐幄,炕上干干净净的,没有了炕褥,没有了枕头,也没有了锦缎被子,只铺着栽花的白色炕毡。

"林氏呢?"拓跋宏喊,"来人!"

伺候林氏的内监、侍郎从外面跑了进来。

"发生甚事了? 林氏呢?"拓跋宏瞪大眼睛,盯着内监问。

"禀报皇帝陛下,林贵人得了急症,薨了。"

"甚时辰? 甚急症?"拓跋宏惊慌失措。

"不久前,刚刚处理过!"内监回答。

"太皇太后来过吗?"拓跋宏问。

"太皇太后亲自处理的。太皇太后已经诏令封林氏贞皇后,葬云中金陵。"

拓跋宏难过地流着眼泪。他知道,林氏没有得什么急症,这又是太皇太后依照魏国该死的子立母死的旧制赐死了林氏。这残忍的规矩,他将来一定要改变它! 他一定要亲自立太子,而不处死他的母亲! 拓跋宏心里发愿。

第十章　太和改制

冥宫落成宣告终制　太后深算决心变法

　　太和八年(484年)四月,己亥,天气晴朗,风和日丽。从平城北门通向北面的大路已经洒过水,张挂起御幛。太皇太后与皇帝的行幸队伍在鼓吹与仪仗的护卫下,浩浩荡荡向平城北面方山滚去。

　　方山,位于平城北,也叫方岭,是个山清水秀的地方,羊水在这里注入如浑水,从它的山脚下流过。

　　这些年,太皇太后和皇帝差不多年年要来方山巡视一次。自从这里被选作太皇太后冥宫以后,这些年,这里热火朝天地开山劈石,砍伐树木,修建着太皇太后的冥宫。

　　太皇太后站在方山顶上,看着山下已经修建好的整个陵园,心里十分高兴。太皇太后对自己亲自选定的百年归宿十分满意。按说,她作为文成皇帝的皇后,又临朝称制这么多年,百年以后,她当然应该进云中的拓跋皇家金陵,体面地祔葬于文成皇帝之陵,与文成皇帝永远在一起,接受拓跋子孙的祭祀。

　　可是,她不想以文成皇帝皇后的身份去给拓跋濬和拓跋氏作陪葬！她要另选一个自己喜欢的地方做自己百年以后的安身之地,她要远离拓跋家族,独立于自己选中的安身之地。

　　八年前,承明元年(476年),太皇太后与皇帝第一次游方山,站在方山顶上,她就喜欢上这地方。这地方离平城不远,站在山顶上,可以瞭望到远处如浑水流过平城,可以隐约看到平城城墙、城门、白楼以及黄色琉璃瓦顶的各个宫殿,可以看到平城外绿树四合的坞壁村堡,看到一块块黄的绿的良田。这是个多好的地方啊,她躺在山顶上,还可以注视着她倾注心血的魏国和都城。到哪里寻找这么好的安身之地呢。

"宏儿,你看这方山好不好?"太后问九岁的小皇帝拓跋宏。

"好啊,山清水秀的。"拓跋宏瞭望着远方的平城,回答着祖母的问话。

"阿奶百年以后葬在这里,行不行?"

小拓跋宏咯咯笑了起来:"阿奶说个甚哇,阿奶身体这么好,还这么年轻,咋就说起百年呢。"

太后笑着:"历代皇帝都要在生前早早选定地址修建冥宫,我也不能例外啊。我看这里山清水秀,将来想安葬于此。"

"可是,阿奶应该跟着阿祖到金陵啊。"幼小的拓跋宏不懂事,直言说。

太后笑着:"古来不追随君主葬之后妃也不少。舜葬苍梧,二妃不从。所以古人说,何必一定要远袝山陵,然后才能为贵哉?我百岁以后,神其安此。"

"阿奶,那我将来也在这里修一个冥宫,陪伴阿奶。"拓跋宏天真地说。

"乖孙!"太后感动地伏下身亲吻着拓跋宏。

太和五年(481年),太皇太后终于决定开始修建方山冥宫。

太皇太后和皇帝漫步在方山顶冥宫陵园里。十八岁的皇帝拓跋宏高大健壮,大眼秀目,眉毛漆黑,方脸,直鼻,阔口,很是英俊。他小心地搀扶着太皇太后,慢慢登上高大的方山陵墓,来到永固石室前。

太皇太后抚摩着石室前高大的白色石碑,上面镌刻着太和五年(481年)开始修建方山永固石室的时间、缘由。石碑上说,太皇太后终制以建石室。同时,铭太皇太后终制于金册,起鉴玄殿。

太皇太后从太和五年(481年)开始宣布结束临朝称制,其实不过是太皇太后的一个策略而已。太皇太后终制,应该是皇帝拓跋宏正式衮服冠冕加身称帝的开始,但是,拓跋宏并没有衮服冠冕加身,史书上并没有他正式即位的记载。

从太和五年(481年)到太和十年(486年)的五年里,依然是终制了的太皇太后掌握着朝政大权,是太皇太后培养拓跋宏从政治理国家的过渡阶段。

太皇太后看着这自己将要安息的陵园,不免感慨万分。

陵园依山而建,主体建筑都修在一条直线上。陵园从太和五年(481年)起作,今年而成,经历三年时间的修建。陵墓底方上圆,坐北朝南,陵高七丈,基底南北三十五丈,东西三十七丈长。

永固陵陵园建置因袭东汉,陵前建有石殿——永固堂,是朝祭典礼的场所。

永固堂四隅建着亭榭,排列着石阶,亭榭宫殿的栏槛及扉户、梁壁、椽瓦,全部用雕刻的青石建造。檐前四柱,采洛阳八风谷的黑石为之,上面盘龙翔凤,活灵活现,采用雕、刻、镂多种刀功,镶嵌金银作云矩,金光银光闪烁,有若锦也。堂之内外四侧,结两石趺,张青石屏风,雕刻着各朝历代的忠孝故事,额题刻着贞顺人物及其姓名。庙前树立着镌刻的石碑石兽,一色白石,晶莹剔透犹如玉石。永固堂左右种植着高大的一人粗的柏树、松树,陵园里高大茂盛的树木遮蔽天日,各色鸣禽在树间跳跃,飞翔,鸣叫,唧啾喳叫。院外西侧有思远灵图,图之西有斋堂。南门侧有两个石阙,阙下劈山造路,连接御路。

永固堂南一里处,是带回廊的寺庙,建有佛图(塔),佛寺前还有灵泉宫池。

从山顶下望灵泉宫,掩映在绿树丛中,灵泉宫前的灵泉池,亮煌煌地闪着白光,皎若圆镜。

太皇太后和皇帝在官员的引领下,进入地宫参观。

地宫里宽大阴凉,凉风习习。

地宫由墓道、前室、甬道、后室几个部分组成。前室券顶,平面近正方形,地面方砖铺地,前接两壁用方石垒砌的墓道。后室平面也近方形,四壁外突呈弧形,向上内收成四角攒尖形顶,底部平砌砖起券到顶,共八十余层,高达二丈二,顶心嵌一上雕莲花图案的白沙石。后室是寝宫,高大宽敞,两壁开门,通过甬道与前室相连。甬道平面呈长方形,青石砌成。甬道与前室连接处各置一石门,门框上浮雕下具龛柱的莲花瓣形卷面。两侧龛柱各浮雕一个手捧莲花蕾和面带笑容的赤足童子,童子下方各雕一口衔宝珠的长尾孔雀,石门两旁还立有虎头石雕门墩,全墓总长七丈。为了防止盗墓,墓门将由条砖封闭,甬道里设置封门墙。整个墓室,用砖二十余万块。

铺地大方砖一尺六见方,厚二寸二,重六十九斤。墓室南北总长一二五丈,墓室石券门门拱上,东、西两端对称各浮雕着一个捧莲花蕾的童子。童子面容浑圆,微笑着。门框上浮雕着孔雀,东、西各一只,刀法遒劲,简朴而形象、活泼、生动。

太皇太后喜欢地抚摩着童子。童子高一尺半左右,衣带飘飞,体态丰腴,造型生动,线条流畅。孔雀浮雕也叫太后喜欢。孔雀展翅欲飞,张嘴翘舌,两眼圆睁,极其优美。还有石雕武士,身着斜领窄袖长衣,双手握剑于胸前,显得威武严肃。还有一些石雕兽,各个都栩栩如生。

"好看!好看!"太皇太后满意地夸赞着。

从地宫出来,太皇太后和皇帝来到陵园外的寺院,在斋堂里烧香拜佛。走出佛寺,皇帝拓跋宏指着墓园北面的一片树林,对太皇太后说:"太皇太后,你看,那里只有一片树林,孙儿愿意在那里修建一个万年堂作为孙儿冥宫,孙儿将永远陪伴太皇太后。"

太皇太后感动地说:"几年前,你还是小孩子的时候,就说过这话。没想到,这么多年过去了,你还记着这话。你的一片赤诚孝心,叫我感动。"

拓跋宏目光坚定地看着远方:"君无戏言。孙儿作为人君,绝不能言而无信!"

"是的,诚信乃为人之本啊。皇帝应该为民作则,率先垂范!"太皇太后夸赞着。

皇帝搀扶着太皇太后慢慢走下方山,到灵泉池去。

"李冲等人来了没有?"太皇太后问拓跋宏。

"他们在灵泉宫等我们。"拓跋宏微笑着回答。

"李冲等人的改制方略成熟了没有?"太皇太后一边走一边关切地询问着拓跋宏,这是她这一两年最为关心的事情。

前几年,太皇太后大力整饬了朝廷礼仪,对国内婚丧嫁娶的靡费进行整顿,重申禁止贵族抢婚乱婚,之后,就开始酝酿她改革魏国的几大措施。为了顺推行她的改制方略,她作了周密部署。首先,她借修建方山冥宫之机,

首位称制:文明冯太后

晓谕朝臣:结束自己的临朝称制。然后,秘密部署几个心腹大臣制定改制方略。接着,她逐步推出系列改制方略的一些小措施。去年[太和七年(483年)]十二月,颁发了禁止同姓而婚的诏令。这诏令颁发半年来,还没有引起太大的反对,这就说明,她推行其主要改制方略的时机成熟了。

"已经就绪,只等太皇太后诏示批准了。"皇帝高兴地说。自从太和五年(481年)太皇太后刻终制于金册以后,拓跋宏已经开始在太皇太后的指导下行使皇帝权力。不过太皇太后还是不大放心,并没有让他衮服冠冕正式亲政,他还须在太皇太后指导下学习治理朝政。太皇太后指示,让他和李冲、刘芳、郑羲、高闾等人一起制定改制方略,李冲负责三长制、班禄制、均田制的方略制定,高闾负责雅乐、礼仪的颁发制定,郑羲等人负责制定三公大臣的服饰规制。皇帝拓跋宏虽然并没有正式衮服冠冕,但是他很兴奋,情绪高涨地支持太皇太后改制的决定。老祖宗建立的魏国,确实有许多弊病,就说鲜卑婚姻,想起来就叫人脸红,当年太武皇帝也为老祖宗那荒唐的婚姻而恼羞成怒,以至于杀崔浩出气。所以,拓跋宏全力支持祖母太皇太后的改制。

拓跋宏知道,太皇太后老谋深算,她虽然宣布终制,但是并没有让自己衮服冠冕,没有让自己正式亲政。这朝中似乎没主的局面下,太皇太后推出一系列改制举措,那些反对者该找谁去表示他们的反对态度呢?

"好,我们回去就开始行动。"太皇太后微笑着,胸膛里充满了豪气。她知道,她即将推出的一系列改制方略,一定要触怒一大批鲜卑贵族,他们一定会拼死反对的。但是,他们一定会发现,他们将投诉无门。向谁表示反对意见呢?太皇太后说自己已经终制,皇帝说自己还没有亲政,他们真的是反对无门了。

太皇太后和皇帝相视而笑。

来到灵泉宫,果然,李冲、高闾、郑羲等一班人都等候在那里。太皇太后笑着招呼这一班改制中坚:"我走累了,要先歇息歇息。庚时再议。你们先出去转转,看看风光。"

拓跋宏笑着:"可不是,太皇太后走了许多路,连朕都有些乏力。你们先自己随便走走转转吧。"

灵泉宫大殿里,太皇太后与皇帝拓跋宏坐在正中的龙座上,下面几个人围成半圆而坐。太皇太后看了看其中一个十分年轻却又陌生的脸孔，正要发问，秘书中散李冲急忙站起来向太皇太后介绍："太皇太后，皇帝陛下，请允许臣介绍臣的属下李彪，他是臣的助手，均田方略主要由他厘定。"

"他是谁？"太皇太后看着另一个年轻人。

高闾急忙站起来介绍："他叫刘芳，是臣的舍人。刘芳通音律金石，臣让他帮助臣制定雅乐。"

太皇太后看着刘芳，突然拍手笑着说："我想起来了，他就是那个白白挨了我一百鞭子的后生娃。是不是啊？现在屁股还疼不疼啊？"

刘芳满面通红，站了起来，给太皇太后行礼："太皇太后还记得小人，小人感激不尽。太皇太后那一百鞭子，给小人终身教训，小人受益不浅。"

太皇太后笑着说："都怪我脾气急躁，听风就是雨。当时听说他是与叛乱沙门法秀一起从寺中捉拿出来的，就以为他也是法秀乱党。后来才知道他不过是借住在寺院终日抄写经书坟典的书生而已。当时，呈上他抄写的经书，叫我一看，就喜欢得不得了。他那字啊，真是漂亮。"

刘芳笑着："也多亏那一百鞭子，要不小人还无缘见到太皇太后，也就当不了中书博士了。"

大家都笑着，气氛轻松多了。

太皇太后这才转向李冲："李卿，先说你的班禄方略。"

李冲侃侃而谈："微臣以为，俸禄分为十等，一季一行。设置班禄，取消朝廷赏赐，禁止官吏贪敛。官吏俸禄从民户收取，每户征调帛谷作为官司之用，商用之赋，也按户收取，每户收二匹。"

太皇太后点头："按户收取征调，可简化烦琐，也可抑制坞壁主、堡主私瞒人口。以前朝廷没有班禄，各州各郡自行规定租调数目，各随其土所出，各州庶民百姓租调不同，有的官贪，使庶民租调过重。实行班禄以后，应该能遏制官吏贪赃。朝廷统一班禄，对班禄实行以后贪赃的官吏，必须严惩！你以为，贪赃多少，以死罪论处合适？"

"臣以为，要遏制官吏贪赃，必得竣法。赃五匹为死，陛下和太皇太后以为合适否？"

皇帝拓跋宏摇头："太宽大了。五匹才死，难以抑制贪赃。"

太皇太后看着拓跋宏："我同意皇帝所言。五匹才死，确实过于宽大。

首位称制：文明冯太后

321

官吏贪赃,自古已然,国朝以来,虽屡屡惩处,终未能绝迹,且愈来愈烈,究其原因,皆因未实行班禄,官吏生活未有来源。现颁行俸禄,意在让官吏生活无忧,不再有高允以儿子卖柴补贴家用之尴尬,所以,要以严刑禁绝贪赃。我以为,凡赃一匹则处死!"

拓跋宏微笑着:"对贪官污吏,必得严刑以惩处,不如此班禄不能顺利实施!"

太皇太后看着大家,又对李冲说:"草拟诏书,务要明确惩处! 班禄与惩贪要紧密结合实施! 只班禄不治贪,这班禄就没了意义!"

李冲点头。

皇帝拓跋宏说:"班禄诏令颁布,如若遇到强烈反对,如何处置?"

太皇太后想了想:"我看一定会遇到反对,如若有反对,我们即召开廷辩,还请诸卿大力宣讲。班禄颁行后,颁行三长制呢,还是均田制?请诸卿直陈。"

高闾说:"微臣之见,班禄之后,还是先颁行均田制为宜。均田制尚未直接触动坞壁主、堡主利益,不会招致他们激烈反对。坞壁主、堡主后面多是朝廷功臣、老臣,惹怒他们,朝廷难免动荡。"

太皇太后、皇帝和李冲都点头同意高闾的分析。

"我亦如是看法。先颁布均田,而后实行三长。李卿,说说你的均田方略。"太皇太后转向李冲介绍的李彪。

李彪是第一次面见皇帝和太皇太后,心里十分惶恐,他眼睛闪避着不敢接触太皇太后和皇帝的注视。他小心地站了起来,躬身向太皇太后和皇帝行礼,双腿止不住轻轻抖动起来。

"坐下说,坐下说。"太皇太后抬手做了个让他坐下的手势,"不要着急,慢慢说。"

太皇太后和蔼的语气叫李彪紧张的心情稍微平复了下来。他感激地看看自己的恩人李冲。不是李冲的举荐,他哪能到这里来,哪能在皇帝和太皇太后面前陈述自己的方略?他心中怀着喜悦和激动想:今天大概就是他飞黄腾达的开始,自己一个贫苦无依的书生,只是听说李冲好士爱才,就贸然投奔他而来,果然如人们传说,李冲爱才。李冲喜他卓尔不群,爱他饱读诗书、满腹经纶,不仅收留了他,还委以重任与信任,这知遇之恩,将来一定要好好报答才是!

李冲眼睛含着鼓励的微笑向李彪点头,催促和鼓励着他快点说。

李彪定了定神,有条不紊地向太皇太后和皇帝拓跋宏介绍他和李冲一起探讨商定出的均田方案。

"国朝以赏赐土地来奖励功臣,造成土地集中在一些豪族大户手里,庶民土地不多,再加上灾祸、疾病、死亡、逃亡等,许多农户失去土地,土地更多集中于豪族。失去土地以后,农户流离失所,不得不依附于豪门大户,使国家编户锐减。均田制,可以遏制编户减少之趋势。李大人与小人商定的方略是:把土地分成露田、桑田、麻田、宅田、公田五类,十五岁以上男子受露田四十亩,妇女二十亩,小孩到纳田年龄受田,七十岁免课还官。男子受桑田二十亩,受麻田十亩,妇女五亩。对于新安居者,三口给宅田一亩。地方官吏受公田,刺史十五顷,太守十顷,县令一级各六顷。新旧任相交接,不得出卖。"

太皇太后看着拓跋宏,征求他的意见。拓跋宏说:"此方略详尽,想必易于实施。以人计田,可刺激人口增长。"

太皇太后说:"只是尚未提到奴婢。豪族大家大多有朝廷赏赐奴婢,如不计奴婢田地,这豪族利益得不到保障,恐为不妥。"

李冲惊讶地点着头。太皇太后真厉害,自己和李彪商量了那么久,居然就没有发现如此明显的纰漏。可不是,自己得到皇帝和太皇太后的厚爱以后,得到许多财物赏赐,也多了许多奴婢,这奴婢没有土地,自己的坞壁不是少许多田地吗,怎么把这给忘了? 制定政策不首先保证自己利益,真是太愚蠢了! 幸亏太皇太后提醒!

在座的高闾等都频频点头,纷纷议论:"可不是,奴婢不分田地,豪族如何维持生活啊!""家里奴婢那么多,都要吃饭的啊!"

李彪和李冲低头商议了一番,李冲补充说:"奴婢与平民一样受露田、桑田、麻田。奴一人受露田四十亩,桑田二十亩,麻田十亩;婢受露田二十亩,麻田五亩,婢与妇女一样不受桑田。宅田以五人为户,同平民一样为一亩。"

拓跋宏问:"桑田可是用来种桑?"

李冲回答:"是的,要求桑田三年内植桑五十株,榆三株,枣五株,三年内未种,则夺其不种之地。所以,妇女未分桑田。"

首位称制:文明冯太后

323

拓跋宏笑着："豪族奴婢那么多,分给桑田未必能够如期种植。朕以为,不必受奴婢以桑田,太皇太后以为然否?"

太皇太后笑着摆手："就依皇帝所言。豪族田地已经够多了,这奴婢桑田就免了吧,让农户多受些田地,朝廷租调也容易征收。对,李卿,这均田以后,租调如何处置,是增加还是减免,是继续采用九品差调,还是另用他法?"

李冲欠身回答："臣正想征询太皇太后和皇帝陛下的旨意,请太皇太后与皇帝明示。"

太皇太后看着拓跋宏："皇帝,你看呢? 租调是增还是减?"

拓跋宏说："太皇太后经常教诲孙儿治国要以民为先,孙儿以为,这租调不可过重,过重则伤民。太皇太后意下如何?"

太皇太后微笑着点头："皇帝所言正合我意。均田为新法,需新租调,新法实施需要庶民支持,我以为新租调要轻于原租调为宜。"

李冲与李彪相视而笑,他们与太皇太后、皇帝的想法不谋而合。

李冲说："臣设想之新租调规定,一夫一妇年出帛一匹,粟两石。十五岁以上未婚男女四人、奴婢八人,等于一夫一妇。请太皇太后、皇帝陛下定裁。"

拓跋宏看着太皇太后笑着说："这有奴婢的大户还是占许多好处,奴婢受田地与庶民一样,租调却少交了许多。"

太皇太后摇头："是啊,这也是没有办法的事。豪门大户财大气粗,与朝廷关系密切,不照顾不行啊。""就说他们,"太皇太后用下巴颏点了点在座的几位,"哪家没有几十个奴婢。他们制定方略,不让他们多沾些好处,不让近水楼台先得月,行吗?"

大家都笑了起来。

从方山回来,太和八年(484 年)六月,太皇太后开始进入太和改制的具体实施阶段。丁卯,诏曰班禄:

"置官班禄,行之尚矣。《周礼》有食禄之典,二汉著受俸之秩。逮于魏晋,莫不聿稽往宪,以经纶治道。自中原丧乱,兹制中绝,先朝因循,未遑厘改。朕永鉴四方,求民之瘼,夙兴昧旦,至于忧勤。故宪章旧典,始班俸禄。罢诸商人,以简民事。户增调三匹、谷二斛九斗,以为官司之禄。均预调为二匹之赋,即兼商用。虽有一时之烦,终克永逸之益。禄行之后,赃满一匹者死。变法改度,宜为更始,其大赦天下,与之维新。"

班禄诏令颁布以后,朝臣议论纷纷,同意的,反对的,各种声音上达太皇太后和皇帝耳朵中。王遇、抱嶷、刘阿素等人轮流来向太皇太后禀报他们听到的各种议论。

太皇太后只是笑:"听蝲蝲蛄叫就不种田了?别管他们叫唤!不过,要派人下去暗访暗访,如若发现贪赃官吏,严惩不贷!"

皇帝拓跋宏不安地来见太皇太后:"太皇太后,淮南王串联几个王上了一个奏,要求'依旧断禄',我说服不了。太皇太后看该如何处置?"

太皇太后想了想:"诸王反对,我们不能掉以轻心。淮南王拓跋他德高望重,一直都督凉州军事,现在位居侍中、司徒,既然敢于串联诸王出来反对,我们不理是不行的。还是召集群臣辩论来说服他们,让他们心服口服,无话可说。"

拓跋宏点头:"就依太皇太后所言。"

太皇太后想了想:"我以为,高闾才思敏捷,谈锋尖锐,让他上表与淮南王辩论,淮南王一定不是其对手。"

拓跋宏也笑了:"太皇太后所言极是。高闾舌战群儒的本事无人可比。"

太皇太后笑着:"这高闾谈锋机敏,才华横溢,文章富逸,性情耿直,敢于直谏,是难得的人才。"

拓跋宏点头称是。

太皇太后又说:"班禄一定要继续下去,不能半途而废,班禄如若行不通,均田、三长恐更难实行。所以,辩论之后,如若仍有反对,一定要严加惩处。凡反对者,以贪赃论处,我就不信班禄推行不了!"

拓跋宏说:"一味严惩,终非良策,太皇太后承明年间下诏,让庶民、群臣直言上疏,我看不失为一个疏通言路的办法,不过,当时响应者寥寥。如今,改变时法,班制俸禄,改更刑书,宽猛未允,人或有异议,思言者、无路,求谏者无法自达。如此,则上明不周,下情壅塞。不如效仿承明,班下内外,听人各尽规,让思言者、思谏者各上其便,直言极谏,勿有所隐。我亲自批览,以知世事之要,使言者无罪,闻者足戒。太皇太后以为如何?"

太皇太后惊诧地看着拓跋宏,感叹起来:"小子果然长大了,果然长大

首位称制:文明冯太后

325

了。就依你刚才所言，让秘书省草拟诏书吧。"

拓跋宏高兴地大声笑了起来："太皇太后，我要自己学着草拟诏书，刚才这番言论就是诏书主要内容。"

太皇太后拍着拓跋宏的肩头："好小子，果然不出我所料，比我能干多了！青出于蓝而胜于蓝啊！"

太皇太后微服私访　贪官污吏严惩不贷

九月，秦州风和日丽。在潼关通往长安的大道上，几辆驼车、牛车在慢慢行走，发出吱扭扭的声音。几匹马跟在车后，骑马人看上去是很剽悍强壮的武人，赶车人也都是精悍的后生。牛车里坐着冯熙、冯诞，赶车的是冯修，驼车里坐着太皇太后和刘阿素、秦阿女，赶车的是太皇太后的侍卫长。太皇太后装束成很普通的民妇，刘阿素和秦阿女都是普通的民女装束，乍看上去，好像母女三人。骑马人是太皇太后的武艺高强的虎贲与羽林军侍郎。远处，还有一些车辆和骑马人三三两两迤逦，虽然都是太皇太后的随从，却全部庶民打扮，远远地跟着太皇太后，不致过于惹人注意。

太皇太后多年没有回过秦州。今年，她越发思念童年生活的地方，想回去看看，同时也想私访班禄以后官吏情况。

过了潼关，就是通往咸阳和长安的大路。大路平坦，人也多了起来。太皇太后的心也欢快地跳动起来。她索性撩开车帘，看着关中肥沃的平原。

多少年了，从四五岁离开长安，再也没有见过关中平原。"三十多年了，三十多年了。"太皇太后自言自语。

太皇太后贪婪地看着车外景色，用力嗅着秦川上充满五谷香的气息。

肥沃的秦川平原上，金黄的谷子摆着肥大沉重的谷穗随风摇晃。各种豆类也都开始成熟，有的已经爆开，田野上金黄一片。奇怪的是，在田里干活收割的农人却不多，而道路上却走着许多人，携老扶幼，挑担扛包，好像逃难一样。

太皇太后连连自言自语："奇怪，真奇怪！"

"有甚奇怪啊，太皇太后？"秦阿女和刘阿素一起问。

"你们看，田地里收庄稼的人很少，这路上的人却川流不息，还好像逃荒逃难一样。"太皇太后指点着路上的行人说。

"可不是,有些奇怪。"刘阿素说,"要不,我下去问问?"

"等等!"太皇太后拉住她的手,"别莽撞!"

迎面过来几个衣衫褴褛的行人。一个年轻的女子搀扶着一个老妇,一个年轻的男子挑着担子,担子上的箩筐里坐着一个面黄肌瘦的孩童,一头筐子里放着锅碗瓢盆,一个须发皆白的老人背上背着包袱,肩上扛着一卷铺盖。看来,这是逃难的一家人。

四人并排而行,看到迎面而来的牛车、驼车,也没有让路的意思。冯修打马上前,呵斥着:"让开!让开!你们没看见车子吗,不要命了!"

年轻男子放下担子,站在路边,一边擦汗,一边嘀咕:"我们就是不要命了!饭都没的吃,这命要它做甚!"

老人急忙放下铺盖卷,劝说着:"栓子,不要乱说!"

叫栓子的年轻人反倒更加来劲,他梗着脖子,瞪着眼睛:"我乱说甚了!贪官抢了我们的田地,我们哪里有饭吃!"

太皇太后听到年轻人说贪官,耳朵都直了起来。"停车!停车!"她喊车夫。

车夫急忙停了车。

太皇太后跳下车,刘阿素和秦阿女急忙也跳下车,紧紧跟在太皇太后左右。冯熙、冯诞和侍卫都紧张地注视着。

"那娃,"太皇太后笑着走到年轻人身边,"你说了个甚?你这是要到哪里去啊?"

年轻人瞪了太皇太后一眼,没好气地说:"逃荒!"

太皇太后指着长着金黄色黍谷的平原,问:"看样子今年收成不错,你们逃甚荒啊?这秋收还没有收,咋就逃荒啊?"

年轻女人搀扶着老妇人坐到铺盖卷上,喊着:"阿爷,你也坐下歇歇脚吧。"老人坐了下来,叹气说:"可不是,看着庄稼就要收了,可我们不得不逃荒。"

刘阿素回到车上,给太皇太后拿来绳床,让她坐在他们对面。"老人家,你就慢慢说说,让我们夫人听听,也许她能帮帮你呢。"刘阿素笑着对老人说。

首位称制:文明冯太后

327

栓子只顾抱着筐里的小娃，把他尿尿，嘴里哼着："帮？谁肯帮我们草子一样的庶民百姓啊。"

老人抹了把眼泪："夫人，你也不要怪他，这日子确实没法子过。秦州刺史下令，让咸阳农户交官粟二十石，絮二斤，丝一斤，又入帛一匹三丈，给州库以供外调。夏天，又增加粟二石九斗，每户增帛三匹，说是做官司之禄。前不久，又下令，要我们交地方官府粮一石，帛二匹。我们全家五口人，秋粮打下来，不过五石，你说，我们全交了租调，还剩甚啊？所以，我们不如离开家乡逃荒去算了。"

太皇太后吃惊地问："这朝廷最近有新法，规定一夫一妇年出帛一匹，粟二石。十五岁以上未婚男女四人等于一夫一妇。这样算来，你们不过年出粟二石、帛二匹啊。"

几个人都惊叫起来："我们不知道朝廷有这规定啊。我们这里只有秦州刺史不久前才下的令！我们只知道秦州刺史的令！"

老妇人指着又走来的几个人："你看，他们都是秦州逃荒的人啊！都是交不起这么重的租调啊！"

太皇太后霍地站了起来："长安镇都大将不是南安王拓跋桢吗？秦州刺史是谁，他叫甚名字？"

老人说："姓李，叫洪之，听说可厉害着呢，说是皇帝的老丈人甚的，谁敢惹啊。"

"你们还是回去吧。"太皇太后劝说着，"这背井离乡可不是办法。也许刺史还没有得到朝廷诏令，等他得到朝廷诏令，他一定会按照朝廷新法来收取租调，你们不是有吃的了吗？"

叫栓子的年轻人半信半疑："你咋知道朝廷有新法？"

刘阿素心里好笑：她咋知道？她制定颁布的，她能不知道？太皇太后瞪了她一眼。她急忙忍住笑，替太后回答说："我们是从平城出来的，平城到处张贴着朝廷诏令。不信，你去平城看看嘛。"

"果然这样，我们不如先回去。"老人看着儿子。

儿子又看着他媳妇和母亲。她们也说："还是听这夫人的话，先回去把庄稼收割了再看看，也许真的能等到新法传来。"

这时，路上陆续围拢来许多人。刘阿素和秦阿女怕出事，急忙拉着太皇太后："太……太……夫人，我们走吧。"

太皇太后挥手向大家说："先回家去收割庄稼吧，新法真的快传到秦州了！"

"这狗官！"太皇太后上车，恨恨地骂着，"居然明目张胆对抗朝廷诏令！是可忍孰不可忍，叫太傅过来！"

冯熙急忙来到太皇太后车上。

"你下去再多问几个人，看是不是如那老人一家所说。要是大家说法相同，就要立刻严办这叫李洪之的狗官！你认识他吗？说是皇帝老丈人！我咋就没听说过？你这老丈人知道不知道？"

冯熙笑了："没听说过，可能是先皇的甚亲戚，故意夸大其词，拉皇帝老丈人虎皮吓唬庶民。我这就去问。"冯熙说着，下了车，拦住几个行人，行人立刻义愤填膺地诉说秦州刺史李洪之的罪状。

冯熙上车。"果然相同！这李洪之真是罪大恶极！除了加重庶民租调以外，还强抢民女为妾，霸占田地，令庶民发指。另外，南安王也是为非作歹，霸占田产，强占民宅，也是民怨沸腾。"他气愤地向太皇太后禀报刚才询问行人听到的反映。

"这南安王真不像话！"太皇太后气愤地说，"记得皇帝讲武，召他回京，离京之时，皇帝特意在皇信堂接见他，谆谆告诫他。我还记得皇帝说，'翁孝行著于私庭，令问彰于邦国。长安镇年饥民俭，理须绥抚，不容久留，翁今还州，其勤隐恤，无令境内有饥馁之民。翁既国之懿亲，终无贫贱之虑。所宜慎者，略有三事：一者，恃亲骄矜，违礼僭度；二者，傲慢贪奢，不恤政事；三者，饮酒游逸，不择交友。三者不去，祸患将生；但能慎此，足以全身远害，光国荣家，终始之德成矣'。谁知他还是把皇帝教诲作了耳旁风！这些不成器的宗室子弟！还有汝阴王天赐，也是个贪贿不堪的东西，回去后一并重罚不贷！"

"我们去见见那狗官！"太皇太后想了想又说，"先到咸阳秦州刺史衙门。"

"以甚身份去？"冯熙问。

太皇太后想了想："就说我们是到西域的商人，路过秦州，想在秦州住几天，要过关，请他关照关照。"

冯熙让冯诞去执行太皇太后的诏令。冯诞已经尚拓跋宏妹乐安长公主，是驸马都尉、侍中、征西大将军、南平王，手中拥有相当大的权力。他这次是太皇太后微服私访的重要随从，具有处理太皇太后诏令的全部大权。

咸阳城里，秦州刺史衙门相当气派，衙门前的一对白石雕刻的狮子张牙舞爪把守着高大的刺史官邸的朱门。太皇太后一行的车辆来到刺史衙门前，冯熙与冯诞下车，去刺史衙门请求见刺史大人。

衙门前贴着交纳秋季租调的告示。"把它揭下来。"太皇太后指着告示说。

冯诞上去把那告示小心揭了下来。

侍卫听说是平城到西域去的商人，急忙进去通报刺史李洪之。李洪之立刻传话接见，对来往秦州的到西域的商人，他都在接到报告后立刻接见。

冯熙与冯诞搀扶着太皇太后走进刺史官邸的西庑，等待刺史接见。

这是一处高大气派的建筑群，前面院落飞檐斗拱，琉璃瓦覆顶，官衙后面连接着几进青砖青瓦院落，院落以月亮门相连。从月亮门里可以看到后面有个花园，绿树中闪烁着圆镜似的人工湖，一座七级浮屠俯视着这所官衙。

太皇太后环视着刺史官衙。

刺史李洪之走进西庑："何处客商，有何公干啊？"李洪之进来坐到主人座位上，并不寒暄，直截了当地问。

冯熙起身拱手："我们是从京畿到西域高昌办军马的商人，从秦州过，叨扰贵刺史，请刺史赐予方便。"

李洪之捋着须髯笑了。在秦州地界，他设了许多关隘，凡是过路商人，没有他亲自签发的过路牌，一定会受到多方刁难，一定要交够买路钱才能放行。所以，过往客商都必须亲自来刺史衙门办理通行手续。

"那好说，好说。"李洪之笑着，"客商只需办理通行牌，我保证秦州地界你们一路通畅。"

冯熙说："不知这通行牌如何办理？我首次经过贵地，不知规矩，还请刺史大人指点！"

李洪之哈哈笑着："看你也像新手。这通行牌，当然不能白办！一人一牌，一牌须帛一匹，或者以等价财物折合，比如，西域珍珠、珊瑚、翡翠、宝石、金银制品皆可。"

冯熙看了看坐着不说话的太皇太后。太皇太后沉静地坐着，看着这刺史瘦削的尖脸，看着他尖下颏上随着说话乱动的稀疏的须髯，看着他那双发着贪婪亮光的小眼睛。她努力回忆着她是否见过这刺史。

"你们一共几人啊？"刺史李洪之催问。

"我们人数不少，不过都是奴婢、仆从、侍卫，难道都要办理不成？那花费可是太多了！"冯熙故意苦着脸讨价还价。

"全部办理，一个不能少！"李洪之大声说。

"可我们是奉朝廷之命为朝廷办理军马啊。能不能通融通融，少收点？"冯熙继续与李洪之商讨。

"不行！奉谁之命都不行！我们官衙里的人要不要吃饭？官衙里这许多官吏要不要养家糊口？"

"朝廷不是已经班禄了吗？"太皇太后突然开口，冷冷地说。

"朝廷班禄？"李洪之肆无忌惮地哈哈笑了起来，"靠那点俸禄，我们不饿死才怪呢。我们辛辛苦苦为朝廷卖命，为庶民跑腿，朝廷只给那么一点俸禄，只够我们塞牙缝！我们不想办法自己挣点外快，行吗？"

"路上行人说秦州租调按着秦州刺史衙门告示执行，可是真的？"太皇太后抬眼看了看李洪之又问。

"当然是真的了，秦州庶民当然要执行秦州刺史衙门的告示了。"刺史李洪之看着这个装束一般、气派却不凡的夫人，不屑地说。

"你难道不知道朝廷几个月前下达新法租调吗？"

"知道是知道，不过，我们秦州特殊，需要按照秦州的规定收取！"李洪之傲慢地说，转过头看着冯熙，"你到底办不办通行牌？要是不办，我可不奉陪了！"

"办！哪能不办！"冯熙说，"不过，我交了财物，你可是要给我通行牌啊！我还要一个字据，写上收了我多少财物，我将来要向朝廷要回这笔费用。"

"那没问题，我可以给你写字据。"李洪之说。

"去，给刺史大人交财物！"冯熙命令着冯诞。

首位称制：文明冯太后

331

冯诞看了看冯熙，有些为难："我们没有带那么多财物啊！"

太皇太后发话："把祭祀家庙的财物全部交给李刺史！"

冯诞跑了出去。

太皇太后站起身："我们走吧！"

太皇太后和冯熙上了车，太皇太后问冯熙："你知道他是谁了吗？"

冯熙摇头。

"他是元皇后之兄李峻的儿子！"太皇太后说。

"怪不得他说自己是皇帝的老丈人！"冯熙笑了，"也算沾了点边！"

"立刻下诏，"太皇太后说，"派冯诞率领羽林军侍郎捉拿李洪之！立即在秦州传达朝廷租调新法诏令！"

李洪之看着太皇太后一行人离开衙门，便喜滋滋地独自在衙门堂上欣赏着刚才收纳的财物。这些来往西域的商人确实有好东西，看这珊瑚，看这帛绸，看这布匹毛布，看这些琉璃器皿、碧玉翡翠，真爱煞人！多亏他聪明，才想出设卡敛财的高明办法，让他在短短一年的刺史生涯中收敛了车装斗量的巨大财富。李洪之一边欣赏一边沾沾自喜，为自己的聪明点子多而自豪。点子就是财富。他笑吟吟地想。

李洪之正在收拾这些财物，见冲进几个朝廷军人打扮的人，为首的将军喊着："李洪之接旨！"

冯诞已经改换了服装，他一身戎装，率领着一队羽林军侍卫冲进刺史衙门，外面，羽林军侍卫已经团团包围了衙门。

李洪之吓了一大跳：接旨？他站了起来，怔怔看着面前站着的将军。这将军怎么看着这么面熟，在哪里见过呢？李洪之紧张地想着。

冯诞笑了："李刺史咋就这么健忘，刚才见过的，这就忘了？你看，我交纳的财物你还没来得及收拾呢！"

李洪之瞠目结舌："你……你……你是刚才那商人？"

冯诞冷笑着："你有眼无珠！我是当今朝廷驸马都尉、侍中、征西大将军、南平王冯诞！现遵照太皇太后诏令捉拿贪赃枉法的秦州刺史李洪之！"

李洪之吓得浑身颤抖如秋风中的树叶："太皇太后……太皇太后……"他喃喃着，脸色如雪一样煞白。

"拿下!"冯诞高喊。侍卫上前,立刻五花大绑了李洪之,顺便用刺史衙门的槛车装了,派羽林军侍郎押解着到长安。

冯诞看着桌子上那堆刚才交来的财物,笑着说:"又物归其主了!"冯诞收拾了财物,在刺史衙门召集全体官吏,宣读了太皇太后的诏令,传达了新租调诏令,让刺史衙门长史书写,各处张贴,安定秦州民心。冯诞留在咸阳兼任秦州刺史,整顿秦州之后,才赶到长安去与太皇太后相会。

"怎么处理赃官李洪之?"冯诞问太皇太后。

"在长安游街示众,然后押回平城,集百官审问! 杀一儆百,警示官吏,看以后谁还敢以身试法!"太皇太后说。

长安城里,热闹极了。听说秦州刺史被朝廷捉拿并且要游街示众,长安和咸阳城里城外的远近庶民都赶来观看。

长安西大门外,在祭天坛不远处搭起高大平台,三步一岗,五步一哨,岗、哨位上的士兵戴着明亮的头盔,手执亮煌煌的长戟,一动不动地站着,警惕地注视着来往人群。校尉军官骑着马,腰挎大刀,来来往往巡视,征西大将军冯诞的军队护卫着公示会场。附近坞壁村堡的壁主、堡主早已接到诏令,各自组织起自己坞壁村堡的农人前来观看公示。

"把贪官李洪之拉上台来!"冯诞英姿飒爽,在高台上振臂喊着。

一队侍卫跑步过来,站到高台前,一队士兵跟随着一辆槛车进了会场,来到高台,士兵打开槛车,从槛车里拉出李洪之。头发散乱的李洪之浑身颤抖着,被士兵拖拉着上了高台。

台下庶民骚乱起来,有人开始向前涌动,人们挥舞着拳头高喊:"打倒贪官!""打死贪官!"

有人向台子上的李洪之投掷石头。

冯诞喊:"大家不要乱! 不要乱! 把李洪之带上来,让大家控诉!"台下这才平复了下来。冯诞宣读了李洪之的罪状,宣读了太皇太后的诏令:"将赃官李洪之游街示众,然后押回京城审讯,以惩戒敢于以身试法者!"

台下的民众欢呼起来:"皇帝万岁!""太皇太后万岁!"

宣读之后,士兵押解着李洪之走下高台,绕场走了一周。全场的庶民激昂慷慨,群情激愤,他们拥挤着,冲撞着,想亲手去打李洪之。不是士兵用矛戟阻拦着,李洪之可能被活活打死在场上。

绕场示众以后,士兵把李洪之装进槛车,拉着他进城游街示众。一路上,庶民紧追不舍,不断有人投掷石头,还有人不顾官兵阻拦,冲上前,浇了李洪之一头屎尿。

那个叫栓子的男子,特地从乡下赶来,挤在人群里看热闹。李洪之被石头砸,尿水浇,满头流血,气息奄奄。

"他咋被朝廷捉拿的?"栓子问旁边的人。

旁边的老人兴奋地说:"活该他倒霉!微服来长安祭祀燕昌王庙的太皇太后听逃荒人诉苦,然后就派她的侄儿征西大将军给捉拿了!"

栓子突然明白过来,自己一家在路上遇到的就是当今太皇太后!

"活该!贪官下场!"栓子啐了口唾沫,转身而去。他匆匆赶回家,去向家人报告这特大喜讯。

李洪之被槛车送进京城,太皇太后让皇帝拓跋宏亲自召集百官审问,拓跋宏历数了李洪之种种贪赃罪行,李洪之无法狡辩。

"赐他自裁!"拓跋宏遵照太皇太后指示,宣布对李洪之的处理。朝廷百官大受震动。

接着,太皇太后与皇帝在皇信堂引见王公。太皇太后端坐着,面沉似水,王公都肃然起敬。太皇太后令:"汝阴王天赐、南安王桢,不顺法度,黩货聚敛,依犯论坐,将至不测。卿等当存亲以毁令,还是为欲灭亲以明法?卿等选择。"

拓跋丕首先为二王说情:"太皇太后,姑且念他二人为景穆皇帝之子,暂且饶恕于他们。"

太皇太后沉着脸说:"如此不顺法度,如若饶恕,还有什么不可饶恕的?今后百官不将贪贿成风?国朝前途如何?"

尉元等老臣也恳求太皇太后:"臣等请求太皇太后以二王托体先皇之躯,宜蒙矜恕。"

太皇太后还是不应答。

拓跋宏见太皇太后执意制裁,只好下诏说:"南安王桢以懿戚之贵,坐镇关右,不能洁己奉公,助宣皇度,方肆贪欲,殖货私庭,放纵奸囚,雍绝诉讼,货遗诸使,邀求虚构。二三之状,皆犯刑书。今者所犯,事重畴日,循古推刑,实在难恕。太皇太后天慈宽笃,恩矜国属,每一寻唯高宗孔怀之近,发言哽塞,悲恸于怀,且以南安王孝养之名,闻于内外,特一原恕,削除封爵,以庶人归第,禁锢终身。"

太皇太后这才算满意,她微微一笑,起身离开皇信堂。

鲜卑贵族联合对抗改制　太后巧计安排反击守旧

平城里靠近皇宫的西面,是贵族集中的坊,许多拓跋老臣贵胄都住在这里。

淮南王拓跋他在豪华的府第客厅里,与老朋友东阳王拓跋丕、淮阳王尉元、河东王苟颓几个鲜卑老臣边吃边饮边说话。拓跋他今天宴请这三个老朋友,是有目的的。

淮南王拓跋他对这几年朝廷发布的诏令很有看法。太和八年(484年)六月的班禄诏令,表面上看,虽然给官吏发了俸禄,可是禁止官吏自行敛财,实在是断了官吏发财敛财的财路。其实,在不颁发俸禄的年代里,各级官吏自行敛财积累财富,比颁发的俸禄要多得多,在那些善于自行敛财的官吏看来,朝廷颁发的那点俸禄根本不足于养家糊口,更不要说过豪华享乐日子了。所以,拓跋他知道,颁发俸禄对他们这些贵族来说,绝对是弊大于利,绝对是让他们走向贫穷的开始。他立即上疏给皇帝,请求取消班禄,恢复原来办法。可是,一直没有得到太皇太后和皇帝的答复,只是转来高间的上疏。俸禄颁发不过半年,今年[太和九年(485年)]春正月,皇帝又颁发禁令,说"图谶之兴,起于三季。既非经国之典,徒为妖邪所凭。自今图谶、密纬及名为《孔子闭房记》者,一皆焚之。留者以大辟论。又诸巫师假称鬼神,妄说吉凶,及委巷诸卜非坟典所载者,严加禁绝"。十月接着颁发了均田法令。

这还得了?这汉人太皇太后究竟要把魏国领到哪里去?拓跋他不能不忧虑。作为道武皇帝的后代,他与皇帝一样,应该捍卫拓跋氏的利益,不能眼看着拓跋魏国慢慢走上汉化道路。太皇太后是汉人,她是不是想要把拓跋魏国变成他们冯氏汉人的魏国呢?

这担忧越来越咬噬着拓跋他的心。虽然太皇太后对他十分敬重,可是,在这样重大的关头，他不能坐视不管。皇帝年纪轻，从小听太皇太后的话，到现在还没有正式衮服加冕亲政，太皇太后至今依然控制着朝政。为了拓跋魏国，他不能不想想办法。

淮南王拓跋他有些坐不住了。

淮南王拓跋他是道武皇帝第三子阳平王拓跋熙的长子，袭父亲拓跋熙的王位为淮南王。拓跋他身长八尺，美姿貌，打仗勇敢，跟随世祖太武皇帝征战屡立战功，受高宗文成皇帝、显祖献文皇帝重用，威信卓著。太皇太后也十分敬重他，前些年，刚刚把他调回京师，不久前任命为侍中、司徒，虽然是将近七十岁的老人，但依然身体硬朗，在朝中很有威望。

"各位王爷，"拓跋他敬酒以后，说，"今天请各位王来，一来想与王叙叙情谊，二来是想听听王对去年以来朝廷颁发诏令的看法，对班禄、禁止鲜卑祭祀以及均田制的看法。我听说，马上还要实行三长制，废除坞壁村堡的坞主，让邻长、里长、党长代替原来的坞主、堡主。各位王，以为如何？"

都曹尚书、河东王苟颓历来心直口快，当着太皇太后也敢于直谏，虽然年事已高，其耿直性情依然不改当年。他摇着头："依我之见，这么搞法，难免会引起朝廷群臣混乱。这班禄实行，朝廷官员反对声一片。除淮南王上书直陈己见，据我所知，还有枋头镇将军薛虎子上疏以示反对。至于刚颁发的均田制，我以为大可不必，《诗经·小雅》说，'普天之下，莫非王土；率土之滨，莫非王臣'。这土地都是朝廷的土地，如何能够分给庶民呢？"

淮阳王尉元频频点着白发苍苍的头，很是赞同。淮阳王尉元也是代人，任统万镇都将多年，在边镇治理事务上，甚得夷民之心。尉元与拓跋他一样，也是因为年事已高，且功勋卓著、德高望重，不久前调回京城，任侍中、都督南征诸军事、都曹尚书，又迁尚书令。

尉元对实行班禄和均田，也颇有微词。

"是啊，是啊。这魏国各种制度已经确立八十多年，何必要改制呢？皇帝一切听太皇太后摆布，太皇太后不知想干甚？"

拓跋他看着同是拓跋宗室的东阳王拓跋丕，微笑着问："东阳王，你的看法呢？"

拓跋丕看着桌子上满桌的佳肴，用筷子指点着一盘菜，打着哈哈："淮阳王这红烧鹿尾确实妙不可言，我极爱这道菜。"说着，夹起一块放进嘴里咯吱

首位称制：文明冯太后

咯吱地嚼了起来。

拓跋他不满地白了他一眼：老奸巨猾！顾左右而言他！

拓跋丕确实在顾左右而言他。太皇太后对他恩重如山，他岂可以在背后随意议论、褒贬太皇太后的政策？这些年，太皇太后赏赐他的财物不计其数。太皇太后给王叡造宅，同时也给他造了一所豪华大宅，还赐他金印一纽，赐他不死金券，在他的宅第落成的时候，太皇太后和皇帝亲幸他的新宅，率文武百官参加落成大宴。这极大的荣耀，在朝廷里无人可比。在拓跋氏宗室成员里，太皇太后最为看重的就是他，他可不是那种知恩不报的小人！

"吃菜！吃菜！边吃边说！"拓跋他看拓跋丕不想表态，就劝说大家。

"我想，我们几个一起进宫去见太皇太后，陈述我们对班禄与均田改制的看法，不知诸王以为可行否？"拓跋他目光灼灼地巡视着问。

"当然可以了，我们都是八议成员，有权参与朝廷重大事务议论，只是不知为甚这新制颁发并不让我们议论？"尉元说。

"太皇太后与皇帝陛下主张直言直谏，我们去向太皇太后陈述看法，不为过也。"苟颓也附和着。

"哎哟！哎哟！"拓跋丕突然小声呻吟起来。

"咋的了？"拓跋他看着拓跋丕，关心地问。

"突然有些肚痛。"拓跋丕苦楚着脸，"我要先告辞了。"拓跋丕说着，站起身想离座。

拓跋他一把拽住他："东阳王不必找借口，你那点诡计我们都领教过。我们四人是朝中旧老，太皇太后和皇帝特意允许我们入朝不趋，允许我们安车几杖，我们四人进退相随，朝中皆知。你想开溜？怕是不行。即使真的有病，进宫去有太医给你医治，还是和我们一起进宫好！"

拓跋丕无可奈何，只好又坐了下来。

尉元和苟颓都哈哈笑着打趣他："东阳王一遇急事便以肚疼为借口，这伎俩多次使用，已经不灵了。"

拓跋他、拓跋丕、尉元、苟颓四人一起进宫，到皇信堂拜见太皇太后。四个白发苍髯的老人依杖步行进宫。拓跋他、拓跋丕和尉元三人都是典型的鲜卑人，身高八尺以上，身材魁梧，容貌庄伟，腰带十围，肩宽背阔，大耳秀

首位称制：文明冯太后

目,气宇轩昂,令人望而生畏且顿生敬意。只是苟颓个子小,跟着他们三个并行,步履有些吃力,不时嘟囔着:"我的王爷,慢行一些,慢行一些。"

宫里人看着这四人进宫,都尊敬地闪避在一旁,给这四个德高望重的老人让路,并行礼问好。

四人直奔太皇太后新住址皇信堂。太皇太后这新宫皇信堂成于太和七年(483年)十月,是皇帝特意为终制的太皇太后新建的寝宫,命名皇信堂,再一次向太皇太后表示他对太皇太后的忠诚。

太皇太后正在寝宫翻阅志怪小说,听说四老来见,急忙换衣出去迎接。这四个老人都年近七十,是历几代的老臣,德高望重,她和皇帝都十分敬重他们,每有大事,都引入宫中,亲自征询他们的意见。只是这改制,太皇太后却没有征询他们,今天他们亲自来兴师问罪了。

太皇太后微笑着走进前堂。"各位老王爷,我来晚了。"

"太皇太后安康。"老王爷站着,向太皇太后行礼。他们不必像其他大臣那样,见了太皇太后与皇帝,必须趋步上前下跪行礼,这是太皇太后和皇帝赐予的特殊待遇。

太皇太后赐坐以后,笑着问:"老王爷今日结伴而来,何事赐教啊?"

淮南王拓跋他急忙摆手:"太皇太后说个甚话,我们哪敢赐教,我们是来求教的!"

"淮南王为何事啊? 可是为恢复班禄之事?"太皇太后笑着,"近来这朝中屡有上疏,请求废除班禄。淮南王可是为他们说话?"

淮南王拓跋他没料到太皇太后开门见山,一点也不拐弯抹角,直接点出他来拜见的用心。这叫拓跋他多少有些为难,没有一点回旋余地,他该怎么说?

拓跋他支吾起来。

太皇太后笑着:"枋头镇将军薛虎子今日上疏,要求停止班禄,恢复过去制度。我已经跟皇帝研究过了,驳回他的上疏。这刚刚颁布改制,如何可以马上宣布废除呢?朝令夕改,可是为政之大忌,想必王爷也能谅解。所以,王爷要是为此而来,我恐怕要叫诸王失望了。"

尉元急忙说:"我们不知道薛虎子上疏一事,我们前来见太皇太后,是想与太皇太后商量均田制的实施。听说朝中大臣有些议论,担心招致朝廷混

首位称制:文明冯太后

乱,特来拜见太皇太后。"

太皇太后点头:"我也听说过一些。不过,这议论是一定会有的,新制实施,肯定会引起一些议论。老王爷都听到一些甚议论啊,说来我听听。"

苟颓从座位上欠起身子:"太皇太后,群臣议论说,魏国土地皆为皇帝之土地,皇帝土地如何可以分给农人呢?"

拓跋他也说:"是啊,从古以来,普天之下,莫非王土,王土如何能够分?另外,听说太皇太后和皇帝正在草拟关于三长制的诏令。这坞主和堡主皆为坞壁里最有威望的大族大户,如果剥夺了他们的权力,是否会引起他们激烈反抗,进而引起村堡坞壁之混乱? 朝廷现在可是靠他们维护村堡坞壁啊。"

太皇太后微笑着点头,似乎十分同意老王爷的说法。她转向一直没有说话的拓跋丕:"东阳王也是同样看法?"

"这个……可能……也是吧。"拓跋丕支吾着。

太皇太后笑了:"这东阳王,今天是咋的了,半天没有说出句完整的话。到底同意不同意呢?"

拓跋他笑着:"东阳王肚子疼,可能疼得有些混乱了。"

太皇太后眼睛里闪过狡黠的微笑:"那我就不逼着东阳王表态了。各位王爷直陈己见,我高兴。我和皇帝都喜欢直来直去,喜欢大家敢于直陈己见。薛虎子上疏,直陈他对班禄制的担忧,各位王爷直陈对均田制和三长制的想法,确实启示了我。这么着吧,到底实行班禄、均田、三长是利多还是弊多,是该实行还是不该实行,过几天我们在皇信堂举行辩议,道理越辩越明,越辩越能说服众人。廷辩之后,再作定夺。各位老王爷以为如何?"

各位王爷点头。

"那好,各位王爷请做辩论准备。"

太皇太后微笑着站了起来。

太皇太后知道,几天以后的辩论对推行新制具有很重要的作用,绝不可掉以轻心,她必须在朝议前做好一些事情,才不至于在朝议上手忙脚乱败下阵来。所有反对派都注视着这次朝议和几个老王爷,如果王爷拓跋他占了上风,反对派立刻就会蠢蠢欲动,反对的言论一定会立刻甚嚣尘上。像薛虎子一样的大臣还有许多，他们正觊觎窥视，等着看结果。万一拓跋他辩论赢了，薛虎子们马上会乘风扬沙，掀起一场反对新制的大风暴。

她可不想看到这样的结果。

太皇太后准备了四份礼品：四副安车几杖，派抱嶷与苻承祖亲自分送四位老王爷之家。"太皇太后传言，说老王爷年事已高，行动不便，特赏赐安车一挂，上好包金沉香雕木几杖一副！请老王爷乘车扶杖去皇信堂议事！"苻承祖和抱嶷逐一对几个老王爷说。

几个老王爷都十分感动，连拓跋他也觉得这太皇太后实在太仁义，犹豫着皇信堂议事要不要激烈反对新制推行。

不，为了拓跋氏皇朝千秋万代不变色，拓跋他还是要据理力争。

抱嶷和苻承祖来到东阳王拓跋丕豪华的府邸。拓跋丕听说抱嶷、苻承祖来访，急忙跑出厅堂来到大院门口迎接。拓跋丕一直为自己与拓跋他等人去见太皇太后表示对新制看法的不满而感到不安，一直心里忐忑猜度着太皇太后对他是否生气或者不满。现在太皇太后心腹亲自上门，他可要抓住这机会，向太皇太后的心腹表明自己的态度，消除太皇太后可能产生的误会。

拓跋丕见抱嶷和苻承祖让随从把一辆豪华的步挽①拉进院子，笑着问："两位大人可是乘步挽而来？"

抱嶷哈哈笑着："我等尚未有如此福分，这是太皇太后赏赐东阳王的！"

"感谢太皇太后厚爱！"拓跋丕说着，把抱嶷和苻承祖恭恭敬敬地迎进厅堂。

抱嶷和苻承祖把太皇太后所赐的沉香杖交给拓跋丕，笑着说："今后宫里又多了一景，将有四位德高望重的老人乘步挽入宫。想想，四个须发皆白的老人乘坐四辆金光灿灿的步挽，由四个精壮剽悍的侍从拉着跑，来到宫殿门口停下来，四个须发皆白的老人从步挽下来，挂着一样的包金沉香雕龙头的拐杖，慢腾腾却又气宇轩昂地并排走进宫殿，该多好看啊！"

拓跋丕反复观看欣赏着太皇太后赏赐的紫檀木手杖，爱不释手。

苻承祖啜饮了一口浆酪，笑着说："东阳王，太皇太后还有两句话让微臣

---

① 步挽：人力拉的车子。

传达。"

东阳王拓跋丕抬起大耳秀目的脸庞："我洗耳恭听，尚书只管讲。"

符承祖看了看抱嶷，把目光定在拓跋丕的脸上："太皇太后说，东阳王德高望重，虽然对四老赏赐一样，但是太皇太后最为敬重的还是东阳王。太皇太后知道东阳王一贯支持她和皇帝，是国朝的顶梁柱。太皇太后希望东阳王在朝议新制时，依然一如既往，发挥一己作用！东阳王明白太皇太后用心吗？"

拓跋丕急忙点头："请转告太皇太后，老臣知道朝议该做甚。也请二位大人在太皇太后面前替老臣解释、美言几句。老臣之所以随从淮阳王进宫，实在是不得已为之，绝非自愿！请太皇太后海涵！"

符承祖又看了一眼抱嶷，点头说："太皇太后明白。正因为太皇太后明白东阳王的处境，才让我们转告东阳王这几句话。好，东西和话我们都送到了，我们也该告辞去回复太皇太后了。"

太皇太后看着前来问安和禀报的皇帝拓跋宏："明天的朝议，你准备好了没有？"

拓跋宏笑着："回禀太皇太后，已经准备就绪。"

"说来听听，看你是如何准备的。"太皇太后饶有兴致地看着拓跋宏。她已经准备让拓跋宏衮服冠冕正式亲政，但还有点不放心，总想利用一切机会锻炼他，考验他，培养他的治国能力。

"我已命李冲、高闾准备，他们将针对各种诘问反驳议论。我估计没有谁可以驳倒他们二人。"

"还不够。"太皇太后沉思着，"还需要一些辅助措施。辩论是必要的，辩论能让人心服口服，但是，辩论未必能够震慑人。治国不光要人心悦诚服，更多时候，要震慑人臣，让他们不得不服，不敢不服。像薛虎子这样手握重兵的将军，朝议不能震慑他们，反倒会让他们以为我们软弱可欺。我们一定要威慑住他们！所以，我以为，还需想些其他办法！"

"有甚办法呢？"拓跋宏目光追随着走来走去的太皇太后，恳求地问。

"让我想想。"太皇太后站住脚步。

"去传皇子僖来！"太皇太后对自己的内侍中刘阿素说。刘阿素急忙出

首位称制：文明冯太后

去传达太皇太后的命令。

太皇太后看着皇帝拓跋宏说："你这几个弟弟也长大了，需要赏封他们爵位。我把僖儿叫来，就是要让他知道，你准备把大都大官的重要职务交给他。大都大官掌管京都平城军事，十分重要，一定要给绝对靠得住的自己人。僖儿对你对我都忠心耿耿，先把这职务给他，以确保将来改制以后的京都秩序！等你亲政以后，把上都、中都大官交于三弟、四弟，让他们成为你忠心的助手！"

拓跋僖气喘吁吁跑了进来："太皇太后，皇帝陛下叫我？"拓跋僖比拓跋宏小一点，也已经十八岁，高大健壮，虎虎生威。

"看你跑得满头大汗，先喘口气。"太皇太后爱抚地拉住拓跋僖的手，让他坐到自己身边。太皇太后虽然不喜欢他们的父亲拓跋弘，但是对拓跋弘的十来个儿女却爱护有加，都看作自己的亲生儿女一般抚养。

太皇太后和蔼地看着拓跋僖："僖儿在皇学学了这么多年，已经大有长进。听皇学博士孙惠蔚说，皇子里面，你学习最为刻苦，学得最好。我心里真高兴！你们弟兄七个、姊妹四个，虽然非我亲生，可是我却把你们当作自己亲生的一样看待，当初设皇学，就是想让你们几个皇子皇孙学习经典，以匠才养之。你要知道，知识非自生，皆由学海而来，皇子皇孙不训教亦然不立。我诏令于闲静之所，别置学馆，选忠信博闻之士为你们师傅，来教导你等，望你等成为大匠，将来辅助皇帝治理国家。看来，我这愿望达到了。我和皇帝以为，从明天始，你不必进皇学，皇帝将委你以重任，让你担当大事以协助皇帝。你看行不行啊？"

比皇帝拓跋宏小几个月的拓跋僖激动万分，腾地从座位上跳了起来，像个孩子似的大喊大叫："当然行了！我已经长成大人，可以担任官职协助皇帝了！太皇太后，皇帝陛下，叫我干甚啊？"

太皇太后笑着敲了他的额头一下："瞧犊子这张狂样，一点不稳重！看你皇哥，现在多老成持重啊！学着点！"

拓跋僖吐了吐舌头，做了个鬼脸，问拓跋宏："皇帝陛下准备委任小弟甚官职啊？"

拓跋宏用手势按了按："你先坐下！太皇太后总是告诫我们要循规蹈矩，要遵行大礼，你作为皇弟，要身体力行才是！"

拓跋僖不敢再调皮，急忙规矩地坐了下去，按照太皇太后平时训诫的那样，并拢双腿，把手放在大腿上，挺直上身，坐得像寺院里的大铜钟一样，一动不动。

太皇太后笑着："这才像样。坐有坐相，站有站相，睡有睡相。要站如松，坐如钟，行如风，睡如弓。"

皇帝拓跋宏这才慢条斯理地像太皇太后一样先来一通教训："朕准备封你为咸阳王，任大都大官。但是你要记住，你等国之至亲，皆幼年任重，三都折狱，特宜用心。夫未能操刀而使割锦，非伤锦之尤，实授刀之责。一定要修身慎行，勿有乖爽。大都为国之心脏，地位至关重要，大都安危，关乎大魏安危。朕授予你如此重任，望你好自为之！"

太皇太后告诫说："你兄继承先业，统御万机，战战兢兢，常恐不称。你治理的地方虽然小，但是却关乎大魏，是大魏中心，你要克制自己的贪念，把大都管理得井井有条。你要牢记自己之重任！"

拓跋宏又说："周文王小心翼翼，才怀多福。即使有周公之才，要是又骄横又贪吝，也一无是处。你要牢记当年济阴王拓跋郁枉法赐死之教训。"

拓跋僖频频点头，连声称是，把皇帝和太皇太后的训诫牢记于心。

拓跋僖走了以后，太皇太后说："现在都城有僖儿掌管，可以不担心反对改制者。但是，我们还需要想办法震慑那些反对者才行！"

"那该怎么办？杀一儆百，杀鸡给猴看？"拓跋宏笑嘻嘻地看着太皇太后。太皇太后恩威并重的手段令他折服。太皇太后惩治官吏十分严厉，特别是对内朝内监官吏，稍有不慎，不是皮鞭抽，便是大板打，经常把他们抽打得皮开肉绽。但是，严惩以后，太皇太后立即予以抚慰，过后依然重用，不再计较以前的过失。内监内官不管曾经受过太皇太后多少惩处，对太皇太后一无怨言，依然忠心耿耿，至死不渝。

出乎拓跋宏意料，太皇太后却摇头："杀一儆百，固然有威慑，但不可多用，用得多了，就显示不了我们的仁慈。今次，需要想个新花招以对付薛虎子。"

拓跋宏心里责备着自己：怎么这么不中用呢，难道就想不出一个叫太皇太后满意的办法来？他皱起眉头。

首位称制：文明冯太后

“你把他交给我来办理吧，你只要让你那几个辩才不要被诘问难住，让他们以凌厉的陈述压倒诘问，就可以了。”太皇太后笑着轻轻拍了拍拓跋宏的肩头，安慰着他。拓跋宏看到太皇太后没有不满，也没有责备他，心里安稳下来。

太皇太后在皇帝离去以后，立刻叫来吏部尚书苻承祖。

太皇太后开门见山，劈头便问：“最近吏部可否接到下面州郡投诉官员的揭帖？”

苻承祖说：“接到一些。”

“都是投诉谁的？”

“各州郡都有。”

“有没有投诉徐州刺史的？”

苻承祖想了想：“好像没有。薛虎子从枋头镇调往徐州，口碑还不错。”

太皇太后阴郁地一笑：“我就不相信，徐州那么大，人口那么多，就没有上疏告刺史的？你立刻回去仔细询查，一定要找到一份告徐州刺史的上疏，比如他想投奔南方甚的。明天朝议时报去！”

“对，奴家想起来，听跟从李彪出使南朝的随员说，他们在徐州看到街上有匿名揭帖，是揭发徐州刺史薛虎子的。”

“太好了。立刻找到那些人，让他们弄一份来！”

苻承祖明白了：“是！太皇太后放心！奴家这就去办！”

孤独女孤独不顾身份　多情郎多情何惧议论

太皇太后知道，朝议是推行新制最后一道关隘。尽管她做了充分的准备，却还是不敢掉以轻心。李冲那里准备得如何，是胜负关键。她不放心。

要不要专门召见李冲一次？

太皇太后犹豫起来。一想起李冲，太皇太后就控制不住自己，心就禁不住嘭嘭地加快了跳动频率。

这是怎么了？你不能这样忘形！太皇太后责备着自己，极力压抑激荡的心潮。可是，心跳得更快，连血管里的血液也加快了流速，热血一阵一阵涌上心头,涌上脸颊。

太皇太后烦躁地站了起来,起身走出寝宫,来到后院。院子里,几株石榴、桃、杏把自己婆娑的树影洒在月光下,葡萄架下挂着一串串葡萄,在黑影里摇晃。太皇太后走到葡萄架下,从一串最大的葡萄串上摘下最大的一颗,慢慢咀嚼着。酸甜的葡萄汁液凉爽着她发热的喉咙。

太皇太后感到异常烦躁不安,好像在渴望着什么却又害怕着什么。她感到胸腔里有一团火,这团火总在炙烤着她。她知道这是团欲望的火,这团火谁也无法扑灭,除非她抛开所有的顾虑,抛开一切道德束缚,抛开对故人的思念,而后全身心地投入一个男人的怀抱,在那个男人的亲抚里,在那个男人的滋润下,她才能平静下来,才能让那团火慢慢熄灭。

可那男人在哪里呢?

她知道,朝中有些年轻官员极其渴望走进太皇太后的寝宫,愿意向太皇太后奉献他们所有精力。在这些竭力讨好她的男人中,有许多她并不讨厌,他们仪表堂堂,魁伟壮实,他们风姿儒雅,谈吐机敏,这些都叫她喜欢。但是,她本能地拒绝了他们。她用她高高在上的威仪吓跑了他们,让他们不敢胡思乱想,不敢恣意妄为,不敢越雷池一步。因为,她明白,这些向她取宠献媚的男人,不过是羡慕她的地位,想靠她来达到自己飞黄腾达、出人头地的目的! 她不想被他们利用!

太皇太后在院中慢慢踱步,夜风吹拂着她发热的脸颊,她感到自己心中那团火慢慢熄灭了。每当她感到烦躁,感到郁闷,感到那团火的炙烤,她就走出寝宫,或者漫步于后院,或者去骑马驰骋,让风吹走她全部的热。她喜欢平城秋天的风,它凉爽,清洁,没有灰尘,没有砂石,它带着秋天的气息,带着桂花的芬芳清香。

要不要专门接见李冲一次? 这问题又涌上太皇太后心头。

其实,太皇太后知道,自己这不过是借口而已。她自己明白自己,有些日子没有召见他,有些思念他了。

太皇太后竭力控制自己不去召见李冲,李冲近来为改制忙得不亦乐乎,还是让他集中精力干他的正事好。李冲正在为她设计改变拓跋魏国颜色的各种大计,她不能去干扰他,让他分心。

可是,她偏偏控制不住自己。自从王叡死了以后,太皇太后有两年多没

首位称制:文明冯太后

345

有男人侍寝,她一直忘不了王叡,正如当年她忘不了李弈一样。

李冲百般抚慰讨好太皇太后,但是太皇太后拒不接纳李冲,除了与李冲商议改制以外,她不与李冲有任何亲密接触。

李冲曾经绝望,他只好用全部心思去完成太皇太后与皇帝下达的任务,一心一意调查、商讨、设计改制方略,不再奢望像李弈和王叡那样成为太皇太后侍寝的伴侣。

女人是很奇怪的动物,你越讨好她,她越轻视你、拒绝你,特别是那些有些权势的女人,更是如此。可是,当男人冷淡她,远离她,不再表现出对她的兴趣,她却对这男人发生兴趣,想去吸引他的注意,想讨得这男人的欢心。

太皇太后就是这样的女人。

看到风度翩翩、儒雅俊朗的李冲对她敬而远之,只恭敬地向她请示汇报,不再用灼灼放光的目光逼视她,不再用色眯眯的笑容讨好她,不再企图接近她,不再装作无意触摸她,她感到怅惘失落。

难道她已经失去了女人的美丽和魅力?难道她衰老了?难道她不再具有吸引男人的力量?难道她只剩下权力?当然,她有权力,她想让哪个男人来侍寝,没有哪个男人敢于拒绝她!但是,她绝不会与她不喜欢的男人上床!她与男人上床,只能由感情引起!而且,与一个她真正喜欢的男人上床以后,她绝不会再同另一个男人上床,即使失去了他,她也还会久久地缅怀他,必得等忘却之后,方可产生新的恋情。她不会同时与多人上床,也不会只凭权力威逼男人与她上床。与她上床的男人,必得是她喜欢的,也是真心喜欢她的,能把她当作普通女人拼出性命来加以呵护的。只有那样的男人,才配与她上床。当年的李弈和王叡,都是拼了性命去救她的人。这样的男人,如今还有吗?

太皇太后偷偷观察着李冲,李冲的一言一行都落在她的眼里。李冲虽然没有机会去救她于危难中,但是李冲已经全身心投入为她设计改制的工作中,他已经不再为她的权力、为他自己的飞黄腾达而向她取媚。

李冲的身影开始在她的脑海里晃动,李冲的声音开始在她的耳朵边回响,李冲的气息经常在她面前飘荡,尤其是李冲那双灼灼放光的眼睛,更是经常在她的眼前晃动。目灼灼似贼,她经常这么暗自嘲笑,不过,她立刻又想起时下南人刘义庆的《世说新语》中写容止的一些话语,"眼烂烂如岩下电""萧萧肃肃""岩岩若孤松之独立"。

如水的月光照在太皇太后的身上,她的影子落在墁地青砖上。月光下黑乎乎的树似乎动了起来,好像是李冲向她走来,李冲的笑声和气息都飘荡在月光下。

她不能再压抑自己!她应该得到自己的幸福!太皇太后毅然转身回寝宫里去。

"阿素!派人传唤李冲来!"太皇太后稍微提高声音说。

李冲急忙来到太皇太后宫中。太皇太后这么晚召见他,一定有重要事情商量。李冲对自己曾经有过的念头感到很羞惭。自己一个堂堂须眉男儿,应该靠自己的本事立身,靠自己的才华立命,怎么可以动如此卑劣的念头呢?何况他也不该把自己十分尊敬的太皇太后想象得那么卑劣,似乎她离不开男人似的。其实,尽管有人议论太皇太后行为不端,他还是理解太皇太后的,她年轻,她应该追求自己的幸福,何况,不管李弈还是王叡,确实值得太皇太后去爱,她爱得有理由。自己值得太皇太后去爱吗?自己能够像他们一样为太皇太后牺牲性命吗?

李冲摇头,否定了自己的荒唐想法。自己只能以自己的才华和忠心去为太皇太后服务,让太皇太后的改制成功,这就是自己能够为太皇太后所做的全部事情。

李冲兴冲冲来到太皇太后宫中。

太皇太后慌乱地看了看李冲,又很快把目光移开,生怕目光接触李冲的目光。李冲永远双目闪闪若岩下电,精神挺动,卓卓如野鹤,光映照人。

"你坐,坐,坐啊。"太皇太后慌乱地说,好像小姑娘似的手足无措。

太皇太后这是咋了?李冲奇怪地看着反常的太皇太后,她为何这么慌乱呢?

李冲的心猛烈跳了起来:太皇太后是不是想让他侍寝,却又不好意思挑明?李冲极力压抑住狂跳的心,告诫自己:沉住气,千万不要乱来!记住中山王王叡的教训,万不可乱了自己的方寸!在太皇太后没有明确表示之前,自己一定要装聋作哑不露一点端倪!除非太皇太后自己先有明确表示!

李冲平静地拜了太皇太后,在太皇太后赐座以后坐到马凳上,稍微把马

首位称制:文明冯太后

347

凳拉得离太皇太后远了一点。

太皇太后脸色微红,有些扭捏,只是低头不语。

李冲小心翼翼地恭敬地问:"太皇太后召臣入宫,可是欲与臣商量明日朝议之事?"

太皇太后抬眼看了李冲一眼。她突然感到慌乱起来,李冲那清亮幽深的似乎总是脉脉含情的眼睛那么迷人,似乎里面有一股不可抗拒的吸力吸引着她,让她非看不行,又不敢多看,一看就头晕目眩,就心慌意乱,就意乱神迷。眼烂烂如岩下电,太后又在心中重复着。

"是的,是的,我想知道卿能否驳斥各方责难。"太皇太后看了一眼李冲,急忙移开自己的目光,用手掠着鬓角,把原本齐整的头发弄得纷乱起来。

李冲心中暗喜:原来太皇太后对自己很有意思,他一定要抓住这难得的机会!

李冲尽量镇静,让自己平静回答太皇太后的问话。"回太皇太后,臣有把握击败所有诘难,请太皇太后尽管放心!"

"对,不管是谁诘难,你都不要胆怯,尽管放胆辩论,我和皇帝会全力支持你!我们一定要让明天的朝议成功,不能让人攻击、否定新制!"一谈到改制这样重大的事情,太皇太后所有的感情骚动都消失了,太皇太后完全平静下来,恢复了往常的刚毅。

李冲吃惊地观察、分析着太皇太后。太皇太后的平静,说明她心中刚才滋生的感情骚动已经平息,风暴已经过去,她这样一个善于控制自己的女人,如果能够让今晚的风暴平息,今后可能永远平静,他李冲可能永远失去机会!

不行!李冲开始在自己的眼睛里灌注脉脉含情,灌注热情,灌注温柔,灌注亮光,灌注热量。李冲的眼睛熠熠放光,放射出热情魅力。李冲睁着一双战无不胜的眼睛,直勾勾地看着太皇太后,沉默了。

李冲的沉默让太皇太后重新感到慌乱起来,她看了李冲一眼,突然被"岩下电"击中,她感到头脑有些眩晕。太皇太后举起手抚摸着自己的额头,心慌乱地跳了起来。

"太皇太后,你怎么了?"李冲站了起来,走到太皇太后身边,伏下身,温柔关切地问。

太皇太后听到那熟悉的浑厚的声音,嗅到那熟悉而陌生的男人气息,感到更加眩晕。

"我头晕。"她呻吟着,软弱无力地说,头无力地垂了下去,身子也晃动着。

李冲急忙揽住太皇太后,在太皇太后耳边小声说:"要不要立即去请太医来,太皇太后?"

李冲说话的气息吹拂着太皇太后的耳朵、脖颈,也吹拂着太皇太后的心。太皇太后感到无比舒坦,她就势把脸颊紧贴在李冲宽阔的胸膛上,呻吟似的说:"不用,不用! 让我这么待一会儿,就会好的!"

李冲紧紧搂住太皇太后,嘴唇贴在她的耳边,呻吟似的说:"太皇太后,太皇太后,我太幸福了! 太幸福了!"说着,就用火热的嘴唇轻轻亲吻太皇太后的脸颊。

太皇太后呻吟着扭过脸颊,用自己火热的嘴唇寻找着,寻找着,两个人紧紧地拥抱在一起,两颗心紧紧贴到一起。

李冲朝议舌战群儒　太和改制推行新法

几位老王爷兴冲冲走下步挽,拄着龙头紫檀木包金手杖,气宇轩昂地登上从洛阳黑风谷采来的大青石石基,步入雕梁画栋、金碧辉煌的皇信堂。皇信堂是年前才为太皇太后新建的宫殿,位于安乐宫前,虽然不算太大,却堂皇无比。太皇太后从安乐宫移入皇信堂,在这里议论国事,接见朝臣。

淮阳王拓跋他雄赳赳、气昂昂地走在最前面,他心里十分激动,也豪情万丈。他知道自己今次肩负着重任,他代表着许多拓跋氏皇族,许多殷切的叮嘱响在他的耳边:"你一定要说服太皇太后和皇帝,让他们放弃改制,恢复祖宗旧制!""祖宗旧制,不能乱改啊!""祖宗法度,不可不要啊!"

拓跋他叮嘱、鼓励着苟颓和尉元:"我们一定要说服太皇太后和皇帝!"

尉元和苟颓点头。

拓跋丕故意装作腿脚不便,慢慢地走在他们后面。

李冲噔噔地跑上台阶。"给王爷行礼!"李冲向淮南王拓跋他问好,接着向尉元和苟颓行礼问好。

拓跋他快快不睬地从鼻子里"哼"了一声，算作回答。他顶看不上这些依靠太皇太后爬上高位的汉人书生。他们算什么呢，他们有何德何能，都能来魏国朝廷里分一杯羹，而且还分得比他们代人还多！想到这里，拓跋他就有些气愤不过。如果不是太皇太后，能有他们的今天嘛！他李冲算什么，充其量不过王叡一样的面首而已！

拓跋他从鼻子里哼出的轻蔑叫李冲不由得感到脸热。好在苟颓和尉元出于礼貌答了礼，才解救了李冲的难堪。

郑羲、高闾等人也从后面赶了上来，与李冲一起进入皇信堂。

一进皇信堂，他们就被皇信堂四壁绚烂多彩的壁画吸引过去。王爷围着大堂走了一圈，欣赏着四壁上绚烂的壁画。

皇信堂正堂四壁上，绘着彩色的壁画，画着古圣、忠臣、烈士的英勇事迹，旁边文字刊题着他们的事迹，有周武王伐纣，有周公姬旦辅佐文王，有姜子牙垂钓等，大笔平涂，单线勾勒，同时还使用了重彩渲染及铁线描画的技法，画面上的人物生动、坚毅、剽悍，简古有力，显示出一种汉画不曾有的绚丽与雄浑完美结合的风致。

"这是谁的手笔?"几个王爷被壁画的绚丽与雄浑所征服，问太皇太后。

"画是张僧达的手笔，旁边的题字是蒋少游的手笔。"太皇太后自豪地回答。

"这蒋少游可真是国朝难得的人才，宫殿设计、建造靠他，这书法也了得!"拓跋他赞叹着。

"他可以和早期的莫题、高宗的郭明善相提并论了。"尉元说。

"还应该加上一个。"太皇太后插嘴，"加上王遇。这四个人可是国朝最机巧的能工巧匠，平城宫殿的修建多亏了他们!"

"是的，是的，太皇太后所言不差!"几个人都异口同声说。

"好看吧? 我想出这个主意不错吧?"太皇太后反问，一脸炫耀的调皮劲儿。

"不错，真不错。还是太皇太后聪明，能想出在墙上画画的好主意! 以后我们重建府邸，也学习太皇太后，在墙上画画，多好看啊!"拓跋他说。

"不光好看，太皇太后还让我们在欣赏画面的同时，能被画面上古代忠

首位称制：文明冯太后

臣烈士的事迹所感动,希望这些画能潜移默化地感染我们。"李冲补充说。

"聪明!真聪明!"拓跋丕感叹着。

太皇太后与皇帝拓跋宏并排坐在镏金镂刻龙床上,开始朝议。拓跋丕环视了一下周围,发现今日参加朝议的人数多过往常,除了八议以外,还有皇子拓跋僖,枋头镇将军薛虎子以及李冲、郑羲、高闾等人。

太皇太后环视着坐在下面的大臣,面容很严肃地说:"各位王爷、大臣,太和五年来国朝实行了改制,颁发禁止同姓而婚、祭祀用巫以及班禄、均田诏令以后,庶民欢呼,以为可以纠正、整饬国朝弊病。但是也有王爷、大臣上疏表示异议。我和皇帝为充分了解下情,辨证是非,让有异议者陈述己见。故召集各位,请各位在廷上直陈己见,互相辩论,以正视听!"

皇帝拓跋宏也说:"朕与太皇太后一贯主张直陈己见,以便了解下情,做到有则改之,无则加勉。诸卿尽管畅所欲言。"

拓跋丕看了看拓跋他,笑着说:"淮南王请先说。"

拓跋他知道,这个艰难的开头只有他能来,别人都不敢在太皇太后和皇帝面前率先表示自己对新制的异议。

拓跋他清了清喉咙,慷慨激昂地说了起来:"大魏建国,至今八十有余。历代各圣皆遵循太祖道武皇帝之训,治国有方。臣以君赏赐为生,依赖朝廷,感恩不尽,故而常思朝廷和圣上恩德,不敢有所轻侮。今班禄臣下,使武将文臣以为,俸禄为一己所得,不思朝廷恩典,轻慢放荡,皆由此生。臣以为,恢复旧制,废除班禄,以重建朝廷恩义,重振朝廷恩威!"

尉元补充说:"淮南王之议,甚为有理,望太皇太后、皇帝陛下二圣思虑!"

高闾站了起来,向上拜过之后,转向拓跋他几个王爷,侃侃而说:"臣以为,天生烝民,树之以君,明君不能独立朝政,必须有良臣辅佐。君用礼驾驭臣,臣以忠侍奉君。所以车服有等差,爵命有等级。德高者则位尊,任广者则禄重。下者禄足以代耕,上者俸足以行义。庶民均其赋,以展奉上之心;君王聚其财,以供国家事业之用。君班其俸,垂惠则厚;臣受其禄,感恩则深。于是贪残之心止,竭尽诚孝,兆民百姓不再受侵削之烦,各业都备礼容之美。班禄岂不为经世明典治国要术?"

李冲站了起来，接过高闾的话题：

"自尧舜以来，行班禄之制，开始汉、魏、晋三朝，实施之后，虽然优劣各不相同，而此法未改。自中原崩坏，天下分裂，海内不一，民户豪减，国用不充，俸禄也就废止不行。看我大魏，振兴北方，照临万方，九服既和，八表咸谧，天下归一。二圣钦明文思，道冠百代，动遵礼式，稽考旧章，准百王不易之胜法，述前圣利世之高轨，置立邻党，班宣俸禄，事设令行，于今已久，苟慝不生，上下无怨，奸巧革虑，狡诈绝心，利润之厚，同于天地。以斯观之，如何可改？"

高闾马上接着说："假如洪波奔激，则堤防宜厚；奸悖充斥，则禁网须严。且饥寒切身，慈母不保其子；家给人足，礼让可得而生。但清廉之人，不必皆富；丰财之士，未必悉贤。今给其俸，则清者足以息其滥窃，贪者足以感而劝善。若不班禄，则贪者肆其奸情，清者不能自保。好坏利弊，灼然可知。如何一朝便欲去俸？淮南之议，不亦谬乎？"

拓跋他和尉元、苟颓面面相觑，被这李冲和高闾的当头棒喝似的滔滔宏论批驳得一时无话可说。

拓跋丕瞅准形势，看出拓跋他大势已去，就站了起来，大声说："我说几句！"他高昂着头，傲慢的眼光掠过在座的人，特意在拓跋他的脸上停留了一会儿，才从容不迫、大义凛然地慷慨陈词："说起太祖皇帝，说起道武皇帝，恐怕只有我更有资格！"

拓跋丕像以往朝议一样，声高气朗，一张口就是太祖太宗当年如何，摆出他的老资格，他知道，只有这样才可以压服同侪。他更清楚知道，太皇太后与皇帝不仅默许而且还以敬畏神态来鼓励他这样说话，同侪只好唯唯诺诺服从他。

拓跋丕高声大气、神色傲慢地慢慢往下说："淮南王之议，实在悖谬。道武皇帝初建魏国，万事不备，百废待兴，国朝不充，不班俸禄，在所必然。如何可以太武皇帝不备俸禄以证今日班禄之非？"

拓跋他怔怔地看着拓跋丕，不知道他为何改变了立场站出来反驳自己。

前枋头镇将军、现徐州刺史薛虎子早就心里痒痒，看见别人在皇帝和太皇太后面前侃侃而谈，他羡慕得要死，早就跃跃欲试，只是没有找到张口说话的机会。看见拓跋他被几个人轮流驳斥得张口结舌，无话可说，急忙站了起来："臣有话说。"

太皇太后阴沉着脸，无所表示。皇帝拓跋宏点头："请讲。"

薛虎子打开自己写好的疏朗朗读了起来："臣闻先王建不易之轨，万代呈之；圣主垂不刊之制，千载共仰。伏惟陛下道恰群生，恩齐造化，远崇古典，留意治方，革前王之弊法，申当今之宜用。定贡赋之轻重，均品秩之厚薄，庶令百辟足以代耕，编户享其余畜。巍乎焕焉，不可量也。"

太皇太后轻轻咳嗽了一声。刘阿素轻轻移步走了出去。

太皇太后活动了一下身体，变换了一下坐姿，继续耐着性子听薛虎子废话连篇的上疏。前面的赞扬纯属废话，他的本意全在后面。

皇帝拓跋宏也动了动身体，集中精力来听后面内容。后面才是重点，前面全属阿谀逢迎！拓跋宏微笑了一下。

"臣窃居边之民，蒙化日浅，戎马之所，资计素微。小户一丁而已，计其征调之费，终岁乃有七缣。去岁征责不备，或有货易田宅，质妻卖子，呻吟道路，不可忍闻。今淮南之人，思慕圣化，延颈企足，十室而九。恐闻赋重，更怀进退。"

太皇太后听到这里，有些不耐烦。危言耸听，夸大其词。十室而九？有那么多的淮南王的支持者？瞎说八道！

薛虎子依然朗朗诵读："非惟损皇风之盛，虑伤幕义之心。且臣所居，与南连接，民情去就，实所谙知。特宜宽宥，以招未至。今班禄已行，布之天下，不宜仵冒，以乱朝章。但慰藉恩私，忧责之地，敢不尽言。"

刘阿素回到太皇太后身后，对太皇太后轻声说了几句，太皇太后点头。

拓跋宏笑着："虎子诵读完毕？"

薛虎子退回自己的座位，正要坐下，苻承祖进来，拜见太皇太后与皇帝，说："臣这里有揭帖呈上。"

刘阿素下去接了过来，呈给太皇太后。太皇太后浏览了一下，递给皇帝，她定定地看着薛虎子，不错眼珠地看了一会儿。

薛虎子见太皇太后不错眼珠地盯住自己看，心里直发毛，不知道太皇太后为什么这么看自己。

"你可认识邵他生和张僧宝？"太皇太后终于开口，声音冷钝，叫薛虎子心里一紧。

薛虎子急忙上前行礼："回太皇太后,臣不认识邵他生和张僧宝。敢问太皇太后为何询问此二人?"

太皇太后冷笑着："他们上揭帖,揭发你南通贼虏。我说呢,你刚才口口声声为民请命,自有原因啊。"

薛虎子"扑通"一声匍匐到太皇太后坐基前,磕头说："臣冤枉。臣虽然不认识邵他生和张僧宝,但臣估计有人诬陷!臣曾经立案处置过沛郡太守邵安和下邳太守张攀咸,他二人因为赃污被我立案以法查处,他们怀恨于心,曾经指示他们子弟写揭帖诬陷于我。在徐州曾经发现过这样的揭帖。太皇太后、皇帝圣明,请明察!"

太皇太后看着皇帝拓跋宏,询问着："皇帝,你看如何处置?"

拓跋宏微微一笑："太皇太后明察,此其枉也。我度虎子必不然,暂时容他下去,待察过再议。"

太皇太后点头。皇帝拓跋宏转向薛虎子,厉声呵斥："薛虎子还不赶快退下!"

薛虎子叩头谢过,连爬带跑,逃出皇信堂。

皇信堂上死寂一片,连拓跋他都战战兢兢起来,不敢随意说话。

太皇太后微笑着,平静地看着大家："诸卿还有甚话要说?"她把黑眼睛转了一圈,逐个巡视着大臣,目光在每个大臣脸上停留一会儿。大家都急忙低下头,不敢与太皇太后锐利的目光相接触。

一阵一阵秋虫聒噪的啾鸣声传进皇信堂。

太皇太后收回目光,抬手掠了掠鬓角,笑着说："既然诸卿无话可说,关于班禄、均田朝议便到此结束。俸制已行,均田将颁,不可以小有不平,便说废止。从今以后,各新制将逐步推出,下面请议三长制。"

拓跋他沉默着,对尚未推出的三长,他还知之不多,一时说不出什么。

"何谓三长,请先解释。"拓跋丕声高气朗,似乎并没有被刚才的插曲吓住一样。

李冲站了起来："大魏立宗主督护,民多隐冒,五十、三十家方为一户。所谓三长,非为创造,古来已然。汉有三长,即五家立一邻长,五邻立一里长,五里立一党长。此即谓三长。"

拓跋他问:"谁为长?"

李冲看了看拓跋他,解释说:"长取乡中强悍又服从朝廷的人。"

"设多少长?"拓跋他继续问。

"邻长一人,里长二人,党长三人。为长者,可以准许其不征戍,三年没有过失就可以升一级使用。"

拓跋丕高声说:"不错啊。这样一来,坞壁主私瞒人口、瞒报户口的事情就可以大大减少了,国朝可以从坞壁村堡多收许多租调。"

拓跋他不满意地白了他一眼:马屁精!只想讨好太皇太后!

郑羲突然站了起来。郑羲原本是李冲的舍人,在李冲那里干了多年一直得不到提升,尽管他把自己的女儿嫁给李冲的儿子,指望通过联姻给自己换来坦荡仕途。可是尽管李冲爱才,重用许多像李彪一样有才华的年轻人,却就是不肯提携郑羲。郑羲愤而转投高闾,高闾为他谋了一个中书令的差使,倒也得到皇帝的重用,让他与高闾一起厘定律戒、礼仪、服饰。郑羲见李冲侃侃而谈,心中早就毛糙糙得很不舒服。必须挫挫他的锐气。郑羲赌气地想。

"冲求立三长,是想混天下一法。听他所言,似乎多好处可以实行,其实难于实行。"

"为甚难于实行?"太皇太后插话。

郑羲见引起太皇太后注意,心里十分高兴,他转向太皇太后,竭力让自己微笑着具有更好看的表情和更儒雅俊朗的风度。太皇太后喜欢美男子,喜欢有风度的男子,喜欢儒雅男子,郑羲知道。自己虽然不及王叡、李冲美貌,可风度也不亚于他们,他就不相信不能赢得太皇太后的青睐。

郑羲调整好自己的表情,向太皇太后解释:"臣所以谓三长难于实行,是因为国朝实行宗主督护有年,宗主势力养成,一坞一壁一堡一屯之中,宗主权势,一手遮天,邻长、里长、党长焉能管辖宗主?管辖不了宗主,这三长何用?不信臣言,但试行之,事败之后,当知愚言不谬。"

李冲十分不满他这位姻亲,马上高声诘问:"秘书令,请问何谓混天下一法?"

郑羲冷笑着:"太武皇帝太延元年制定九品差调,要衰多益寡,九品混通,防止纵富督贫,避免以强侵弱。三长不是混九品差调一法吗?"

李冲微笑着:"九品差调实施多年,其实并未防止纵富督贫,以强侵弱也屡见不鲜。上上户每户纳绢五匹,下下户每户只出绢一匹,看起来似乎衰多益寡,其实大家明白,上上户皆为宗主,他们往往兼并许多农户,许多贫苦无助的农户通过向他们交纳财物以成为其苞荫户,他们以五十、三十户为一户,比下下户少交纳多少绢,岂不一目了然?三长实施,上上户不敢瞒报户数,下下户不至于轻易投靠豪族,国朝户口有明晰计数,租调不知可以多收多少。秘书令,难道不是吗?"

拓跋丕又高声插话:"臣以为此法若行,于公私有利。"

拓跋他不甘心今次朝议一无所获,他说:"臣以为,民俗既异,险易不同,九品差调,为日已久,一旦改法,恐成扰乱。"

李冲又转向拓跋他,激昂慷慨地驳斥起来。皇信堂上,回响着他那略带沙哑却又十分洪亮浑厚的声音。

太皇太后眼光看着远处,似乎没有看李冲,但是李冲的一言一动都在她的视线里。李冲的那略带沙哑的浑厚声音敲击着她的心扉,抚慰着她的全身,一股幸福的暖流流过她的全身。昨夜的幸福还激荡在她的心头,使她不敢多看李冲。

李冲侃侃而谈,舌战众人,眼看着无人可以驳倒,她心里很是高兴。李冲真的没有辜负她的信任,为推行新制,他做了多少事啊!不过三十多岁,须发已经斑白,看来是过于操劳了,还要再多赏赐他一些珍玩财物,也要嘱咐他歇息歇息才好。太皇太后默默地想,眼光还是望着远处。

太皇太后偶尔抬起眼看看李冲,尽量压抑着控制着自己,让自己的目光平静如水,不倾泻出任何感情。

李冲却感受到太皇太后怜悯爱怜的目光,感受到太皇太后压抑不住的闪烁着的目光,他感觉到太皇太后一直在注视着他,感受到太皇太后火热的激情洋溢的目光。

李冲更加无畏,他越发意气风发,越发谈锋机敏。听到拓跋他发难,他微微冲太皇太后一笑,这笑意只有太皇太后可以感受到,他在安慰太皇太后说,没有什么大不了的!

李冲毫不留情,转向拓跋他:"淮阳王所言谬矣。改法利国利民,正如东阳王所说,于公私有利,何来扰乱?"

尉元见李冲谈锋激烈,难以反驳,想以退为进,暂时拖延新法实施时日,也可以慢慢想办法,最终阻挠新法实施。他站了起来,捋着雪白的须髯,慢条斯理地说:"老臣以为,新法虽然于公私有利,奈何今秋国朝事多,尚未校比户口,新旧未分,如若仓促实施,民必多怨。臣请暂时拖过明秋,到冬月闲暇,方可实施。"

李冲毫不相让,他立刻转向尉元:"王言之差矣。民者,冥也,可使由之,不可使知之。若不趁时一起实施课租,百姓徒知立长校户,未见均徭省赋之益,心必生怨。臣以为,宜于交纳租税之月份,颁发诏令,使百姓知道赋税改动,让百姓了解新法,又得到好处,易于推行新法。"

拓跋宏点头,他转过头,看着太皇太后,笑着说:"陇西公口才如此凌厉,他们都不是对手!这辩论可以结束了吧?"

太皇太后点点头,转向大家:"今日朝议,到此结束。立三长,使赋税有常准,那些被大户兼并的苞荫户不必依附大户,能够独立,可以制止那些想以瞒报侥幸获利的不法之人,有何不可呢?所以,皇帝与我,准予三长立!诸卿要齐心协力推行新制。如若再有枉论新制弊端者,定重处不贷!"

皇帝拓跋宏觉得薛虎子的事情有些蹊跷,不能随便诬陷一个好人,他想,还是把薛虎子的事情调查清楚为好。

拓跋宏叫来秘书丞李彪,李彪被皇帝派往南朝做过使者,几次路过徐州,他对徐州一定有所了解。

拓跋宏叫来李彪。"卿几次出使江南,徐州刺史政绩如何?"

李彪并不清楚皇帝询问的用意,他根据自己路过徐州所闻所见,如实回答:"徐州百姓说,刺史爱民,为民请命,安定边境,布化庶民。"

拓跋宏点头:"朕就知道薛虎子在徐州政绩斐然,现在有揭帖告发薛虎子南叛,朕命你暗中调查,查清事件的来龙去脉,要把揭帖搞个水落石出,不能长诬告之风。"

李彪立刻着手调查,调查结果,正如薛虎子所说,纯属诬告。沛郡太守邵安卖官,收受属下财物多达数十匹帛,那人却没有得到想要的官职,就写揭帖向徐州刺史薛虎子告发。下邳太守张攀咸,为自己坞壁圈占土地,逼得许多农户家破人亡,走投无路的农人告状到徐州刺史那里。薛虎子查证以后,便褫夺了二人太守职务。这二人极为不满,各自鼓动自己的儿子、亲属到处张贴揭帖,告发刺史薛虎子与江南朝廷勾结南叛。这揭帖不知如何到了朝廷吏部,被吏部尚书苻承祖交给太皇太后和皇帝。

听了李彪的禀报,皇帝拓跋宏明白了。这是太皇太后阻遏薛虎子与拓跋他勾结串联、相互呼应反对改制的伎俩。

拓跋宏笑了:太皇太后真有一手!这办法很高明!不是这一着,朝议辩论还要进行下去,谁胜谁负还真说不准。

不过,拓跋宏觉得薛虎子实在太冤枉,既然已经达到让薛虎子乖乖缄口的目的,也就不必再难为薛虎子,还是该还他个清白,让他安心治理好徐州。

拓跋宏来见太皇太后,向太皇太后禀报他关于薛虎子的处理。

太皇太后听着拓跋宏的禀报,眉头轻轻皱了起来。她原本要借揭帖狠狠打击薛虎子一下,没想到,皇帝却瞒着她私自调查了薛虎子的情况,弄清其中诬陷的来龙去脉。

太皇太后有些不悦。

拓跋宏小心地注视着太皇太后的脸色,斟酌着自己说话的语气和用词:"太皇太后,既然已经弄清邵安和张攀咸诬告之事实,依我之见,不如放薛虎子回徐州,让他继续治理徐州为好。太皇太后知道,徐州地处边境,与南朝隔江相望,非薛虎子不足以治理好徐州。太皇太后意下如何?"

太皇太后沉着脸,不高兴地说:"你不是已经自行决定了吗,跟我说干甚,你想咋办就咋办好了!"

拓跋宏急忙赔着笑脸:"太皇太后说甚话哩,孙儿何敢自行决定。孙儿唯恐太皇太后事务繁多,不敢劳烦太皇太后,不过自行派人查证而已。至于如何处置,孙儿是非要以太皇太后旨意为瞻!请太皇太后明示!"

太皇太后的眉头稍微舒展开来,脸色也随之开朗了许多。她想了想:"没有想到,这邵安和张攀咸居然出于报复动机,敢于诬陷朝廷命官!如此胆大妄为,是可忍孰不可忍!立即下令严办这胆大妄为之徒!"

拓跋宏高兴了:"对!孙儿完全同意太皇太后的旨意!孙儿这就着秘书省下诏!"

不久,朝廷下诏,宣布薛虎子无罪,邵安赐死,张攀咸及子张僧宝鞭一百,发配敦煌,邵他生鞭一百。

朝议之后,太和九年(485年)冬十月,正式颁发均田法令。诏令说:"富强者并兼山泽,贫弱者望绝一廛,致令地有遗利,民无余财,或争亩畔以身亡,或因饥馑以弃业,而欲天下太平,百姓富足,安可得哉?今遣使者,循行州郡,与牧守均给天下之田,还受以生死为断,劝课农桑,与富民之本。"

太和十年(486年)二月甲戌,初立党、里、邻三长,定民户籍。①

到此为止,太皇太后完成了她改变魏国法度的主要设想。她主持修订魏国大律,实施了班禄、均田、礼仪、三长等治国大政,制定了官吏考核标准,任用女官,内官外用,禁止了鲜卑萨满祭祀、抢婚乱婚等丑陋习俗,改变了拓跋魏国的鲜卑色彩,使鲜卑魏国走上汉化与封建国家的道路。

首位称制:文明冯太后

---

① 见《魏书·帝纪第七·高祖纪》。

第十一章　颐养天年

衮服加冕拓跋宏登基　退休终制太皇太后弄孙

太皇太后微笑着，在皇信堂内宫佛堂里，揽着她的爱孙——皇帝拓跋宏，进行了一次极为秘密的私谈。

太皇太后知道自己的任务已经完成，她应该及时退下来，让已经长大且行过冠礼的拓跋宏大展宏图，实施她为他和为魏国规定的宏图大略。在交班之前，她要对爱孙交代一些秘密。

太皇太后看着她亲手培养起来的爱孙拓跋宏，拉着他慢慢站了起来，她一边向佛祖前走去，一边说："我说过，在你成年的二十岁，等你二十而冠的时候，我的任务就完成了。当初铭刻终制于金册时，我答应过你，亲手带你五年，五年后将完全还政于你。我说话算话，到来年正月，你就可以衮服冠冕正式亲政。不过，我要让你答应我，在佛祖面前答应我，你要按照现在的各项方略治国，你要答应我，不管我生前还是死后，你都永远不背叛我，不否定我的各项治国方略！"

太皇太后拉着拓跋宏站到结跏趺坐的纯金佛祖像前，对拓跋宏说："要是你答应我，就当着佛祖发誓，叫我安心！"

拓跋宏毫不犹豫地跪倒在佛祖前，向佛祖发誓："我拓跋宏，向佛祖发誓，永远忠于太皇太后，不管是太皇太后生前或死后，永远不否定她的治国方略，永远不背叛于她！"

太皇太后热泪涌流，她抽泣着一把抱住拓跋宏："有你这誓言，我就是现在去了，也放心了！你知道，我对你一直很严厉，你可能怨恨过我。可是，我只想把你培养成明君，让你把魏国治理得像汉一样强大、繁荣、文明！你知道，魏国鲜卑出身，鲜卑相对于汉，总是很落后荒蛮的，我一心想帮助魏国改变鲜卑的荒蛮，极力以周汉制度来治理魏国，以后就靠你来彻底改变和建造魏国了！"

拓跋宏眼含热泪，紧紧抱着太皇太后，哽咽着说："太皇太后的一片苦心孙儿明白。太皇太后只管放心，孙儿亲政以后，一定继续太皇太后治国根本，改变魏国荒蛮习俗，让魏国像周汉一样具有文明风尚。"

太皇太后拉着拓跋宏坐到卧榻上，语重心长地说："其实你身上流着一半的汉人血液，你阿娘就是汉人，你不要排斥汉人的东西。另外，你要改变鲜卑习俗，也不可操之过急，要慢慢来。你看，太和九年来，我们已经改变了魏国的许多旧制，但是还有许多要改，比如服装，比如语言，这些不改，肯定不行。但是要改变这些，代人更要激烈反对。所以，你不要着急，亲政以后，先巩固班禄、均田、三长等主要新制方略，改制要一步一步进行。我呢，还有个心愿，就是让魏国都城迁移到长安或者洛阳。不过，这更不能操之过急，欲速则不达，要你以后慢慢地一步一步地进行。"

拓跋宏点头答应："孙儿会把太皇太后的教诲牢记心头，亲政以后，逐步实施这些措施，太皇太后可以监督孙儿嘛。"

拓跋宏抚摩着太皇太后的手，亲热地说："即使孙儿亲政，孙儿也一如既往地大事小事向太皇太后禀报，请太皇太后协助决断！"

太皇太后急忙摆手："千万不要！千万不要！这五年里，你的威望已经树立起来，以后不管大事小事，一切要你自己决断！否则，你这皇帝没法当！以后，我对朝廷政事绝不过问！我只是要图清闲享清福！你要是真孝敬我，就想法子让我玩得高兴！"太皇太后说着，哈哈笑了起来。

"好吧，孙儿听太皇太后的！这些年，孙儿从太皇太后这里学到许多治国大道。孙儿真心感谢太皇太后对孙儿的栽培！"拓跋宏说着，声音一时哽咽起来。

太皇太后抚摩着拓跋宏的手，戳着他的额头："快别这样！皇帝可不能老哭鼻子！皇帝要拿得起放得下！"

拓跋宏不好意思地擦了擦眼睛。

"甚时候给太子命名啊?"太皇太后转了个话题。

"明年太子满三岁的时候举行命名,到时大赦天下!"拓跋宏说。

"对,治国要宽仁,这是佛家教导。对老人,还要坚持每年一次宴请;宫里宫女,可以放她们出宫嫁人;遇到灾荒,还要开仓救赈;另外如赦免罪人,慰问鳏寡孤独,都是帝王要做的。"太皇太后禁不住又说了起来。

拓跋宏唯唯诺诺,连声应答。

太皇太后看着拓跋宏的样子,突然醒悟过来,拍着自己的脑门笑着说:"你看我,怎么就又教训起你了! 以后,我绝不再过问朝政,你可要监督啊。你知道,我顶讨厌言而无信,我怎么能说一套做一套呢。"

拓跋宏顽皮地笑着:"积重难返嘛! 太皇太后为国操持了十几年,如何能一朝一夕全然放下了。"

太皇太后深深地叹了口气:"可也是。不过,我还是要逼迫自己放下一切,只与太子一起玩耍。你准备给他起个甚名?"

"叫他恂吧,希望他诚实、实在。"拓跋宏轻轻地说。

太皇太后点头:"也好。"

太和十年(486年)正月癸亥,清晨,平城上下一片欢腾。皇宫里,太华大殿张灯结彩,殿前燃放着爆竹,发出噼噼啪啪的响声。太华殿新近漆画,雕梁画栋,更加鲜亮鲜艳。高大的白色石基平台上,左右耸立着高大铮亮的青铜大鼎,大鼎里青烟袅袅。

平台上布列着皇家乐队。皇家乐队根据新近颁定的国乐演奏着雅乐,琴瑟、钟磬、鼓锣、铙钹、箫、笛、笙、喇叭、弹筝、搊筝、大、小筚篥、横、竖琵琶、竖卧箜篌,汉乐器与西凉乐器并列,敲弹拉吹打,此起彼伏,互相应和,奏出既雄壮又喜悦欢快的庙堂雅乐。高闾、刘芳等人经过精心研究,从周汉魏晋多朝的庙堂雅乐中经过比较,最后以汉乐的周颂雅乐作为大魏庙堂演奏乐。无奈乐师不谙汉代古乐,在周颂雅乐中,依然不时冒出鲜卑《阿干之歌》等熟悉旋律。不过,这高雅悠扬的汉家雅乐中融会了雄壮的鲜卑鼓吹乐,反倒分外好听,雄壮中有了高雅,高雅中揉进刚烈雄浑。

朝臣都列班站在太华殿前石阶下面,等待上殿觐见皇帝。各国使者也站在大殿前的广场上,等待大魏皇帝的召见。

拓跋宏穿着绣着多条金龙的黄色龙袍,戴着红色镶着金龙顶的皇帝冠冕,在太师、太傅、太保、司空、太尉、司徒与大司马、大将军的簇拥下,缓步登上太华殿前的台阶。

一时,鼓乐大鸣,大臣全都匍匐于地,行九叩九拜大礼,三呼万岁。

阳光照耀着太华殿,照耀着太华殿的白色石阶,照耀着耀眼的大鼎,照耀着高大巍峨的太华殿。

二十岁的拓跋宏高大健壮,英气勃发,他雄赳赳、气昂昂地快步登上石阶,让他身后的太傅冯熙、太尉拓跋丕、司空苟颓、司徒拓跋他都有些吃力。拓跋宏年轻的脸上,洋溢着青春力量,更洋溢着雄心和抱负。

四岁登基的他,一直在太皇太后的卵翼下生活,并没有真正成为大魏的国君。从今天开始,他才真正成为大魏的主宰,他,拓跋宏,要把大魏治理得繁荣富强,治理得国泰民安!他有这个信心,更有这个能力!

拓跋宏站在高大的龙床前,接受百官朝贺,接受万国使者朝贺,在三呼万岁声中,他慢慢坐到龙床上。

坐下来的皇帝拓跋宏习惯地扭头向右边看去,他的右边空着,没有太皇太后,只有他一个人坐在宽大的龙床上接受百官朝贺。以后,再不用与太皇太后并肩坐在这里了!拓跋宏想,既高兴,又有些微的失落和不习惯。十六年来,他总是与太皇太后并肩坐在这里。

拓跋宏抬起黑亮的大眼睛,看着下面匍匐在地的朝臣与使者,嘴角浮起高兴、得意、自豪、骄傲的笑容。

太华殿后面的皇信堂的内宫里,窗户敞开着,正月里平城的天气还很冷,料峭的春风一阵阵吹进寝宫里,吹红了站在窗户前的太皇太后的脸颊。

"关上窗户吧,太皇太后,风大天冷,小心着凉。"刘阿素轻声说。

"不,"太皇太后摇头,"我要听听前面太华殿上的动静!"

刘阿素摇着头,让秦阿女拿来貂皮帽子和貂皮斗篷给太皇太后戴上、披上。太皇太后专注地倾听着太华殿里传过来的阵阵呼喊声,她的脸上闪过一些失望。她轻轻地叹了口气,轻轻地捶了捶后腰。她已经静静地站了许久,腰有些困乏。

刘阿素和秦阿女急忙搀扶着太皇太后上了炕，想让她躺下去歇息一会儿。太皇太后摇头，她坐在炕上，刘阿素塞给她大枕头让她靠在墙边的被摞上。

从今以后，太华殿的喧闹远离她而去，陪伴她的只有身边这两个忠心的女官。几次动员她们出宫，她们宁死也不走，说要陪伴她到终生。

哎，这两个死心眼的女子，真是拿她们没有办法。太皇太后又叹了口气。

刘阿素端来浆酪和清茶，放在炕几上，太皇太后却把托盘推到一边。秦阿女端来太皇太后最喜欢食的冻柿子和柿饼，太皇太后看也不看一眼。

刘阿素和秦阿女对视着交换眼色，一脸忧郁。怎么才能叫太皇太后开心起来呢？

太华殿里又传来阵阵欢呼，雄壮的雅乐传了进来。

太皇太后脸上闪过亮色，她看着刘阿素："这乐曲是不是比单纯的鲜卑乐要好听？"

刘阿素急忙回答："好听多了。鲜卑乐虽然雄壮，但有一些苍凉。这乐曲雄壮悠扬、婉转高雅，好听得很。"

太皇太后点头："以后这就是魏国朝堂乐了，皇帝不久要下诏令发布它。"

刘阿素笑着："太皇太后不是已经还政了吗，咋就还是忘不了朝政事情呢？"

太皇太后笑着："幸亏你提醒！我这老毛病真是难改啊！来，关上窗户，给我捶捶腰背，一会儿去抱恂儿过来跟我玩！"

刘阿素高兴地拍手："这就对了，太皇太后这样才能快乐长寿啊！"

太皇太后摇头，阴郁又笼上她那原本就有些阴郁的眼睛："我怕闲出病来啊！我娘常说，人不是累死的，而是闲死的！我怕我要闲死啊！"

刘阿素看了看秦阿女，眼光里充满了担心。

"快去领太子过来！"刘阿素说。

"走，跟老祖到后花园玩。"太皇太后拉着太子拓跋恂说。白白胖胖的太子拓跋恂抱着个鲜艳的布老虎，仰着小脸，看着太婆老祖太皇太后："老祖，到花园玩甚啊？"

"你想玩甚？"太皇太后问。

"玩斗草！"拓跋恂毫不犹豫地回答。春天来了，百草绿了，皇宫里的孩子都喜欢玩斗草，皇宫里到处丢弃着斗草的草茎、绿叶、花枝。

"好，老祖太婆与你玩斗草。"太皇太后呵呵笑着，轻轻捏了捏拓跋恂的小嫩脸蛋，拉着他加快脚步，把拓跋恂拉得东倒西歪，脚步踉跄，一个劲哀求太皇太后："老祖太婆，慢一点，慢一点！"

太皇太后笑着："不能慢，你要学着快走。连路都走不快，如何学骑马射箭？你阿爷的马上功夫可好哩，你也要像你阿爷一样！"太皇太后说着，一点也不减慢脚步。

"老祖，你会骑马射箭吗？"太子拓跋恂一路小跑，一路还嘴不停地问。

"当然会了。不过，老祖不如你阿爷的射箭功夫好！你阿爷射柳箭箭中的！"太皇太后边走边说。

来到后花园，刘阿素、秦阿女已经把绳床放好。四月的后花园，百花盛开，各色果树枝头，花朵正闹，鲜红的石榴花、粉红的杏花、鲜艳的桃花、白色梨花、浅淡海棠花，都绽开花蕊，引来蜜蜂翔于枝头，蜜蜂嗡嗡嘤嘤，忙碌着采蜜。各色观赏花，也怒放在花坛上、花圃里。

太皇太后看着盛开的桃红的指甲花，对刘阿素和秦阿女说："看指甲花开了，你们采些回去染指甲吧。"

刘阿素和秦阿女高兴地跑进花圃，采了一大包指甲花，坐到绿草地上，把花朵揉成花泥，采了些绿叶，包了花泥裹在指甲上，用丝线缠绕包扎起来。"太皇太后，也给你染染指甲吧。"

太皇太后笑着："我都老太婆了，还染甚指甲啊。年轻的时候都没染过，现在老也老了，还臭美个甚！"

刘阿素和秦阿女一起嗔怪："太皇太后说个甚哩，太皇太后哪老啊。老说老啊老啊的，不老也给说老了！看太皇太后脸上，还是像过去一样鲜嫩白净，没有一点皱纹，老甚老！一点都不老！"

太皇太后戳着秦阿女的额头："女娃子，这么唠叨，小心唠叨老了，嫁不出去。"

秦阿女扭动着身子撒娇："太皇太后说甚哩。奴婢跟阿素姐姐一样，此生绝不会嫁人的！”

太皇太后叹了口气：“你们这两个女子真犟。去年十月，皇宫又出宫女一批，让你们出去，可你们说死也不出宫，真的要耽误了你们一辈子青春了。将来我百年以后，你们可怎么好啊？”

刘阿素和秦阿女又惊呼起来：“太皇太后又说甚话哩！那一天还早着呢。等太皇太后百年，我们也都老得走不动了。要是皇宫不收留我们，我们就去寺院出家作比丘尼。太皇太后不用担心！”

“好！好！随你们！”太皇太后无可奈何地笑着。

拓跋恂也采来一把指甲花，走到太皇太后面前：“老祖，我也要染指甲！”

太皇太后戳着拓跋恂的额头，捏了捏他的鼻头：“男娃娃不兴染指甲！来，我们斗草！”太皇太后说着，从绿草地上拔起两根草茎，递给拓跋恂一根：“来，看哪根草斗赢！”

拓跋恂和太皇太后把草互相套在一起，各自向后拉去。“咔嚓”一声，太皇太后的草茎断了。拓跋恂高兴地拍手喊：“我赢了！我赢了！”

太皇太后生气地噘起嘴，把草茎摔到地上：“甚草呢，真是的，一点都不结实！看着这么粗实，却中看不中用！”说着，跪在草地上到处爬着寻找结实草茎。刘阿素和秦阿女也采摘着树叶，用树叶茎玩起斗草。

“恂儿，过来！这次一定斗赢你！”太皇太后举起新采到的一根草茎，得意地摇晃着，高兴地大呼小叫。

后花园上空荡漾着一片开心的笑声。

乡间游玩其乐融融　火山巡幸兴致勃勃

太皇太后在冯莲和几个夫人、妃嫔的簇拥下，带着太子拓跋恂，在刘阿素、秦阿女和李冲等的陪同下，在侍卫的保卫下，出平城游玩。

“我们娘们出去玩，要比跟着皇帝出游随便得多。”太皇太后在车上对冯莲说。

“可不是嘛。跟太皇太后出去，我们可以到处走，到处看，不用像跟皇帝出游那样受拘束。”冯莲说。冯莲进宫以后，越发出落得水灵标致，白里透红，漆黑闪亮的大眼睛，长长的黑眼睫毛，扑闪扑闪的，看着就叫人爱。

平城正月里天气还冷，坞壁屯堡的农人都在热闹红火地闹新春。正月里放开了各种社火活动，坞壁屯堡组织了热闹的社火活动。沿途各坞壁里，都是锣鼓喧天，歌声嘹亮，欢声笑语不绝于耳。

"正月里好热闹啊。"太皇太后感叹着。

"是啊。农人忙碌了一年，就在这腊月和正月里能歇息歇息，他们可要趁这农闲的时候好好庆祝庆祝，也放纵玩乐玩乐。"李冲笑着，"幸亏太皇太后和皇帝陛下下诏放开腊月、正月，允许农人玩乐。农人很感激太皇太后和皇帝呢。"

太皇太后点头微笑着。放宽正月祭祀活动，让正月十四到十六大办社火，农闲时让农人尽情玩乐，这是皇帝拓跋宏的主意。

太皇太后一行来到一个叫李官堡的坞壁。这是平城地区最大的坞壁之一，方圆大约有几里，几百户人家。坞壁外桑树、杨树、柳树、槐树四合，土夯的厚实的土墙高大结实，包围着村庄。

听说太皇太后要来游玩，坞壁主早就率领着全体村民迎接在坞壁大门口。太皇太后在坞壁主的陪同下，来到坞壁大场。大场已经搭好木台，顶和三面都围着毛毡，怕冷风吹坏了太皇太后。

太皇太后一行坐到木台上专门准备的座位上，坞壁主送来各种干果，柿饼、冻柿子、冻海棠，摆放了满满一桌子。太皇太后和冯莲以及李冲并排坐在最前面，其他妃嫔坐在他们后面。

场子中央已经坐好鼓吹，正呜呜哇哇吹得热闹。今天，李官堡要给太皇太后表演他们最拿手的傩礼。李官堡的傩礼队是附近坞壁举行傩礼的主要表演者。

一阵紧锣密鼓声中，一个反穿白羊皮袄的人，穿着红色百褶裤，头上戴着装饰着黄金四目的假面，一手拿戈，一手执着盾牌，蹦跳着上场，他的身后跟随着几十个小童，扎着一样的赤红色的头巾，一色的皂色衣服，手执羊皮鼓，敲击出整齐的鼓点，蹦跳着。后面，一队十二个头戴各种兽头毛角的"神兽"，蹦跶着跳了出来。

李冲稍微靠近太皇太后，小声给太皇太后解说："那个头领叫方相氏，是驱鬼的头目。那十二个是专吃恶鬼的'神兽'，他们专吃魑魅魍魉虫等疫病的。"

方相氏带领着自己的部下与'神兽'边唱边跳，大鼓、小鼓、大锣、小锣、大铙、小铙、大钹、小钹敲打得更加激烈，更加荡人心魄。

"他们唱甚哩？"太皇太后从盘子里拈起一颗鲜红鲜红的冻海棠果，慢慢地啃咬着，问李冲。

李冲笑着也拿起一块柿饼，咬了一小口，侧耳仔细地听了听，说："我也听得不甚分明，好像唱的是'十二神兽，威力无穷，法力无边，追恶凶，赫汝躯，拉汝干，节解汝肉，抽汝肠肺，汝不急去，后者为粮'。"

"这算不算巫觋祭祀啊？"太皇太后问李冲。

李冲摇头："傩礼是腊月腊日里举行的驱鬼仪式。从古代周朝到汉代，都是宫廷里常设礼仪。现在已经没祭祀意味，只成了一种娱乐活动。你看，大家跳得多热闹，又歌又舞的。"

"那就好，朝廷可是禁止巫觋祭祀的。"

傩舞下场，上来两个青年男女。男的头上戴着白色头巾，穿着鲜艳的左衽鲜卑短袍，鲜红的百褶灯笼裤，腰里扎着鲜红的绸帛腰带；女的梳着两条黑黝黝的大辫索，辫梢扎着大朵红绸花，穿着鲜卑式立领瘦身葱绿小袍，粉红百褶灯笼式裤，腰里也扎着鲜红的绸帛腰带，扭着跳着上场。男女对面扭着，甩动着红绸腰带，互相转着唱着。姑娘的两条乌黑的长辫随着她的步伐上下翻飞，那两朵红绸花朵好像两只红色蝴蝶上下飞舞。

太皇太后笑着："好看，好看，听他们唱甚。"

男女一来一往，你一问，我一答，互相扭着对唱着：

打开你东方什么仓？
打开我东方板豆仓。
板豆结在什么上？
板豆结在椿树上。
枝儿叶儿不相当。
椿姑姑好像板豆样。
请请请，出庙门，
正月十五挂红灯。

红灯(那个)挂在大门口,

照亮毛眼眼的小女女。

太皇太后呵呵笑着:"他们唱得还真好笑。板豆结在椿树上?哄鬼哩。我都知道板豆结不到椿树上!"

冯莲也笑了:"那是男女调情说灰话哩。"

李冲笑着补充:"这种男女对唱,平城京畿一带人把它叫二人台。就男女两个对扭对唱,唱的大多是男女青年调情说爱。太皇太后,你听,该唱打开西方仓了。"

场中男女唱完一段,互相对着扭了一阵,锣鼓重新开始,两个人又对唱起来:

打开你西方什么仓?

打开我西方黍子仓。

黍子结在什么上?

黍子结在椒树上。

枝儿叶儿不相当。

椒树子好像黍子样。

请请请,出庙门,

正月十五挂红灯。

红灯(那个)挂在大门口,

照亮了毛眼眼的小女女。

男女又扯着红绸腰带互相转着,对扭着。

太皇太后小声哼着,她已经能够哼出主要的旋律。李冲笑着:"太皇太后果然精通音律,听了两遍,就能够哼出它的调调了。"

太皇太后说:"你看,这调调都是固定的,挺好学,也挺好听的。我要记住学会它,回去用琴弹弹,看好不好听。你也替我记着点。"太皇太后小声补充了一句,飞了一个媚眼给李冲。

李冲高兴地咧开嘴只是傻笑。

太皇太后用脚在桌子下面轻轻踢了他一下，小声呵斥着："别犯傻!"这个小她几岁的男人在她面前一高兴就犯傻，呆愣愣地傻笑着看着她，一点也不像他在朝政议论时那么精明强干，机敏过人。

二人对唱了五段，把南、北、中仓的麦子、黑豆、大麻都唱过之后，男女扭着下场了。

场中围看的人都哄笑起来。一个鼻子通红、脸也通红，摇着一把烂扇子的男人，摇摇晃晃，进两步，退一步，走上场子。一看，就知道是个醉鬼。他摇晃着上场，围着场子走一圈，一边说唱着："我是苏郎中，平城人氏，才貌双全，才情出众。在京城为官，太皇太后、皇帝陛下见爱，甚为重视。"全场都哄笑起来，有的还啸着嘘他。

"今天回家去，见娇妻美妾也。"说着，又一步三摇，晃下场去。

一个年轻的女子上场，在凄婉的鼓吹伴奏下，舞着踏摇车的动作，一边说唱："妾身苏李氏，年方二八，嫁苏郎中为妻。家中贫寒，不得已纺线为生。月上三更，不得睡眠，苦哇!"说完就唱了起来，音调高亢响亮，又凄婉悲凉。

"很有点秦地唱腔风味呢。"太皇太后喜欢地对李冲说。

李冲小声说："农人把这舞叫《踏摇娘》，这种曲调叫道情，是道教传教时说唱的。"

太皇太后点头，注意倾听着女子凄婉的唱腔。

"她在诉苦呢。"太皇太后说，"诉说苏郎中回家要钱买酒，喝醉了以后打她。可怜见的。这么勤快个女子，找了这么个烂男人，真是倒霉! 真该把这男人拉到官府里责打一番，教他以后不要打妻子，还要好好种地，养家糊口才行! 去，找人把他锁到官府去!"太皇太后说着，扭头去命令刘阿素。

李冲和冯莲都笑了起来，冯莲靠到太皇太后身上，捉住太皇太后的手，轻轻抚摩着，小声说："太皇太后，这是演戏，不是真的!"

李冲也笑着对太皇太后说："你要是把他捉到官府去，那才冤枉了他呢。他又不是那个苏郎中。这苏郎中啊，传说是石勒赵国时候的一个好吃懒做又好吹牛、打妻子的地痞，一百多年前的人啦!"

太皇太后呵呵笑了起来："都是他们表演得太逼肖了，让我错以为就是他们了，差点捕错了人! 来人! 打赏这《踏摇娘》!"

过了几天,太皇太后去火山游玩,平城附近的火山,拓跋宏多次视察过,可是太皇太后还没有去过,让她向往不已。

早春的天气很好,太皇太后带着不算很多的随从,与李冲一起到火山游玩视察。火山在平城东面的山里。

太皇太后在李冲的搀扶下登上山。火山上覆盖着茂密的树林,漫坡苍翠,林间有各种鸟雀啾鸣,不时跑过野兔、狐狸。走过树林,来到一片山崖,山崖裸露着黑色的山石,山谷里一弯溪水流淌。

"那里就是火井。"李冲指着山崖上一处蒸腾着热气的山口。

"我们过去看看。"太皇太后兴致很高,奋力向山崖上攀登。

"小心一些,太皇太后。"李冲和秦阿女、刘阿素都大声喊着,关照着,紧紧跟上去,照顾着太皇太后。

太皇太后在李冲的扶持下,攀登到山崖上,只见山崖上有个大坑,南北长六七十步,走到坑口,就可以感受到热气扑面。

李冲紧紧拉住太皇太后,让她向下张望。坑里深不见底,只感到热气上升,下面发出像微雷的响声。

"人家说,火井的热气可以燃烧干草,让我们试试。"太皇太后对刘阿素说。刘阿素和秦阿女去山崖上拔了许多干草,抱到火井旁边,用木棍架到火井旁边的上空。草慢慢地冒出白烟,慢慢燃起了火红的火焰。

"着了,着了!"太皇太后拍手喊着。"果然是火井。这是甚原因呢?"喜欢刨根问底的太皇太后看着李冲,好奇地问。

李冲说:"这山里全埋葬着石墨,石墨堆积在一起,发热了,就可以燃烧干草。这大坑,是人们挖掘石墨挖出的坑。宫中的石墨,有许多都取自这里。现在坑太深了,人们下不去,就不来这里取石墨了。晚上,这火井上空闪闪烁烁的,一片亮堂。人们又叫这里荧台。太皇太后,你看那个坑,"李冲指了指东面不远处一个坑,"我们过去看看。"

李冲领着太皇太后来到火井东面一个与火井大小差不多的大坑:"太皇太后,你伸手试试,热不热?"

太皇太后伸出手,试了半天:"不热啊。一点也不热啊。"

李冲说:"这叫汤井,把草放进去,不仅不燃烧,还结露水。你看,井壁上有水渗出呢。"李冲拉着太皇太后的手,让她小心地探头进汤井去查看。

首位称制：文明冯太后

"是的，有水，有水。"太皇太后说。

"人们说汤井是火山的眼睛。"李冲笑着说，"我们去山谷里看看。"李冲拉着太皇太后向井北百余步的山谷走下去。东西走向的山谷不过十余步宽。

"来，太皇太后，你在这南崖下站一会儿。阿素，给太皇太后披上斗篷。"李冲拉着太皇太后的手，来到南崖下一个山洞口，山洞口正可以站一个人，向里张望，黑洞洞的，深不可测。

刘阿素把斗篷给太皇太后披上，太皇太后感到身后穴中吹出阵阵微风，冷气袭人，果然叫人站一会儿就觉得寒气逼人。

"快上来！"李冲拉过太皇太后，"这里虽三伏盛暑，犹感到袭袭，寒吹陵人，不可暂停。"

太皇太后站在李冲身边，环视着火山左右，连声说："火山真是奇怪的地方，火井、汤井与这里相临不远，却冷热暑寒大相径庭。实在不可思议！"

李冲笑着说："平城周围这样的火山很多，凡是有火井的地方，都一定有石墨。百姓发掘石墨，用来取暖、做饭。"

太皇太后兴致勃勃地说："让我们再去看看。"

李冲笑道："瞧，在那个山头上呢！"

太皇太后遥望着远处山头，摇头："算了，算了，看山跑死马，我是爬不上去了，还是原路返回吧。"

刘阿素和秦阿女为太皇太后脱下斗篷，笑着劝说："今天太皇太后游兴很浓，已经走了这么久，该返回去了。"

太皇太后被李冲搀扶着慢慢下山。她笑着对李冲说："人们说，无官一身轻，你们看我，这日子过得多惬意舒服。想到哪玩就到哪玩！"

"我想去石窟游玩，看看文成皇帝亲自主持开凿的石窟现在的情况。"太皇太后看着李冲，笑着问，"卿可愿意陪我再出游一次吗？"

李冲笑着："太皇太后说个甚呢。臣陪太皇太后出游，为臣莫大荣幸，臣哪能不愿意呢。太皇太后刚歇息过来，就又迫不及待地出游了。会不会太过劳累？"

太皇太后摇头。她乌黑的头发已经闪烁着几根银白的头发。"早就不累了,现在不玩,我怕没有玩的机会了。"说话语气里,透露出依稀的哀伤。

李冲急忙岔开话题:"太皇太后说甚时去?"

"现在就去!"太皇太后说着,站了起来,让刘阿素和秦阿女给她披上斗篷,"走吧。"她扭头给了李冲一个顽皮的笑脸,好像个小姑娘似的。

李冲摇头苦笑着:这太皇太后还像当年一样,说风就是雨,雷厉风行。

李冲陪着太皇太后来到武周山石窟寺。

武周山石窟从拓跋濬兴安二年(453 年)正式开凿以来,经过这四十多年的开凿,已经十分壮观雄伟,坛曜沙门主持修筑的五佛耸立在赭色的石壁前,象征着魏国五位皇帝,他们俯视着东边平城的魏国国都,保佑着魏国的繁荣富强。

五佛开凿完成以后,朝廷主持的大规模开凿不大多,但是,有钱的贵族、坞壁主都纷纷到武周山开凿石窟造佛像,有些百姓也联合起来出钱去凿石窟佛像,以歌颂朝廷皇帝、太皇太后。这已经成为当时流行的社会风气。

李冲陪着太皇太后欣赏着各个风格不大相同的石窟和佛像造型,指点着给太皇太后解说。

太皇太后站在坛曜五佛前,欣赏着高大的坛曜五佛。

"这是道武帝拓跋珪。"太皇太后指着交脚坐佛,自己比量着他的高度。四丈多高,太皇太后只到他盘腿的脚下。

"这是明元帝拓跋嗣。"太皇太后走到另一个石窟前,瞻仰着这尊更高大的坐佛。这坐佛有五丈高。

"这是太武帝爷了吧?"李冲指着另一石窟里一尊高大的释迦牟尼立像,明知故问,以讨太皇太后的喜欢。

"可不是。这是太武帝爷。看这浓眉大眼,还真有几分太武帝爷的模样呢。"太皇太后笑眯眯地仰着脸,端详着石佛,当年太武帝的模样出现在她的脑海中。

"都几十年了,时光飞逝啊!"太皇太后感叹着,走到另一个石窟前。

"这是景穆皇帝拓跋晃。可怜见的,没有真正做了皇帝,年轻轻的就薨了。"太皇太后自言自语。

"太皇太后,看文成帝!"李冲对太皇太后小声说。

太皇太后站到四丈高的文成帝拓跋濬的面前,这象征着文成帝的释迦牟尼像身穿鲜卑服,雄健刚强,令太皇太后回想起文成帝。太皇太后深深地叹了口气,一种遗憾油然而生。她与这么雄健的文成帝并没有过几天真正幸福的夫妻生活。

文成帝石佛像落成,她与文成帝一起来过,当时的热闹景象还宛如昨天,当天那热火朝天的锣鼓声、喧嚣声还响在耳边。可是现在已经景过人非,时光已经流逝了快三十年,当年那年轻的皇后已经成为太皇太后,行将就木了。太皇太后连连摇头。

太皇太后给文成帝石佛像深深鞠躬行礼,默默念祷着:"皇帝,你原谅我吧。我对不起你们拓跋家族,但是,我对得起魏国百姓。我要把魏国建成汉魏一样的强盛国家。"

李冲看见太皇太后站在拓跋濬石佛面前,神色有些黯然,急忙喊着:"太皇太后,看这个石窟,雕刻着各种歌舞伎,多精美啊!"

秦阿女和刘阿素急忙搀扶着太皇太后离开拓跋濬石佛,来到旁边的石窟前,这个石窟雕刻着各种各样的歌舞场面和舞蹈动作,歌舞伎动作优美,神态丰富细腻,十分好看。太皇太后啧啧赞叹着:"真精细,真好看。"看到太皇太后的脸上喜气洋洋,李冲更加高兴,他像个小孩子一样跑前跑后,指指点点,让太皇太后看这看那。

"太皇太后,看这个洞窟!"李冲跑到另一个石窟前,惊喜地喊。

"又发现甚了,大惊小怪的!"太皇太后故作嗔怪地说着,但按捺不住兴奋和好奇,快步走了过去。

"看这门楣。"李冲指点着。石窟上方的额题上雕刻着须弥山,山上交首盘环着两条龙。太皇太后微笑了。这是象征着她和皇帝执政的政治局面。龙历来是皇帝的象征和专用,可是,只有她这个女人,才能被人当作龙。

"再看这石碑。"李冲指着立在石窟左边的一个石碑。他一边读着石碑上的刻字"太和六年造像题记",一边给太皇太后解释着,"这五十四名教徒在东壁上刻了九十四躯石佛,表达他们对文成帝复法以后的盛世的大加赞颂,对太皇太后的感激,对皇太子致以良好的祝愿。这一共三百三十六个字。"李冲数着字数。

"甚时候刻的?"太皇太后很高兴地问。

"题记刻于太和七年八月三十日。"李冲伏身石碑前仔细看着。

"有几年了。看来,这些年,百姓也来这里凿石佛,太和年里,佛教确实兴盛了。好事,好事!"太皇太后高兴地说。

"这都归功于太皇太后啊。"李冲小声说。

太皇太后斜了他一眼,很妩媚的样子。李冲心里像灌了蜜糖一样甜蜜蜜的,急忙上前搀扶住太皇太后。太皇太后斜倚在李冲的臂弯里,慢慢欣赏着石窟里各自不同的石刻,并不感到劳累和疲乏。

西苑欢庆寿辰　太后焕发青春

皇信堂内寝宫里,太皇太后坐在胡床上喂着面前的太子拓跋恂,拓跋恂脖子上围着刺绣的围嘴。"好喝吗?"太皇太后从碗里舀起一勺香甜的白米稀粥,吹了吹,喂给伸长脖子等待太皇太后喂饭的小太子。

小太子拓跋恂把粥吸溜一下咽进喉咙,吧唧着嘴说:"好喝。"

太皇太后看着刘阿素和秦阿女:"这是甚米熬的稀粥,闻着这么香?"

刘阿素笑着:"厨子说,这是南方进贡的桃花米,说它为饭香软,煮粥香甜,特别好,是南方的好米。"

太皇太后抽着鼻子:"我说呢,这么香。来,你来喂太子,让我也尝尝,太香了,我都馋了。"

秦阿女急忙接过太皇太后手里的粥碗,笑着说:"我来喂,我来喂。太皇太后快喝一碗。这桃花米粥,真的很香很香。"

刘阿素给太皇太后盛了一碗白米粥,太皇太后用调羹舀着,慢慢品尝着稀粥的滋味:"不错,不错。确实香甜。"太皇太后咂巴着嘴说:"比蝉鸣稻的味道还香呢。南方人说,蝉鸣稻香闻七里,这桃花米不就香闻八里了?"

"太皇太后安康!"皇帝拓跋宏大踏步走了进来,大声向太皇太后问好,"太皇太后这些日子游玩得可好?"

"宏儿啊,快来,坐下喝碗桃花米粥,香极了。"太皇太后看见皇帝拓跋宏来了,高兴地说着,拉住拓跋宏的衣袖,让他坐到自己旁边。"恂儿,给你阿爷行礼问安。"她又忙不迭地督促拓跋恂。

拓跋恂离开座位,单腿跪下给父亲行礼。

拓跋宏拉起儿子拓跋恂,抚摩着他的头发,问:"你没有给老祖太后捣乱

首位称制：文明冯太后

375

吧？要听老祖太后的话哟。"

拓跋恂很听话地点着头。

"继续喝你的粥吧。"拓跋宏扶着拓跋恂坐回座位。

"你不喝一碗？桃花米粥真的很香很香的!"太皇太后眼睛看着拓跋宏，满眼关心。

拓跋宏笑着摇头："太皇太后，你喝吧，我已经用过早膳。"

太皇太后急忙三口两口吸吸溜溜喝了碗里的粥，接过刘阿素递过来的面巾擦了擦嘴角，站起身，走到卧榻前。皇帝也跟着来到卧榻旁，他关切地问："太皇太后不再多饮一碗？"

太皇太后笑着拍了拍小腹："我吃得够多了。看，我觉得自己正在肥起来呢。"

皇帝拓跋宏摇头："我看跟过去一样，太皇太后未曾见肥。"

"那就好，不要见肥才好，有钱难买老来瘦啊，老人瘦些精神。"太皇太后笑着。

"太皇太后，这些日子游玩得可好？"

"好着呢。我们几个人玩得可随意了。"太皇太后高兴地说，"现在可真是轻松，甚也不想，一心游乐。"

"那就好，太皇太后操劳了一辈子，也该轻轻松松地到处走走玩玩了。孙儿这次请太皇太后到西苑去游玩!"拓跋宏说。

"甚时候？"太皇太后高兴地问。

"五月中旬，太皇太后寿辰。"拓跋宏说。

"好啊。五月你有空吗？"

"有，五月正是有空的时候。"

一年多来，皇帝拓跋宏又完成几件改制大事：太和十年(486年)八月，在二月的立三长制、定民户籍以后，给尚书五等品爵以上朱衣，玉佩，大、小组绶，厘定服装等级。

十月，诏曰："乡饮礼废，则长幼之叙乱。孟冬十月，民闲岁隙，宜于此时导以德义。可下诸州，党里之内，推贤而长者，教其里人父慈、子孝、兄友、弟顺、夫和、妻柔。不率长教者，具以名闻。"推广礼仪教化。

十一月，下诏罢魏国一贯禁止民间织造的禁令，诏令"四民欲造锦绣绫罗,任之无禁"。把皇宫仓库御府里收藏的衣服、金银、珠玉、绫罗、锦绣,太官杂器,太仆乘具,内库弓矢,出其大半,班赏百官及京师士庶,下至工商皂隶,逮于六镇戍士,按官职级别赏赐不同。是岁大饥,诏所在开仓赈恤。

到太和十一年(487 年)二月,诏定乐章,非雅者除之;诏令边境各镇阅户造户籍;命一些不执机杼的宫人出宫。以后,又下诏半年内不拷问罪人,禁止"薄罪久留狱犴,宜速决了"。

所有这些做法,太皇太后都看在眼里,尽管她决不过问,也不允许皇帝向她禀报,但是她还是暗自喜欢。皇帝拓跋宏亲政以后,一如既往坚持了她的施政方略,秉承了她的治国思想。

"又过了一年!"太皇太后对着拓跋宏叹息着,"这日子过得可真快。我已经四十七岁了!看着看着就老了!"太皇太后很有些伤感。

拓跋宏急忙安慰太皇太后:"太皇太后说到哪里去了,四十七岁哪能说老呢。彭祖活了九百岁,太皇太后还不活到个彭祖年纪!"

太皇太后爱昵地戳了戳拓跋宏的额头:"皇帝真会说话。有你皇帝的吉言,我就等着当女彭祖吧!"

皇帝走了以后,太皇太后把刘阿素和秦阿女召集到一起,把皇帝刚才说的事情向她们说了一遍。

刘阿素和秦阿女都很高兴:"太皇太后已经有几年没有过寿辰了。太皇太后老推辞,今年一定要好好热闹热闹。"

太皇太后揽着拓跋恂:"我是不想让皇帝为我分心。他亲政不久,国事繁多,需要他操心费神的地方太多。再说,这生日年年都过,也没甚意思,过一年老一年,老太婆过年,一年不如一年,还过甚寿辰呢,浪费钱财而已。"

刘阿素叹息着:"太皇太后总是怕浪费钱财,其实,过个寿辰又能花费多少呢。让朝臣趁给太皇太后过寿辰的时机大吃一顿,热闹一天,让大家玩乐玩乐,高兴高兴,也是好事啊。"

太皇太后点头:"说的是,那我今年就让皇帝给我大大过一次寿辰,说不定以后也过不了几次了!"说着,太皇太后不觉又有些伤感。

秦阿女急忙捂住太皇太后的嘴:"不许太皇太后说这不吉利的话!"

太皇太后笑着:"看你们,就这么怕?我就不怕,我甚也敢说!说死就能死?我才不信呢。当初说我禁止巫觋会遭报应,可我还是把巫觋给禁了,也没见那些巫觋把我咒死！反倒她们给饿死了不少！"

太皇太后说着，得意自豪地呵呵笑了起来。

刘阿素和秦阿女也都笑着说："太皇太后命硬，谁也不敢与太皇太后抗衡！"

"甚命不命的，我不过是不相信巫觋算命占卜那些东西罢了。你不信它，它反倒无可奈何于你。你越是相信那些，那些巫觋越是吓唬你。好多人是被她们吓死的！唉，我们要说甚呢，咋的扯到巫觋上了？"太皇太后笑着问。

"太皇太后是想商量过寿辰的事。"刘阿素笑着。

"对，既然皇帝给我过寿辰，我就要好好过。我要你们立刻去为我准备寿辰服装。我要穿一件大红的有寿字的缂丝提花锦缎衣服，这衣服要完全按照南方梁朝的样式设计，发髻也要梳成南朝梁的流行样式。你们去准备办理吧。"

刘阿素和秦阿女互相看了看，面露难色。

"怎么，办不了？"太皇太后问。

刘阿素急忙摇头："不是，不是。南朝梁派来进贡的使者还没有走，我们这就去找他们，向他们询问。另外国朝有许多南来投诚的大臣，奴婢可以去拜访他们的家眷，像萧宝夤。不过奴婢有些不明白，太皇太后为甚要穿汉式服装？"

太皇太后笑了："我就是想让大家看看我穿汉人服装的样子，也让他们看看汉人服装的雍容大度。这鲜卑服装小袖立领，衣裳不分，简单得很，不像汉人服装那么繁复多样。另外，我几十年都没有在大家面前穿过汉人服装，想叫大家看看。"太皇太后开心地笑了，想象着自己穿上汉装的情景。

灵泉池前高大豪华的宫殿里，摆满了方桌长凳，皇帝拓跋宏为太皇太后四十七岁寿辰举行的庆祝大宴要在这里举行。内外朝大臣，宗室王及其家眷王妃、公主及其驸马，皇子皇孙，各国使者，诸方渠帅，都早早来到大殿，他们各自坐在座位上，等待皇帝与太皇太后来临。

皇家乐队吹奏着宫廷喜庆宴会雅乐，既幽雅又带有西域乐的雄壮，十分好听。

皇帝和他现在最宠爱的左昭仪冯莲搀扶着老寿星太皇太后走进大殿，群臣起立高声欢呼着"皇帝万岁""太皇太后万岁"，欢呼着祝太皇太后万寿无疆，向皇帝和太皇太后致敬。太皇太后微笑着向大家挥手。大家都发现，太皇太后这一年多发福了许多，丰满的脸颊，下颏也叠起了不大明显的双层下巴。富态的身段配上宽袍大袖的汉装衣裳，她显得分外雍容华贵。

群臣都惊讶地发现，太皇太后穿着大红的寿字缂丝提花锦缎、宽袖无领右衽的汉式衣裳，里面穿着一件雪白的立领左衽的鲜卑式小袍，十分鲜艳好看。太皇太后梳着南朝流行的倭堕髻，黝黑的发髻前插着金凤钗，珠翠花钿，脸上略微搽了一些官粉胭脂，白里透红。

四十七岁的太皇太后依然光彩照人。

太皇太后在皇帝与左昭仪的搀扶下，来到高基的镏金龙床上，与皇帝并肩坐了下去。礼部尚书亲自充当礼赞官，向太皇太后和皇帝敬献贺词，然后全场振臂高呼："敬祝太皇太后万寿无疆！万寿无疆！万寿无疆！"欢呼声震荡在西苑上空。

太皇太后慢慢站了起来，端着西域进贡的琉璃夜光杯，杯里盛满西域进贡的红葡萄酒。她慢慢走下高台，来到下面，挨桌向各位王爷、王妃、公主、驸马、三公、文武大臣表示慰问。皇帝拓跋宏和左昭仪冯莲也急忙跟在后面。大臣见太皇太后亲自走到他们中间，都十分感动，个个恭敬又激动地向太皇太后祝贺寿诞。

太皇太后走了一圈，才又回到高台的座位上坐了下来。

来自西域的藩国使臣，敬献了各自的寿礼，让自己带来的舞姬乐师表演了自己国家的舞蹈。太皇太后最喜欢观看西域舞，那舞姬十分漂亮丰满，飘动着一头黝黑的小辫子，在手鼓的伴奏下，飞快地旋转着，淡绿色的长裙像荷叶一样平平展开，露出橘黄色的百褶裤、鲜红的皮靴。

太皇太后还喜欢来自西域佛地国家的舞蹈，十来个舞姬穿着鲜艳的无领小窄袄，露出雪白的脖颈和胸脯，也露出雪白的腰和肚脐，宽大的喇叭状的长裤，赤脚，手拿琵琶，边跳边弹，叮咚清脆的琵琶声，配合着舞姬柔软腰肢的扭动，舞出石窟寺岩洞里雕刻的飞天女神一样的舞姿，好看极了。

太皇太后看得十分入神。

琵琶声戛然而止，舞姬正好齐齐舞到太皇太后脚下，她们把柔软的身躯匍匐到高台脚下，身下的绿色长裙各自平铺开来，衬着她们桃红的小袄和雪白的肌肤，形成一排盛开的莲花。她们开始用自己的语言齐齐地唱出祝寿歌曲。

太皇太后拍着手笑着，让刘阿素打赏舞姬。

冯莲看着太皇太后高兴的样子，推了推皇帝拓跋宏："该你的表演了！"

皇帝拓跋宏站了起来，说："下面，让各方渠帅先敬献方舞！"

蠕蠕渠帅敬献了自己的鹰舞。独舞的蠕蠕将军，舞出遒劲有力、矫健敏捷的模仿鹰鹍展翅高飞的各种舞姿，赢得热烈的掌声。

"这人是咋的了？"太皇太后指着一个正蹦跳着上场的武士问拓跋宏。这位舞者脸上画得花花绿绿，猩红的大嘴，漆黑的大眼睛。拓跋宏笑了，原来是一个戴着假面的舞者。拓跋宏与李冲到坞壁去时，见过坞壁里有这样的舞者，军队有时也有这样带假面跳舞格斗的场面。

"这是跳兰陵王舞呢。"拓跋宏悄悄对太皇太后说，"兰陵王是上党地区流传的一种假面舞。听说是石勒后赵时期流传下来的。"

假面舞者舞出刚劲有力的舞姿，模仿着将军指挥军队的击刺动作，倒也惟妙惟肖。太皇太后看得很有兴趣。

各方舞蹈结束，皇帝拓跋宏站了起来，走下高台，来到群臣中间，率领着群臣向太皇太后祝寿。他领着群臣向太皇太后跪拜，领着大家高喊祝寿词："敬祝太皇太后万寿无疆！万寿无疆！万寿无疆！"

太皇太后站了起来，笑容满面，大声说："感谢皇帝！感谢大家！祝皇帝万寿无疆！祝魏国万寿无疆！"

大臣激动地一起高呼："祝皇帝万寿无疆！祝魏国万寿无疆！"

拓跋宏高声说："为表朕对太皇太后之孝心，朕要亲自为太皇太后舞，以庆太皇太后寿辰！"说着，拓跋宏挥舞着自己的腰刀，为太皇太后舞了一阵马刀舞。拓跋宏在高台前跳跃、旋转、腾挪、劈、刺、砍、挑，舞姿比蠕蠕将军还要遒劲有力，矫健敏捷。

太皇太后感动地热泪涟涟。她偷偷用绸帕擦了擦眼睛，小心看了看下面的群臣，她放心了。群臣的目光都专注在拓跋宏那闪烁着银光的腰刀上，没有人注意到她。

拓跋宏猛然腾空跳跃旋转了两圈，又一下子盘腿下去坐在地上，来了个童子拜观音,双手合十,给太皇太后敬礼。

太皇太后拍着巴掌高声喊了起来:"好!好!"

群臣也都欢呼着。

皇帝拓跋宏站了起来,大声唱了起来:"茫茫太极,悠悠遐古。三皇创制,五帝垂祐。上灵眷顾,有魏承命。太皇太后,雍容端庄,唯德是兴,万民景仰。自东徂西,无思不顺。黄龙蜿蜿,游鳞奕奕。穆穆四门,灼灼典刑。翘翘东岳,庶见翠旌。先民有言,千载一泰。沐浴淳泽,被服冠带。饮和陶润,载歌载舞。欢欣雀跃,式昭永年。康哉垂篇,被之管弦。"

群臣起立,一起合唱起来。歌声荡漾在宫殿上空。

太皇太后又感动起来,不过,这一次,皇帝和群臣都直视着她,她只好用力眨巴了几下眼睛,把泪水逼回泪囊。

高闾从座位上走了出来,向皇帝和太皇太后作揖起奏:"臣闻,大夫行孝,行合一家;诸侯行孝,声著一国;天子行孝,德被四海。今陛下圣性自天,敦行孝道,称觞上寿,灵应无差。臣等不胜庆踊,谨上千万岁寿。"

高闾说着扬手,与李冲、刘芳、李彪等人一起唱起他们自己写作的《千万岁寿颂》。这几个男高音歌手唱得悠扬,高亢,响亮,他们的歌声回荡在大殿上空,真有"绕梁三日,余音不绝"的韵味。

皇帝拓跋宏见太皇太后笑得眼睛都眯缝起来,知道太皇太后高兴,他跑步回到自己的座位,与太皇太后耳语了一阵,大声说:"太皇太后谢高卿的《千万岁寿颂》,赏赐群臣,人三十匹帛!"

群臣欢呼起来:"吾皇万岁!万万岁!太皇太后万岁!万万岁!"

太皇太后站了起来,双手向下按了按:"今天,我们君臣团聚一堂,难得大家这么高兴,我也来凑个兴!"太皇太后回过头,对刘阿素说:"把我的琴抱来。"

刘阿素抱来太皇太后心爱的桐木焦尾琴,秦阿女摆放好琴床。太皇太后坐了下来,笑着说:"我献丑了。"

太皇太后转轴拨捻,调试着琴弦。她回头对冯莲说:"来,与我一起唱。"太皇太后奏着幽雅的琴曲,唱起她最喜欢的鲜卑民歌《敕勒歌》,这首一直流传在魏国的民歌是拓跋皇家喜欢的歌曲,鲜卑人用鲜卑语传唱许久。她已经让高闾把它翻译成汉语,她先用鲜卑语唱了一遍,又用汉语唱了起来:

"敕勒川,阴山下。天似穹庐,笼盖四野。天苍苍,野茫茫,风吹草低见牛羊。"

拓跋宏也合着唱了起来。

下面群臣看太皇太后这么高兴,都随之合唱起来。大殿上,西苑上空,都响起这雄壮的旋律。

太皇太后觉得自己焕发了青春。四十七岁,她还年轻着呢,还可以看到拓跋宏繁荣魏国的许多壮举。

斩情断缘了私情 修身养性向佛门

太皇太后对着菱花琉璃镜发呆。刘阿素与秦阿女正在为她梳头。刘阿素对秦阿女使了个眼色,秦阿女稍微偏转了一下镜,这两个女娃又在捣鬼了,看来又梳理出了白发。近来,经常看到她们搞这样的小花招。不过她懒得戳穿她们,她们都是一片好心,想向她隐瞒自己已经生了白发的事实。

可是,这有甚用处呢?她已经从自己的身体变化里非常强烈地感受到自己正在变老的事实!白发已经出现在鬓角,皱纹开始爬上眼角,每日里,刘阿素用玉辊碾压几遍,旧皱纹还没有碾平,而新的皱纹已经出现。

更可怕的是,原来一直很正常的经事,也变得没有准头了。有时十几天来一次,一天半天就走,有时四十、五十、六十天才姗姗而来,拖拉十几天、二十几天也不干净,叫她无比烦躁。她的心情也是时好时坏,有时无名烦躁,且总是无端向身边人大发雷霆,有时无缘无故又感到忧伤,恨不得痛哭一场。

"是不是又发现白发了?"太皇太后看着镜中的自己,问。

"没有,没有,太皇太后说甚呢,太皇太后哪能有白发啊。"秦阿女和刘阿素异口同声说。

太皇太后笑了:"你们这死女子,就不要糊弄我老太婆了。我早就发现了你们的小把戏,拿来,给我看看。"

刘阿素正把几根白发从梳子上拣了下来,像往常一样,想掖进自己的袖子里,被太皇太后劈手夺了过来。

"看,这不是白头发是甚!"太皇太后高兴地说,因为她终于揭穿了这两个女子的鬼把戏。

刘阿素急忙辩解："太皇太后不必忧虑,这只是头一回发现的几根白头发。太皇太后一头黑发,还是黑黝发亮的,好看极了。"

太皇太后端详着手中的白发,摇头说："老了,老了,时光不饶人啊,不服老也不行。看着就老了。"

刘阿素和秦阿女说："太皇太后不显老,两根白头发就能算老了?看李冲李大人,已经满头白发,没有一根黑发,但姿容丰茂,依然年轻。不是吗?"

说到李冲,太皇太后心里漾起圈圈温情的涟漪。这两年,李冲大多陪伴在她身边。这是拓跋宏的一片孝心的表现。想到李冲,太皇太后觉得自己又年轻起来。有李冲在她身边,她不能老,也不应该老。有关心体贴她的男人的照顾关心与滋润,女人就不会老。那些不到四十岁或刚刚过四十岁就脸色萎黄、头发焦黄、脖子上满是纹路深刻的皱纹、一双手青筋暴露的女人,一定得不到男人的滋润。所以,她很快就衰老了。

"李大人今晚说来不来?"太皇太后问。

"来,不过他说,要晚一点来。皇帝要与他商量建立圆丘和孔庙的事。"刘阿素说。

"他太忙了!"太皇太后叹息着,"刚刚四十多,就满头银发,全是累的!"说到这里,太皇太后突然沉默下来。自己是不是太自私了?李冲不应该属于她自己,李冲应该属于魏国,属于朝廷,属于皇帝。皇帝拓跋宏有许多国事需要与他商量,需要他亲自去操劳实施。他白天要陪伴自己到处玩,晚上要侍寝,一有空暇,就要到皇帝那里去为皇帝奔走。这样下去,李冲不是要累死?她可不希望这样。李冲是太和改制的主要设计者和实施者,是太和改制的最坚定的支持者。魏国要坚持眼下的新制,需要李冲!她不能把李冲拴到自己的裙带上,白白耗费他的精力与体力!

不能这样,太皇太后想。而且,太皇太后越来越觉得自己对男女性事开始冷淡,何必要勉强自己呢,是解放李冲的时候了!想到这里,太皇太后有几分忧郁,几分难受,还有几分豪迈和高兴。

梳洗打扮以后,太皇太后坐在炕上等待着。今天,她要与李冲度过最后一夜销魂的时刻,以后,她要与李冲断绝这种关系,李冲必须全心全意辅助皇帝拓跋宏治理朝政,她不允许他在儿女私情上消磨过多的时间与精力。

太皇太后拿定了主意。

李冲从皇帝那里出来，十分高兴。皇帝拓跋宏已经采纳他的建议，要在平城建立孔庙，这大事交与他办理。这消息叫他振奋。魏国立国快九十年，虽然曾经派遣高允等人去孔林祭祀过孔子，可是一直没有正式立孔庙于国。现在，皇帝同意立孔庙，这魏国才更像汉人国家。他李冲和许多汉人官吏，还有太皇太后，不是衷心希望魏国这样吗？他要快些去把这大好消息告诉太皇太后，让她也高兴高兴。

太皇太后虽然不向皇帝询问国事，但是她却喜欢让李冲告诉她朝内外各种事情。李冲理解太皇太后的心情，也想满足她，让她高兴。大权旁落，要是一点也不知道朝中情况，这该多难受！她不过只是想知道而已，他应该满足她的要求。

李冲加快脚步，匆匆向皇信堂走去。

李冲想起太皇太后，心头禁不住热流涌动。这几年，太皇太后给了他难以报答的宠眷，他与太皇太后保持亲密的关系，叫他从中收益不少。像王叡一样，他现在位居极臣，为朝廷巨富之一，家财不可胜数。

太皇太后的聪明与见识，更叫他受益不少。太皇太后坚定不移地推行魏国汉化方略，交付他设计改制方略，让他不得不去学习各种经、史、子、集，不得不去研究历代王朝的政治、历代王朝的治国方略。现在的他，才算是满腹经纶，过去的博学不过是虚名而已。

太皇太后给予他的柔情和热情，也叫他难以忘怀。虽然太皇太后已经年过四十，可是太皇太后热情似火，比他那些年轻的妾还火热。四十如狼，太皇太后真的像狼一样，几乎要吞噬他。应付太皇太后，真的需要集中全部精力才行。

李冲微笑着，摸了摸自己的头发。

这些年，他为太皇太后和魏国的改制确实耗费了大量的心血和辛苦，四十岁上，他已经满头苍苍白发。不过，尽管他苍苍白头，但是形貌更加丰润，稍微发福的身体，使他脸色更加红润白皙，让他显得魁梧了许多，满腹经纶的学识让他清高飘逸、风度翩翩，加上官居高位后逐步形成的自信、自得、自豪、自满，使他更加风度不凡、气质高雅，更加卓尔不群。谁见了谁夸赞他，太皇太后当然更是怜爱得不得了。

李冲在黑暗中得意地微笑着更加快了步伐,朝皇信堂走去。

"李大人到!"皇信堂外传来侍卫的通报。

坐在炕上的太皇太后的心欢快地跳了起来,她掠了掠头发,端正身体,微笑着看着门口,期盼着李冲的出现。

"臣叩见太皇太后!"李冲进门,恭谨地向太皇太后行礼。虽然太皇太后这么宠他,他也绝不敢放纵自己,不仅在太皇太后面前不敢放纵自己,连大臣同僚面前,他也一贯恭谨勤勉、小心谨慎,没有流露出位居高位后得志的骄纵和跋扈,所以,尽管他位居人上,同僚却都很尊敬他,没有谁嫉妒他,诋毁他。他家里有几个同父异母的兄弟,原本大家斗鸡似的,互相不和睦,自从他位居高位以后,他一直宽待弟兄,把朝廷与太皇太后赏赐的土地、奴仆、财物不时分给他们,兄弟几个现在十分和睦。

太皇太后拍着炕沿:"李卿,上来坐。"

李冲谢过太皇太后,脱了靴上炕,盘腿坐在太皇太后对面。

太皇太后伸手抚摩着李冲的面颊,脸上灿烂地笑着:"李卿,今日咋来这么晚,叫我好一等!"语气里的娇嗔像三月春风一样轻柔,荡漾着李冲的心。

李冲就势握住太皇太后柔嫩爽滑的手,轻轻抚摩着:"皇帝陛下召见,商量建立孔庙之事,所以来晚,让太皇太后久等,在下实在不安。"

太皇太后眼睛发亮:"皇帝果然决心建立孔庙了,真是大喜事啊!国无孔庙,终非正统啊!皇帝果然有魄力!我临朝几年还是没有敢提出此事。"太皇太后摇头,一脸遗憾。

李冲向太皇太后身边挪了挪,黑亮的眼睛深情地注视着太皇太后:"太皇太后不必遗憾。没有太皇太后临朝制定之大政方针,没有前面各项新制之推行,就不会有今日之局面。皇帝之所以敢于建立孔庙,全仰仗太皇太后奠定之基础!"

太皇太后舒心地笑了,她把自己的头抵在李冲的胸前,李冲轻轻地把她抱进自己的怀抱。太皇太后从李冲的手心里抽出自己的手,慢慢解着李冲鲜卑袍的襟扣,一边说:"你这么说,我就没有甚遗憾了。今晚,我们不谈其他,只是好好玩它一晚,如何?"

李冲亲吻着太皇太后的脸颊,轻声笑着:"一切听太皇太后安排,在下当然求之不得。你不知道,我刚才在皇帝那里,就有些蠢蠢欲动呢。"

太皇太后轻轻地拍打李冲的脸颊:"你可真坏!"说着,咯咯笑着,拥抱着李冲翻倒在炕上。

李冲真的已经雄赳赳、气昂昂地怒然勃发了。他小心翼翼地控制着自己的冲动,小心呵护着太皇太后,小心去迎合。太皇太后今晚决心恣意肆情,所以从来没有这么热情似火,这么大胆泼辣,叫李冲心旌摇动,神魂颠倒。

太皇太后坐了起来,拢着自己散乱的头发,穿上鲜红的兜兜,对李冲说:"起身吧。"李冲大汗淋漓,慵懒地四脚朝天躺着,眼睛半睁半闭,迷梦似的,一动也不想动。他已经浑身瘫软,没有了一点气力。刚才的一番征战叫他酣畅淋漓,也叫他精疲力竭。

"起身干甚,还早着呢!"说着,又伸出双臂,抱住太皇太后,"再睡一会儿吧。"

太皇太后被李冲拉倒抱在怀里,李冲眼睛不睁,连连亲吻着她的胸脯、胳膊,逮着哪亲哪。太皇太后也亲吻着、抚摩着他赤裸健壮的胸膛。

太皇太后的决心突然动摇了:干甚要断绝与李冲的交往呢? 这么不是挺好的吗? 皇帝拓跋宏并没有怀疑什么,大臣也不敢说什么,就这么着不挺好吗?

太皇太后无力地躺进李冲温暖的怀抱,紧紧搂住李冲。李冲发出轻微的鼾声。

太皇太后一动不动地躺在李冲温暖的怀抱里,内心却在激烈地斗争挣扎着。她知道自己的机体正在发生变化。她的热情、她的激情不过是拼命调集起来而已,她的内心深处已经滋生了些微的厌倦。是啊,男女情事已经有些叫她厌倦了,难道非要叫这厌倦滋生发展起来,难道非要叫李冲感受她的变化,才断绝这关系吗? 可是,那时留给双方的不再是美好的记忆,不再是幸福与甜蜜,而是丑陋、伤心与憾事。何苦呢? 见好就收,把甜蜜美好的回忆永远保留在双方的记忆里,不是更美好的事情吗?

自己不是下决心要让李冲把精力全部用在辅助拓跋宏治理朝政上吗,为甚会动摇了自己的想法和决心呢? 自己最为自负、自豪的不就是自己的决断吗,为甚突然婆婆妈妈起来,突然变得缠绵优柔起来了? 难道真的老了？

不！她没有老！她还是那个决断的她，能够拿得起、放得下，能够成就大事的太皇太后！

太皇太后猛然坐了起来："起身！起身！"她轻轻摇撼着身旁的李冲。

李冲终于睁开了眼睛，他坐了起来，看着太皇太后："太皇太后有何吩咐？"

太皇太后把李冲的衣服递了过来："穿上衣服吧。我有话要说。"

李冲不敢违抗，急忙穿好衣服。

太皇太后拉着李冲的手，说："我非常感谢李卿给了我许多好时光，感谢李卿陪伴了我许多日夜。你走吧，从今以后不要再来了！"

李冲大吃一惊，他"扑通"一声跪倒在太皇太后面前，声泪俱下："太皇太后，可是因为在下伺候不周，叫太皇太后不满意，叫太皇太后生气？要不为甚赶臣走啊？"

太皇太后双手扶起李冲，趁势又亲了他一下："李卿不要这么说，不是我生你的气，更不是你伺候不周。我想了许久，才好不容易下了决心，从今天以后，不再召李卿入宫来陪伴我。我只希望李卿把心血和精力用到辅助皇帝治国上，帮助皇帝把魏国治理得像汉朝一样强大，让魏国有朝一日成为统一大江南北的朝廷！老臣已经逐步故去，司空苟颓、司徒拓跋他新近才薨，皇帝更需要你等辅助，我不能在这里牵扯卿，让卿分心。"

李冲抽泣起来："臣肯定会一如既往忠心辅助皇帝。可是，臣同时也能伺候太皇太后。希望太皇太后不要赶臣走！"

太皇太后叹息，眼中也落下串串泪珠："你这样太过劳累，我恐怕会影响你身体健康。看你，比我还小两三岁，才四十岁出头，就已经白发苍苍，你是不能再这样疲于奔命了！听我的话，以后专心辅佐皇帝，我这里你就不用再牵挂。我也倦于男女之事，以后只想吃斋念佛，修身养性，颐养天年。"

李冲泪流满面，连连顿首："既然太皇太后决心已下，臣也不敢坚持己见，不敢忤逆太皇太后意志。臣李冲叩别太皇太后，望太皇太后好生照顾自己！"

太皇太后紧紧闭起眼睛，让一串串晶莹的泪珠静静地流下腮帮。太皇太后轻轻挥挥手："你快走吧，趁我还没有改变主意！"

首位称制：文明冯太后

387

李冲轻轻起身,双眼垂泪,下炕穿好靴,向太皇太后连连鞠躬几次,悄无声息地退了出去。

太皇太后终于睁开眼睛看了看门口。宫里灯光闪烁,外面漆黑一片,远处传来几声雄鸡啼鸣。五更天,天快亮了。

太皇太后平静地躺倒在炕上,又美美地睡了一觉。

李冲在孝文帝拓跋宏以后的朝政中,发挥了极大作用。拓跋宏迁都洛阳,得到李冲大力支持,营造洛阳宫阙,得力于李冲设计,平城太庙、圆丘、孔庙的建造,也得力于李冲。另外,许多礼制计谋都出于李冲。太和十九年(495 年),李冲四十九岁时,因为与李彪生气,暴怒,死于洛阳。

太皇太后病床缠绵　亲人寺院舍身祈祷

好景不长,过了四十八岁以后,太皇太后得了血崩,哩哩啦啦地不断地流血让她开始萎黄。宫中太医多方调治,总不见好。这样一直拖到太和十四年(490 年)的春天。

看着太皇太后的病情越来越重,皇帝拓跋宏十分忧虑焦心,不断派遣左昭仪冯莲过来问候。

冯熙过来看望太皇太后。太皇太后躺在炕上,见冯熙来,在刘阿素与秦阿女的搀扶下,勉强坐了起来。冯熙让她躺下,她摇头:"终日躺着,躺得浑身疼痛,这腰更是疼得像要断了似的,起来坐一会儿也好。"

刘阿素和秦阿女给太皇太后腰里塞了枕头,扶着她靠在靠枕上。

冯熙坐到炕沿上,看着太皇太后消瘦萎黄的面容,忧虑地说:"看你这脸色,可是越来越差了。太后可要精心调理啊。"

太皇太后笑着:"人这寿命是有定数的,阎罗王都给写在生死簿上,谁也拗不过他。生死有命,富贵在天,我这一辈子,也算是享尽荣华富贵,也该知足了。活到哪天算哪天,没有甚抱憾的!我想做的,都做到了,我很满足了。"

冯熙点头:"太皇太后果然人中豪杰,把魏国治理得这样繁荣,确实难得。看南边汉人王朝,走马灯似的改朝换代,男人皇帝,不过尔尔。你一个女人,居然把魏国治理成眼下这么安定的局面,真是彪炳千秋啊!"

太皇太后连连摆手："兄长不要这么夸我。我不喜欢别人当面奉承。我这一生，只要做到问心无愧，对得起自己，就行了。至于魏国，我倾注了我的心血，我希望她能够繁荣富强，能够向南边发展，将来统一大江南北，但是，这已经不是我的事了。我只希望将来有一天，皇帝能够继续我的方略，能够让魏国迁都洛阳，能够像汉人一样，我就心安心乐了。"

冯熙点头："我知道太皇太后的心思。这你放心，皇帝是很孝顺的，他不会违背他的誓言。再说，还有我在一旁督促，他不会忘记太皇太后心愿的。"

太皇太后点头："希望如此。"

冯熙又说："小女莲儿近来诉说她身体不适，不知患了甚病。我想召她还家，让她到皇舅寺为尼修行养病，另外，让她出家为太皇太后祈祷延寿，不知太皇太后可否允诺？"

太皇太后拉着冯熙的手，不禁泪流满面："难得兄长为我考虑这么周全。只是怕苦了莲儿和皇帝，皇帝可是最疼她的！"

冯熙说："我亲自去向皇帝陈述，皇帝心疼太皇太后，他恨不得自己入寺舍身佛祖，代太皇太后祈祷延寿，他哪能舍不得一个妃嫔舍身寺院？至于莲儿，更是无话可说。为太皇太后，她愿意舍身舍命，何况舍身佛寺！"

"既然兄长这么安排，我也就无话可说。一切听兄长安排！"太皇太后说着，感到心慌气喘起来，她急忙闭上眼睛，歇息了一阵。冯熙看着，直摇头叹气。

太皇太后歇息一阵，又睁开眼睛，看着冯熙，说："我还有一事放心不下，就是媛儿的事。媛儿年纪小点，我没有让她进宫。我将来会嘱咐宏儿，让他立媛儿为皇后，我先把这事告诉你。"

冯熙垂泪："太皇太后还是安心调养身体，不要操这些闲心了。不过，我替媛儿感谢太皇太后的安排。"

拓跋宏正跪在佛祖面前，喃喃祈祷："佛祖保佑太皇太后，保佑太皇太后早日康复！"太皇太后的健康让拓跋宏忧心忡忡。眼看着太皇太后一日比一日衰弱，茶饭越来越少，人一日比一日消瘦，他很难过。从太皇太后病倒开始，他就每日在自己宫里的佛堂为太皇太后祈祷。每过三日，他就去皇宫内的寺院祈祷。每过七日，他就去感恩寺祈祷。他希望以自己对佛祖的虔诚

首位称制：文明冯太后

换来佛祖的降福,让太皇太后早日康复起来。虽然太皇太后不再过问朝政,他也不用向太皇太后禀报关于处理朝政的任何事情,可是,他总觉得他还是在与太皇太后一起处理朝政事务。每遇到重大的朝政问题,他总要在心里与太皇太后讨论商量,总设想着太皇太后的看法,然后再做决定。太皇太后的生病,似乎叫他觉得自己失去了太皇太后的支持一样。

拓跋宏流着眼泪向佛祖跪拜叩礼,祈祷着佛祖保佑太皇太后。

冯熙来见皇帝拓跋宏。看见皇帝正在祷告,他默默地站在皇帝身后。

拓跋宏站了起来,擦干眼泪,转过身,看见冯熙:"太傅来了。"拓跋宏眼睛一红,又忍不住掉泪。冯熙急忙趋步上前拜见。拓跋宏看见自己的岳父大人依然按照君臣大礼拜见他,嘟囔着说:"太傅,朕不是已经多次传诏免了你趋步跪拜礼吗,何苦还要这样见朕?"

冯熙说:"君臣礼节不敢疏忽。太皇太后不允诺,臣不敢轻狂。"

拓跋宏点头:"是啊,太皇太后注意礼节,从太和以来,制定各种礼仪法度,她老人家费心了。她老人家今天如何?是否恢复一些?"

冯熙脸上苦楚起来,他摇头:"还是老样子,精神似乎还不如昨天了,臣正是来与陛下商量。臣想让左昭仪莲儿舍身佛寺,为太皇太后祈祷,不知皇帝陛下允许?"

皇帝拓跋宏挠着头皮,有些为难:舍身佛寺祈祷,方显出诚意,可是……他还真舍不得莲儿离开,现在,莲儿是他最宠爱的夫人,每日必得传她侍寝。尽管其他夫人他也喜欢,但是只有莲儿与他更谈得来。莲儿有许多看法与太皇太后一致,这叫他感到欣慰喜欢。

冯熙见皇帝迟疑,只好又找出一个理由说服拓跋宏:"陛下,莲儿向她母亲诉说,她的身体有些不适,臣和她母亲私下商量,想送她进寺院调养一段时间。陛下几位夫人,已经给陛下生养皇子、皇女,只有莲儿依然没有动静。要是入寺院舍身佛祖,佛祖见谅她的虔诚,既降福于太皇太后,又降福于她,不是一举两得吗?望陛下三思。"

拓跋宏有些动心:可不是,高夫人已经怀孕,李冲的女儿李夫人生了一女,只有莲儿依旧。莲儿要是为自己生个皇子,说不定将来还能封他个皇太子,该多好!

拓跋宏说:"朕叫莲儿出来商量一下。"他走到禅堂通向内寝宫的门口,朝里面大声喊:"莲儿,你出来一下!"

冯莲听说皇帝叫她,从内寝宫里跑跳着出来。她打扮得十分艳丽,像太皇太后一样,上身穿着鲜艳的橘黄色鲜卑式紧身小袄,但经过她的改造,紧身小袄去了立领,开胸很低,露出许多酥胸与脖颈,完全衬出她丰满的胸部和细腰;下身穿着葱绿色喇叭状长裙,长裙没有盖住脚下的小皮靴。

"皇帝,你叫我?"冯莲满脸都是幸福的笑容,她跑到拓跋宏身边,拉住他的手,全身靠在拓跋宏身上,亲热地扭动着,蹭着他。

拓跋宏就喜欢冯莲这种亲热人的热火劲。她就像一团火,总是叫人感到热火,感到兴奋。拓跋宏被冯莲的亲热弄得有点不好意思,他稍微挪开了点身体,说:"太傅来了。"

冯莲这才看见父亲冯熙,她扭捏地笑着向父亲走来行礼:"阿爷来了。给阿爷问安。"

冯熙看见女儿这么会讨皇帝欢心,自然喜欢不已。他一脸笑意看着冯莲,问:"去探望太皇太后了吗?"

冯莲立刻把一脸笑换上难过的样子:"天天过去看望,只是今天还没有来得及,等一会儿女儿就过去探望。"

冯熙看着冯莲:"太皇太后情况不大好。我刚才和皇帝商量,想叫你舍身佛寺为太皇太后祈祷,不知你可愿意?"

冯莲脸上堆积起犹豫,她不大高兴,噘着嘴,扭动身体,双手绞着衣角,一句话不说。要是她离开皇宫以后皇帝宠幸其他夫人,将如何是好?皇帝有她在身边看管着,不敢流露出宠幸其他妃嫔的意思,只喜欢她一人。要是她离开皇宫进了寺院,其他妃嫔一定会乘虚而入的,万一皇帝被其他狐狸精迷惑住,不再喜欢她,可如何是好?

冯莲抬头,求救似的看着皇帝拓跋宏。皇帝见冯莲犹豫,知道她有点舍不得自己,他感激地看着冯莲。他同样舍不得她啊!两个人含情脉脉,四目互相注视着。

冯熙笑了:"看你们两个这个样,好像分别多久似的。舍身佛寺,不过半年光景,等太皇太后病体康复,你就可以回宫来了。这半年时间,你可以在佛寺好好调理身体,让你的身体好起来,将来给皇帝生个皇子、皇女,不是你的造化吗?"

这个理由打动了冯莲的心。她也奇怪为什么自己不能怀孕。过去,隐约听阿娘常氏说过,太皇太后不想让她生孩子,这原因她不清楚。但是,她也想像其他妃嫔那样生一个自己的孩子。

冯莲抬起头,用明亮幽深的大眼睛盯住皇帝拓跋宏,稍微噘着嘴,娇嗔地说:"那皇帝得向我保证,我入了佛寺以后,皇帝陛下不忘记我,还想着我!"

"朕保证!朕保证!"拓跋宏举起右手,连声说,"你放心,过了半年,我一定去寺院把你接回宫!"

冯莲对冯熙说:"那好吧,我同意舍身佛寺,给太皇太后祈祷!"

冯熙高兴地夸奖着:"你真懂事!太皇太后没白疼你一场!"

皇帝拓跋宏也不失时机地赞扬冯莲,讨她欢心:"当然了,莲儿最懂事,又最懂关心太皇太后!"

冯莲娇嗔地白了皇帝一眼,讨好父亲冯熙:"那我这就去探望太皇太后,同时向她辞行,然后马上跟阿爷回去,舍身寺院,为太皇太后祈祷。可是,皇帝陛下,你可要记住你的诺言,不要忘了我!"

拓跋宏走到冯莲身边,揽住她的肩膀。冯熙见状,笑着走了出去。拓跋宏便凑在冯莲的脸颊上,轻轻地亲吻着,小声说:"你放心,朕一定会按时去接你回宫的!你放心好了,谁也夺不去你在朕心中的地位!"

太皇太后无力地躺在炕上,眼睛紧闭着,太医把着她的手腕在为她诊脉。

"怎么样,太医?"中常侍抱嶷跟着太医走出寝宫,着急地询问着诊脉的结果,他还要每日去向皇帝报告太皇太后的病情。

太医摇头。

抱嶷搓着手,连声说:"这可咋办啊,太皇太后这病情咋就不见好转呢?"

太医开了一张药方,交给刘阿素:"再抓一副补血养气的方剂调理调理,明天我再来。"

抱嶷看着刘阿素:"这可咋办啊,太皇太后这病情,真叫人忧心。"

刘阿素看着抱嶷:"要不我也舍身佛寺去给太皇太后祈祷?左昭仪舍身佛寺,看来没有感动佛祖,我也要舍身佛寺,整日整夜为太皇太后祈祷,也许可以感动佛祖的。"

抱嶷摇头："太皇太后离不开你的,这种时候,你如何能够走得开呢?"

"说的是,太皇太后离不开的。"刘阿素为难地说。

"再说,佛祖要是发慈悲的话,他也应该发慈悲了。皇帝已经命令石窟寺,方山、横山、五台山寺院以及平城全部佛寺沙门各自举行法会为太皇太后祈祷。这难道还不诚心吗? 我只怕是佛祖睡觉了,没有听到我们的祷告。"抱嶷嘟囔着说。

"不行,我要到寺院发愿,我愿意永远舍身佛寺,只要佛祖让太皇太后恢复健康。我这就去感恩寺许愿!"刘阿素说着,把药方交给抱嶷。

"也替我许个愿,我愿意给佛祖塑个金身,让他降福给太皇太后,让太皇太后早日康复!"

秦阿女走了出来:"还有我呢。"

这时,赶来看望太皇太后的符承祖、王遇、张祐听说刘阿素要去寺院许愿,都一起拜托她,让刘阿素替他们大家一起许愿,如果佛祖保佑太皇太后恢复健康,他们几个人一定在平城为佛祖兴建一个规模最大的寺院,衷心感谢佛祖对太皇太后的保佑。

缠绵病床抱憾而去　千古秘密随风已逝

佛祖终于没有保佑太皇太后,没有让太皇太后恢复健康。

太和十四年(490 年)九月,皇帝拓跋宏一脸忧虑地守在太皇太后的病榻旁。看着太皇太后沉疴不起,他已经按照皇宫规矩移太皇太后病榻于太华殿。

"太皇太后,你不能走啊,你不是还想看着孙儿实现你的夙愿吗? 你不是还想看着孙儿迁都洛阳,实现完全的汉化吗? 你要坚持住啊!"拓跋宏跪在太皇太后的病榻前,抓住太皇太后的手,眼睛流泪,喃喃地说。

太皇太后入夏以来茶饭不思,浑身乏力,病情恶化,太医多方调理依然没有起色。不管是皇帝的斋戒祷告,还是侄女冯莲和刘阿素舍身佛寺的日夜祈祷,还是全国寺院沙门的法会道场,终于没能叫太皇太后恢复健康。

太皇太后的厨子哭泣着给太皇太后熬了桃花米粥、五豆粥以及新小米粥，央求秦阿女给太皇太后端去："求你，再送一次去，也许今晨太皇太后想喝粥呢。"

秦阿女摇头，可还是把厨子用半夜时间熬制的粥端了过去。

从太皇太后病倒，这厨子天天半夜起来给太皇太后熬制她喜欢喝的各种稀粥。当年太皇太后从粥碗里挑出蛐蜒，并没有责怪他，从那时起，他就发誓要伺候太皇太后到永远。他知道，太皇太后最喜欢喝他慢火熬制的这三样稀粥，经常一边喝一边夸奖说好喝。特别是五豆粥，用小豆、白豆、豌豆、绿豆、高丽黄豆熬制的粥，太皇太后一喝就是一大碗。太皇太后生活简朴，不喜欢大鱼大肉，也不喜欢十几个盘碟，早膳经常是以这几样稀粥为主食。现在，他恳求天地保佑，让太皇太后能再喝一口他亲手熬制的粥。这些天，他总央求秦阿女，把他半夜起来熬的粥给太皇太后端去，希望太皇太后喝一口。他相信，只要太皇太后能够喝一口他的粥，就会慢慢康复起来。

秦阿女满面忧伤地又端了回来。

厨子双手掩面，哭泣得头也抬不起来。

拓跋宏跪在太皇太后的病榻前，把太皇太后干枯的手紧紧握到自己的手里，慢慢抚摩着。太皇太后亲自抚养的皇子，拓跋恂也跪在一边，泪流满面。

"太皇太后，你要坚持住啊。等你病体康复，我就准备迁都到洛阳，实现你的凤愿。"拓跋宏把头抵在太皇太后的枕头边，小声说。

太皇太后感觉到拓跋宏的抚摩，她艰难地睁开眼睛。这些天，她总陷于半昏迷当中，每当她好不容易醒过来，就觉得自己还有一件非常非常重要的事情，还没有交代给拓跋宏。她努力回忆着，可是头脑里经常乱糟糟一团，什么也想不出来。她仿佛已经交代了皇后的人选，那就是她的侄女冯媛，也交代了皇太子人选，那就是她亲自抚养的拓跋恂。可是，她总觉得还有一件最最重要的事情没有来得及交代。到底是甚事情呢？她努力回忆着，可是刚觉得想出点眉目，却又陷入昏迷中，昏睡过去。

她知道自己已经没有几天时光了，她一定要把那件最重要的事情想出来，交代给孙子拓跋宏。要不，就没有人能够交代给他了，那是一件只有她自己知道的秘密。

太皇太后的手动了动。

拓跋宏急忙凑到太皇太后脸边,小声问着:"太皇太后,你醒了。想吃点甚,还是饮点甚?"

太皇太后在枕头上摇了摇头。她用无神的眼睛紧紧盯着拓跋宏的脸,极力回想着她想要交代却一直想不起来的事情。突然,一道白色亮光闪过她迷糊昏沉的头脑,一些片段的记忆涌进她的脑海。她的嘴唇翕动着,冲出一些片段的言语。

拓跋宏见太皇太后嘴唇翕动,急忙更凑近一些,倾听太皇太后嘴里吐出的含糊不清的话语:

"你……不……是……拓跋后裔,你……也……不是……鲜卑人,你……是……汉人。你……要记住你是……汉人……"太皇太后艰难地吐出这一连串她不想说出来的含着极大秘密和阴谋的字眼。

"说甚?太皇太后说甚呢?"拓跋宏惊呼起来,他的眼睛瞪得像铜铃铛一样大,看着面前这奄奄一息的祖母。祖母年纪不算太大,但是由于病魔的折磨,已经消瘦得皮包骨头,一双大眼睛深深凹陷在眼眶里,黑洞洞的,好像两个无底深渊。

太皇太后勉强抬了抬手,想拉住爱孙,却又无力地垂了下来,那终身不曾离开过她的碧玉镯清脆地磕碰在炕沿上。

拓跋宏急忙握住祖母的手,轻轻抚摩着她那一双经常给他温暖也曾经捶打过他的手,着急地追问着:"太皇太后,你刚才说甚哩?再说一遍!再说一遍!"

太皇太后的眼睛在黑洞里闪烁了一下,翕动住嘴唇,艰难地吐出断断续续的话语:"你……不……是拓跋,不……是……鲜卑,是……汉……人!"太皇太后用力挣扎着,又说了一遍。

拓跋宏愣怔地张着嘴,看着太皇太后艰难翕动的、已经开始僵硬的嘴唇,半天说不出话来。

"谁是孙儿的父母?请太皇太后告诉孙儿。"拓跋宏突然醒悟过来,他伏身到太皇太后的身上,大声喊着。

太皇太后眼睛里的光芒正在慢慢暗淡下去。爱孙的声音似乎从很远的地方传来,轻飘飘的,忽忽悠悠的,叫她捕捉不住。她想回答他的问题,她知道他还有个非常重要的问题想问她,不问清楚,他这一辈子都难得安心和快乐。但是,她却听不清楚他在问她什么问题,她的嘴唇已经僵硬,头脑里已经开始白茫茫一片,她开始轻飘飘地飞了起来,飞向黑黢黢的无边的黑暗中,那黑暗的无边的缥缈的云端高处,站着她的姑母、母亲、父亲,他们在向她招手,似乎在呼唤着她。她微笑着看着他们,准备向他们飘去。

"太皇太后告诉孙儿,孙儿的父母是谁。"拓跋宏抓着太皇太后的手,用力摇晃着,大声喊着。

太皇太后眼睛里的光芒已经暗淡下去,她翕动着嘴唇,想说什么,可是嘴唇已经凝固僵化,她无法把她想说的话说出来。这时,她已经想起那个问题,她也记起了答案,可是,她却没有力气把想说的词语吐出来。生命已经离开她的躯体,灵魂已经开始轻飘飘地荡向黑黢黢的天空,荡向无边无际的黑暗。在那看不见的黑暗中,她听到有人在呼唤她,她就朝那些正在呼唤她的声音飘了过去。

太皇太后用力挣扎了一下,闭上了眼睛,永远带走了那个她没有说出来的谁也不知道的秘密。

"太皇太后!太皇太后!你说话啊!谁是孙儿的父母?你说话啊!"拓跋宏用力摇晃着太皇太后,喊着太皇太后,哀求她说出那个秘密。

拓跋宏哭喊着,摇动着身体已经僵硬的太皇太后。

太皇太后的脸上浮上了笑容,似乎为自己终于保守住一个秘密而高兴、而得意。

但是,她却把一个谜和一个永远的遗憾留给了拓跋宏,让他在此后的不到十年的生涯里,一直在猜着这个难解的谜。但是他永远猜不出结果,因此,他永远都没有快活,他一直活在猜谜的阴影中,早早离开人世。①

太和十四年(490年)九月癸丑,太皇太后冯氏崩,十月戊辰,皇帝拓跋宏亲侍龙舆,奉诀陵隧,葬太皇太后于永固陵,谥文明太皇太后。

皇帝拓跋宏在太皇太后崩了以后,执意居庐(草房)以表示自己对太皇太后的悼念。东阳王拓跋丕与群臣竭力说服皇帝回宫居住,但是拓跋宏引用古礼反驳,坚持居庐。而且,拓跋宏下诏,"思遵远古,终三年之制",他从十月二

---

① 拓跋宏死于太和二十三年(499年)四月,终年三十三岁。死后谥孝文皇帝,庙号高祖。

十一日开始授服,以葛易麻,衰服三年,为太皇太后守孝。后又以诏书的形式发布禁令,"不许众议"。拓跋宏三年守孝期,"不内御"(不近妃嫔)。

守孝三年期满,拓跋宏纳冯媛进宫,立为皇后。又从寺院接回他思念已久的冯莲,立为左昭仪。

太和十七年(493年)八月丁亥,拓跋宏以南伐为名,到永固陵辞别太皇太后,车驾发京师,"步骑百余万"。九月戊辰,渡大河,庚午,抵达洛阳,定魏国迁都洛阳大计。满朝鲜卑大臣,极力反对,但拓跋宏坚持南迁,诏征李冲等人,开始营建洛阳京都。

太和十八年(494年)冬十月戊申,拓跋宏亲告平城太庙,奉迁神主。辛亥,车驾发平城宫,正式迁都洛阳。

史学家普遍认为,拓跋宏迁都洛阳是北魏兴盛的开始,但是,我以为,北魏迁都,开始踏上衰败之路,尽管它走上彻底汉化的大路。他采取如下措施激进地推行汉化:

太和十八年(494年)十二月,革衣服之制,禁穿鲜卑服装。

太和十九年(495年)六月己亥,诏"不得以北俗之语言于朝廷,若有违者,免所居官"。

太和十九年(495年)六月癸丑,诏令迁洛阳的魏国臣民,"死葬河南,不得还北,于是代人南迁者,皆为河南洛阳人"。

太和二十年(496年)春正月丁卯,诏改姓为元氏。

拓跋宏忠实地执行太皇太后制定的大魏治国方略,迁都洛阳,改拓跋姓为元,禁止说鲜卑话,穿鲜卑服,死后不许回葬代地。他自己在洛阳建了冥宫,开始在魏国推行彻底的汉化,彻底抛弃了鲜卑的传统。从此以后,拓跋鲜卑在慢慢地灭绝着,尽管有高欢后魏复兴鲜卑,终究还是没有拯救鲜卑灭绝的历史。

一个罪囚出身的女子,以她自己的大智大勇,统治魏国多年,不仅改造了拓跋鲜卑的魏国,还另行开创了汉化文明的魏国,最终实现了自己的理想,这女人难道不是很伟大吗?

方山永固堂高高耸立着,看着比肩而立的规模小得多的万年堂,沉默不语,孤独但是高傲地向历史和后人展示着,文明太皇太后对拓跋鲜卑的胜利。她一个人屹立在平城北的方山上,永远不进拓跋氏的金陵,永远不与拓

首位称制:文明冯太后

397

跋氏相伴,她永远孤独,却永远高仰着她的头颅,傲视着平城——鲜卑拓跋的京城。

在山西大同附近的方山,虽然当年的永固石室早已经不复存在,但是,它的遗址却永存。拓跋宏为自己建的虚宫万年堂,那向方山低头俯首称臣的冥宫,永远在表示着他对祖母的景仰、尊敬与服从。

方山遗迹依然,许多诗人曾作诗咏颂这中国第一女皇,感念她一生改革的辉煌业绩。唐代诗人温庭筠游览方山永固陵以后,赋诗一首:

题北魏冯太后永固陵墓
云中北顾是方山,永固名陵闭玉颜。
艳骨已消黄壤下,荒坟犹在翠微间。
春深岩畔花争放,秋尽祠前草自斑。
欲吊香魂何处问? 古碑零落水潺湲。

清代著名的文学家朱彝尊漫游平城大同,赋诗:

去岁山川缙云岭,今年雨雪白登台。
可怜日至长为客,何意天涯数举杯?
城晚角声通雁塞,关寒马色上龙堆。
故园望断江村里,愁说梅花细细开。

现在的方山永固陵正在修复中,大同市人民政府正在准备将其开发为旅游胜地。

文明太皇太后一定在地下微笑着看着今天的一切。她致力于汉化的魏国早就融进中华版图中,成为中华大地的一部分,她能不感到高兴吗?

文明太皇太后,是中国历史上第一个真正独立统治一朝的女政治家,是第一个虽然未行加冕,却实实在在统治北魏多年的女皇帝,她的谋略,她的治国方略与改革魄力,是许多男性皇帝望尘莫及的。

文明太皇太后冯氏,其功绩却彪炳史册,《魏书·皇后列传》里,她占着很大篇幅,也占有最好的评价。